王輝 主編

楊宗兵 彭文 蔣文孝 編著

秦文字編

四

中華書局

# 卷十三

## 2850 繭 覸　繭 緰

睡簡·日甲·13 背：非繭乃絮〖注〗
繭，《說文》：“蠶衣也。”

## 2851 繹　繹

繹山刻石·宋刻本：登於繹山〖注〗
繹山，山名。

睡簡·日甲·13 背：乃繹（釋）髮西
北面坐〖注〗釋髮，散髮。

秦印編 251：繹疢

新封泥 A·5.4：繹

秦印編 251：□繹

秦印編 251：鄭繹

秦印編 251：張繹

秦印編 251：李繹

## 2852 純　純

秦印編 252：趙純〖注〗趙純，人名。

秦印編 252：楊純

## 2853 綃　綃

集證·182.725：韓綃〖注〗韓綃，人
名。

## 2854 經　經

會稽刻石·宋刻本：蒙被休經

泰山刻石·宋拓本：訓經宣達

繹山刻石·宋刻本：經時不久

繹山刻石·宋刻本：以箸經紀

睡簡·爲吏·41：從政之經〖注〗
經，綱領。

## 2855 織　織

睡簡·答問·162：以絲雜織履
〖注〗織，編織。

睡簡·日甲·3 背：牽牛以取織女
而不果

睡簡·日甲·155 正：牽牛以取織
女

帛書·病方·359：取三歲織（臟）
豬膏〖注〗臟，或寫作“脂”，黏。

封泥印 40：右織〖注〗右織，官名。

封泥集 253·1：蜀左織官〖注〗左
織，官名。

## 2856　紀

繹山刻石·宋刻本:以箸經紀

睡簡·日乙·23:蓋絕紀之日

睡簡·爲吏·49·摹:治之紀殹〖注〗紀,綱要。

秦陶·1346:咸郾里紀〖注〗紀,人名。

秦印編252:利紀

秦印編252:紀闌多

## 2857　給

龍簡·213:復以給假它入〖注〗給,假借爲"詒",給予。詒假,借給。

龍簡·214:南郡用節不給時令□〖注〗給,讀如"急",急慢,懈怠。

四十年上郡守起戈二·摹(集證·30):丞給〖注〗給,人名。

## 2858　紡

睡簡·日甲·112 正:紡月、夏夕〈尸〉、八月作事西方

## 2859　絕繼

天簡35·乙:是謂天絕紀

睡簡·封診·53:艮本絕〖注〗絕,斷絕。

睡簡·日甲·20 背:必絕後

睡簡·日甲·17 背:絕後

睡簡·日甲·115 正:膚毋絕縣(懸)肉

睡簡·日乙·23:蓋絕紀之日

睡簡·日乙·11:盍絕

龍簡·60·摹:及弩道絕馳道

龍簡·87·摹:□絕行[馳]□〖注〗絕行,指橫穿馳道與在馳道上行走。

里簡·J1(9)981 正:[船]載[繫]絕

關簡·139:絕邊竟(境)、攻戟(擊)〖注〗絕,過。

帛書·足臂·23:陽病折骨絕筋而無陰病

帛書·病方·32:熨勿絕

帛書·病方·38:下膏勿絕

帛書·病方·239:把其本小者而繼(繼)絕之〖注〗繼絕,即戾絕,扭斷。

帛書·足臂·22:溫〈溫(脈)〉絕如食頃

帛書·病方·17:以續繼(斷)根一把〖注〗續斷,草藥名。〖編者按〗"繼、繼"正反無別,本爲一字。《說文》前者釋"絕",後者釋"斷",兩義相反而相承。"絕、斷"月元陽入對轉。

## 2860　續賡

睡簡·秦律·201:受者以律續食衣之〖注〗續,繼續。

睡簡·日乙·200:正南續光

 睡簡・日乙・198:北續光

 睡簡・日乙・199:東南續光

 睡簡・日乙・197:西北續光〖注〗續,疑讀爲“睦”,和睦。

 睡簡・爲吏・6:禄立(位)有續孰斂上

 帛書・病方・17:以續𢇍(斷)根一把〖注〗續斷,草藥名。

 秦印編252:公耳續

## 2861   紹 綤

 秦印編252:周紹

## 2862  縱

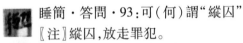

 睡簡・答問・93:可(何)謂“縱囚”〖注〗縱囚,放走罪犯。

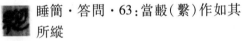

 睡簡・答問・63:當毄(繫)作如其所縱

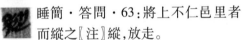

 睡簡・答問・63:將上不仁邑里者而縱之〖注〗縱,放走。

 睡簡・秦律・5:到七月而縱之〖注〗縱,開禁。

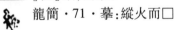

 龍簡・71・摹:縱火而□

 秦印編253:胡縱

## 2863  細

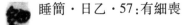

 睡簡・日乙・殘6:□人祠有細單毋大□

 睡簡・日乙・57:有細喪

 關簡・220:占市旅者,細利〖注〗細利,小利,利潤不厚。

 帛書・病方・374:且以濡漿細□之□

 帛書・病方・301:細切

 帛書・病方・368:細劏(𠜾)

 帛書・病方・372:已冶五物□取牛脂□細布□

## 2864  級

 睡簡・秦律・155:欲歸爵二級以免親父母爲隸臣妾者一人

 睡簡・爲吏・7:在體(體)級〖注〗體級,體制等級。

 秦印編253:蘇級

 秦印編253:王級

## 2865  總

 睡簡・秦律・54:不急勿總

 睡簡・秦律・54:總冗〖注〗總冗,聚集,集合。

## 2866  約

 睡簡・答問・139:約分購〖注〗約,約定。

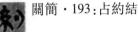

 關簡・193:占約結

 關簡・195:約結

 關簡・191:占約結

關簡・209:占約結

關簡・207:占約結

關簡・203:占約結

關簡・205:占約結

關簡・201:占約結

關簡・229:占約結

關簡・227:占約結

關簡・223:以期約結者

關簡・225:約結

關簡・221:占約結

關簡・239:占約結

關簡・233:占約結

關簡・235:占約結成

關簡・231:占約結

關簡・241:占約結

關簡・219:占約結

關簡・213:占約結

關簡・215:占約結

關簡・211:占約結

關簡・315:齊約大如小指

關簡・189:占約結

關簡・187:約結〖注〗約結,指雙方定約。

關簡・199:占約結

關簡・197:占約結

帛書・病方・190:以衣中衽(紝)緇〈繢〉約左手大指一

帛書・病方・348:以蓋而約之

帛書・病方・352:以布裹[而]約之

帛書・病方・357:以布約之

## 2867　繚　繚

秦印編253:繚

秦印編253:尹繚

秦印編253:王繚

秦印編253:繚

秦印編253:段繚

秦印編253:咸直里繚〖注〗繚,人名。

## 2868　結　結

睡簡・日乙・2:結

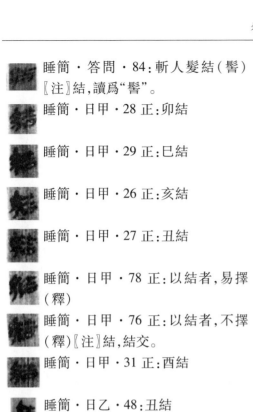

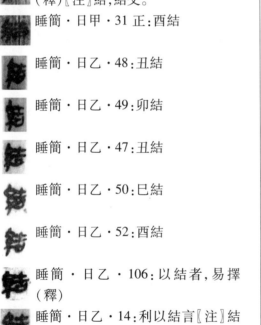

睡簡・答問・84：斬人髮結（髻）〔注〕結，讀爲"髻"。

睡簡・日甲・28 正：卯結

睡簡・日甲・29 正：巳結

睡簡・日甲・26 正：亥結

睡簡・日甲・27 正：丑結

睡簡・日甲・78 正：以結者，易擇（釋）

睡簡・日甲・76 正：以結者，不擇（釋）〔注〕結，結交。

睡簡・日甲・31 正：酉結

睡簡・日乙・48：丑結

睡簡・日乙・49：卯結

睡簡・日乙・47：丑結

睡簡・日乙・50：巳結

睡簡・日乙・52：酉結

睡簡・日乙・106：以結者，易擇（釋）

睡簡・日乙・14：利以結言〔注〕結言，用言語約定。

睡簡・日乙・14：窋結之日

關簡・193：占約結

關簡・195：約結

關簡・191：占約結

關簡・209：占約結

關簡・207：占約結

關簡・203：占約結

關簡・205：占約結

關簡・201：占約結

關簡・229：占約結

關簡・227：占約結

關簡・223：以期約結者

關簡・225：約結

關簡・221：占約結

關簡・239：占約結

關簡・233：占約結

關簡・235：占約結

關簡・231：占約結

關簡・241：占約結

關簡・219：占約結

關簡・217：占結者

關簡・213：占約結

關簡・215：占約結

關簡・211：占約結

關簡・189：占約結

關簡・187：約結〖注〗約結，指雙方定約。

關簡・199：占約結

關簡・197：占約結

帛書・病方・449：繩之以堅絜□手結□

### 2869　縛　　　縛

睡簡・答問・81：縛而盡拔其須麋（眉）〖注〗縛，捆綁。

睡簡・封診・17：男子甲縛詣男子丙

### 2870　給　　　給

睡簡・秦律・35：以給客

睡簡・秦律・179：給之韭葱

睡簡・雜抄・21：徒絡組各廿給

睡簡・雜抄・18：徒絡組五十給

睡簡・雜抄・17：徒絡組廿給〖注〗給，疑讀爲“緪”，即絚，根。

龍簡・85：以皮、革、筋給用〖注〗給用，借給使用。

關簡・374：以給、顛首、沐浥歓

### 2871　終　　　終

睡簡・編年・23：公終〖注〗終，死。

睡簡・秦律・78：終歲衣食不踐以稍賞（償）

睡簡・封診・69：即視索終

睡簡・封診・69：頭足去終所及地各幾可（何）

睡簡・封診・65：旋終在項〖注〗終，繫束。

睡簡・封診・70：道索終所試脫頭

睡簡・封診・71：索終急不能脫

睡簡・封診・46：令終身毋得去署（遷）所

睡簡・封診・47：令終身毋得去署（遷）所論之

睡簡・秦律・171：終歲而爲出凡曰

睡簡・日甲・22 背：不終迣（世）

睡簡・日甲・61 背：不終日

睡簡・日甲・61 背：終日

睡簡・日甲・10 背：不終

睡簡・日甲・1 背：取妻，不終

睡簡・日甲・119 背：終身衣絲

睡簡・日甲・114 背：終身衣絲

睡簡・日乙・239：癸酉生，有終

睡簡・日乙・239：武有力，毋（無）終

睡簡・日乙・246：癸亥，貧，毋（無）終

睡簡・日乙・243：辛丑生，有終

睡簡・日乙・241：丙戌生，有終

睡簡・效律・30：終歲而爲出凡曰

龍簡・43：令終身毋得見□

封泥集307・1：無終□□〖注〗無終，地名。

### 2872　繒綷　　繒綷

睡簡・封診・82：繆繒五尺緣及殿（純）〖注〗繆繒，繒之一種。《說文》：“繒，帛也。”

帛書・病方・29：裹以繒臧（藏）

秦印編253：曹繒

秦印編253：莟繒

### 2873　縵　　縵

封泥集152・1：左[織]縵丞

封泥印41：左□縵丞〖注〗《說文》：“縵，繒無文也。”

秦印編253：左織縵丞

睡簡・答問・162・摹：以錦縵（輓）履不爲

### 2874　繡　　繡

睡簡・秦律・110：隸妾及女子用箴（針）爲緡（文）繡它物〖注〗緡繡，即文繡。《說文》：“繡，五采備也。”

### 2875　絹　　絹

秦印編254：橋絹

### 2876　紬　　紬

秦印編254：張紬

秦印編254：紬尉

### 2877　綰　　綰

北私府橢量・始皇詔（秦銅・146）：乃詔丞相狀、綰〖注〗綰，人名。

兩詔銅權一（秦銅・175）：乃詔丞相狀、綰

北私府橢量・始皇詔（秦銅・146）：乃詔丞相狀、綰

兩詔銅權一（秦銅・175）：乃詔丞相狀、綰

大騩銅權（秦銅・131）：乃詔丞相狀、綰

高奴禾石銅權（秦銅・32.2）：乃詔丞相狀、綰

兩詔斤權一・摹（集證・46）：乃詔丞相狀、綰

兩詔版（秦銅・174.1）：乃詔丞相狀、綰

兩詔斤權二・摹（集證・49）：乃詔
丞相狀、縮

 兩詔銅權二（秦銅・176）：乃詔丞
相狀、縮

 兩詔銅權四（秦銅・179.1）：乃詔
丞相狀、縮

 兩詔銅權五（秦銅・180）：乃詔丞
相狀、縮

 兩詔橢量三之一（秦銅・150）：乃
詔丞相狀、縮

 兩詔橢量一（秦銅・148）：乃詔丞
相狀、縮

 美陽銅權（秦銅・183）：乃詔丞相
狀、縮

 平陽銅權・摹（秦銅・182）：乃詔
丞相狀、縮

 僅存銘兩詔銅權（秦銅・135-
18.1）：乃詔丞相狀、縮

 僅存銘兩詔銅權（秦銅・135-
18.2）：乃詔丞相狀、縮

 僅存銘始皇詔銅權・八（秦銅・
135-8）：乃詔丞相狀、縮

僅存銘始皇詔銅權・2（秦銅・135-
2）：乃詔丞相狀、縮

僅存銘始皇詔銅權・九（秦銅・
135-9）：乃詔丞相狀、縮

僅存銘始皇詔銅權・6（秦銅・135-
6）：乃詔丞相狀、縮

僅存銘始皇詔銅權・七（秦銅・
135-7）：乃詔丞相狀、縮

僅存銘始皇詔銅權・三（秦銅・
135-3）：乃詔丞相狀、縮

僅存銘始皇詔銅權・十二（秦銅・
135-12）：乃詔丞相狀、縮

僅存銘始皇詔銅權・十六（秦銅・
135-16）：乃詔丞相狀、縮

僅存銘始皇詔銅權・十七（秦銅・
135-17）：乃詔丞相狀、縮

僅存銘始皇詔銅權・十四（秦銅・
135-14）：乃詔丞相狀、縮

僅存銘始皇詔銅權・十一（秦銅・
135-11）：乃詔丞相狀、縮

僅存銘始皇詔銅權・四（秦銅・
135-4）：乃詔丞相狀、縮

僅存銘始皇詔銅權・一（秦銅・
135-1）：乃詔丞相狀、縮

秦箕斂（箕斂・封3）：乃詔丞相狀、
縮

商鞅方升（秦銅・21）：乃詔丞相
狀、縮

始皇詔八斤銅權二（秦銅・135）：
乃詔丞相狀、縮

始皇詔八斤銅權一（秦銅・134）：
乃詔丞相狀、縮

始皇詔版八（秦銅・144）：乃詔丞
相狀、縮

始皇詔版七（秦銅・143）：乃詔丞
相狀、縮

始皇詔版三（秦銅・138）：乃詔丞
相狀、縮

始皇詔版三・背大字（秦銅・
139）：乃詔丞相狀、縮

始皇詔版一（秦銅・136）：乃詔丞
相狀、縮

始皇詔十六斤銅權二（秦銅・
128）：乃詔丞相狀、縮

始皇詔十六斤銅權三（秦銅・
129）：乃詔丞相狀、縮

始皇詔十六斤銅權四（秦銅・
130.1）：乃詔丞相狀、縮

始皇詔十六斤銅權一（秦銅・
127）：乃詔丞相狀、縮

始皇詔鐵石權四（秦銅・123）：乃
詔丞相狀、縮

始皇詔銅方升三（秦銅・100）：乃
詔丞相狀、縮

始皇詔銅方升一（秦銅·98）：乃詔丞相狀、縮

始皇詔銅權九（秦銅·118）：乃詔丞相狀、縮

始皇詔銅權六（秦銅·115）：乃詔丞相狀、縮

始皇詔銅權三（秦銅·112）：乃詔丞相狀、縮

始皇詔銅權十（秦銅·119）：乃詔丞相狀、縮

始皇詔銅權十一（珍金·124）：乃詔丞相狀、縮

始皇詔銅權四（秦銅·113）：乃詔丞相狀、縮

始皇詔銅權五（秦銅·114）：乃詔丞相狀、縮

始皇詔銅權一（秦銅·110）：乃詔丞相狀、縮

始皇詔銅橢量二（秦銅·103）：乃詔丞相狀、縮

始皇詔銅橢量六（秦銅·107）：乃詔丞相狀、縮

始皇詔銅橢量三（秦銅·104）：乃詔丞相狀、縮

始皇詔銅橢量四（秦銅·105）：乃詔丞相狀、縮

始皇詔銅橢量五（秦銅·106）：乃詔丞相狀、縮

始皇詔銅橢量一（秦銅·102）：乃詔丞相狀、縮

武城銅橢量（秦銅·109）：乃詔丞相狀、縮

旬邑銅權（秦銅·133）：乃詔丞相狀、縮

左樂兩詔鈞權（集證·43）：乃詔丞相狀、縮

睡簡·秦律·5：唯不幸死而伐縮（棺）享（槨）者

陶量（秦印編254）：縮

陶量（秦印編254）：縮

陶量（秦印編254）：縮

秦印編254：橋縮

秦印編254：苗縮

秦印編254：李縮

秦印編254：冶縮

赤峰秦瓦量·殘（銘刻選43）：乃詔丞相狀、縮

秦陶·1585：□縮

秦陶·1586：詔丞相□、縮

秦陶·1589：□相狀、縮

秦陶·1590：丞相狀、縮

始皇詔陶印（《研究》附）：乃詔丞相狀、縮

## 2878　緹衹　　緹衹

睡簡·封診·21：緹覆（複）衣〖注〗《說文》：“緹，帛丹黃色。”

## 2879　紅　　　紅

睡簡·秦律·89：韋革、紅器相補繕〖注〗紅，此指織物。

睡簡·秦律·62：女子操敔紅及服者〖注〗紅，女紅。

睡簡・秦律・116：司空將紅（功）及君子主堵者有皋

 睡簡・秦律・116：興徒以爲邑中之紅（功）者

 睡簡・秦律・111：其後歲賦紅（功）與故等

 睡簡・秦律・111：一歲半紅（功）〖注〗半功，生產定額的一半。

 睡簡・雜抄・22：賦歲紅（功）

 睡簡・雜抄・18：非歲紅（功）及毋（無）命書

2880　　緋（綦）

 睡簡・封診・78：外壤秦綦履迹四所〖注〗綦，履上的花紋。

睡簡・封診・59：男子西有繫秦綦履一兩（輛）〖注〗綦履，一種有紋的麻鞋。

 睡簡・爲吏・36：綦之綦［之］〖注〗綦，讀爲“忌”，戒。

 秦印編254：綦母偃

2881　　緇

帛書・病方・190：以衣中衽（紝）緇〈纑〉約左手大指一〖注〗紝纑，機織布帛的頭尾，又稱機頭，用以繫物或飾物。

2882　纓

秦印編254：王纓

2883　　組

 睡簡・雜抄・20：徒絡組各廿給

 睡簡・雜抄・18：徒絡組五十給

 睡簡・雜抄・17：徒絡組廿給〖注〗組，薄闊的緤。絡組，穿聯甲札的緤帶。

 秦陶・1373：咸郦里組〖注〗組，人名。

2884　篹

 帛書・病方・258：以羽熏篹〖注〗篹，會陰部，或作“簒”。

2885　緣

 睡簡・封診・82：繆繒五尺緣及殿（純）〖注〗《爾雅・釋器》：“緣謂之純。”

 睡簡・封診・83：繆緣及殿（純）

2886　繩

 帛書・病方・166：葉從（縱）繩者〖注〗繩，細繩，指葉脈。

2887　繕

 睡簡・秦律・89：葆繕參邪〖注〗葆繕，維修。

 睡簡・秦律・89：取不可葆繕者

 睡簡・秦律・89：韋革、紅器相補繕

睡簡・秦律・86：縣、都官以七月糞公器不可繕者〖注〗繕,修繕。

 睡簡・秦律・122：欲以城旦舂益爲公舍官府及補繕之

 睡簡・秦律・120：勿稍補繕

 睡簡・秦律・121：以垣繕之

 睡簡・秦律・118：縣葆者補繕之

 睡簡・秦律・119：令苑輒自補繕之

 睡簡・秦律・117：興徒以斬(塹)垣離(籬)散及補繕之

 睡簡・雜抄・41：令戍者勉補繕城

## 2888　　纍

 封泥集 359・1：纍丘鄉印〖注〗纍丘鄉,鄉名。

封泥集 359・2：纍丘鄉印

## 2889　　緱

 秦印編 255：姚緱

## 2890　　繩

 帛書・病方・102：繩之

 帛書・病方・245：絜以小繩

## 2891　　綮

 秦印編 255：妙綮

 秦印編 255：咸亭郘里綮器

 秦陶・1331：咸亭郘里綮器〖注〗綮,人名。

## 2892　　編

 帛書・病方・443：編若十指

## 2893　　維

 繹山刻石・宋刻本：維初在昔

## 2894　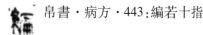　繘繖纅

 關簡・340：以左手袤[牽]繘〖注〗繘,汲水索。

 關簡・341：□下免繘甗(甕)

## 2895　　絮

 睡簡・封診・82：絲絮五斤襄(裝)〖注〗《說文》:"絮,敝緜也。"

 睡簡・日甲・14 背：非繭乃絮

 睡簡・日乙・195：不璽(繭)則絮

 帛書・病方・37：治以枲絮爲獨□傷〖注〗枲絮,粗麻絮。

## 2896 絡

睡簡·封診·68：衣絡襌襦、帬各一〖注〗絡,《廣雅·釋器》："綃也。"

睡簡·雜抄·20：徒絡組各廿給

睡簡·雜抄·18：徒絡組五十給

睡簡·雜抄·17：徒絡組廿給〖注〗絡,《廣雅》："綆也。"絡組,穿聯甲札的縧帶。

里簡·J1(8)158 正：主令史下絡帬直(值)書已到

## 2897 紙

睡簡·日甲·61 背：乃鬻(煮)枲(枲)屨以紙(抵)〖注〗抵,側擊。

## 2898 續

秦印編255：宋續

## 2899 綸

睡簡·語書·10：綸(偷)隨(惰)疾事〖注〗偷,苟且。

## 2900 紺

睡簡·秦律·75：別紺以叚(假)之〖注〗紺,疑讀爲"奉",《漢書》注："養也。"喂養。

## 2901 絜

秦駰玉版·乙·摹：絜(?)之〖注〗絜,潔淨。

會稽刻石·宋刻本：黔首脩絜

會稽刻石·宋刻本：男女絜誠

睡簡·語書·10：不廉絜(潔)

睡簡·秦律·14：牛減絜〖注〗絜,圍度。

睡簡·爲吏·2：必精絜(潔)正直〖注〗精潔,清白。

睡簡·語書·9：有(又)廉絜(潔)敦愨而好佐上

帛書·病方·244：絜以小繩〖注〗絜,捆束。

## 2902 繆

詛楚文·湫淵(中吳本)：昔我先君穆公及楚成王是繆(勠)力同心〖注〗繆,讀爲"勠",併力。

詛楚文·巫咸(中吳本)：昔我先君穆公及楚成王是繆(勠)力同心

詛楚文·亞駝(中吳本)：昔我先君穆公及楚成王是繆(勠)力同心

睡簡·封診·82：繆繒五尺緣及殿(純)〖注〗《說文》："繆,枲之十絜也。一曰綢繆。"

睡簡·封診·83：繆緣及殿(純)

睡簡·效律·56：計校相繆(謬)殹〖注〗謬,差誤。

## 2903 縕　縕

帛書·病方·18:以陳縕□[傅之]〚注〛陳縕,舊絮。

## 2904 彝　彝

秦公簋·蓋(秦銅·14.2):乍(作)畧宗彝〚注〛彝,宗廟常器。

## 2905 絆

詛楚文·湫淵(中吳本):絆(縫)以婚姻〚注〛絆,郭沫若說假爲"祥",近身衣。陳世輝說爲"紂"之異體字,訓助。姜亮夫釋繲足爲"絆"。湯餘惠隸作"絆",讀爲"縫",訓合。

詛楚文·巫咸(中吳本):絆(縫)以婚姻〚編者按〛《字彙補》引《六書統》:"絆,與結同。"

詛楚文·亞駝(中吳本):絆(縫)以婚姻

## 2906 繲

帛書·病方·51:目繲睡然〚注〛目繲,疑即目繫。目繲睡然,指眼球上翻。

## 2907 紋

睡簡·秦律·126:大車軸紋(鼗)〚注〛鼗,扭曲。

## 2908 緯

睡簡·日乙·194:祝曰:緯(皋)〚注〛孔穎達《疏》:"皋者,引聲之言

也。"

## 2909 綌

睡簡·秦律·5:邑之綌(近)皂及它禁苑者〚注〛近,靠近。

睡簡·秦律·195:令人勿綌(近)舍

睡簡·秦律·140:官相綌(近)者

## 2910 結

睡簡·封診·73:自宵臧(藏)乙復(複)結衣一乙房内中〚注〛結,疑讀爲"裾"。裾衣,有長襟的衣服。一說應隸爲"紬",絲絹布。

睡簡·封診·74:結衣不得

睡簡·封診·83:見乙有結復(複)衣

## 2911 緍

睡簡·秦律·110:隸妾及女子用箴(針)爲緍(文)繡它物〚注〛緍繡,即文繡,刺繡。

## 2912 緒

睡簡·6號牘·正:緒布謹善者毋下二丈五尺〚注〛緒,湯餘惠疑讀爲"繪"。

## 2913 絮

睡簡·日甲·80背:疪在絮〈要〉

## 2914　素

漆器 M8·2(雲夢·附二):素〖注〗
《說文》:"素,白緻繒也。"

漆器 M8·2(雲夢·附二):素

漆器 M11·4(雲夢·附二):素

漆器 M11·47(雲夢·附二):素

## 2915　縓(緩)

睡簡·爲吏·43:緩令急徵〖注〗
緩,慢。

封泥印 151:緩

秦印編 255:緩

秦印編 255:梁緩

秦印編 255:趙緩

秦印編 255:緩

秦印編 255:緩

秦印編 255:王緩

## 2916　黔

秦編鐘·乙鐘(秦銅·10.2):秦公
嬰眈黔才(在)立(位)〖注〗黔,讀爲
"令",善。

秦編鐘·乙鐘左鼓·軗(秦銅·
11.6):秦公嬰眈黔才(在)立(位)

秦鎛鐘·2 號鎛(秦銅·12.6):秦
公嬰眈黔才(在)立(位)

秦鎛鐘·3 號鎛(秦銅·12.9):秦
公嬰眈黔才(在)立(位)

秦鎛鐘·1 號鎛(秦銅·12.3):秦
公嬰眈黔才(在)立(位)

## 2917　絲

睡簡·11 號牘·正:母視安陸絲布
賤〖注〗《說文》:"絲,蠶所吐也。"

睡簡·答問·162:以絲雜織履

睡簡·答問·11:甲盜錢以買絲

睡簡·封診式·82:絲絮五斤蕡
(裝)

睡簡·日甲·119 背:終身衣絲

睡簡·日甲·114 背:不卒歲必衣
絲

睡簡·日甲·114 背:終身衣絲

## 2918　彎

石鼓文·鑾車(先鋒本):六彎鷖
□〖注〗《說文》:"彎,馬彎也。"

## 2919　率

會稽刻石·宋刻本:率眾自强

龍簡·134·軗:□希(稀)其程率
〖注〗程率,按國家規定應繳納田租
數量的標準。

## 2920　　虫

天簡 33・乙：大雨大<u>虫</u>小雨小虫

睡簡・日乙・殘 4：□可爲虫□

睡簡・日乙・116：百虫弗居

睡簡・日乙・115：百虫弗居

睡簡・日甲・62 背：殺虫豸〖注〗《說文》："虫，一名蝮。"卽蛇類。

睡簡・日甲・39 背：是會虫居其室西臂（壁）

睡簡・日甲・34 背：是神虫偽爲人

睡簡・日甲・35 背：有眾虫襲入人室

睡簡・日甲・40 背：必中虫首

睡簡・日甲・49 背：鳥獸虫豸甚眾

關簡・328：所謂"牛"者，頭虫也

帛書・病方・427：浸燔浸燔虫

帛書・病方・21：虫卽出

帛書・病方・223：〔取〕全虫蛻一〖注〗全虫蛻，卽蛇蛻。

## 2921　　蟯

帛書・病方・254：蟯白徒道出者方〖注〗蟯，蟯虫。

## 2922　　雖

秦公鎛鐘・摹（秦銅・16.2）：余雖小子

秦公簋・器（秦銅・14.1）：余雖小子

杜虎符（秦銅・25）：雖母（毋）會符

新郪虎符（集證・38）：雖母（毋）會符

新郪虎符・摹（集證・37）：雖母（毋）會符

天簡 24・乙：雖利彼水

睡簡・爲吏・22：雖有高山

睡簡・效律・24：禾粟雖敗而尚可飤（食）殹

睡簡・日甲・129 正：它日雖有不吉之名

睡簡・日甲・153 正：雖求頡甯（帝）必得

睡簡・爲吏・8：下雖善欲獨可（何）急

睡簡・效律・21：雖弗效

睡簡・答問・98：典、老雖不存

睡簡・答問・38：雖然

睡簡・答問・195：雖不養主而入量（糧）者

睡簡・答問・159：雖有公器

睡簡・秦律・50：雖有母而與其母冗居公者

睡簡・秦律・163：雖弗效

睡簡・日甲・9 背：雖有，毋（無）男

 睡簡・日甲・33 正：雖雨齊（霽）

 睡簡・日甲・41 正：雖雨，見日

 帛書・病方・298：□雖□

 帛書・病方・342：雖已

 帛書・病方・417：雖久騒（瘥）
［已］

 帛書・病方・122：雖俞（愈）而毋
去其藥

 帛書・病方・126：居雖十［餘］歲
到□歲

 帛書・病方・126：其卵雖有人
（仁）

 帛書・病方・238：雖久病必□

### 2923　　虺

 秦印編 255：連虺〖編者按〗此字或
釋“虺”，“虫”在左在右無別。

 秦印編 255：張虺

 秦印編 255：王虺

 秦印編 255：郝虺

集證・173.600：馮虺

### 2924　　虺

帛書・病方・87：虺〖注〗虺，毒蛇
名。《名醫別錄》：“虺，蝮類，一名

虺。”

### 2925　　蛭

帛書・病方・85：蛭食（蝕）人腨股
［膝］〖注〗蛭，水蛭之類動物。

### 2926　　蟜

秦印編 255：蟜

秦印編 255：黎蟜

### 2927　　强　彊

繹山刻石・宋刻本：滅六暴强

會稽刻石・宋刻本：率眾自强

睡簡・雜抄・8：輕車、赾張、引强、
中卒所載傅〈傳〉到軍〖注〗引强，兵
種名，開張强弓。

睡簡・爲吏・37：强良不得〖注〗强
良，兇橫。

睡簡・日乙・195：宛奇强飲食

睡簡・語書・12：阬閬强肮（伉）以
視（示）强〖注〗强伉，倔强。

睡簡・語書・12：阬閬强肮（伉）以
視（示）强〖注〗强，强幹。

睡簡・答問・75：臣强與主奸〖注〗
强，强行。

睡簡・答問・148：勿敢擅强質

睡簡・封診・28：强攻羣盜某里公
士某室

 睡簡・秦律・31：勿强

睡簡・秦律・127：車蕃（藩）蓋强折列（裂）

帛書・病方・50：頸脊强而復（腹）大

帛書・病方・35：强啟其口

帛書・病方・199：父乖母强

帛書・灸經甲・56：强吹（欠）〖注〗强欠，呃逆。

秦印編256：魏强

秦印編256：趙强

秦印編256：王强

秦印編256：宋强

集證・163.482：王强

集證・168.552：步强

## 2928  蜀

卅四年蜀守戈・摹（集證・29）：卅四年蜀守□造〖注〗蜀，郡名。

八年丞甬戈・摹（集證・34）：八年□□□□丞甬工悍蜀□

廿六年蜀守武戈（集證・36.2）：廿六年蜀守武造

廿六年蜀守武戈・摹（集證・36.2）：廿六年蜀守武造

蜀西工戈（秦銅・206）：蜀西工

蜀西工戈・摹（秦銅・206）：蜀西工

九年相邦呂不韋戟（集證・35）：蜀東工

九年相邦呂不韋戟・摹（集證・35）：蜀守金

石鼓文・車工（先鋒本）：射其豬蜀〖注〗蜀，讀爲“獨”，鄭業斅釋獸名。郭沫若訓“獨逸”。

睡簡・封診・47：鼍（遷）蜀邊縣

帛書・病方・350：冶烏豙（喙）、黎（藜）盧、蜀叔（菽）〖注〗蜀菽，藥名。

帛書・病方・殘1：治以蜀焦（椒）一委（捼）

帛書・病方・84：父居蜀

帛書・病方・350：庶、蜀椒、桂各一合〖注〗蜀椒，藥名。

集證・140.124：蜀邸倉印

秦印編256：蜀邸倉印

封泥印41：蜀左織官

封泥集・附一401：蜀邸倉印

## 2929  蠪

睡簡・日甲・50背：幼蠪（龍）處之

睡簡・日甲・51背：蠪（龍）去矣

秦印編256：江蠪

## 2930  蠃

帛書・病方・239：有蠃肉出〖注〗蠃肉，螺肉。

帛書・病方・182：取蠃牛二七〖注〗蠃牛，蝸牛。

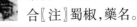

## 2931　蚩

睡簡・秦律・86：有久(記)識者
(磨)蚩(徹)之〖注〗磨徹，磨壞、磨
除。

睡簡・秦律・104：(磨)蚩(徹)其
久(記)

帛書・病方・410：蚩其汁〖注〗蚩，
讀爲"撤"，除去。

## 2932　蜕

帛書・病方・223：[取]全虫蜕一
〖注〗全虫蜕，卽蛇蜕。

## 2933　蝕(蝕)

睡簡・答問・65：人未蝕奸而得
〖注〗蝕，疑讀爲"食"，《漢書》注：
"猶受納也。"

帛書・病方・401：蟲蝕〖注〗蝕，齧
蝕。

## 2934　蟄

睡簡・日甲・142背：是胃(謂)發
蟄

## 2935　蛼

帛書・病方・86：鲞(鬵)蛼〖注〗
蛼，蟹六足者。

## 2936　蝠

關簡・321：大如扁(蝙)蝠矢而乾
之〖注〗蝙蝠，動物名。

## 2937　蠻

里簡・J1(12)10正：蠻、衿、害弗智
(知)□〖注〗蠻，人名。

## 2938　虹蚰

石鼓文・馬薦(先鋒本)：□天□虹
□皮□走驕＝馬薦蒡＝茻＝敊＝雄□心
其一□之

## 2939　螌

秦駰玉版・甲・摹：螌＝(塈塈)柔
(烝)民之事明神〖注〗螌，王輝讀爲
"塈"。《說文》："固也。"塈塈，亦作"幾
幾"，拘束忠厚的樣子。李零讀爲"硻硻"，
堅正難移之貌。

秦駰玉版・乙・摹：螌＝(塈塈)柔
(烝)民之事明神

## 2940　蝪

帛書・病方・340：刑赤蝪〖注〗赤
蝪，赤色蜥蝪。

## 2941　蟄

瓦書・郭子直摹：卜蟄(蟄)，史鬲
手〖注〗蟄，人名。袁仲一說"蟄史"
爲人名。

瓦書(秦陶・1610)：卜蟄(蟄)，史
鬲手

## 2942　蠢

睡簡・日甲・47背：燔蠢(鬟)及六
畜毛邋(鬣)其止所〖注〗鬟，脫落的

頭髪。

2943　　蚰

睡簡・秦律・2：早〈旱〉及暴風雨、水潦、螽（螽）蚰、羣它物傷稼者〖注〗蚰，蟲類總稱。

2944　　蠶

帛書・病方・203：炙蠶卵

帛書・病方・215：熬蠶種令黄〖注〗蠶種，蠶卵。

帛書・病方・215：靡（磨）取蠶種冶

帛書・病方・215：以冥蠶種方尺〖注〗冥蠶種，一種蠶卵。

2945　　螽（蚤）

睡簡・日甲・129 正：命曰央（殃）蚤（早）至

關簡・165：蚤（早）食

帛書・病方・213：□中指蚤（搔）二［七］

帛書・病方・370：桯若以虎蚤

帛書・病方・131：以蚤挈（契）虖令赤〖注〗蚤，卽爪。

2946　　螽蟓（蚤）

睡簡・秦律・2：早〈旱〉及暴風雨、水潦、螽（螽）蚰、羣它物傷稼者〖注〗螽，蝗蟲。

2947　　蠭螽（蜂）

帛書・病方・362：以蠭（蜂）駘弁和之〖注〗蜂駘，疑卽蜂子。

2948　　蠠（蜜）

帛書・病方・174：以蠠（蜜）和

2949　　蠹螦

睡簡・效律・42：有蠹突者〖注〗蠹突，被蟲嚙穿。

2950　　蠡蠡

帛書・病方・97：湮汲一音（杯）入奚蠡中〖注〗蠡，瓠瓢。

帛書・病方・98：卽復（覆）奚蠡

帛書・病方・225：以奎蠡蓋其堅（腎）〖注〗奎蠡，卽奚蠡，大腹的瓢。

帛書・病方・444：以采蠡爲車

秦印編 256：脊蠡

2951　　蠶

關簡・368：今日庚午利浴蠶（蠶）〖注〗浴蠶，育蠶選種的一種方法。

關簡・369：浴蠶（蠶）必以日黿（纏）始出時浴之

## 2952　蟲

睡簡·答問·179:騷馬蟲皆麗衡厄（軛）靾釐轅軸（軔）

睡簡·日甲·74背:巳,蟲也

帛書·病方·246:□龜齰（腦）與地膽蟲相半〖注〗地膽蟲,卽地膽,藥名。

帛書·病方·346:蟲環出

帛書·病方·134:蟲

帛書·病方·135:以傅蟲所齧□之

帛書·病方·401:蟲蝕

帛書·病方·28:蟲〖注〗此處“蟲”應爲“虫”,卽蛇類。

## 2953　蠱

帛書·病方·437:沐浴爲蠱者

帛書·病方·438:病蠱者

帛書·病方·441:蠱

帛書·病方·目錄:蠱〖注〗蠱,腹中蟲。

## 2954　風

會稽刻石·宋刻本:天下承風

天簡35·乙:風不利雞

天簡35·乙:風不利犬

天簡35·乙:風不利豕

天簡31·乙:風

睡簡·秦律·2:旱〈旱〉及暴風雨、水潦、螽（螽）蚰、羣它物傷稼者

睡簡·日甲·64背:凡有大票（飄）風害人

睡簡·日甲·79正:有（又）數詣風雨

睡簡·日甲·57背:票（飄）風入人宮而有取焉〖注〗飄風,疾風。

睡簡·日乙·107:數詣風雨

睡簡·日乙·16:以風鑿井〖注〗風,疑讀爲“封”,填塞。

睡簡·日甲·58背:寒風入人室

睡簡·日乙·119:凡戊子風

睡簡·日乙·119:興在外,風

睡簡·效律·42:數穚（煬）風之

龍簡·36:風荼宂（突）出

龍簡·35:沙丘苑中風荼者〖注〗風荼,胡平生疑爲虎之別名。

關簡·333:令若毋見風雨

帛書·病方·37:風入傷

帛書·病方·221:勿令風及

帛書·病方·30:風入傷

帛書・病方・32：毋見風

 帛書・病方・259：冶麋（蘼）蕪本、方（防）風、烏豙（喙）、桂皆等〔注〕防風，藥名。

## 2955  它

睡簡・答問・209：其它爲小

睡簡・答問・23：當以布及其它所買畀甲

睡簡・答問・23：以買它物

睡簡・答問・204：它邦耐（能）吏、行旞與偕者

睡簡・答問・25：祠固用心腎及它支（肢）物

睡簡・答問・96：而告它人

睡簡・答問・32：其它不爲

睡簡・答問・49：有（又）有它盜

睡簡・答問・58：咸陽及它縣發弗智（知）者當皆貲

睡簡・答問・126：它皋比羣盜者皆如此

睡簡・答問・196：其它皆爲"更人"

睡簡・答問・194：後更其律如它

睡簡・答問・161：它不爲

睡簡・答問・177：臣邦父母產子及產它邦而是謂"眞"

睡簡・答問・138：它如甲

睡簡・答問・103：賊殺傷、盜它人爲"公室"

睡簡・答問・140：購如捕它皋人

睡簡・答問・144：事它郡縣而不視其事者

睡簡・答問・104：它人有（又）襲其告之

睡簡・答問・100：有（又）以它事告之

睡簡・封診・96：毋（無）它坐

睡簡・封診・74：毋（無）它亡殹

睡簡・封診・30：皆毋（無）它坐皋

睡簡・秦律・82：而坐其故官以貲賞（償）及有它責（債）

睡簡・秦律・24：其它人是增積

睡簡・秦律・2：旱〈旱〉及暴風雨、水潦、螽（蝝）蚰、羣它物傷稼者〔注〕羣它物，等物。

睡簡・秦律・93：在它縣者致衣從事之縣

睡簡・秦律・76：有責（債）於公及貲、贖者居它縣

睡簡・秦律・7：其它禁苑殺者

睡簡・秦律・37：縣上食者籍及它費大（太）倉

睡簡・秦律・59：免隸臣妾、隸臣妾垣及爲它事與垣等者

睡簡・秦律・55：其守署及爲它事者

睡簡・秦律・5：邑之紤（近）皂及它禁苑者

睡簡・秦律・195：它垣屬焉者

睡簡・秦律・163：它如律

 睡簡・秦律・160：嗇夫之送見它官者

 睡簡・秦律・174：羣它物當負賞（償）而偽出之以彼（貱）賞（償）

 睡簡・秦律・110：隸妾及女子用箴（針）爲緡（文）繡它物

 睡簡・雜抄・38：求盜勿令送逆爲它

 睡簡・雜抄・42：敢令爲它事

 睡簡・雜抄・41：署勿令爲它事

 睡簡・雜抄・18：敢爲它器

 睡簡・日甲・81 正：不可爲它事

 睡簡・日甲・78 正：毋（無）它同生

 睡簡・日甲・34 正：它毋（無）小大盡吉

 睡簡・日甲・58 背：它人莫爲

 睡簡・日甲・129 正：它日雖有不吉之名

 睡簡・日乙・81：不可爲它事

 睡簡・日乙・44：它毋有爲也

 睡簡・日乙・45：它人必發之

 睡簡・日乙・106：毋（無）它同生

 睡簡・日乙・137：它日唯（雖）有不吉之名

 睡簡・效律・21：它如律

 睡簡・效律・34：羣它物當負賞（償）而偽出之以彼（貱）賞（償）

 睡簡・效律・46：工稟鬢它縣

 睡簡・效律・52：其他冗吏、令史掾計者

 睡簡・效律・54：如它官然

 龍簡・146：如它人告□

 龍簡・12：及以它詐（詐）偽入□

 龍簡・178：諸以錢財它勿（物）假田□

 龍簡・83：□它禁苑

 龍簡・26：錢財它物於縣、道官

 龍簡・213：復以給假它入

 龍簡・90・蟇：及爲作務羣它□

 龍簡・59：騎馬於它馳道

 龍簡・103：毋敢穿窘及置它機

 里簡・J1(8)156：它如律令

 里簡・J1(16)5 背：它如律令

 帛書・脈法・81：□虛則主病它脈（脈）

 帛書・病方・250：毋飲它

 秦印編256：它

 集證・162.463：王它人〔注〕王它人，人名。

秦印編 256:蘇它

秦印編 256:董它人

秦印編 256:黃它

秦印編 256:它封

秦印編 256:它

## 2956　蛇

睡簡·日甲·74 背:蛇目

帛書·病方·360:冶蛇牀實〖注〗蛇牀實,蛇床子。

帛書·病方·目錄:人病蛇不間(癇)

帛書·病方·438:令雞、蛇盡燋

帛書·病方·438:以烏雄雞一、蛇一

帛書·病方·殘 1:取蛇兌(蛻)□鄉(嚮)者

帛書·病方·358:而炙蛇膏令消〖注〗蛇膏,蛇的脂油。

## 2957　龜

帛書·病方·27:龜

帛書·病方·246:□龜坁(腦)與地膽蟲相半〖注〗龜腦,藥名。

## 2958　黿

天簡 24·乙:夷則黿電〖注〗《說文》:"黿,黿黿也。从它象形,黿頭

與它頭同。"

秦印編 257:范黿

集證·162.466:王黿〖注〗王黿,人名。

秦陶·1460:黿

新見秦宜陽鼎·摹(鼎跋):黿倉〖注〗黿,地名。

## 2959　鼈(鱉)

睡簡·秦律·5:毋□毒魚鼈〖注〗鼈,卽鱉。

## 2960　黿

天簡 24·乙:投中夷則黿龜殹〖注〗黿,大鼈。

## 2961　蠅

帛書·病方·54:有血如蠅羽者

## 2962　黿黿

卅八年上郡假守黿戈(珍金·88):卅八年上郡段(假)守黿造〖注〗黿,人名。

卅八年上郡假守黿戈·摹(珍金·88):卅八年上郡段(假)守黿造

睡簡·爲吏·20:二曰不安其黿(朝)

秦印編 257:李黿

秦印編 257:趙黿

秦印編 257：黽征

 秦印編 257：黽女

 秦印編 257：王黽

 秦印編 257：王黽

 秦印編 257：郭黽

 秦印編 257：黽竈

## 2963　卵

 睡簡・日甲・74 正：得之犬肉、鮮卵白色

 睡簡・日乙・185：得於肥肉、鮮魚、卵

 帛書・病方・236：旦取丰（蜂）卵一〚注〛蜂卵，即蜂子。

 帛書・病方・310：以鷄卵弁兔毛

 帛書・病方・105：取㕙（塊）大如鷄卵者

 帛書・病方・118：卵次之

 帛書・病方・125：二、三月十五日到十七日取鳥卵

 帛書・病方・126：其卵雖有人（仁）

 帛書・病方・137：□以蠪一入卵中□之

 帛書・病方・202：破卵音（杯）醢中

 帛書・病方・203：炙鼅卵

 帛書・病方・212：陰乾之旁逢卵

 帛書・病方・221：先上卵

## 2964　羼

睡簡・秦律・4：取生荔、麝羼（卵）㲉〚注〛卵，鳥卵。

## 2965　二　弍　　二　弍

秦公簋・器（秦銅・14.1）：十又（有）二公〚注〛王輝說“十二公”當起自文公，包括靜公及出子在內，具體爲文、靜、憲、出、武、德、宣、成、穆、康、共、桓諸公。

秦公鎛鐘・摹（秦銅・16.1）：十又（有）二公

卅年銀耳杯・摹（臨淄 173.1）：重一斤十二兩十四朱（銖）

二年寺工壺（集證・32）：二年寺工師初〚注〛二年，秦莊襄王二年，公元前 248 年。

二年寺工壺・摹（秦銅・52）：二年寺工師初

卅三年銀盤・摹（齊王・18.3）：六斤十三兩二斗

卅三年銀盤・摹（齊王・18.3）：千三百廿二釿

卅三年銀盤・摹（齊王・18.3）：重六斤十二兩

卅三年銀盤・摹（齊王・19.4）：二斗

卅三年銀盤・摹（齊王・19.4）：容二斗

銅車馬當顱・摹（秦銅・157.2）：道二

麗山園鍾（秦銅・185）：重二鈞十三斤八兩

麗山園鍾（秦銅・185）：麗山園容十二斗三升

商鞅方升（秦銅・21）：冬十二月乙酉

十二年上郡守壽戈・摹（秦銅・35）：十二年上郡守壽造〖注〗十二年，秦昭襄王十二年，公元前295年。

卅二年相邦冉戈・摹（珍金・80）：卅二年相邦冉造〖注〗卅二年，秦昭王三十二年，公元前275年。

卅八年上郡假守量戈（珍金・88）：二〖注〗二，編號。

卅八年上郡假守量戈・摹（珍金・88）：二

二年上郡守冰戈・摹（秦銅・55）：二年上郡守冰造〖注〗二年，秦莊襄王二年，公元前248年。

二年少府戈・摹（秦銅・56）：少府二年作

二年寺工讋戈・摹（秦銅・58）：二年寺工讋〖注〗二年，秦王政二年，公元前245年。

廿二年臨汾守戈（集證・36.1）：廿二年臨汾守暉〖注〗廿二年，秦王政二十二年，公元前225年。

廿二年臨汾守戈・摹（集證・36.1）：廿二年臨汾守暉

十九年寺工鈹四・摹（秦銅・89）：六二〖注〗六二，編號。

石鼓文・乍逢（先鋒本）：二日尌囗〖注〗二日，合文。

明瓊（集證・241）：二

明瓊（集證・241）：十二

明瓊・摹（集證・242）：二

明瓊・摹（集證・242）：十二

青川牘・摹：二年十一月己酉朔二日〖注〗二年，秦武王二年，公元前309年。

青川牘・摹：畝二畛

青川牘・摹：四年十二月不除道者

青川牘・摹：下厚二尺

王家台・12：二

天簡33・乙：而爲二上北而生

天簡35・乙：二日

睡簡・效律・10：貲官嗇夫二甲

睡簡・秦律・51：以二月月稟二石半石

睡簡・秦律・182：鹽廿二分升二

睡簡・日甲・94背：入十二月二日三日心

睡簡・日甲・124背：二旬二日刺

睡簡・日乙・45：入月六日、七日、八日、二旬二日皆知

睡簡・日乙・106：入十二月二日三日心

睡簡・日乙・149：十二月二旬

睡簡・效律・57：自二以上

睡簡・效律・51：官嗇夫貲二甲

睡簡・效律・13：直（值）過二百廿錢以到千一百錢

睡簡・效律・9：過二千二百錢以上

睡簡・效律・9:過千一百錢以到二千二百錢

睡簡・效律・56:過二百廿錢以到二千二百錢

睡簡・效律・57:過二千二百錢以上

睡簡・效律・13:過千一百錢以到二千二百錢

睡簡・效律・14:過二千二百錢以上

睡簡・效律・15:過二千二百錢以上

睡簡・效律・15:直(值)過千一百錢以到二千二百錢

睡簡・答問・169:貲二甲

睡簡・秦律・51:以二月月稟二石半石

睡簡・秦律・182:鹽廿二分升二

睡簡・雜抄・39:貲二甲

睡簡・雜抄・1:貲二甲

睡簡・日甲・94 背:入十二月二日三日心

睡簡・日甲・124 背:二旬二日刺

睡簡・日乙・45:入月六日、七日、八日、二旬二日皆知

睡簡・日乙・106:入十二月二日三日心

睡簡・日乙・149:十二月二旬

睡簡・效律・9:過二千二百錢以上

睡簡・效律・9:過千一百錢以到二千二百錢

睡簡・效律・56:過二百廿錢以到二千二百錢

睡簡・效律・57:過二千二百錢以上

睡簡・效律・13:過千一百錢以到二千二百錢

睡簡・效律・14:過二千二百錢以上

睡簡・效律・15:過二千二百錢以上

睡簡・效律・15:直(值)過千一百錢以到二千二百錢

二 3(睡簡・效律・56):過二百廿錢以到二千二百錢

睡簡・6 號牘・正:縹布謹善者毋下二丈五尺□

睡簡・編年・2:二年

睡簡・編年・29:廿二年

睡簡・編年・6:莊王二年

睡簡・編年・32:卅二年

睡簡・編年・42:卌二年

睡簡・編年・45:十二月甲午雞鳴時

睡簡・答問・8:或曰貲二甲

睡簡・答問・86:當貲二甲

睡簡・答問・208:及將長令二人扶出之

睡簡・答問・2:不盈六百六十到二百廿錢

睡簡・答問・92:當貲二甲

睡簡・答問・92：所殺直（值）二百
五十錢

睡簡・答問・38：當貲二甲

睡簡・答問・31：未啟當貲二甲

睡簡・答問・49：當貲二甲一盾

睡簡・答問・169：貲二甲

睡簡・答問・167：居二歲

睡簡・答問・161：貲二甲

睡簡・答問・175：貲二甲

睡簡・答問・138：問亡二日

睡簡・答問・139：當貲各二甲

睡簡・答問・136：人購二兩

睡簡・答問・134：當購二兩

睡簡・答問・135：當購二兩

睡簡・答問・148：皆貲二甲

睡簡・答問・152：二以下諜

睡簡・答問・15：夫盜二百錢

睡簡・答問・101：當貲二甲

睡簡・封診・25：具弩二、矢廿

睡簡・封診・96：以酒二月不識日
去亡

睡簡・封診・66：不周項二寸

睡簡・封診・67：西去堪二尺

睡簡・封診・60：其腹有久故瘢二
所

睡簡・封診・65：頭上去權二尺

睡簡・封診・65：餘末衺二尺

睡簡・封診・65：足不傅地二寸

睡簡・封診・76：上高二尺三寸

睡簡・封診・76：下廣二尺五寸

睡簡・封診・58：以刃夬（決）二所

睡簡・封診・57：北（背）二所

睡簡・秦律・8：頃入芻三石、稾二
石

睡簡・秦律・28：咸陽二萬一積

睡簡・秦律・26：櫟陽二萬石一積

睡簡・秦律・66：福（幅）廣二尺五
寸

睡簡・秦律・61：隸臣欲以人丁粼
者二人贖

睡簡・秦律・4：春二月

睡簡・秦律・49：隸臣月禾二石

睡簡・秦律・52：高五尺二寸

睡簡・秦律・52：隸妾、春高不盈六
尺二寸

| | |
|---|---|
| 睡簡・秦律・50：月禾一石二斗半斗 | 睡簡・雜抄・27：貲二盾 |
| 睡簡・秦律・108：賦之三日而當夏二日 | 睡簡・雜抄・24：貲二甲 |
| 睡簡・秦律・123：贏員及減員自二日以上 | 睡簡・雜抄・2：尉貲二甲 |
| 睡簡・秦律・109：冗隷妾二人當工一人 | 睡簡・雜抄・25：而貲工曰不可者二甲 |
| 睡簡・秦律・165：貲官嗇夫二甲 | 睡簡・雜抄・25：射虎車二乘爲曹 |
| 睡簡・秦律・136：一室二人以上居貲贖責（債）而莫見其室者 | 睡簡・雜抄・21：貲嗇夫二甲而灋（廢） |
| 睡簡・秦律・130：用膠一兩、脂二錘 | 睡簡・雜抄・9：令、尉貲各二甲 |
| 睡簡・秦律・14：罰冗皂者二月 | 睡簡・雜抄・9：縣司馬貲二甲 |
| 睡簡・秦律・144：種時、治苗時各二旬 | 睡簡・雜抄・6：二甲 |
| 睡簡・秦律・157：縣、都官、十二郡免除吏及佐、羣官屬 | 睡簡・雜抄・39：貲二甲 |
| 睡簡・秦律・157：以十二月朔日免除 | 睡簡・雜抄・36：稟伍二甲 |
| 睡簡・秦律・155：欲歸爵二級以免親父母爲隷臣妾者一人 | 睡簡・雜抄・33：貲二甲 |
| 睡簡・秦律・11：過二月弗稟、弗致者 | 睡簡・雜抄・34：人貲二甲 |
| 睡簡・秦律・115：貲二甲 | 睡簡・雜抄・3：貲二甲 |
| 睡簡・秦律・111：新工二歲而成 | 睡簡・雜抄・42：使者貲二甲 |
| 睡簡・雜抄・8：二甲 | 睡簡・雜抄・4：貲二甲 |
| 睡簡・雜抄・8：尉貲二甲 | 睡簡・雜抄・18：工師及丞貲各二甲 |
| 睡簡・雜抄・22：貲嗇夫二甲而灋（廢） | 睡簡・雜抄・12：戍二歲 |
| 睡簡・雜抄・27：過二寸 | 睡簡・雜抄・17：貲工師二甲 |

睡簡・雜抄・13：貲戍二歲

睡簡・雜抄・10：司馬貲二甲

睡簡・雜抄・14：貲二甲

睡簡・雜抄・15：丞、庫嗇夫、吏貲二甲

睡簡・雜抄・11：皆貲二甲

睡簡・雜抄・1：貲二甲

睡簡・日甲・8 背：十二日曰見莫取

睡簡・日甲・89 背：必有死者二人

睡簡・日甲・86 背：二月

睡簡・日甲・86 背：十二月

睡簡・日甲・86 正：必二妻

睡簡・日甲・86 正：必二人

睡簡・日甲・83 背：入正月二日一日心

睡簡・日甲・28 正：入月一日二日吉

睡簡・日甲・29 正：廿二日廿三日吉

睡簡・日甲・26 正：正月二月

睡簡・日甲・25 正：十二月

睡簡・日甲・96 正：正月、二月、三月

睡簡・日甲・97 正：十月、十一月、十二月

睡簡・日甲・93 背：入十一月二旬五日心

睡簡・日甲・91 背：其咎在二室

睡簡・日甲・62 背：十二月

睡簡・日甲・62 正：九月八月十二月

睡簡・日甲・66 正：十二月楚援夕

睡簡・日甲・64 背：完掇其葉二七

睡簡・日甲・64 正：二月楚夏屎

睡簡・日甲・4 背：不出二歲

睡簡・日甲・108 正：十一月十二月戊辛甲

睡簡・日甲・109 背：二月丙寅

睡簡・日甲・109 背：十二月甲子以以行

睡簡・日甲・107 背：二月十四日

睡簡・日甲・104 正：二月癸

睡簡・日甲・104 正：十二月乙

睡簡・日甲・105 正：十二月辰

睡簡・日甲・101 背：且以行有二喜

睡簡・日甲・128 正：十二月上旬酉

睡簡・日甲・12 背：十二月、正月、七月、八月爲牡月

睡簡・日甲・127 正：二月上旬亥

睡簡・日甲・132 背：十二月辰

睡簡・日甲・139 正：十二月己臽

睡簡・日甲・137 正：二月癸臽

睡簡・日甲・133 正：入二月四日

睡簡・日甲・133 正：入十二月卅日

睡簡・日甲・134 正：十二月辰

睡簡・日甲・135 正：有二喜

睡簡・日甲・131 背：十二月丑

睡簡・日甲・131 正：二百里外必死

睡簡・日甲・146 背：十二月居辰

睡簡・日甲・145 背：二月居子

睡簡・日甲・118 正：十二歲更

睡簡・日甲・117 正：十二歲更

睡簡・日乙・89：二月癸臽

睡簡・日乙・86：□取妻必二

睡簡・日乙・殘6：□二月□旬□

睡簡・日乙・200：四月、八月、十二月

睡簡・日乙・29：十二月

睡簡・日乙・210：二月卯

睡簡・日乙・216：十二月丑

睡簡・日乙・90：二月東辟（壁）廿七日

睡簡・日乙・99：入五月旬二日心

睡簡・日乙・99：十二月己臽

睡簡・日乙・96：入二月九日直心

睡簡・日乙・95：入正月二日一日心

睡簡・日乙・37：十二月

睡簡・日乙・47：正月、二月

睡簡・日乙・100：十二月斗廿一日

睡簡・日乙・105：入十一月二旬五日心

睡簡・日乙・105：十二月

睡簡・日乙・120：二月、六月、十月之戌

睡簡・日乙・120：四月、八月、十二月之辰

睡簡・日乙・1：二月

睡簡・日乙・198：二月、六月、十月、正南盡

睡簡・日乙・19：二月

睡簡・日乙・191：且有二喪

睡簡・日乙・132：二月上旬亥

睡簡・日乙・133：十二月上旬丑

睡簡・日乙・1：十二月

睡簡・日乙・149：二月旬

睡簡・日乙・149：九月二旬七日

睡簡・日乙・149：六月二旬

睡簡・日乙・152：二旬

睡簡・日乙・153：十二月癸未

睡簡・日乙・151：二月旬四日

睡簡・日乙・151：九月二旬七日

睡簡・日乙・151：六月二旬四日

睡簡・日乙・151：三月二日

睡簡・爲吏・8：二曰精（清）廉毋謗

睡簡・爲吏・20：二曰不安其朝（朝）

睡簡・爲吏・22：廿五年閏再十二月丙午朔辛亥

睡簡・爲吏・26：二曰不智（知）所使

睡簡・爲吏・15：二曰貴以大（泰）

睡簡・效律・8：過二百廿錢以到千一百錢

睡簡・效律・8：直（值）百一十錢以到二百廿錢

睡簡・效律・23：貲官嗇夫二甲

睡簡・效律・38：櫟陽二萬石一積

睡簡・效律・3：二升以上

睡簡・效律・4：不盈二升到一升

睡簡・效律・46：水減二百斗以上

睡簡・效律・46：貲工及吏將者各二甲

睡簡・效律・47：不盈二百斗以下到百斗

睡簡・效律・58：不盈廿二錢

睡簡・效律・59：廿二錢以到六百六十錢

睡簡・效律・56：自二百廿錢以下

龍簡・127：當遺二程者

龍簡・130：□各二程□

龍簡・139・摹：其部□貲二甲

龍簡・208：皆貲二甲

龍簡・202：貲二［甲］

龍簡・243：□二日以（？）

龍簡・65：□［夫］二甲

龍簡・76：□捕者貲二甲□

龍簡・73：貲二甲

龍簡・33・摹：鹿一、麀一、麇一、麃一、狐二

龍簡・40・摹：二百廿錢到百一十錢

龍簡·41:不盈廿二錢到一錢

 龍簡·41:貲二甲

 龍簡·53:貲各二甲

 龍簡·106:貲二甲

 龍簡·128:誺（詐）一程若二程□之□

 龍簡·152:部主者各二甲

 里簡·J1(8)154 背:水十一刻［刻］下二

 里簡·J1(8)154 正:卅三年二月壬寅朔［朔］日

 里簡·J1(6)1 正:三四十二

 里簡·J1(6)1 正:四八卅二

 里簡·J1(6)1 正:一［二］而二

 里簡·J1(8)157 正:卅二年正月戊寅朔甲午

 里簡·J1(6)1 正:二六十二

 里簡·J1(6)1 正:二六十二

 里簡·J1(8)152 正:卅二年四月丙午朔甲寅

里簡·J1(8)158 正:卅二年四月丙午朔甲寅

里簡·J1(9)6 正:陽陵褆陽上造徐有貲錢二千六百八十八

里簡·J1(9)11 正:陽陵谿里士五（伍）采有貲餘錢八百五十二

里簡·J1(16)6 正:廿七年二月丙子朔庚寅

 里簡·J1(6)1 正:八九七十二

 里簡·J1(6)1 正:二［二］而四

 里簡·J1(6)1 正:二八十六

 里簡·J1(6)1 正:二半而一

 里簡·J1(6)1 正:二九十八

 里簡·J1(6)1 正:二七十四

 里簡·J1(6)1 正:二三而六

 里簡·J1(6)1 正:二四而八

 里簡·J1(6)1 正:二五而十

 里簡·J1(6)1 正:六七卅二

 關簡·135:入月二日

 關簡·135:十二日

 關沮牘·背·1:以十二月戊戌嘉平

 關簡·145:二月

 關簡·137:廿二日

 關簡·140:十二月

 關沮牘·正·1:二月癸酉小

 關沮牘·正·1:十二月甲戌小

 關簡·82:十二月庚戌小

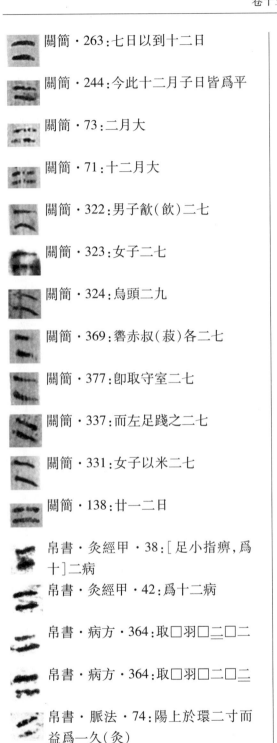

關簡·263：七日以到十二日

關簡·244：今此十二月子日皆爲平

關簡·73：二月大

關簡·71：十二月大

關簡·322：男子歐（飲）二七

關簡·323：女子二七

關簡·324：烏頭二九

關簡·369：礜赤叔（菽）各二七

關簡·377：卽取守室二七

關簡·337：而左足踐之二七

關簡·331：女子以米二七

關簡·138：廿一二日

帛書·灸經甲·38：[足小指痹，爲十]二病

帛書·灸經甲·42：爲十二病

帛書·病方·364：取□羽□二□二

帛書·病方·364：取□羽□二□二

帛書·脈法·74：陽上於環二寸而益爲一久（灸）

帛書·脈法·76：二害

帛書·病方·1：□膏、甘草各二

帛書·病方·17：獨□長支（枝）者二廷（梃）

帛書·病方·17：黃鈐（芩）二梃

帛書·病方·17：秋烏豙（喙）二□

帛書·病方·25：凡二物并和

帛書·病方·25：冶二

帛書·病方·46：二

帛書·病方·61：取丘（蚯）引（蚓）矢二升

帛書·病方·66：二七而□

帛書·病方·93：卽封涂（塗）厚二寸

帛書·病方·94：亨（烹）三宿雄鷄二

帛書·病方·104：以敝帚騷（掃）尤（疣）二七

帛書·病方·105：女子二七

帛書·病方·108：靡（磨）又（疣）內辟（壁）二七

帛書·病方·109：葵莖靡（磨）又（疣）二七

帛書·病方·109：有（又）以殺本若道旁蔪（薊）根二七

帛書·病方·111：女子二七

帛書·病方·124：先毋食□二三日

帛書·病方·131：二日

帛書·病方·173：取棗種廮（蠹）屑二升

帛書·病方·182：取贏牛二七

帛書·病方·195：潰者二襄胡

帛書·病方·198：以箭越之二七

帛書·病方·200：卽以鐵椎改段之二七

帛書·病方·205：卽操布改之二七

帛書·病方·207：以築衝積（癥）二七

帛書·病方·215：長足二七

帛書·病方·216：并以醴二升和

帛書·病方·218：而以采爲四寸杙二七

帛書·病方·219：以盡二七杙而已

帛書·病方·228：爲二處

帛書·病方·241：分以爲二

帛書·病方·243：二日而已

帛書·病方·244：如孰（熟）二斗米頃

帛書·病方·249：乾薑（薑）二果（顆）

帛書·病方·249：以煮青蒿大把二、鮒魚如手者七

帛書·病方·250：取菌莖乾冶二升

帛書·病方·251：取著（署）茮（蔬）汁二斗以漬之

帛書·病方·266：凡二物

帛書·病方·266：治之以柳蕈一摞、艾二

帛書·病方·270：取石大如卷（拳）二七

帛書·病方·280：以［美］醴半升□澤（釋）泔二參

帛書·病方·293：二果（顆）

帛書·病方·318：以水銀二

帛書·病方·318：置突［上］二三月

帛書·病方·332：煮水二［斗］

帛書·病方·378：牛煎脂二

帛書·病方·381：女子二七

帛書·病方·408：以雄黃二兩

帛書·病方·413：取犁（藜）盧二齊〖注〗二齊，兩份。

帛書·病方·416：居二日乃浴

帛書·病方·418：令二升

帛書·病方·418：冶黎（藜）盧二升

帛書·病方·418：煮弱（溺）二斗

帛書·病方·421：以黎（藜）盧二

帛書·病方·殘7：束□二日□爲筭□

先秦幣·101.4：十二〖注〗十二，或表紀年之數；或表範次。

秦陶·191：冊二

秦陶・222：十、二十

南郊 714・209：李氏九斗二參

秦陶・180：二十二

秦陶・181：二十二

秦陶・180：二十二

秦陶・181：二十二

麗山茜府陶盤・摹（秦銅・52 附圖）：一斗二升

秦陶・3：二

秦陶・4：二

秦陶・14：二

秦陶・6：二

秦陶・7：二

秦陶・8：二

秦陶・9：二

秦陶・10：二

秦陶・11：二

秦陶・12：二

秦陶・13：二

秦陶・5：二

秦陶・15：二

秦陶・16：二

秦陶・17：二

秦陶・158：十二

秦陶・159：十二

秦陶・182：二十五

秦陶・186：卅二

木骰子（王家台・14）：二

漆器 M5・16（雲夢・附二）：二

漆器 M7・6（雲夢・附二）：二

漆器 M9・6（雲夢・附二）：卅二

漆器 M11・6（雲夢・附二）：二

帛書・病方・328：取雉弍

## 2966　亟　亟

石鼓文・吳人（先鋒本）：吳人憐亟〖注〗亟，通“極”。《方言》：“相敬愛謂之亟。”

秦駰玉版・甲・摹：欲事天地、四亟（極）、三光、山川、神示（祇）、五祀、先祖〖注〗四極，本指四方極遠之地，亦指四方的擎天柱。

秦駰玉版・乙・摹：欲事天地、四亟（極）、三光、山川、神示（祇）、五祀、

先祖

睡簡·答問·102：亟執勿失

睡簡·日乙·59：亟出

睡簡·秦律·184：亟告官

睡簡·秦律·106：弗亟收者有辠

睡簡·秦律·16：亟謁死所縣〖注〗亟，急。

睡簡·秦律·16：其入之其弗亟而令敗者

睡簡·秦律·16：縣亟診而入之

睡簡·日甲·33 正：亟出

睡簡·日甲·41 正：亟出

睡簡·日乙·242：去其邦北亟

龍簡·68·摹：必亟入

龍簡·39：亟告縣〖注〗亟，急，快。

龍簡·119：亟散離（？）之

里簡·J1（16）6 正：[縣]亟以律令具論

關簡·192：占來者，亟至

關簡·196：占來者，亟至

關簡·325：已痠（瘃）病亟甚

關簡·200：占來者，亟至

關簡·226：占來者，亟至

關簡·224：占來者，亟至

關簡·238：占來者，亟至

關簡·240：占來者，亟至

關簡·242：占來者，亟至

關簡·210：占來者，亟至

關簡·216：占來者，亟至

2967　亙亟　恆亟

會稽刻石·宋刻本：以立恆常

睡簡·日甲·51 背：鬼恆逆人

睡簡·日甲·128 正：凡是日赤帝（帝）恆以開臨下民而降其英（殃）

睡簡·日乙·134：凡是日赤帝（帝）恆以開臨下民而降央（殃）

睡簡·答問·52：毋（無）恆數〖注〗恆，固定。

睡簡·秦律·84·摹：及恆作官府以負責（債）〖注〗恆作，指爲官府經營手工業。

睡簡·秦律·122：縣爲恆事及灂有爲殹

睡簡·秦律·11：稟大田而毋（無）恆籍者

睡簡·日甲·28 背：鬼恆召人出宮

睡簡·日甲·27 背：大袾（魅）恆入人室

睡簡·日甲·24 背：故丘鬼恆畏人

睡簡・日甲・25 背：鬼恆召（詔）人曰

睡簡・日甲・62 背：凡鬼恆執匭以入人室

睡簡・日甲・67 背：其鬼恆夜譹（呼）焉

睡簡・日甲・65 背：人恆亡赤子

睡簡・日甲・36 背：鬼恆宋傷（聳惕）人

睡簡・日甲・33 背：狼恆譹（呼）人門曰

睡簡・日甲・34 背：鬼恆從男女

睡簡・日甲・31 背：人若鳥獸及六畜恆行人宮

睡簡・日甲・42 背：鬼恆責人

睡簡・日甲・46 背：鬼恆從人游

睡簡・日甲・47 背：犬恆夜入人室

睡簡・日甲・44 背：鬼恆爲人惡瞢（夢）

睡簡・日甲・50 背：鬼恆贏（裸）入人宮

睡簡・日甲・52 背：恆然

睡簡・爲吏・12：下恆行巧而威故移

里簡・J1（8）154 正：恆以朔日上所買徒隸數

關簡・321：人所恆炊（吹）者

關簡・352：恆以臘日塞禱如故

帛書・病方・128：稍如恆

帛書・病方・219：爲之恆以星出時爲之

帛書・病方・238：恆服藥廿日

帛書・病方・56：取恆石兩〖注〗恆石，疑卽長石。

帛書・病方・260：恆先食食之

帛書・足臂・23：唐（溏）［泄］恆出

集證・172.591：智恆〖注〗智恆，人名。

新封泥 D・37：恆山侯丞〖注〗恆山，山名。

集證・172.590：恆鄱〖注〗恆鄱，人名。

## 2968　　互

秦陶（集證・219.247）：咸商（？）西互〖注〗西互，人名。〖編者按〗《正字通》："互，月弦也……《詩》：'如月之互。'"《詩・小雅・天保》作"如月之恆"。

## 2969　　凡

新郪虎符（集證・38）：凡興士被甲

新郪虎符・摹（集證・37）：凡興士被甲

天簡 35・乙：凡忌黃鐘不合音數

睡簡・效律・30：終歲而爲出凡曰

睡簡・語書・2：凡灋律令者

睡簡・語書・9：凡良吏明灋律令

睡簡・爲吏・3：凡戾人

 睡簡・爲吏・1：凡爲吏之道

 睡簡・秦律・88：凡糞其不可買（賣）而可以爲薪及蓋蕢〈藥〉者

 睡簡・秦律・171：終歲而爲出凡曰〖注〗凡，凡數，卽總數。

 睡簡・秦律・137：凡不能自衣者

 睡簡・日甲・6 背：凡參、翼、軫以出女

 睡簡・日甲・6 背：凡取妻、出女之日

 睡簡・日甲・62 背：凡鬼恆執匿以入人室

 睡簡・日甲・64 背：凡有大票（飄）風害人

 睡簡・日甲・100 正：凡爲室日

 睡簡・日甲・128 正：凡是日赤啻（帝）恆以開臨下民而降其英（殃）

 睡簡・日甲・129 背：凡有土事必果

 睡簡・日甲・129 正：凡是有爲也

 睡簡・日甲・130 背：凡有土事弗果居

 睡簡・日甲・130 正：凡民將行

 睡簡・日甲・138 正：凡敘日

 睡簡・日甲・132 正：凡四門之日

 睡簡・日甲・136 正：凡臽日

 睡簡・日甲・133 正：凡此日以歸

 睡簡・日甲・134 正：凡此日不可以行

 睡簡・日甲・146 背：凡此日不可入官及入室

 睡簡・日甲・15 背：凡宇最邦之高

 睡簡・日甲・1 正：凡不可用者

 睡簡・日乙・248：凡生子北首西鄉（嚮）

 睡簡・日乙・247：凡己巳生

 睡簡・日乙・42：凡五巳不可入寄者

 睡簡・日乙・41：凡壞垣

 睡簡・日乙・50：凡有入殹

 睡簡・日乙・108：凡子、卯、寅、酉男子日

 睡簡・日乙・188：凡酉、午、巳、寅以問病者

 睡簡・日乙・129：凡五丑

 睡簡・日乙・190：凡癸爲屏囿

 睡簡・日乙・194：凡人有惡夢

 睡簡・日乙・130：凡初寇〈冠〉

 睡簡・日乙・130：凡製車及寇〈冠〉囗申

 睡簡・日乙・134：凡是日赤啻（帝）恆以開臨下民而降央（殃）

 睡簡・日乙・135：凡且有爲也

 睡簡・日乙・142：凡行者毋犯其大忌

睡簡・日乙・143：凡行

睡簡・日乙・150：凡以此往亡必得

睡簡・日乙・152：凡是往亡［必得］

睡簡・日乙・118：凡月望

睡簡・日乙・119：凡戊子風

睡簡・日乙・114：垣墻日凡申、酉□

睡簡・爲吏・1：凡治事

岳山牘・M36：43 正：凡七畜

里簡・J1（6）1 正：凡一千一百一十三字

關簡・141：凡小劈（徹）之日

關簡・139：凡大劈（徹）之日

關簡・143：凡窭（窮）日

帛書・病方・25：凡二物并和

帛書・病方・162：凡［二］物□

帛書・病方・266：凡二物

帛書・病方・271：凡七物

帛書・病方・332：凡三物

帛書・病方・372：凡五物等

帛書・病方・目錄：凡五十二

帛書・死候・85：凡三陽

秦印編 257：凡臧

## 2970　　　　著

帛書・病方・251：取著（署）芯（蕷）汁二斗以漬之〖注〗署蕷，卽署蕷，今名山藥。

## 2971　土　　　土

繹山刻石・宋刻本：分土建邦

天簡 27・乙：糞土中

睡簡・日乙・145：合三土皇

睡簡・日乙・184：死土日

睡簡・日甲・111 背：掓其畫中央土而懷之

睡簡・日乙・80：戊己土

睡簡・日乙・89：可以爲土事

睡簡・日乙・125：不可築興土攻（功）

睡簡・秦律・56：不操土攻（功）

睡簡・秦律・56：城旦舂、舂司寇、白粲操土攻（功）

睡簡・秦律・119：其土惡不能雨

睡簡・日甲・86 背：土勝水

睡簡・日甲・87 背：木勝土

睡簡・日甲・29 背:取故丘之土

睡簡・日甲・92 背:中央土

睡簡・日甲・79 背:臧於糞蔡中土中

睡簡・日甲・58 背:取白茅及黃土而西(洒)之

睡簡・日甲・106 正:不可興土攻(功)

睡簡・日甲・106 正:申不可興土攻(功)

睡簡・日甲・106 正:五月六月不可興土攻(功)

睡簡・日甲・104 正:不可爲土攻(功)

睡簡・日甲・129 背:凡有土事必果

睡簡・日甲・129 背:土良日

睡簡・日甲・130 背:凡有土事弗果居

睡簡・日甲・138 背:毋起土攻(功)

睡簡・日甲・132 背:是胃(謂)土神

睡簡・日甲・136 背:以起土攻(功)

睡簡・日甲・131 背:當其地不可起土攻(功)

睡簡・日甲・110 正:二月利興土西方

睡簡・日乙・85:[木]勝土

睡簡・日乙・40:戊己內中土

關簡・259:戊己土

關簡・346:而最(撮)其土

帛書・病方・61:以井上甕䪍處土與等

帛書・病方・115:竈黃土十分升一

帛書・病方・267:以土雍(壅)盍

帛書・病方・45:取封殖(埴)土冶之

帛書・病方・315:㲋(蒸)困土

帛書・病方・431:㲋(蒸)凍土

秦印編 257:張土

漆器 M5・17(雲夢・附二):土

## 2972　坔壄　　地隊

三年相邦呂不韋矛一・摹(秦銅・59):工地〖注〗地,人名。

四年相邦呂不韋矛・摹(秦銅・66):工地

秦駰玉版・甲・摹:欲事天地、四亟(極)、三光、山川、神示(祇)、五祀、先祖

秦駰玉版・乙・摹:欲事天地、四亟(極)、三光、山川、神示(祇)、五祀、先祖

睡簡・6 號牘・背:新地人盜

睡簡・封診・80:小堂下及垣外地堅

睡簡・封診・69:頭足去終所及地各幾可(何)

睡簡・封診・67:地堅

睡簡・封診・65：足不傅地二寸
〖注〗傅地，著地。

睡簡・封診・59：地堅

睡簡・日甲・31 背：是地辟（蟞）居
之

睡簡・日甲・40 背：去地五尺

睡簡・日甲・138 背：是胃（謂）地
杓

睡簡・日甲・134 背：是胃（謂）地
衝

睡簡・日甲・131 背：當其地不可
起土攻（功）

睡簡・日甲・142 背：勿以筑（築）
室及波（破）地

睡簡・日甲・111 背：卽五畫地

睡簡・日乙・106：投符地

睡簡・爲吏・36：地脩城固

關簡・344：而投杯地

關簡・327：前見地瓦

關簡・346：卽午畫地

關簡・343：投米地

帛書・病方・434：燔地穿而入足
〖注〗地穿，地穴。

帛書・病方・13：五畫地□之〖注〗
五畫地，在地上畫五下。

帛書・病方・45：如產時居濕地久

帛書・病方・77：穿地□尺

帛書・病方・246：□龜(脑)與
地膽蟲相半〖注〗地膽蟲，卽地膽，
藥名。

帛書・病方・254：穿地深尺半

帛書・病方・266：燔所穿地

帛書・病方・266：爲穿地

秦印編 258：馬地

秦印編 258：駱毋地

秦印編 258：趙地

秦印編 258：毋地

## 2973　坡　坡

秦印編 258：張坡

## 2974　均　均

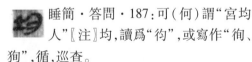睡簡・答問・187：可（何）謂"宮均
人"〖注〗均，讀爲"徇"，或寫作"徇、
狥"，循，巡查。

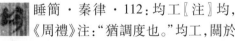睡簡・秦律・112：均工〖注〗均，
《周禮》注："猶調度也。"均工，關於
調度手工業勞動者的法律規定。

睡簡・秦律・113：均

睡簡・秦律・114：□均工

睡簡・爲吏・4：均繇（徭）賞罰

## 2975　壞　　壞

睡簡·封診·78：外壞秦冢履迹四所

睡簡·封診·77：內中及穴中外壞上有郄（膝）、手迹

睡簡·封診·77：其穴壞在小堂上〖注〗壞，土。

睡簡·封診·77：直穴播壞

## 2976　甴塊　　甴（塊）

帛書·病方·106：取甴（塊）言曰甴（塊）言曰

帛書·病方·106：取甴（塊）言曰甴（塊）言曰

帛書·病方·105：取甴（塊）大如雞卵者〖注〗塊，土塊。

帛書·病方·106：甴（塊）一靡（磨）□

帛書·病方·107：置甴（塊）其處

## 2977　垣　　垣甄

七年上郡守閒戈·摹（秦銅·33）：桼（漆）垣工師嬰〖注〗漆垣，縣名。

七年上郡守閒戈·照片（秦銅·33）：桼（漆）垣工師嬰

□□年上郡守戈（集證·20）：漆垣工師乘

□□年上郡守戈·摹（集證·20）：漆垣工師乘

十二年上郡守壽戈·摹（秦銅·35）：漆垣工師乘

十三年上郡守壽戈·摹（集證·21）：桼（漆）垣工師乘

十五年上郡守壽戈（集證·23）：漆垣工師乘

十五年上郡守壽戈·摹（集證·24）：漆垣工師乘

漆垣戈（集證·26.1）：漆垣

漆垣戈（集成10935.1）：漆垣

漆垣戈（集成10935.2）：漆垣

睡簡·爲吏·15：困屋藊（墙）垣

睡簡·秦律·59：免隸臣妾、隸臣妾垣及爲它事與垣等者

睡簡·日甲·23 背：垣東方高西方之垣

睡簡·秦律·59：免隸臣妾、隸臣妾垣及爲它事與垣等者

睡簡·日甲·23 背：垣東方高西方之垣

睡簡·6 號牘·正：用垣柏錢矣

睡簡·封診·80：小堂下及垣外地堅

睡簡·封診·79：內北有垣〖注〗垣，墙。

睡簡·封診·79：垣北去小堂北屑丈

睡簡·封診·79：垣東去內五步

睡簡·秦律·55：城旦之垣及它事而勞與垣等者〖注〗垣，築牆。

睡簡·秦律·121：以垣繕之

睡簡·秦律·195：它垣屬焉者

睡簡·秦律·195：有實官高其垣墙

睡簡・秦律・116：令其徒復垣之

睡簡・秦律・117：興徒以斬（塹）垣離（籬）散及補繕之

睡簡・日甲・80 背：臧（藏）於圂中垣下

睡簡・日甲・98 正：其日乙未、甲午、甲辰垣之

睡簡・日甲・96 正：其日癸酉、壬辰、壬午垣之

睡簡・日甲・95 正：其日丙午、丁酉、丙申垣之

睡簡・日甲・69 背：臧（藏）於垣內中糞蔡下

睡簡・日甲・72 背：多〈名〉兔竈陘突垣義酉

睡簡・日甲・100 正：筑（築）北垣

睡簡・日甲・100 正：筑（築）外垣

睡簡・日甲・108 正：不可以垣

睡簡・日甲・107 正：不可壞垣、起之

睡簡・日甲・103 正：以用垣宇

睡簡・日甲・138 背：毋起北南陳垣及矰（增）之

睡簡・日甲・139 背：不可垣

睡簡・日甲・139 背：以壞垣

睡簡・日甲・139 背：以毀垣

睡簡・日甲・137 背：不可垣

睡簡・日甲・143 背：不可初穿門、爲戶牖、伐木、壞<u>垣</u>、起垣、徹屋及殺

睡簡・日甲・144 背：不可初穿門、爲戶牖、伐木、壞垣、起<u>垣</u>、徹屋及殺

睡簡・日甲・155 背：利壞垣、徹屋、出寄者

睡簡・日乙・92：利以垣

睡簡・日乙・41：凡壞垣

睡簡・日乙・195：入月旬七日毀垣

龍簡・39・摹：垣有壞決獸道出

關簡・330：垣止（址）

關簡・327：見垣有瓦

關簡・327：卽取<u>垣</u>瓦貍（埋）東陳垣止（址）下

關簡・328：置垣瓦下

關簡・329：先貍（埋）一瓦垣止（址）下

關簡・329：之東西垣日出所燭

關簡・326：敢告東陳垣君子

關簡・326：見東陳垣〖注〗陳垣，舊牆。

關簡・327：卽取垣瓦貍（埋）東陳<u>垣</u>止（址）下

帛書・病方・219：輒椄杙垣下

帛書・病方・54：而棄之於垣

帛書・病方・114：取犬尾及禾在圈垣上［者］

帛書・病方・217：東鄉（嚮）坐於東陳垣下

秦印編258:垣噴私印

秦印編258:垣蓬

## 2978　墙　堵䵫

睡簡・秦律・118:過三堵以上

睡簡・秦律・116:令結(婡)堵卒歲

睡簡・秦律・116:司空將紅(功)及君子主堵者有辠

睡簡・秦律・116:未卒堵壞〖注〗堵,牆垣。牆面一方丈爲一堵。

睡簡・雜抄・40:令姑(婡)堵一歲

## 2979　壁　壁

睡簡・日甲・156 背:穿壁直中

睡簡・日乙・259:其北壁臣

## 2980　堪　堪

睡簡・封診・67:堪上可道終索〖注〗堪,地面的土臺。

睡簡・封診・67:西去堪二尺

睡簡・日甲・72 正:巫堪行

睡簡・日乙・184:巫堪

里簡・J1(9)2 正:堪手〖注〗堪,人名。

里簡・J1(9)2 正:堪手

里簡・J1(9)3 背:堪手

里簡・J1(9)4 正:堪手

里簡・J1(9)5 正:堪手

里簡・J1(9)6 正:堪手

里簡・J1(9)7 背:堪手

里簡・J1(9)8 正:堪手

里簡・J1(9)9 背:堪手

里簡・J1(9)9 正:堪手

里簡・J1(9)12 背:堪手

## 2981　堂尚臺　堂坣臺

睡簡・封診・79:垣北去小堂北屑丈

睡簡・封診・76:穴下齊小堂

帛書・病方・208:立堂下東鄉(鄉)

集證・156.365:堂邑丞印〖注〗堂邑,地名。

## 2982　塈　塈(墍)

集證・142.147:安臺左墍〖注〗左墍,官名。

## 2983　壮　在

繹山刻石・宋刻本:維初在昔

天簡 25・乙:申石毆盜從西方禹在山

天簡 27・乙:在牢圈

天簡 28・乙:貞在黃鐘天下清明

天簡 38・乙:貞在應(應)鐘

睡簡・日乙・119:興在外

睡簡・爲吏・7:在體(體)級

睡簡・爲吏・13:貰責(債)在外

睡簡・封診・81:招在內東北

睡簡・封診・65:旋終在項

睡簡・封診・75:房內在其大內東

睡簡・秦律・93:在它縣者致衣從事之縣

睡簡・秦律・93:在咸陽者致其衣大內

睡簡・雜抄・4:游士在〖注〗在,居留。

睡簡・日甲・80 背:疵在繄〈要〉

睡簡・日甲・88 背:咎在惡室

睡簡・日甲・89 背:其咎在六室

睡簡・日甲・87 背:其咎在五室馬牛

睡簡・日甲・85 背:其咎在四室

睡簡・日甲・93 背:其咎在室馬牛豕也

睡簡・日甲・94 背:其咎在三室

睡簡・日甲・91 背:其咎在二室

睡簡・日甲・69 背:疵在耳

睡簡・日甲・69 正:歲在東方

睡簡・日甲・64 正:歲在東方

睡簡・日甲・70 背:疵在目

睡簡・日甲・78 背:疵在面

睡簡・日甲・72 背:疵在鼻

睡簡・日甲・79 背:疵在頰

睡簡・日甲・76 背:疵在肩

睡簡・日甲・77 正:歲在北方

睡簡・日甲・74 背:疵在足

睡簡・日甲・75 背:疵在肩

睡簡・日甲・75 正:歲在西方

睡簡・日甲・71 背:大疵在辟(臂)

睡簡・日甲・38 背:是是棘鬼在焉

睡簡・日甲・36 背:是狀神在其室

睡簡・日甲・108 背:在室不可以行

睡簡・日甲・150 正:其日在首

| | |
|---|---|
| 睡簡・日甲・152 正:在奎者富 | 睡簡・日乙・129:丁丑在亢 |
| 睡簡・日甲・152 正:在外者奔亡 | 睡簡・日乙・167:死生在寅 |
| 睡簡・日甲・153 正:在披(腋)者愛 | 睡簡・日乙・164:死生在亥 |
| 睡簡・日甲・154 正:在手者巧盜 | 睡簡・日乙・165:死生在子 |
| 睡簡・日甲・151 正:在足下者賤 | 睡簡・日乙・161:死生在子 |
| 睡簡・日乙・258:其閈在室 | 睡簡・日乙・178:死生在酉 |
| 睡簡・日乙・259:其室在西方 | 睡簡・日乙・179:死生在子 |
| 睡簡・日乙・256:疵在尾□ | 睡簡・日乙・176:死生在未 |
| 睡簡・日乙・256:室在東方 | 睡簡・日乙・173:死生在辰 |
| 睡簡・日乙・257:盜在南方 | 睡簡・日乙・171:[死]生在寅 |
| 睡簡・日乙・253:盜在西方 | 睡簡・日乙・157:死生在申 |
| 睡簡・日乙・254:內盜有□人在其室□ | 龍簡・39:及見獸出在外 |
| 睡簡・日乙・255:疵而在耳 | 龍簡・52・摹:禁苑在關外□ |
| 睡簡・日乙・255:其室在西方 | 關簡・298:上公、兵死、陽主歲=在中 |
| 睡簡・日乙・41:午在七星 | 關簡・365:十月戊子齊而牛止司命在庭□ |
| 睡簡・日乙・41:酉在卯(昴) | 帛書・病方・390:若在它所 |
| 睡簡・日乙・187:煩在北 | 帛書・病方・427:黃神在竈中 |
| 睡簡・日乙・183:煩及歲皆在南方 | 帛書・病方・殘5:□在足指若□ |
| 睡簡・日乙・184:中歲在西 | 帛書・病方・96:父居北在 |

帛書・病方・114：取犬尾及禾在圈垣上〔者〕

 帛書・病方・134：或在鼻

 帛書・病方・134：或在手指□

 帛書・病方・390：其病所在曰□霡（核）

 帛書・灸經甲・67：在於手掌中

## 2984　聖 坐 望（坐）

 睡簡・答問・20：弗當坐

睡簡・答問・201：盡當坐辠人之謂殹

睡簡・答問・180：弗坐

睡簡・答問・12：各坐臧（贓）

睡簡・答問・131：坐臧（贓）爲盜

睡簡・答問・146：已坐以論

睡簡・答問・155：當坐伍人不當

睡簡・封診・96：毋（無）它坐

睡簡・封診・6：所坐論云可（何）

睡簡・封診・40：所坐論云可（何）

睡簡・封診・17：丙坐賊人□命

睡簡・封診・13：所坐論云可（何）

睡簡・秦律・82：而坐其故官以貲賞（償）及有它責（債）

睡簡・秦律・83：吏坐官以負賞（償）

睡簡・秦律・80：縣、都官坐效、計以負賞（償）者〔注〕坐，承擔罪責。

睡簡・秦律・163：去者弗坐

睡簡・秦律・163：去者與居吏坐之

睡簡・秦律・163：新吏弗坐

睡簡・秦律・163：新吏與居吏坐之

睡簡・日甲・26 背：彼窋（屈）臥箕坐〔注〕箕坐，又名箕踞。

睡簡・日甲・10 正：坐

睡簡・日甲・121 背：以坐而飲酉（酒）矢兵不入於身

睡簡・日甲・13 背：乃繹（釋）髮西北面坐

睡簡・日甲・118 背：以坐而飲酉（酒）

睡簡・效律・20：代者與居吏坐之

睡簡・效律・20：去者與居吏坐之

睡簡・效律・20：新吏弗坐

睡簡・效律・21：去者弗坐

睡簡・效律・21：新吏與居吏坐之

睡簡・效律・52：及都倉、庫、田、亭嗇夫坐其離官屬於鄉者

睡簡・效律・54：其令、丞坐之

睡簡・效律・55：如令史坐官計劾然

睡簡・效律・55：司馬令史坐之

 睡簡・效律・51：其吏主者坐以貲、諄如官嗇夫

 睡簡・效律・17：各坐其所主

 睡簡・效律・17：官嗇夫坐效以貲

 龍崗牘・正：吏論失者已坐以論〖注〗坐，獲罪。

 龍簡・201：坐臧(贓)與盜同〔瀘(法)〕

 龍簡・147・摹：坐其所匿稅臧(贓)

 龍簡・151：田及爲詐(詐)僞寫田籍皆坐臧(贓)

 龍簡・118：及田不□坐□

 里簡・J1(16)6正：當坐者言名史泰守府

 關簡・13：坐南廥

 帛書・病方・255：坐以熏下竅

 帛書・病方・43：卽溫衣陝(夾)坐四旁

 帛書・病方・217：東鄉(嚮)坐於東陳垣下

## 2985　垾　　堤

 睡簡・秦律・23：度之當堤(題)〖注〗題，題識。

## 2986　封　封

 廿一年啟封戈(附)・摹(新金・1.4)：啟封〖注〗啟封，地名。

 青川牘・摹：封高四尺〖注〗封，聚土，土堆。

 青川牘・摹：以秋八月修封捋(埒)

 睡簡・效律・28：縣嗇夫若丞及倉、鄉相雜以封印之

 睡簡・秦律・171：唯倉所自封印是度縣

 睡簡・秦律・171：效者見其封及隄(題)〖注〗封，封緘。

 睡簡・爲吏・24：比(庇)臧(藏)封印

 睡簡・效律・30：唯倉所自封印是度縣

 睡簡・編年・32：攻啟封

 睡簡・答問・64：可(何)如爲"封"〖注〗封，地界。

 睡簡・答問・56：盜封嗇夫可(何)論〖注〗封，封印。

 睡簡・封診・7：遣識者以律封守〖注〗封守，查封看守。

 睡簡・封診・48：令吏徒將傳及恆書一封詣令史

 睡簡・秦律・22：見雜封者

 睡簡・秦律・22：自封印

 睡簡・秦律・29：廷令長吏雜封其廥

 睡簡・秦律・23：而復雜封之

 睡簡・秦律・23：唯倉自封印者是度縣

 睡簡・秦律・64：獻封丞、令

 睡簡・秦律・64：亦封印之

睡簡・秦律・169：縣嗇夫若丞及倉、鄉相雜以封印之

 龍簡・253・摹：□封□

 龍簡・121：盜徙封〖注〗封，田地周圍的土堆，作爲田土疆界的標識。

 里簡・J1（8）133 正：封遷陵留

 帛書・病方・346：封而炙之

 帛書・病方・349：以善戴饍而封之

 帛書・病方・433：以封之

 帛書・病方・434：卽□葱封之

 帛書・病方・21：封痏〖注〗封，《廣雅・釋室》：“塗也。”

 帛書・病方・81：以疾（蒺）黎（藜）、白蒿封之

 帛書・病方・87：以宰（滓）封其痏

 帛書・病方・90：以菫一陽筑（築）封之

 帛書・病方・93：卽封涂（塗）厚二寸

 帛書・病方・101：以還（環）封其傷

 帛書・病方・152：以封隋（脽）及少[腹]□

 帛書・病方・281：以餘藥封而裹□

 帛書・病方・306：以犬毛若羊毛封之

 帛書・病方・316：封之

 帛書・病方・317：封之

 帛書・病方・329：皆以甘〈口〉沮（咀）而封之

 秦印編258：張封

 秦印編258：它封

秦印編258：封苦

瓦書（秦陶・1610）：自桑障之封以東

 瓦書・郭子直摹：卑司御不更顝封之〖注〗封，動詞，封樹、封疆界。

 瓦書・郭子直摹：北到于桑匽（堰）之封

瓦書・郭子直摹：顝以四年冬十壹月癸酉封之

瓦書・郭子直摹：志是霾（埋）封

瓦書・郭子直摹：自桑障之封以東

 瓦書（秦陶・1610）：北到于桑匽（堰）之封

 瓦書（秦陶・1610）：志是霾（埋）封

秦陶・355：封八

## 2987 璽璽　璽（璽）

 睡簡・日甲・25 背：璽（爾）必以某（某）月日死

 睡簡・日甲・13 背：敢告璽（爾）豺竒

睡簡・日乙・194：敢告璽（爾）宛奇

睡簡・日乙・195：不璽（繭）則絮

 睡簡・答問・146：亡久書、符券、公璽、衡贏（纍）〖注〗公璽，官印。

睡簡・爲吏・33：舌者，符璽也〖注〗璽，璽印。

睡簡・爲吏・33：璽而不發

帛書・病方・381：璽（爾）亡

秦印編259：疢璽

秦印編259：璽

封泥集・附一409：直璽

秦印編259：冢璽

秦印編259：戀璽

秦印編259：賜璽

秦印編259：寬璽

秦印編259：應璽

秦印編259：矢璽

秦印編259：夫璽

秦印編259：私璽

秦印編259：直璽

秦印編259：買璽

秦印編259：蹇璽

新封泥A・1.15：寺工丞璽

新封泥A・2.17：廄璽

封泥集・附一409：家璽

封泥集105・1：皇帝信璽〖注〗信璽，皇帝六璽之一。

新封泥C・16.19：豐璽

新封泥C・18.12：寺工丞璽

新封泥E・21：請璽

新封泥A・1.1：邦尉之璽

集證・133.1：皇帝信璽

## 2988　墨　　墨

睡簡・日甲・155背：墨（晦）日

集證・155.358：卽墨丞印〖注〗卽墨，地名。

封泥印・附二217：卽墨丞印

封泥印・附二218：卽墨

秦印編259：卽墨大守

秦印編259：卽墨大守

秦印編259：卽墨丞印

秦印編259：卽墨

封泥集267・1：卽墨

封泥集268・1：卽墨大守

封泥集268・2：卽墨大守

封泥集 326・1：卽墨丞印

封泥集 326・2：卽墨丞印

封泥集 326・5：卽墨丞印

集證・151.288：卽墨大守

集證・155.357：卽墨丞印

2989　埳　　垸

帛書・病方・2：□毁一垸（丸）音（杯）酒中

帛書・病方・8：冶而□一垸

帛書・病方・62：稍垸（丸）〖注〗垸，讀爲"丸"。稍丸，粗搏成丸狀。

帛書・病方・259：漬以淳酒而垸之

2990　墭　鍼　城　諴

卅七年上郡守慶戈・摹（精粹 19）：工城旦貴〖注〗城旦，刑徒名。

三年上郡守冰戈・摹（秦銅・57）：工城旦□

詛楚文・湫淵（中吳本）：且復略我邊城

詛楚文・巫咸（中吳本）：且復略我邊城

詛楚文・巫咸（中吳本）：述（遂）取䋹（吾）邊城新郢及郳（於）、〔長〕、敘（莘）

詛楚文・亞駝（中吳本）：且復略我邊城

詛楚文・亞駝（中吳本）：述（遂）取䋹（吾）邊城新郢及郳（於）、長、敘

（莘）

睡簡・爲吏・36：地脩城固

睡簡・秦律・141：隸臣妾、城旦春之司寇、居貲贖責（債）戳（繫）城旦春者

睡簡・秦律・141：隸臣妾、城旦春之司寇、居貲贖責（債）戳（繫）城旦春者

睡簡・雜抄・40：戍者城及補城

睡簡・雜抄・40：戍者城及補城

睡簡・答問・120：當黥城旦而以完城旦誣人

睡簡・6 號牘・背：以驚居反城中故

睡簡・11 號牘・正：攻反城久

睡簡・編年・8：新城歸

睡簡・編年・6：攻新城〖注〗新城，地名。

睡簡・編年・7：新城陷

睡簡・編年・51：攻陽城〖注〗陽城，地名。

睡簡・答問・86：當黥爲城旦

睡簡・答問・81：當完城旦

睡簡・答問・6：當完城旦

睡簡・答問・69：黥爲城旦春

睡簡・答問・78：黥爲城旦春

睡簡・答問・73：城旦黥之

睡簡・答問・3：當刑爲城旦

睡簡・答問・33：甲當黥爲城旦

睡簡・答問・35：黥甲爲城旦

睡簡・答問・48：爲告黥城旦不審

睡簡・答問・5：當城旦黥之

睡簡・答問・50：當完城旦

睡簡・答問・120：當黥城旦而以完城旦誣人

睡簡・答問・122：甲有完城旦辠

睡簡・答問・126：斬左止爲城旦

睡簡・答問・123：城旦、鬼薪癘

睡簡・答問・124：完爲城旦

睡簡・答問・132：隸臣妾瑴（繋）城旦舂

睡簡・答問・136：皆當刑城旦

睡簡・答問・137：當刑城旦

睡簡・答問・135：捕亡完城旦

睡簡・答問・118：有（又）瑴（繋）城旦六歲

睡簡・答問・119：完城旦

睡簡・答問・119：以黥城旦誣人

睡簡・答問・116：完爲城旦

睡簡・答問・1：有（又）黥以爲城旦

睡簡・秦律・94：隸臣、府隸之毋（無）妻者及城旦

睡簡・秦律・49：小城旦、隸臣作者

睡簡・秦律・57：城旦爲安事而益其食

睡簡・秦律・57：日食城旦

睡簡・秦律・55：城旦舂、舂司寇、白粲操土攻（功）

睡簡・秦律・55：城旦之垣及它事而勞與垣等者

睡簡・秦律・51：隸臣、城旦高不盈六尺五寸

睡簡・秦律・108：隸臣、下吏、城旦與工從事者冬作

睡簡・秦律・122：欲以城旦舂益爲公舍官府及補繕之

睡簡・秦律・135：人奴妾居贖貲責（債）於城旦

睡簡・秦律・148：城旦舂毀折瓦器、鐵器、木器

睡簡・秦律・142：人奴妾瑴（繋）城旦舂

睡簡・秦律・146：城旦司寇一人將

睡簡・秦律・146：免城旦勞三歲以上者

睡簡・秦律・147：仗（杖）城旦勿將司

睡簡・秦律・143：瑴（繋）城旦舂

睡簡・秦律・145：城旦司寇不足以將

睡簡・秦律・145：及城旦傅堅、城旦舂當將司者

睡簡·秦律·145:居貲贖責(債)當與城旦舂作者

睡簡·秦律·145:毋令居貲贖責(債)將城旦舂

睡簡·秦律·141:其與城旦舂作者

睡簡·雜抄·35:軍新論攻城

睡簡·雜抄·40:所城有壞者

睡簡·雜抄·41:令成者勉補繕城

睡簡·雜抄·5:公士以下刑爲城旦

睡簡·雜抄·19:城旦爲工殿者

睡簡·日甲·40正:利弋邋(獵)、報讎、攻軍、韋(圍)城、始殺

睡簡·日乙·43:可以攻軍、入城及行

睡簡·爲吏·8:城郭官府

龍簡·18:城旦舂其追盜賊、亡人〖注〗城旦舂,刑徒名,男子爲城旦,女子爲舂。

龍簡·108·摹:黥爲城旦舂

龍崗牘·正:辟死論不當爲城旦

龍簡·93:□[黥]爲城旦舂□

龍簡·70:□[黥]爲城旦舂

龍簡·33·摹:當(?)完爲城旦舂

龍簡·42:故罪當完城旦舂以上者

龍簡·51:□爲城旦□

里簡·J1(16)6正:城旦舂

里簡·J1(12)10正:越人以城邑反

里簡·J1(16)6正:必先悉行城旦舂、隸臣妾、居貲贖責(債)

里簡·J1(16)6正:必先悉行乘城卒

封泥集300·1:城陽侯印〖注〗城陽,地名。

封泥集300·2:城陽侯印

封泥集322·1:蓼城丞印〖注〗蓼城,地名。

封泥印·附二206:蓼城丞印

秦印編259:彭城丞印

封泥印142:彭城丞印

秦印編259:王城

封泥集316·1:博城〖注〗博城,地名。

秦印編259:新城都

封泥集303·1:襄城丞印〖注〗襄城,地名。

封泥集311·1:當城丞印〖注〗當城,地名。

新封泥B·3.15:任城〖注〗任城,地名。

封泥印126:任城

封泥印127:任城丞印

秦陶A·3.7:新城邦

秦陶・1211：新城邦

封泥印122：新城父丞

秦陶・1216：新城如步

秦陶・1214：新城義渠

秦陶・1208：新城義渠

秦陶・1209：新城□步

秦陶A・3.6：新城章

## 2991　坎

帛書・病方・179：燔之坎中〖注〗坎，坑。

## 2992　增

天簡39・乙：有惡有增

睡簡・秦律・25：而書入禾增積者之名事邑里于廥籍

睡簡・秦律・35：勿增積

睡簡・雜抄・41：乃令增塞埤塞〖注〗增，加厚。

睡簡・秦律・28：其出入、增積及效如禾

睡簡・秦律・26：毋敢增積

睡簡・秦律・24：其前入者是增積〖注〗增積，繼續貯入。

睡簡・秦律・24：其他人是增積

## 2993　埤

睡簡・雜抄・41：乃令增塞埤塞〖注〗埤，《爾雅・釋詁》：“厚也。”

## 2994　塞

睡簡・雜抄・41：乃令增塞埤塞

睡簡・雜抄・41：乃令增塞埤塞〖注〗塞，邊城要害之處。

睡簡・爲吏・17：聽閒（諫）勿塞

關簡・353：恆以臘日塞禱如故〖注〗塞禱，指酬報神的祭祀。塞，通“賽”。

帛書・病方・230：敬以豚塞〖注〗塞，報答神福的祭祀。

帛書・病方・231：且塞壽（禱）

帛書・病方・262：巢塞直（膱）者

帛書・病方・319：居室塞窗閉戶〖注〗塞，堵，填。

帛書・病方・401：取禹竈□塞傷痏□

## 2995　埱

睡簡・答問・28：可（何）謂“盜埱垗”〖注〗埱，挖掘。

睡簡・封診・76：其所以埱者類旁鑿

## 2996　毀

睡簡・6號牘・背：若大發（廢）毀

睡簡・日甲・62 正：東南毀

 睡簡・日甲・61 正：東毀

 睡簡・日甲・36 正：死者，又（有）毀

 睡簡・日甲・59 正：西南室毀

 睡簡・日甲・124 背：旬六日毀

 睡簡・日甲・138 背：神以毀宮

 睡簡・日甲・139 背：以毀垣

 睡簡・日乙・196：有毀

 睡簡・日乙・195：入月旬七日毀垣

 睡簡・秦律・43：毀（毇）米六斗大半斗〖注〗《說文》：“毇，米一斛舂爲八斗也。”

 睡簡・秦律・43：稟毀（毇）粺者〖注〗《說文》：“粺，毇也。”毇粺，加工最精的米。

 睡簡・秦律・106：毀傷公器及□者令賞（償）

 睡簡・秦律・148：城旦舂毀折瓦器、鐵器、木器

 睡簡・秦律・15：銷敝不勝而毀者〖注〗毀，損壞。

 睡簡・日乙・46：旬六日毀

 帛書・病方・2：□毀一垸音（杯）酒中〖注〗毀，破碎。

 帛書・病方・117：治之［以］鳥卵勿毀半斗〖注〗毀，打破。

 帛書・病方・199：以月十六日始毀

 集證・194.28・摹：毀文

## 2997　壞 黏 懃　壞 黏 懟

 廿一年相邦冉戈・摹（秦銅・47.1）：壞（懷）德〖注〗懷德，地名。

 睡簡・封診・53：鼻腔壞

 睡簡・秦律・120：夏有壞者

 睡簡・秦律・121：其有欲壞更毆

 睡簡・秦律・121：縣毋敢擅壞更公舍官府及廷

 睡簡・秦律・118：卒歲而或陝（決）壞

 睡簡・秦律・116：未卒堵壞〖注〗壞，毀缺。

 睡簡・秦律・117：未卒歲或壞陝（決）

 睡簡・雜抄・40：所城有壞者

 睡簡・日甲・107 正：不可壞垣、起之

 睡簡・日甲・105 正：筑（築）室，壞

 睡簡・日甲・139 背：以壞垣

 睡簡・日甲・143 背：不可初穿門、爲戶牖、伐木、壞垣、起垣、徹屋及殺

 睡簡・日甲・155 背：利壞垣、徹屋、出寄者

睡簡・日乙・41：凡壞垣

睡簡・日乙・112：屋不壞折

龍簡・39：垣有壞決獸道出〖注〗壞，倒塌。

新封泥 B・3.9:壞德□□

封泥印 101:壞德□□

## 2998　塮　　圻

封泥印 61:圻禁丞印〖注〗圻,地名。

## 2999　垢　　垢

帛書・病方・172:漬襦頸及頭垢中〖注〗《說文》:"垢,濁也。"

帛書・病方・209:取枭垢

## 3000　坏　　坏

秦公簋・器(秦銅・14.1):才(在)帝之坏〖注〗坏,容庚釋爲大山。郭沫若釋"秠"。

## 3001　垤　　垤

關簡・371:己巳、卯湆(壁)困垤穴〖注〗垤穴,卽蟻穴。《說文》:"垤,螘封也。"

## 3002　圭珪　　圭珪

詛楚文・湫淵(中吳本):求蔑瀀(廢)皇天上帝及大神厗(厥)湫之卹祠、圭玉、義(犧)牲〖注〗圭,瑞玉。

詛楚文・巫咸(中吳本):求蔑瀀(廢)皇天上帝及不(丕)顯大神巫咸之卹祠、圭玉、義(犧)牲

詛楚文・亞駞(中吳本):求蔑瀀(廢)皇天上帝及不(丕)顯大神亞

駞之卹祠、圭玉、義(犧)牲

秦駰玉版・甲・摹:小子駰敢以芥(介)圭、吉璧、吉叉(瓚)

秦駰玉版・乙・摹:小子駰敢以芥(介)圭、吉璧、吉叉(瓚)

秦印編 260:圭訏

## 3003　塗　　塗

帛書・病方・120:已塗之〖注〗塗,泥。此用作動詞。

帛書・病方・127:不可以塗身

帛書・病方・306:以人泥塗之

帛書・病方・377:稍取以塗身體(體)種(腫)者而炙之

帛書・病方・432:以兔產出(腦)塗之

## 3004　　　攣

帛書・病方・45:筋攣(攣)難以信(伸)〖注〗攣,蜷曲不展。

## 3005　　　塯

帛書・病方・132:燔塯〖注〗塯,或以爲墑字,藥名。

## 3006　　　堙

睡簡・爲吏・27:將軍以堙豪(壕)〖注〗堙壕,平填敵城的池壕,用以攻城。〖編者按〗《廣雅・釋詁》:"堙,塞也。"王念孫說同堙。

## 3007　玣

漆器（關簡149）：士五（伍）玣〖注〗玣，人名。

漆器（關簡149）：士五（伍）玣

盆・摹（類編・附一）：玣

## 3008　坸

秦印編298：攀坸

## 3009　戠

關簡・337：而心疾不智（知）而咸戠

## 3010　蕫蕫蒃　菫蕫茣

睡簡・日甲・72正：得之於黄色索魚、菫酉（酒）

帛書・病方・162：毒菫冶三〖注〗毒菫，疑卽紫菫，罌粟科藥名。

帛書・病方・165：歲［更］取□毒菫

帛書・病方・165：以夏日至到□毒菫

帛書・病方・90：以菫一陽筑（築）封之〖注〗菫，卽菫菜，藥名。

帛書・病方・166：菫葉異小

帛書・病方・329：夏日取菫葉

## 3011　艱艱　艱艱

不其簋蓋（秦銅・3）：弗以我車啗（陷）于艱〖注〗艱，"艱"字籀文。《說文》："艱，土難治也。"引申爲困境。

滕縣不其簋器（秦銅・4）：弗以我車啗（陷）于艱

## 3012　里　里

蒷陽鼎（集證・54.2）：槐里一升〖注〗槐里，地名。

蒷陽鼎（集證・54.3）：槐里

鳳翔中山鼎（附）（鳳翔・7）：啻里〖注〗啻里，地名。

石鼓文・吾水（先鋒本）：嘉尌刪（則）里〖注〗則里，郭沫若說"則"讀爲"卽"；里假爲"理"。卽理，猶言就緒。

石鼓文・乍邍（先鋒本）：爲卅（三十）里

秦馹玉版・甲・摹：亓（其）□里

秦馹玉版・乙・摹：亓（其）□里

天簡34・乙：千里之行

天簡38・乙：冬三月戊戌不可北行百里大兇（凶）

睡簡・日甲・20背：入里門之右

睡簡・語書・14：志千里使有籍書之

睡簡・11號牘・背：爲黑夫、驚多問夕陽呂嬰、匼里閻靜丈人得毋恙□矣

睡簡・答問・63：將上不仁邑里者而縱之

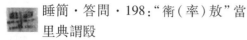 睡簡·答問·198:"衞(率)赦"當里典謂殹

 睡簡·答問·160:燧(遺)火延燔里門

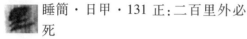 睡簡·日甲·131 正:二百里外必死

睡簡·封診·91:某里公士甲等廿人詣里人士五(伍)丙

睡簡·封診·8:封有鞫者某里士五(伍)甲家室、妻、子、臣妾、衣器、畜產

睡簡·封診·84:里人公士丁救

睡簡·封診·84:自晝與同里大女子丙鬭

睡簡·封診·28:居某里

睡簡·封診·21:市南街亭求盜才(在)某里曰甲縛詣男子丙

睡簡·封診·93:里節(即)有祠

睡簡·封診·91:某里公士甲等廿人詣里人士五(伍)丙

睡簡·封診·6:居某里

睡簡·封診·6:可定名事里〖注〗名事里,姓名、身份、籍貫。

睡簡·封診·63:某里典甲〖注〗里典,里長。

睡簡·封診·73:某里士五(伍)乙告曰

睡簡·封診·37:某里士五(伍)甲縛詣男子丙

睡簡·封診·47:士五(伍)咸陽才(在)某里曰丙

睡簡·封診·40:其定名事里

睡簡·封診·43:某里五大夫乙家吏甲詣乙妾丙

睡簡·封診·44:定名事里

睡簡·封診·50:甲親子同里士五(伍)丙不孝

睡簡·封診·50:某里士五(伍)甲告曰

睡簡·封診·17:居某里

睡簡·封診·13:可定名事里

睡簡·封診·15:以五月晦與同里士五(伍)丙盜某里士五(伍)丁千錢

睡簡·秦律·25:而書入禾增積者之名事邑里於會籍

睡簡·秦律·14:有(又)里課之〖注〗里,秦鄉村基層政權單位。

龍簡·48:去道過一里濯者□水(?)□

龍簡·28:□去奊(壖)廿里毋敢每(謀)殺□

龍簡·27·摹:去苑卌里

里簡·J1(9)5 正:陽陵下里士五(伍)鹽有貲錢三百八十四

里簡·J1(9)11 正:陽陵谿里士五(伍)采有貲餘錢八百五十二〖注〗谿里,里名。

里簡·J1(8)157 正:成里典、啟陵郵人缺

里簡·J1(8)157 正:除士五(伍)成里勾、成

里簡·J1(16)9 正:渚里□

里簡·J1(9)3 正:陽陵下里士五(伍)不識有貲餘錢千七百廿八〖注〗下里,里名。

里簡·J1(9)4 正:陽陵孝里士五(伍)衷有貲錢千三百卅四〖注〗孝

里,里名。

關簡・302:里祔、冢主歲=爲上

集證・158.411:菅里

集證・158.412:菅里〖注〗菅里,里名。

集證・158.410:顫里典

秦印編260:咸郿里趛

秦印編260:咸郿里驕

秦印編260:咸郿里竭

秦印編260:安石里典

秦印編260:南池里印

秦印編260:剃昌里印

秦印編260:菅里

秦印編260:菅里

秦印編260:高里

秦印編260:韭里

秦印編260:彭里

秦印編260:勮里鄉印

秦印編260:咸郿里長

秦印編260:咸郿里致

秦印編260:咸郿里致

秦印編260:咸浦里奇

秦印編260:咸沃里辰

秦印編260:咸高里昌

秦印編260:咸直里文

秦印編260:咸郿里□

秦印編260:咸郿里紀

秦印編260:咸郿里夸

集證・161.445:咸郿里□

封泥集351・1:勮里鄉印〖注〗勮里鄉,鄉名。

封泥集351・2:勮里鄉印

封泥集351・3:勮里鄉印

南郊707・194.11:咸亭完里丹器〖注〗完里,里名。

南郊707・194.12:□里□娸

瓦書(秦陶・1610):一里廿輯

瓦書・郭子直摹:一里廿輯〖注〗里,或說爲長度單位,李學勤說古以三百步爲里。黃盛璋說秦一里爲三百六十步。

秦陶・1417:咸芮里喜〖注〗芮里,里名。

秦陶・1422:咸芮里喜

秦陶・484:博昌居此(貲)用里不更余〖注〗用里,里名。

秦陶・1333:咸邸里舉〖注〗邸里，里名。

秦陶・1334:咸邸里寁

秦陶・1337:咸邸里跬

秦陶・1338:咸邸里跬

秦陶・1339:咸邸里跬

秦陶・1340:咸邸里善

秦陶・1342:咸邸里桼

秦陶・1343:咸邸里善

秦陶・1345:咸邸里宮

秦陶・1346:咸邸里紀

秦陶・1347:咸邸里□

秦陶・1349:咸邸里彊

秦陶・1350:咸邸里段

秦陶・1351:咸邸里段

秦陶・1352:咸邸里段

秦陶・1353:咸邸里駔

秦陶・1354:咸邸里段

秦陶・1355:咸邸里薈

秦陶・1357:咸邸里貝

秦陶・1358:咸邸里貝

秦陶・1359:咸邸里道

秦陶・1361:咸邸里尼

秦陶・1362:咸邸里尼

秦陶・1363:咸邸里尼

秦陶・1364:咸邸里致

秦陶・1366:咸邸里□

秦陶・1367:咸邸里善

秦陶・1368:咸邸里善

秦陶・1370:咸邸里善

秦陶・1371:咸邸里善

秦陶・1372:咸邸里善

秦陶・1373:咸邸里組

秦陶・1374:咸邸里組

秦陶・1375:咸邸里就

秦陶・1376:咸邸里絞

秦陶・1377:咸□里□

秦陶・1379:咸邸里致

秦陶・1380:咸邸里致

秦陶·1384：咸蒲里奇〖注〗蒲里，里名。

秦陶·1386：咸廣里高〖注〗廣里，里名。

秦陶·1388：咸商里宣〖注〗商里，里名。

秦陶·1389：咸商里宣

秦陶·1391：咸商里若

秦陶·1394：咸直里文〖注〗直里，里名。

秦陶·1396：咸□里□

秦陶·1397：咸□里□

秦陶·1398：咸亭右里道器〖注〗右里，里名。

秦陶·1401：咸亭涇里償器〖注〗涇里，里名。

秦陶·1402：咸郎里□

秦陶·1403：咸亭涇里忿器

秦陶·1405：咸戎里旗〖注〗戎里，里名。

秦陶·1407：咸卜里隊〖注〗卜里，里名。

秦陶·1408：咸卜里戎

秦陶·1410：咸卜里戎

秦陶·1411：咸郊里奢〖注〗郊里，里名。

秦陶·1412：咸亭完里□□

秦陶·1413：咸郊里昧

秦陶·1414：咸亭完里丹器

秦陶·1415：咸□完里□器

秦陶·1416：咸完里□

集證·219.252：咸反里逇〖注〗反里，里名。

秦陶·1419：咸芮里喜

集證·220.258：咸亭□里道器

集證·196.44：咸郎里□

集證·200.55：枭里縢

集證·216.212：咸沃里辰〖注〗沃里，里名。

集證·216.215：咸郎里隊

集證·216.216：咸蒲里奇

集證·216.220：咸沃里辰

集證·217.230：咸廣里高

集證·217.231：咸廣里高

集證·217.232：咸蒲里奇

集證·217.233：咸郎里宣

集證·217.234：咸郎里竪

集證·218.235：咸郎里致

集證·218.236：咸郎里逋

集證·218.237:咸郿里□

 集證·218.238:咸鄒里欣

 集證·218.239:咸鄒里忨

 集證·218.240:咸鄒里忨

 集證·218.241:咸完里忨

 集證·218.242:咸完里駕

 集證·219.248:咸闒里林

 集證·219.249:咸芮里臣

 集證·219.250:咸商里若

 南郊 707·194.8:咸亭完里丹器

 南郊 707·194.9:咸亭完里丹器

 南郊 707·194.10:咸亭完里丹器

 任家嘴 240·183.1:咸亭完里□器

 任家嘴 240·183.2:咸亭完里□器

 任家嘴 240·183.4:咸亭完里□器

 任家嘴 240·183.6:咸□里□

 任家嘴 240·183.11:咸商里宣

 任家嘴 240·183.12:咸商里宣

 任家嘴 240·183.14:咸亭商里□器

 南郊 707·194.4:咸亭完里丹器

 南郊 707·194.5:咸亭完里丹器

 南郊 707·194.6:咸亭完里丹器

 南郊 707·194.7:咸亭完里丹器

里 漆器 M5·14(雲夢·附二):路里
〖注〗路里,里名。

里 漆器 M6·15(雲夢·附二):雇里
〖注〗雇里,里名。

里 漆器 M7·19(雲夢·附二):里從

里 漆器 M11·3(雲夢·附二):錢里
大女子〖注〗錢里,里名。

里 漆器 M13·5(雲夢·附二):□里
一八

里 漆器 M13·22(雲夢·附二):左里
□嬰〖注〗左里,里名。

里 漆器 M7·19(雲夢·附二):女里
從〖注〗女里,里名。

里 漆器 M11·1(雲夢·附二):庾里
〖注〗庾里,里名。

 地圖注記·摹(地圖·4):八里

 地圖注記·摹(地圖·4):卅里

 地圖注記·摹(地圖·4):十五里

 地圖注記·摹(地圖·4):宛到□
廿五里

 地圖注記·摹(地圖·5):去谷口
可五里

 漆器(遺址·四.3):丞里□

 漆器(龍簡·7):里亭

## 3013　釐　　　釐

釐　秦編鐘・乙鐘（秦銅・10.2）：屯（純）魯多釐〖注〗《説文》：“釐，家福也。”李學勤釋爲祭祀福胙。

釐　秦編鐘・乙鐘左鼓・摹（秦銅・11.6）：屯（純）魯多釐

釐　秦編鐘・戊鐘（秦銅・10.5）：屯（純）魯多釐

釐　秦鎛鐘・1號鎛（秦銅・12.3）：屯（純）魯多釐

釐　秦鎛鐘・2號鎛（秦銅・12.6）：屯（純）魯多釐

釐　秦鎛鐘・3號鎛（秦銅・12.9）：屯（純）魯多釐

釐　秦公鎛鐘・摹（秦銅・16.4）：以受屯（純）魯多釐

釐　秦公簋・蓋（秦銅・14.2）：以受屯（純）魯多釐

釐　秦懷后磬・摹：天君賜之釐

釐　秦懷后磬・摹：王始（姒）之釐

釐　秦陶・1382：咸釐□□

釐　秦陶・1385：□釐□寧

## 3014　野壄　　野壄

壄　繹山刻石・宋刻本：流血於野〖注〗野，野外。

壄　帛書・病方・99：煮鹿肉若野彘肉

壄　帛書・病方・237：取野獸肉食者五物之毛等

壄　集證・158.403：宜野鄉印〖注〗宜野鄉，鄉名。

壄　秦印編261：宜野鄉印

壄　秦印編261：郝野

壄　秦陶・335：咸陽野

壄　秦陶・337：咸野〖注〗野，人名。

壄　秦印編261：侯壄（野）

壄　睡簡・編年・45：攻大壄（野）王〖注〗大野王，地名。

壄　睡簡・答問・101：百步中比壄（野）〖注〗野，郊外。

壄　睡簡・日甲・9正：之四方壄（野）外

壄　睡簡・日甲・10正：不可以之壄（野）外

壄　睡簡・日甲・144正：好田壄（野）邑屋

壄　睡簡・日乙・20：利以祭、之四旁（方）壄（野）外

壄　睡簡・日甲・52背・摹：壄（野）獸若六畜逢人而言

壄　睡簡・日乙・178：壄（野）立爲□〖注〗立，疑讀爲“位”。野位，野外的神祠。

壄　睡簡・爲吏・28：原壄（野）如廷

## 3015　田　　　田

田　不其簋蓋（秦銅・3）：田十田

田　不其簋蓋（秦銅・3）：田十田

　滕縣不其簋器（秦銅・4）：田十田

滕縣不其簋器(秦銅·4):田十田

十三年相邦義戈·摹(秦銅·30):咸陽工帀(師)田〖注〗田,人名。

石鼓文·田車(先鋒本):田車孔安〖注〗田,馬敘倫說爲"畋"省。田車,輕車。

青川牘·摹:田廣一步

青川牘·摹:民臂更脩(修)爲田律〖注〗爲田,制田。

睡簡·爲吏·6:根(墾)田人(刃)邑

睡簡·爲吏·19:勿鼠(予)田宇

睡簡·效律·52:及都倉、庫、田、亭嗇夫坐其離官屬於鄉者

睡簡·語書·4:故騰爲是而脩灋律令、田令及爲閒(奸)私方而下之〖注〗田令,關於農田的法令。

睡簡·秦律·11:田律〖注〗田律,律名。關於農田生產的律文。

睡簡·答問·64:"封"卽田千佰(阡陌)

睡簡·答問·157:不論□爲匿田

睡簡·答問·157:部佐匿者(諸)民田

睡簡·答問·157:部佐爲匿田

睡簡·答問·157:爲匿田

睡簡·封診式·37:不田作

睡簡·秦律·8:以其受田之數

睡簡·秦律·6:麛時毋敢將犬以之田

睡簡·秦律·7:田律

睡簡·秦律·38:利田疇

睡簡·秦律·3:田律

睡簡·秦律·51:隸臣田者

睡簡·秦律·12:百姓居田舍者毋敢酤(酤)酉(酒)〖注〗田舍,農村中的居舍。

睡簡·秦律·12:田嗇夫、部佐謹禁御之〖注〗田嗇夫,官名,地方管理農事的小官。

睡簡·秦律·120:縣嗇夫材興有田其旁者

睡簡·秦律·13:以四月、七月、十月、正月膚(臚)田牛

睡簡·秦律·13:賜田嗇夫壺酉(酒)束脯

睡簡·秦律·14:賜田典日旬殿〖注〗田典,疑爲"里典"之誤。

睡簡·秦律·14:其以牛田

睡簡·秦律·144:居貲贖責(債)者歸田農〖注〗田農,農作。

睡簡·秦律·14:誶田嗇夫

睡簡·秦律·10:田律

睡簡·秦律·11:稟大田而毋(無)恆籍者〖注〗大田,官名,主管農事。

睡簡·日甲·91正:可田邋(獵)

睡簡·日甲·144正:好田野邑屋

睡簡·日甲·144正:耆(嗜)酉(酒)及田邋(獵)

睡簡・日乙・246：好田邋（獵）

睡簡・日乙・251：田宇多

睡簡・日乙・91：可田邋（獵）

睡簡・日乙・30：初田毋以丁亥、戊戌

睡簡・日乙・46：田及子麥

龍簡・118：及田不□坐□

龍簡・116：吏行田贏律（？）詐（詐）□〖注〗行田，授田。

龍簡・117：田不從令者〖注〗田，打獵。

龍簡・111：□馬、牛、羊、犬、彘于人田□

龍簡・25：□禁苑田傳□

龍簡・123・墓：盜賊以田時殺□

龍簡・124：與盜田同瀍

龍簡・160・墓：进徙其田中之臧（贓）而不□

龍簡・165：□者租匿田□

龍簡・178：諸以錢財它勿（物）假田□

龍簡・175：以爲盜田

龍簡・133：程田以爲臧（贓）〖注〗程田，爲田地計算並規定應繳納的田租標準。

龍簡・147：與瀍沒入其匿田之稼

龍簡・150：告典、田典〖注〗田典，主管農田事務的小吏，或卽“田嗇

夫”。

龍簡・159：□或卽言其田實（？）□

龍簡・156：田□僕射□大人□

龍簡・157・墓：黔首田實多其□

龍簡・155：黔首錢假其田已（？）□者

龍簡・151：田及爲詐（詐）僞寫田籍皆坐臧（贓）

龍簡・118：非田時殿

里簡・J1（9）981 正：田官守敬敢言之

里簡・J1（16）6 正：田時殿

集證・150.274：小廄南田〖注〗南田，官名。

集證・150.273：公主田印

秦印編261：泰上寖左田

秦印編261：官田丞印

秦印編261：左田之印

秦印編261：小廄南田

秦印編261：廄田倉印

秦印編261：右公田印

秦印編261：公主田印

秦印編261：左田之印

秦印編261：左田

秦印編 261：田娛

秦印編 261：田援

秦印編 261：田慁

秦印編 261：田毋鐸

秦印編 261：田樂

秦印編 261：田達

秦印編 261：左田之印

秦印編 261：郎中左田

秦印編 261：郎中左田

秦印編 261：趙郡左田

秦印編 261：田廥

秦印編 261：田固

秦印編 261：蘭田

封泥集 114・1：郎中左田

封泥集 114・3：郎中左田

封泥集 115・4：郎中左田

封泥集 230・1：左田之印

封泥集 231・1：田廥

封泥集 255・1：趙郡左田

封泥集 275・1：藍田丞印〖注〗藍田，地名。

封泥集 366・1：田固

新封泥 B・3.1：西田

集證・140.126：田廥〖注〗田廥，卽田倉，官名。

集證・149.263：趙郡左田〖注〗左田，官名；或讀"佐田"，田官之副佐。

集證・149.266：左田之印

集證・149.267：郎中左田

集證・149.268：郎中左田

封泥印 10：郎中左田

封泥印 98：藍田丞印

封泥印・待考 162：西田□□

新封泥 A・1.5：郎中西田

封泥集・附一 402：左田之印

封泥集・附一 404：小廄南田

封泥集・附一 404：左田

封泥集・附一 405：官田臣印

封泥集・附一 407：公主田印

封泥集・附一 408：廄田倉印

封泥集・附一 408：右公田印

集證・140.125：廄田倉印

集證・149.264：左田

集證・149.269：官田臣印

集證・150.272：右公田印

秦陶 A・3.15：藍田

瓦書・郭子直摹：大田佐敖童曰未〖注〗大田，官名。

瓦書(秦陶・1610)：大田佐敖童曰未

秦陶・421：田

秦陶・422：田

秦陶・1148：田

秦陶・1149：田

秦陶・1150：田

秦陶・1163：田

秦陶・1228：藍田

秦陶・1266：藍田

集證・194.31：田

地圖注記・摹(地圖・3)：中田

3016　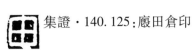　町

龍簡・127：一町〖注〗町，計量田畝面積單位，或疑卽畘。

龍簡・136：町失三分

龍簡・133・摹：田一町

3017　　疇

龍簡・120：及斬人疇企(畦)〖注〗李家浩說，疇畦，疑訓爲田界，卽田塍。

睡簡・秦律・38：利田疇〖注〗疇，《漢書音義》："美田曰疇。"一說是種麻之田。

3018　畸　畸

睡簡・爲吏・11：以嗀(擊)畸〖注〗畸，邪。

秦印編 261：趙畸

秦印編 261：司馬畸

3019　畮　畮(畝)

青川牘・摹：百畮爲頃

青川牘・摹：畮二畛〖注〗畮，古"畮"字。《說文》："六尺爲步，步百爲畮。"秦田二百四十步爲畮。

睡簡・秦律・38：叔(菽)畮半斗

睡簡・秦律・38：黍、荅畮大半斗

睡簡・秦律・38：禾、麥畮一斗

## 3020　甸

睡簡・答問・190：可（何）謂"甸
人"〖注〗甸人，看守孝公、獻公墓的
人。

帛書・病方・66：侯（候）天甸（電）
而兩手相靡（摩）

帛書・病方・66：鄉（嚮）甸（電）祝
之

## 3021　畔

青川牘・蟇：正彊（疆）畔

龍簡・154：黔首皆從千（阡）佰
（陌）彊（疆）畔〖注〗疆畔，田界。
《說文》："畔，田界也。"

## 3022　界

王四年相邦張儀戈（集證・17）：庶
長□操之造□界戟

## 3023　畛

青川牘・蟇：袤八則爲畛〖注〗畛，
畷。《說文》："畛，井田間道也，廣
六尺。"卽田間小道。

青川牘・蟇：畝二畛

## 3024　畤

秦子簋蓋（珍金・35）：□畤

秦子簋蓋・蟇（珍金・31）：□畤

## 3025　略

詛楚文・湫淵（中吳本）：且復略我
邊城〖注〗略，巡視。

詛楚文・巫咸（中吳本）：且復略我
邊城

詛楚文・亞駝（中吳本）：且復略我
邊城

繹山刻石・宋刻本：群臣誦略

封泥印 123：略陽丞印〖注〗略陽，地
名。

封泥印 108：好畤丞印〖注〗好畤，地
名。

## 3026　當

睡簡・答問・98：問當論不當〖注〗
當，應當。

睡簡・答問・68：問甲當論及收不
當

睡簡・答問・61：眥（遷）者妻當包
不當

睡簡・答問・3：問皋當駕（加）如
害盜不當

睡簡・答問・44：問甲當論不當

睡簡・答問・169：其棄妻亦當論不
當

睡簡・答問・166：當論不當

睡簡・答問・163：治（笞）當駕
（加）不當

睡簡・答問・170：妻賸（媵）臣妾、
衣器當收不當

睡簡・答問・138：問甲當購不當

睡簡・答問・13:其曹人當治(笞)不當

睡簡・答問・146:論當除不當

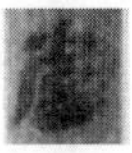
睡簡・答問・145:令當免不當

睡簡・答問・158:問當論不當

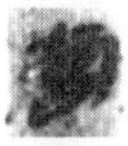
睡簡・答問・159:當負不當出

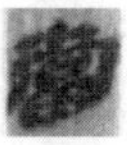
睡簡・答問・156:當伍及人不當

睡簡・答問・157:當論不當

睡簡・答問・119:吏當論不當

睡簡・答問・23:當以衣及布畀不當

睡簡・答問・98:問當論不當

睡簡・答問・68:問甲當論及收不當

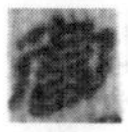
睡簡・答問・61:䙴(遷)者妻當包不當

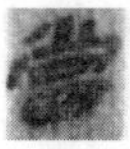
睡簡・答問・3:問臯當駕(加)如害盜不當

睡簡・答問・44:問甲當論不當

睡簡・答問・169:其棄妻亦當論不當

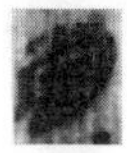
睡簡・答問・166:當論不當

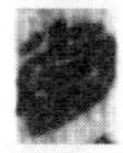
睡簡・答問・163:治(笞)當駕(加)不當

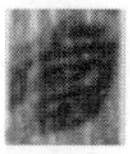
睡簡・答問・170:妻賸(媵)臣妾、衣器當收不當

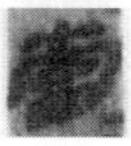
睡簡・答問・13:其曹人當治(笞)不當

睡簡・答問・146:論當除不當

睡簡・答問・145:令當免不當

睡簡・答問・158:問當論不當

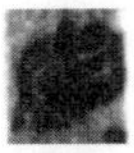
睡簡・答問・159:當負不當出

睡簡・答問・156:當伍及人不當

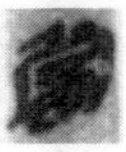
睡簡・答問・157:當論不當

睡簡・答問・119:吏當論不當

睡簡・答問・8:當耐爲隸臣

睡簡・答問・80:皆當耐

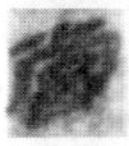
睡簡・答問・86:當黥爲城旦

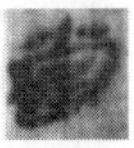
睡簡・答問・86:當貲二甲

睡簡・答問・83:議皆當耐

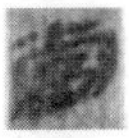
睡簡・答問・84:當完爲城旦

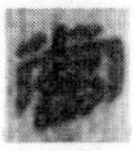
睡簡・答問・81:當完城旦

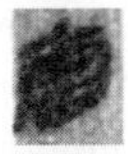
睡簡・答問・20:弗當坐

睡簡・答問・206:不當貣(貸)

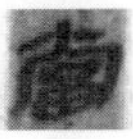
睡簡・答問・26:盜之當耐

睡簡・答問・207:不當氣(餼)而誤氣(餼)之

睡簡・答問・23:當以衣及布畀不當

睡簡・答問・203：當以玉問王之謂殹

睡簡・答問・24：衣不當

睡簡・答問・25：當貲以下耐爲隸臣

睡簡・答問・98：不當論

睡簡・答問・98：當論

睡簡・答問・92：當貲二甲

睡簡・答問・93：皋當重而端輕之

睡簡・答問・94：當貲一盾

睡簡・答問・6：當完城旦

睡簡・答問・62：當包

睡簡・答問・62：當䙴（遷）

睡簡・答問・67：當磔

睡簡・答問・60：其所包當詣䙴（遷）所

睡簡・答問・63：當毄（繫）作如其所縱

睡簡・答問・60：廷行事有皋當䙴（遷）

睡簡・答問・61：當䙴（遷）

睡簡・答問・77：當貲一甲

睡簡・答問・77：問死者有妻、子當收

睡簡・答問・71：當棄市

睡簡・答問・38：當貲二甲

睡簡・答問・38：當貲一盾

睡簡・答問・3：當刑爲城旦

睡簡・答問・33：甲當黥爲城旦

睡簡・答問・35：甲當耐爲隸臣

睡簡・答問・31：當贖黥

睡簡・答問・31：未啟當貲二甲

睡簡・答問・48：當諈

睡簡・答問・48：當貲盾

睡簡・答問・49：當並臧（贓）以論

睡簡・答問・49：當貲二甲一盾

睡簡・答問・44：亦不當購

睡簡・答問・45：當爲告盜駕（加）臧（贓）

睡簡・答問・58：咸陽及它縣發弗智（知）者當皆貲

睡簡・答問・5：當城旦黥之

睡簡・答問・57：今當獨咸陽坐以貲

睡簡・答問・10：當貲一盾

睡簡・答問・183：不當

睡簡・答問・108：以當刑隸臣皋誣告人

睡簡・答問・108：有收當耐未斷

睡簡・答問・128：當耐

睡簡・答問・102：不當環

睡簡・答問・12：當並臧（贓）以論

睡簡・答問・120：當黥城旦而以完城旦誣人

睡簡・答問・120：當黥剠（劓）

睡簡・答問・102：當三環之不

睡簡・答問・122：當舂（遷）癘所處之

睡簡・答問・122：或曰當舂（遷）舂（遷）所定殺

睡簡・答問・127：當從事官府

睡簡・答問・127：當貲一盾

睡簡・答問・123：當舂（遷）癘舂（遷）所

睡簡・答問・198："衛（率）敖"當里典謂殹〖注〗當，任。

睡簡・答問・109：可（何）謂"當刑爲隸臣"

睡簡・答問・109：其皋當刑爲隸臣

睡簡・答問・194：卜、史當耐者皆耐以爲卜、史隸

睡簡・答問・195：當收

睡簡・答問・168：當畀

睡簡・答問・160：當貲一盾

睡簡・答問・166：不當論

睡簡・答問・166：當論

睡簡・答問・164：當繇（徭）

睡簡・答問・161：王室所當祠固有矣

睡簡・答問・17：當同皋

睡簡・答問・179：當者（諸）疾不治騷馬〖注〗當，通"儻"。

睡簡・答問・174：完之當殹〖注〗當，妥當。

睡簡・答問・171：妻騰（媵）臣妾、衣器當收

睡簡・答問・107：亦不當聽治

睡簡・答問・132：當治（笞）五十

睡簡・答問・139：當貲各二甲

睡簡・答問・136：皆當刑城旦

睡簡・答問・136：問甲當購□幾可（何）

睡簡・答問・137：當刑城旦

睡簡・答問・137：問甲當購幾可（何）

睡簡・答問・134：當購二兩

睡簡・答問・134：甲當購

睡簡・答問・135：當購二兩

睡簡・答問・14：當以三百論爲盜

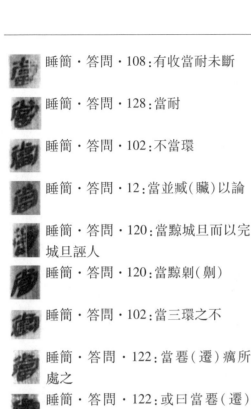

睡簡・答問・15：當爲收

 睡簡・答問・152：倉鼠穴幾可（何）而當論及諄

 睡簡・答問・152：纍穴三當一鼠穴

 睡簡・答問・153：當出未出

 睡簡・答問・153：當耐

 睡簡・答問・153：當貲一甲

 睡簡・答問・153：卽出禾以當叔（菽）、麥

 睡簡・答問・154：吏有故當止食

 睡簡・答問・155：當坐伍人不當

 睡簡・答問・105：亦不當聽

 睡簡・答問・118：當耐爲隷臣

 睡簡・答問・101：當貲二甲

 睡簡・答問・112：是謂“當刑鬼薪”

 睡簡・答問・119：當黥

 睡簡・答問・117：當耐司寇而以耐隷臣誣人

 睡簡・答問・117：當耐爲隷臣

 睡簡・答問・117：當耐爲司寇

 睡簡・答問・110：其臯當刑城旦

 睡簡・答問・113：爵當上造以上

 睡簡・答問・113：有臯當贖者

 睡簡・答問・111：［其臯］當刑鬼薪

 睡簡・秦律・23：度之當堤（題）〖注〗當，符合。

 睡簡・秦律・67：其出入錢以當金、布

 睡簡・秦律・67：錢十一當一布〖注〗當，折合。

 睡簡・秦律・61：其老當免老、小高五尺以下及隷妾欲以丁粼者一人贖

 睡簡・秦律・108：賦之三日而當夏二日

 睡簡・秦律・123：其程攻（功）而不當者

 睡簡・秦律・190：除佐必當壯以上

 睡簡・秦律・109：更隷妾四人當工［一］人

 睡簡・秦律・109：冗隷妾二人當工一人

 睡簡・秦律・109：小隷臣妾可使者五人當工一人

 睡簡・秦律・174：羣它物當負賞（償）而偽出之以彼（貏）賞（償）

 睡簡・秦律・138：以日當刑而不能自衣食者

 睡簡・秦律・146：及城旦傅堅、城旦舂當將司者

 睡簡・秦律・147：當行市中者

 睡簡・秦律・143：公食當責者

 睡簡・秦律・145：居貲贖責（債）當與城旦舂作者

睡簡・秦律・159：所不當除而敢先見事

睡簡・秦律・153：從軍當以勞論及賜

 睡簡・秦律・110：女子一人當男子一人

 睡簡・雜抄・6：當除弟子籍不得〖注〗當，通“儻”，如果。

 睡簡・雜抄・32：百姓不當老

 睡簡・雜抄・11：不當稟軍中而稟者

 睡簡・日甲・81 背：甲盜名曰耤鄭壬簽强當良

 睡簡・日甲・39 正：兩寡相當

 睡簡・日甲・18 背：井當戶牖閒

 睡簡・日乙・240：辛巳生，當〈富〉吉

 睡簡・日乙・131：必代當家

 睡簡・爲吏・28：三曰興事不當

 睡簡・爲吏・7：審當賞罰

 睡簡・爲吏・39：十耳當一目

 睡簡・爲吏・49：毋施當（常）〖注〗當，讀爲“常”。

 睡簡・爲吏・10：當務而治

 睡簡・效律・34：羣它物當負賞（償）而僞出之以彼（賅）賞（償）

 睡簡・效律・58：及不當出而出之

 睡簡・語書・13：當居曹奏令、丞

 龍崗牘・正：辟死論不當爲城旦

 龍簡・3・摹：□［不］行其所當行□

 龍簡・3：必行其所當行之道〖注〗當行，符合法律規定可以行走。

 龍簡・33・摹：當（?）完爲城旦舂

 龍簡・42：故罪當完城旦舂以上者

 龍簡・101：當償而訐□

 龍簡・12・摹：有不當入而闌入

 龍簡・126・摹：當遺三程者

 龍簡・127・摹：當遺二程者

 龍簡・19・摹：其在（?）禁（?）□當出（?）者（?）將（?）出（?）之（?）□

 里簡・J1（16）6 正：輸甲兵當傳者多

 里簡・J1（8）154 正：毋當令者

 里簡・J1（9）1 背：當騰（謄）

 里簡・J1（9）7 背：當騰（謄）

 里簡・J1（9）8 背：當騰（謄）

 里簡・J1（9）9 背：當騰（謄）

 里簡・J1（9）10 背：當騰（謄）

 里簡・J1（9）11 背：當騰（謄）

 里簡・J1（9）12 背：當騰（謄）

里簡・J1（16）6 正：當坐者言名史泰守府

關簡・200：占市旅者，自當〖注〗自當，指行商不賺不賠。

關簡・236：占市旅者，自當

關簡・210：占市旅者，自當

關簡・132：畫當一日

帛書・病方・199：日與月相當

帛書・病方・199：月與日相當

帛書・病方・275：□、薑（薑）、蜀焦（椒）、樹（茱）臾（萸）四物而當一物

帛書・病方・無編號殘：當

秦印編262：王當

秦印編262：當

封泥集311・1：當城丞印〖注〗當城，地名。

秦印編262：若當

集證・223.283：當陽克〖注〗當陽，地名。

秦印編262：咸亭當柳恚器

秦陶・1076：周當〖注〗周當，人名。

秦印編262：當武

秦陶・1421：咸亭當柳昌器〖注〗當柳，里名。

秦印編262：咸亭當柳昌器

秦陶A・4.1：當陽邑□

瓦當・1.2：橐泉宮當〖注〗當，瓦當。

瓦當・1.5：竹泉宮當

瓦當・1.1：蘄年宮當

瓦當・1.3：橐泉宮當

瓦當・1.4：橐泉宮當

## 3027　畯　　畯

秦編鐘・乙鐘（秦銅・10.2）：秦公嬰畯龢才（在）立（位）

秦鎛鐘・2號鎛（秦銅・12.6）：秦公嬰畯龢才（在）立（位）

秦鎛鐘・1號鎛（秦銅・12.3）：秦公嬰畯龢才（在）立（位）

秦公鎛鐘・摹（秦銅・16.4）：畯鼏（極）才（在）立（位）〖注〗畯鼏，徐中舒釋爲《詩經》之"駿極"。畯，長也。

秦編鐘・乙鐘左鼓・摹（秦銅・11.6）：秦公嬰畯龢才（在）立（位）

## 3028　畱　　留

屯留戈（集成10927）：屯留〖注〗屯留，地名。

睡簡・秦律・147：毋敢之市及留舍闤外〖注〗留，停留。

睡簡・爲吏・39：苛難留民

里簡・J1(16)5背：皆勿留脫

里簡・J1(16)6正：急事不可留

關簡・233：占獄訟，毄（繫）留〖注〗繫留，被拘留。

集證・154.338：屯留

封泥集・附一409：留浦

秦印編262：趙留

秦陶・386：詠留〔注〕詠留，人名。

秦陶・392：詠留

秦印編262：留偃

秦印編262：麻留

秦印編262：留薈

秦印編262：濩留

3029　畜畜　畜畜

秦編鐘・甲鐘頂篆部・摹（秦銅・11.3）：咸畜左右〔注〕畜，養，任用。

秦編鐘・丁鐘（秦銅・10.4）：咸畜左右

秦鎛鐘・2號鎛（秦銅・12.5）：咸畜左右

秦鎛鐘・3號鎛（秦銅・12.8）：咸畜左右

秦公鎛鐘・摹（秦銅・16.3）：咸畜百辟胤士

秦公簋・蓋（秦銅・14.2）：咸畜胤士

天簡28・乙：畜生

睡簡・爲吏・35：畜產肥牟（牷）

睡簡・日乙・53：入人民、畜生

睡簡・日乙・128：□畜生

睡簡・日乙・132：聚具畜生

睡簡・日乙・118：不可取婦、家（嫁）女、入畜生

睡簡・日乙・44：不可以使人及畜六畜

睡簡・日乙・44：不可以使人及畜六畜

睡簡・答問・92：小畜生入人室〔注〕畜生，牲畜。

睡簡・答問・108：殺傷父臣妾、畜產及盜之

睡簡・封診・8：封有鞫者某里士五（伍）甲家室、妻、子、臣妾、衣器、畜產〔注〕畜產，畜生。

睡簡・秦律・84：牧將公畜生而殺、亡之

睡簡・秦律・77：及隸臣妾有亡公器、畜生者

睡簡・日甲・85正：不可食六畜

睡簡・日甲・32正：利見人及畜畜生

睡簡・日甲・31背：人若鳥獸及六畜恆行人宮

睡簡・日甲・47背：燔蠚（髭）及六畜毛邋（鬣）其止所

睡簡・日甲・52背：野獸若六畜逢人而言

睡簡・日甲・56背：人之六畜毋（無）故而皆死

睡簡・日甲・51正：離日不可以家（嫁）女、取婦及入人民畜生

睡簡・日甲・100正：勿以殺六畜

睡簡・日甲・127正：凡且有大行、遠行若飲食、歌樂、聚畜生及夫妻同衣

睡簡・日乙・85：不可食六畜

 睡簡・日乙・60：入貨、人民、畜生

 睡簡・日乙・62：出入人民、畜生

 睡簡・日乙・57：出入人民、畜生

 岳山牘・M36：43 正：凡七畜

 關簡・352：某爲農夫畜

 秦印編262：衛□畜

 封泥集・附一403：畜馬〖注〗畜馬，官名。

 秦印編262：董畜

### 3030　暘　暘

 睡簡・秦律・1：輒以書言澍〈澍〉稼、誘（秀）粟及狠（墾）田暘毋（無）
稼者頃數〖注〗暘，未種禾稼的田地。

### 3031　毗

秦印編299：□毗

### 3032　畚

睡簡・秦律・64：千錢一畚〖注〗畚，容器名。或用蒲草等編製。

### 3033　由

 秦陶・388：由〖注〗由，人名。〖編者按〗此或爲“田”字之訛。

秦陶・390：由

### 3034　畎

 秦公簋・蓋（秦銅・14.2）：畎（畯）霆（極）才（在）天〖注〗畯，長。

### 3035　䨋

大墓殘磬（集證・70）：䨋（申）用無疆〖注〗䨋，裘錫圭、王人聰等讀爲“申”，重也，重賜。或說爲“紳”字之異構。

大墓殘磬（集證・73）：䨋（申）用無疆

大墓殘磬（集證・74）：䨋（申）用無疆

石鼓文・吳人（先鋒本）：□䨋＝大□求又□是

### 3036　畺　畺　畺（疆）

秦公鎛鐘・摹（秦銅・16.4）：黌（眉）壽無疆

秦公簋・蓋（秦銅・14.2）：黌（眉）壽無疆

大墓殘磬（集證・70）：黌（申）用無疆

大墓殘磬（集證・73）：黌（申）用無疆

大墓殘磬（集證・74）：黌（申）用無疆

 帛書・病方・1：桂、畺（薑）、椒□

 帛書・病方・271：桂、畺（薑）、椒

帛書・病方・372：白芷、白衡、菌□桂、枯畺（薑）、薪（新）雉

3037　黃<sub>夋</sub>　黃夋

仲滋鼎・摹（集證・14）：囂（鐈）良鈇黃

秦政伯喪戈一（珍金・42）：乍（作）造（造）元戈喬黃〖注〗黃，指金屬的質地顏色。

秦政伯喪戈一・摹（珍金・42）：乍（作）造（造）元戈喬黃

秦政伯喪戈二・摹（珍金・43）：乍（作）造（造）元戈喬黃

石鼓文・汧殹（先鋒本）：黃帛（白）其鱷

天簡 28・乙：黃鐘□殹

天簡 28・乙：貞在黃鐘天下清明

天簡 35・乙：凡忌黃鐘不合音數

天簡 38・乙：參黃鐘古先夷則之卦曰

睡簡・日甲・78 背：盜者羸（臠）而黃色

睡簡・日甲・72 正：得之於黃色索魚、菫西（酒）

睡簡・日甲・73 正：黃色死

睡簡・效律・7：黃金衡羸（纍）不正

睡簡・秦律・8：芻自黃穌（穌）及薦束以上皆受之〖注〗黃穌，指乾葉。

睡簡・秦律・34：別黃、白、青

睡簡・日甲・74 背：黃色

睡簡・日甲・44 背：丈夫女子隋（墮）須（鬚）羸髮黃目

睡簡・日甲・58 背：取白茅及黃土而西（洒）之

睡簡・日乙・184：人黃色

睡簡・日乙・156：黃昏亥

關簡・12：戊申宿黃郵〖注〗黃郵，地名。

關簡・198：占物，青、黃

關簡・192：占物，青、黃

關簡・196：占物，赤、黃

關簡・200：占物，黃、青

關簡・228：占物，黃、白

關簡・222：占物，黃、白

關簡・226：占物，黃、白

關簡・224：占物，黃、白

關簡・230：占物，黃、白

關簡・238：占物，青、黃

關簡・236：占物，青、黃

關簡・240：占物，青、黃

關簡・242：占物，黃、白

關簡・216：占物，黃、赤

關簡・188：占物，黃、白

帛書・病方・17：黃鈴（芩）二梃〖注〗黃芩，草藥名。

帛書・病方・19：冶黃黔（芩）與□麤膏□之

帛書・病方・44：冶黃黔（芩）、甘草相半

帛書・病方・68：以黃柃（芩）

帛書・病方・115：竈黃土十分升一

帛書・病方・203：令篗篗黃

帛書・病方・215：熬鹽種令黃

帛書・病方・226：其藥曰陰乾黃牛膽〖注〗陰乾黃牛膽，即牛膽。

帛書・病方・258：以醬灌黃雌鷄

帛書・病方・262：冶黃黔（芩）而婁（屢）傅之

帛書・病方・271：［肉］睢（疽）［倍］黃蓍（耆）

帛書・病方・271：黃蓍（耆）〖注〗黃耆，藥名。

帛書・病方・275：以白薟、黃耆（耆）、芍藥、甘草四物者（煮）

帛書・病方・290：□戴糝（糝）、黃芩、白薊（薟）

帛書・病方・308：黃神且與言

帛書・病方・338：冶雄黃〖注〗雄黃，藥名。

帛書・病方・408：□［雄］黃靡（磨）水銀手□

帛書・病方・408：以雄黃二兩

帛書・病方・409：雄黃

帛書・病方・410：令黃

帛書・病方・427：黃神興□〖注〗黃神，古神名。

帛書・病方・427：黃神在竈中

帛書・灸經甲・53：目黃

集證・176.642：黃騰〖注〗黃騰，人名。

集證・155.364：黃丞之印〖注〗黃，地名。

秦印編262：黃戊

秦印編262：黃瘥

秦印編262：黃□

秦印編262：黃它

秦印編262：黃尚

秦陶・612：黃

3038　　男

會稽刻石・宋刻本：男秉義程

會稽刻石・宋刻本：男女絜誠

泰山刻石・宋拓本：男女體順

睡簡・日乙・16：生男女□

睡簡・答問・80：夬（決）裂男若女耳

睡簡・答問・167：男子乙亦闌亡

睡簡・封診・17：男子甲縛詣男子丙

 睡簡・封診・17：男子甲縛詣男子丙

 睡簡・封診・25：某亭校長甲、求盜才(在)某里曰乙、丙縛詣男子丁

 睡簡・封診・21：市南街亭求盜才(在)某里曰甲縛詣男子丙

 睡簡・封診・6：男子某有鞠

 睡簡・封診・60：男子死(屍)所到某亭百步

 睡簡・封診・37：某里士五(伍)甲縛詣男子丙

 睡簡・封診・31：男子丁與偕

 睡簡・封診・59：男子西有鬈秦綦履一兩

 睡簡・封診・59：以履履男子

 睡簡・封診・55：署中某所有賊死、結髮、不智(知)可(何)男子一人

 睡簡・秦律・62：贖者皆以男子

 睡簡・秦律・59：食男子旦半夕參

 睡簡・秦律・133：男子參

 睡簡・秦律・110：女子一人當男子一人

 睡簡・日甲・83 正：男子愛

 睡簡・日甲・81 正：男子龍庚寅

 睡簡・日甲・9 背：雖有，毋(無)男

 睡簡・日甲・96 背：男子死

 睡簡・日甲・94 正：男爲見(覡)

 睡簡・日甲・73 背：盜者男子

 睡簡・日甲・7 正：生子，男吉

 睡簡・日甲・32 背：男女未入宮者毃(擊)鼓奮鐸橐(譟)之

 睡簡・日甲・34 背：鬼恆從男女

 睡簡・日甲・31 正：男子亦然

 睡簡・日甲・42 正：男女爲盜

 睡簡・日甲・12 正：男女必美

 睡簡・日甲・146 正：男好衣佩而貴

 睡簡・日乙・83：男子愛之

 睡簡・日乙・247：男子爲人臣

 睡簡・日乙・212：男子[也]

 睡簡・日乙・94：男爲見(覡)，女爲巫

 睡簡・日乙・108：凡子、卯、寅、酉男子日

 睡簡・日乙・108：男子日如是

 睡簡・日乙・109：男子日

 睡簡・日乙・109：男子日

 龍簡・2：斬其男子左趾

 關簡・331：男子(以)米七

關簡・322:男子歆(飲)二七

 關簡・323:男子七以歆(飲)之

 關簡・368:腹毋辟(避)男女牝牡者

 帛書・病方・殘7:令男女□

 帛書・病方・13:男子竭

 帛書・病方・15:以男子洎傅之〖注〗洎,本義爲肉汁。男子洎,人精。

 帛書・病方・105:男子七

 帛書・病方・111:男子七

 帛書・病方・146:男子□卽以女子初有布

 帛書・病方・224:男女皆可

 帛書・病方・318:男子惡四〖注〗男子惡,人精。

 帛書・病方・381:男子七

 漆器 M11・47(雲夢・附二):男□□□

 漆器 M12・7(雲夢・附二):小男子包

3039　　力

 詛楚文・湫淵(中吳本):昔我先君穆公及楚成王是僇(勠)力同心

 詛楚文・巫咸(中吳本):昔我先君穆公及楚成王是僇(勠)力同心

 詛楚文・亞駝(中吳本):昔我先君穆公及楚成王是僇(勠)力同心

 會稽刻石・宋刻本:負力而驕

 睡簡・6號牘・正:母力毋恙也

 睡簡・6號牘・正:新負(婦)勉力視瞻兩老□

 睡簡・11號牘・背:新負(婦)勉力視瞻丈人

 睡簡・日甲・146正:有力

 睡簡・日乙・239:武有力

 睡簡・日乙・242:武有力

 睡簡・爲吏・19:善度民力

 秦印編263:力將□

3040　　功

 北私府橢量・二世詔(秦銅・147):不稱成功盛德

 大騩銅權(秦銅・131):不稱成功盛德

 二世元年詔版八(秦銅・168):不稱成功盛德

 二世元年詔版二(秦銅・162):不稱成功盛德

 二世元年詔版九(秦銅・169):不稱成功盛德

 二世元年詔版六(秦銅・166):不稱成功盛德

 二世元年詔版三(秦銅・163):不稱成功盛德

 二世元年詔版十一(秦銅・171):不稱成功盛德

 二世元年詔版四(秦銅・164):不稱成功盛德

二世元年詔版五(秦銅・165)：不稱成功盛德

二世元年詔版一(秦銅・161)：不稱成功盛德

兩詔斤權一・摹(集證・46)：不稱成功盛德

兩詔斤權二・摹(集證・49)：不稱成功盛德

兩詔斤權一(集證・45)：不稱成功盛德

兩詔銅權三(秦銅・178)：不稱成功盛德

兩詔銅權四(秦銅・179.2)：不稱成功盛德

兩詔銅權一(秦銅・175)：不稱成功盛德

兩詔橢量二(秦銅・149)：不稱成功盛德

兩詔橢量三之二(秦銅・151)：不稱成功盛德

兩詔橢量一(秦銅・148)：不稱成功盛德

美陽銅權(秦銅・183)：不稱成功盛德

平陽銅權・摹(秦銅・182)：不稱成功盛德

僅存銘兩詔銅權(秦銅・135-18.2)：不稱成功盛德

旬邑銅權(秦銅・133)：不稱成功盛德

左樂兩詔鈞權(集證・43)：不稱成功[盛德]

會稽刻石・宋刻本：羣臣誦功〖注〗功，功業，功德。

琅邪臺刻石：不稱成功盛德

繹山刻石・宋刻本：不稱成功盛德

繹山刻石・宋刻本：功(攻)戰日作

秦印編263：張功生

## 3041　　助

睡簡・爲吏・9：非以官禄夬〈史(使)〉助治〖注〗助，助理。

秦印編263：李助

## 3042　　務

睡簡・秦律・97：爲作務及官府市〖注〗作務，做工，勞動。

睡簡・秦律・136：作務及賈而負責(債)者

睡簡・爲吏・29：作務員程

睡簡・爲吏・10：當務而治

龍簡・90・摹：及爲作務羣它□

龍簡・10：其[田](?)及□[作]務□

秦印編263：高務

## 3043　　勁

秦印編263：趙勁

## 3044　　勉

會稽刻石・宋刻本：和安敦勉

睡簡・日甲・159 背:主君勉飲勉食

　睡簡・日甲・159 背:主君勉飲勉食

　睡簡・6 號牘・正:新負(婦)勉力視瞻兩老□

　睡簡・雜抄・41:令戍者勉補繕城〖注〗勉,全力。

　睡簡・日甲・111 背:勉壹步〖注〗勉壹步,進一步。

　睡簡・日乙・146:勉飲食

　秦印編 263:李勉

## 3045　臘　勝

　天簡 34・乙:□多者勝

　天簡 39・乙:弗能勝

　睡簡・爲吏・10:毋復期勝

　睡簡・語書・6:是卽不勝任、不智毆〖注〗勝,堪,稱。

　睡簡・秦律・125—及大車轅不勝任

　睡簡・秦律・125:皆不勝任而折

　睡簡・秦律・15:銷敝不勝而毀者

　睡簡・雜抄・9:不勝任

　睡簡・日甲・87 背:木勝土

　睡簡・日甲・83 背:金勝木

　睡簡・日甲・85 背:水勝火

　睡簡・日甲・81 背:戊名曰匽爲勝妖

　睡簡・日甲・34 正:命胃(謂)三勝

　睡簡・日乙・80:土勝水

　睡簡・日乙・82:水勝火

　睡簡・日乙・87:水勝火

　睡簡・日乙・83:金勝木

　睡簡・日乙・81:金勝木

　睡簡・日乙・237:是胃(謂)貴勝賤

　睡簡・日乙・79:火勝金

　睡簡・日乙・18:吉、勝

　里簡・J1(9)10 正:令勝日署所縣責

　里簡・J1(9)10 正:勝日戍洞庭郡

　里簡・J1(9)10 正:陽陵叔作士五(伍)勝日有貲錢千三百卌四〖注〗勝日,人名。

　關簡・204:勝之

　關簡・204:不勝

　關簡・203:占獄訟,不勝

　關簡・201:占獄訟,不勝

　關簡・223:占獄訟,勝

關簡・224:占戰斳(鬭),勝之

關簡・238：占戰斲（鬭），勝

 關簡・237：占獄訟，勝

 關簡・235：問獄訟，勝

 關簡・219：占獄訟，不勝

 關簡・217：不勝

 關簡・213：占獄訟，勝

 關簡・211：占獄訟，勝

 關簡・198：占戰斲（鬭），勝

 集證・165.508：臣勝

 集證・165.508：勝

 秦印編264：陳勝

 秦印編264：閭丘勝

 秦印編264：高勝

 秦印編264：馮勝

 秦印編264：勝

 秦印編264：勝

## 3046　劈（徹）

 睡簡・封診・76：穴劈（徹）內中

 睡簡・封診・74：劈（徹）內中〖注〗徹，通。

 關簡・135：入月一日、七日、十三日、十九日、廿五日大劈（徹）

 關簡・141：凡小劈（徹）之日

 關簡・262：劈（徹）周竀=（窮，窮）周劈=周竀=（窮，窮）周□日直竀（窮）

 關簡・262：劈（徹）周竀=（窮，窮）周劈=（徹，徹）周竀=（窮，窮）周□日直竀（窮）

 關簡・262：直劈（徹），不得

 關簡・48：甲申史劈（徹）行〖注〗劈，同“徹”，人名。

 關簡・139：凡大劈（徹）之日

 關簡・136：入月二日、六日、八日、十二日、十四日、十八日、廿日、廿四日、廿六日、卅日小劈（徹）

 關簡・133：直一者，大劈（徹）

 關簡・133：直周者，小劈（徹）

 龍簡・61：劈（徹）弩道

 秦印編264：楊劈

 秦印編264：隗劈

秦印編264：任劈

秦印編264：趙劈

秦印編264：張劈

## 3047　勁

集證・178.680：楊勁〖注〗楊勁，人名。

## 3048　動運

 會稽刻石・宋刻本：數動甲兵

 繹山刻石・宋刻本：威動四極

 帛書・灸經甲・50：是動則病

 帛書・灸經甲・54：是動則病

 帛書・灸經甲・39：是動則病

 帛書・灸經甲・44：是動則病

## 3049　勞鑾

 睡簡・秦律・47：駕縣馬勞

 睡簡・秦律・55：城旦之垣及它事而勞與垣等者

 睡簡・秦律・130：爲車不勞稱議脂之〖注〗勞，讀爲“佻”，《方言》：“疾也。”

 睡簡・秦律・146：免城旦勞三歲以上者

睡簡・秦律・153：從軍當以勞論及賜〖注〗勞，勞績。

睡簡・雜抄・29：馬勞課殿〖注〗馬勞，指馬服役的勞績。一說，勞，疲勞。

 睡簡・雜抄・30：馬勞課殿

 睡簡・雜抄・16：棄勞

 睡簡・雜抄・16：中勞律〖注〗中勞律，律名，關於從軍勞績的法律。

 睡簡・雜抄・15：敢深益其勞歲數者、貲一甲

 睡簡・爲吏・12：勞有成既

 秦印編264：勞瑕

## 3050　勮

 關簡・215：占病者，勮〖注〗勮，同“劇”，加重。

 封泥集351・2：勮里鄉印〖注〗勮里鄉，鄉名。

 封泥集351・3：勮里鄉印

封泥集351・1：勮里鄉印

## 3051　加

 詛楚文・湫淵（中吳本）：衛（率）者（諸）侯之兵以臨加我

 詛楚文・巫咸（中吳本）：衛（率）者（諸）侯之兵以臨加我

 詛楚文・亞駝（中吳本）：衛（率）者（諸）侯之兵以臨加我

 帛書・病方・360：先括（刮）加（痂）潰

 帛書・病方・337：加（痂）〖注〗痂，疥，疥癬類皮膚病。

 帛書・病方・338：［先］執洒加（痂）以湯

 帛書・病方・342：執洒加（痂）而傅之

 帛書・病方・356：濡加（痂）

 帛書・病方・356：以肥滿剎貗膏□夷□善以水洒加（痂）

## 3052　勇 戭悤

睡簡・日甲・148 正：壬子生子，悤（勇）〖注〗悤，《說文》："古文勇，从心。"

睡簡・日甲・142 正：有疵於軆（體）而悤（勇）

睡簡・日乙・246：庚申生，悤（勇）

睡簡・日乙・245：壬子生，悤（勇）

睡簡・爲吏・34：悤（勇）能屈

## 3053　勃

秦印編 264：傅勃

秦印編 264：梁勃

秦印編 264：韓勃

## 3054　飭

秦印編 265：飭

睡簡・雜抄・28：勿敢炊（箠？）飭〖注〗箠飭，對馬鞭打。

## 3055　劾

睡簡・效律・54：尉計及尉官吏節（即）有劾〖注〗有劾，犯了罪。

睡簡・效律・55：計有劾

睡簡・效律・55：如令史坐官計劾然

睡簡・語書・7：舉劾不從令者〖注〗舉劾，檢舉。

龍簡・45・摹：吏弗劾論〖注〗《說文》："劾，法有罪也。"

龍簡・141：然租不平而劾者〖注〗劾，通"核"，查核，審核。

里簡・J1（16）9 正：劾等十七戶徙都鄉

里簡・J1（16）9 正：毋以智（知）劾等初產至今年數

里簡・J1（16）6 正：輒劾移縣

里簡・J1（16）9 正：今問之劾等徙□書

新封泥 A・5.8：劾

## 3056　募

睡簡・雜抄・35：宂募歸〖注〗宂募，眾募，指募集的軍士。

新封泥 D・40：募人丞印〖注〗募人，官名。募，招募。

封泥集・附一 408：募人

封泥集・附一 408：靳募學侲

秦印編 265：募人丞印

新封泥 C・18.5：募人丞印

封泥印 84：募人丞印

## 3057　勢

睡簡・爲吏・5：勢（傲）悍袠（戾）暴〖注〗傲，傲慢。

3058　　　　　　　　勬

睡簡・日甲・159 背：勬（脊）爲身剛〖注〗脊，脊背，脊骨。

3059　　協 卟 叶　　協 卟 叶

秦編鐘・甲鐘（秦銅・10.1）：以康奠協朕或（國）〖注〗協，郭沫若訓協和。

秦編鐘・甲鐘左篆部・摹（秦銅・11.4）：以康奠協朕或（國）

秦編鐘・丁鐘（秦銅・10.4）：以康奠協朕或（國）

秦鎛鐘・1 號鎛（秦銅・12.2）：以康奠協朕或（國）

秦鎛鐘・2 號鎛（秦銅・12.5）：以康奠協朕或（國）

秦鎛鐘・3 號鎛（秦銅・12.8）：以康奠協朕或（國）

秦公鎛鐘・摹（秦銅・16.2）：協穌萬民

# 卷十四

## 3060　金金　金金

九年相邦呂不韋戟·摹（集證·35）：蜀守金〘注〙金，人名。

琅邪臺刻石：臣請具刻詔書金石刻

琅邪臺刻石：今襲號而金石刻辭不稱始皇帝

琅邪臺刻石：金石刻盡始皇帝所爲也

石鼓文·吾水（先鋒本）：金（今）及如□□

泰山刻石·宋拓本：臣請具刻詔書金石刻

泰山刻石·宋拓本：今襲號而金石刻辭不稱始皇帝

泰山刻石·宋拓本：金石刻盡始皇帝所爲也

泰山刻石·廿九字本：臣請具刻詔書金石刻

繹山刻石·宋刻本：臣請具刻詔書金石刻

繹山刻石·宋刻本：今襲號而金石刻辭不稱始皇帝

繹山刻石·宋刻本：金石刻盡始皇帝所爲也

天簡 26·乙：金生

睡簡·日乙·190：木金，得也

睡簡·日乙·193：金，得也

睡簡·效律·7：黃金衡羸（纍）不正

睡簡·答問·32：府中公金錢私貣用之

睡簡·答問·52：將軍材以錢若金賞

睡簡·秦律·88：金布

睡簡·秦律·89：金布

睡簡·秦律·86：其金及鐵器入以爲銅〘注〙金，銅。

睡簡·秦律·85：金布

睡簡·秦律·81：金布

睡簡·秦律·96：金布

睡簡·秦律·93：金布

睡簡·秦律·68：金布

睡簡·秦律·69：金布

睡簡·秦律·66：金布〘注〙金布，律名，關於貨幣、財物方面的法律。

睡簡·秦律·67：金布

睡簡·秦律·67：其出入錢以當金、布〘注〙金，黃金。

睡簡·秦律·65：金布

睡簡·秦律·79：金布

睡簡・秦律・76：金布律

 睡簡・秦律・75：金布律

 睡簡・秦律・71：金布律

 睡簡・秦律・128：官有金錢者自爲買脂、膠

 睡簡・秦律・128：毋（無）金錢者乃月爲言脂、膠

 睡簡・日甲・83 背：金勝木

 睡簡・日甲・84 背：火勝金

 睡簡・日甲・90 背：西方金

 睡簡・日甲・122 正：宜錢金而入易虛

 睡簡・日乙・83：丑巳金

 睡簡・日乙・81：庚辛金

 睡簡・日乙・79：火勝金

 龍簡・44：如守縣□金錢□

 龍簡・145：購金一兩

 里簡・J1(9)10 正：[報]署金布發

 里簡・J1(9)11 正：署金布發

 里簡・J1(8)156：署金布發

 里簡・J1(9)1 正：[報]署金布發〖注〗金布，官署名。

 里簡・J1(9)2 正：署金布發

 里簡・J1(9)4 正：[報]署金布發

 里簡・J1(9)5 正：[報]署金布發

 里簡・J1(9)6 正：[報]署金布發

 里簡・J1(9)7 正：[報]署金布發

 里簡・J1(9)8 正：署金布發

 里簡・J1(9)9 正：署金布發

 關簡・259：庚辛金

 關簡・363：西行越金

 關簡・168：金〖注〗金，五行之一。

 關簡・297：置居金

 帛書・病方・23：令金傷毋痛方

 帛書・病方・25：令金傷毋痛

 帛書・病方・345：[有（又）]以金鑯（鉛）冶末皆等〖注〗金鉛，銅屑。

 帛書・病方・16：金傷者

 帛書・病方・373：并以金銚煏桑炭〖注〗金銚，一種銅製有柄烹器。

 帛書・病方・447：□以金□

 集證・186.784：萬金

 集證・163.480：王金〖注〗王金，人名。

 秦印編 265：可成金

秦印編 265：千金

集證・141.129：西采金印〖注〗采金，官名。

秦印編 265：西采金印

封泥集 246・2：西采金印

新封泥 A・4.16：鄐采金丞

新封泥 A・4.15：鄐采金印

秦陶（南郊 325・135.1）：金

漆器 M11・23（雲夢・附二）：平宇金市

### 3061　銀　　　銀

帛書・病方・318：以水銀二

帛書・病方・345：以水銀傅

帛書・病方・361：以水銀、穀汁和而傅之

帛書・病方・374：卽取水銀靡（磨）掌中

帛書・病方・408：水銀兩少半

新封泥 A・4.12：采銀〖注〗采銀，官名。

### 3062　鋈　　　鋈

睡簡・答問・110：耐以爲鬼薪而鋈（夭）足〖注〗鋈，讀爲"夭"，折。鋈足，刖足。一說，在足部施加刑械。

睡簡・答問・113：可（何）謂"贖鬼薪鋈（夭）足"

睡簡・答問・113：令贖鬼薪鋈（夭）足

睡簡・答問・115：失鋈（夭）足

睡簡・封診・47：坐父甲謁鋈（夭）其足

### 3063　錫　　　錫

王四年相邦張儀戈（集證・17）：錫〖注〗錫，地名。

### 3064　銅　　　銅

睡簡・秦律・86：其金及鐵器入以爲銅

### 3065　鐵 鐵 銕　　鐵 鐵 銕

睡簡・雜抄・23：大（太）官、右府、左府、右采鐵、左采鐵課殿〖注〗采鐵，官名。

睡簡・雜抄・23：大（太）官、右府、左府、右采鐵、左采鐵課殿

睡簡・秦律・86：其金及鐵器入以爲銅

睡簡・秦律・129：爲鐵攻（工）

睡簡・秦律・148：城旦舂毀折瓦器、鐵器、木器

睡簡・日甲・40 背：以鐵椎槌（段）之

關簡・17：癸丑治鐵官

關簡・15：辛亥宿鐵官〖注〗鐵官，官署名。

帛書・病方・75：煮鐵

帛書・病方・200：卽以鐵椎改段之
二七

封泥印 26：鐵兵□□

新封泥 D・43：鐵兵工室

集證・143.159：鐵兵工□

秦印編 265：鐵兵工丞

秦印編 265：鐵官

新封泥 A・4.6：鐵官丞印

封泥集 233・2：鐵兵工丞

### 3066　鐯

秦印編 265：王鐯

秦印編 265：張鐯

秦印編 265：臣鐯

### 3067　鋻

石鼓文・田車（先鋒本）：鋻勒馬=
〖注〗《說文》：“鋻，鐵也。一曰彎首
銅。”

### 3068　鏤

秦印編 265：薛鏤

### 3069　鑄

秦公壺（集證・9）：秦公乍（作）鑄
�壺〖注〗《說文》：“鑄，銷金也。”

秦公壺（集證・9）：秦公乍（作）鑄
隫壺

上博秦公鼎一（集證・5）：秦公乍
（作）鑄用鼎

上博秦公鼎二（集證・6）：秦公乍
（作）鑄用鼎

禮縣秦公鼎一（集證・8.1）：秦公
乍（作）鑄用鼎

禮縣秦公鼎二（集證・8.2）：秦公
乍（作）鑄用鼎

禮縣秦公簋（集證・8.3）：秦公乍
（作）鑄用殷

卜淦□高戈・摹（秦銅・188）：卜
淦□高乍（作）鑄永寶用逸宜

睡簡・日甲・13 背：鑭（禱）之曰

### 3070　銷

睡簡・秦律・15：銷敝不勝而毀者
〖注〗銷敝，破舊。

帛書・病方・284：以彘膏未湔
（煎）者灸銷（消）以和□傅之

### 3071　鋌

帛書・病方・254：先道（導）以滑
夏鋌〖注〗夏，楸木。滑夏鋌，潤滑
的楸木棒。

### 3072　鍑

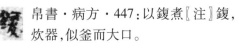帛書・病方・447：以鍑煮〖注〗鍑，
炊器，似釜而大口。

## 3073　銚

帛書·病方·373：并以金銚煏桑炭
〖注〗金銚，一種銅製有柄烹器。

## 3074　鈄

里簡·J1（16）5 背：鈄手〖注〗鈄，人
名。

里簡·J1（16）6 背：鈄手

帛書·病方·45：其胥（胃）直而口
鈄〖注〗鈄，讀爲“拘”。口拘，口噤。

## 3075　錯

睡簡·日甲·75 背：名徹達祿得獲
錯

秦印編 266：我錯

秦印編 266：帶錯

秦印編 266：錯

秦印編 266：橋錯

秦印編 266：宮錯〖注〗錯，人名。

秦陶·978：宮錯

秦陶·979：宮錯

秦陶·955：宮錯

秦陶·957：宮錯

秦陶·958：宮錯

秦陶·959：宮錯

秦陶·965：宮錯

## 3076　錡

秦印編 266：女錡

秦印編 266：錡衍

## 3077　鉳

睡簡·答問·86：鬭以箴（針）、鉳、
錐〖注〗箴，即“針、鍼”。

## 3078　鈹

睡簡·答問·85：鈹、戟、矛有室者
〖注〗鈹，長柄的劍形兵器。〖注〗
《說文》：“劍如刀裝者。”

## 3079　鑿

睡簡·封診·76：其所以垅者類旁
鑿〖注〗旁鑿，寬刃的鑿子。

睡簡·日甲·4 正：鑿井

睡簡·日甲·103 正：毋以寅祭祀
鑿井

睡簡·日乙·16：以風（封？）鑿井

睡簡·日乙·17：利以說孟（盟）詛
（詛）、棄疾、鑿宇、葬

## 3080　錢　　錢

睡簡・秦律・97：受<u>錢</u>必輒入其錢
缿中

睡簡・效律・59：廿二<u>錢</u>以到六百
六十錢

睡簡・效律・13：過千一百<u>錢</u>以到
二千二百錢

睡簡・效律・13：直（值）過二百廿
<u>錢</u>以到千一百錢

睡簡・效律・15：直（值）過千一百
<u>錢</u>以到二千二百錢

睡簡・秦律・97：受錢必輒入其<u>錢</u>
缿中

睡簡・效律・8：直（值）百一十<u>錢</u>
以到二百廿錢

睡簡・效律・9：過千一百<u>錢</u>以到二
千二百錢

睡簡・效律・56：過二百廿<u>錢</u>以到
二千二百錢

睡簡・效律・13：過千一百<u>錢</u>以到
二千二百錢

睡簡・效律・13：直（值）過二百廿
<u>錢</u>以到千一百錢

睡簡・6 號牘・正：<u>錢</u>衣

睡簡・6 號牘・正：用垣柏<u>錢</u>矣

睡簡・11 號牘・正：令與<u>錢</u>偕來

睡簡・11 號牘・正：遺黑夫<u>錢</u>

睡簡・答問・8・辠：司寇盗百一十
<u>錢</u>

睡簡・答問・209：人戶、馬牛及者
（諸）貨材（財）直（值）過六百六十
錢爲"大誤"

睡簡・答問・26：或直（值）廿<u>錢</u>

睡簡・答問・26：一［具］之臧（贓）
不盈一<u>錢</u>

睡簡・答問・205：甲把其衣<u>錢</u>匿臧
（藏）乙室

睡簡・答問・92：所殺直（值）二百
五十<u>錢</u>

睡簡・答問・90：入齎<u>錢</u>如律

睡簡・答問・9：受分臧（贓）不盈
一<u>錢</u>

睡簡・答問・9・辠：臧（贓）直
（值）千<u>錢</u>

睡簡・答問・67・辠：受分十<u>錢</u>

睡簡・答問・7・辠：臧（贓）不盈
一<u>錢</u>

睡簡・答問・38：卽端盗駕（加）十
<u>錢</u>

睡簡・答問・32：府中公金<u>錢</u>私貸
用之

睡簡・答問・37：或以赦前盗千<u>錢</u>

睡簡・答問・40：告人盗千<u>錢</u>

睡簡・答問・52：將軍材以<u>錢</u>若金
賞

睡簡・答問・5：把<u>錢</u>偕邦亡

睡簡・答問・10：甲盗不盈一<u>錢</u>

睡簡・答問・182：其主已取<u>錢</u>

睡簡・答問・182：智（知）人通<u>錢</u>
而爲臧（藏）

睡簡・答問・181：邦亡來通<u>錢</u>過萬
〖注〗通錢，疑指行賄。

睡簡·答問·181：以通錢

 睡簡·答問·1：盜過六百六十錢

 睡簡·答問·130：捕得取錢

 睡簡·答問·130：亡人操錢

 睡簡·答問·13：臧（贓）不盈一錢

 睡簡·答問·14：夫盜千錢

 睡簡·答問·141：或捕告人奴妾盜百一十錢

 睡簡·答問·15：夫盜二百錢

 睡簡·答問·15：夫盜三百錢

 睡簡·答問·11：甲盜錢以買絲

 睡簡·答問·1：臧（贓）一錢以上

 睡簡·封診·20：甲、乙捕索（索）其室而得此錢、容（鎔）

 睡簡·封診·38：受賈（價）錢

 睡簡·封診·15：以五月晦與同里士五（伍）丙盜某里士五（伍）丁千錢

 睡簡·秦律·80：嗇夫卽以其直（值）錢分負其官長及冗吏

 睡簡·秦律·94：冬人百一十錢

 睡簡·秦律·94：其小者冬七十七錢

 睡簡·秦律·94：夏五十五錢

 睡簡·秦律·94：夏卅四錢

 睡簡·秦律·95：春冬人五十五錢

 睡簡·秦律·95：其小者冬四錢

 睡簡·秦律·95：夏卅三錢

 睡簡·秦律·95：夏卌四錢

 睡簡·秦律·91：直（值）六十錢

 睡簡·秦律·91：直（值）卌六錢

 睡簡·秦律·68：毋敢擇行錢、布

 睡簡·秦律·69：小物不能各一錢者

 睡簡·秦律·67：其出入錢以當金、布

 睡簡·秦律·67：錢十一當一布

 睡簡·秦律·63：別計其錢

 睡簡·秦律·64：出錢

 睡簡·秦律·64：官府受錢者

 睡簡·秦律·64：千錢一畚〖注〗錢，指半兩。《史記·平準書》："銅錢識曰半兩，重如其文。"

 睡簡·秦律·64：錢善不善

 睡簡·秦律·65：百姓市用錢

 睡簡·秦律·18：以其筋、革、角及其賈（價）錢效

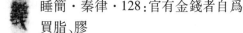 睡簡·秦律·128：官有金錢者自爲買脂、膠

 睡簡·秦律·128：毋（無）金錢者乃月爲言脂、膠

睡簡・秦律・138：其日未備而柀入錢者

睡簡・秦律・148：直（值）一錢

睡簡・秦律・143：石卅錢

睡簡・秦律・152：日八錢

睡簡・秦律・152：欲入錢者

睡簡・日乙・195：不錢則布

睡簡・爲吏・26：金錢羽旄〖注〗金錢，指車馬的裝飾，或卽豹尾。

睡簡・效律・8：過二百廿錢以到千一百錢

睡簡・效律・8：直（值）百一十錢以到二百廿錢

睡簡・效律・9：過二百廿錢以到千一百錢

睡簡・效律・9：過二千二百錢以上

睡簡・效律・9：過千一百錢以到二千二百錢

睡簡・效律・58：不盈廿二錢

睡簡・效律・59：過六百六十錢以上

睡簡・效律・59：廿二錢以到六百六十錢

睡簡・效律・56：過二百廿錢以到二千二百錢

睡簡・效律・56：自二百廿錢以下

睡簡・效律・57：過二千二百錢以上

睡簡・效律・14：過二千二百錢以上

睡簡・效律・15：過二千二百錢以上

龍簡・178：諸以錢財它勿（物）假田□

龍簡・155：黔首錢假其田已（？）□者

龍簡・40・摹：二百廿錢到百一十錢

龍簡・40・摹：二百廿錢到百一十錢

龍簡・26：錢財它物於縣、道官

龍簡・278・摹：□錢到□

龍簡・44：如守縣□金錢□

龍簡・41・摹：不盈一錢

里簡・J1（9）11 正：今爲錢校券一

里簡・J1（9）11 正：陽陵谿里士五（伍）采有貲餘錢八百五十二

里簡・J1（9）1 正：今爲錢校券一

里簡・J1（9）1 正：陽陵宜居士五（伍）毋死有貲餘錢八千六十四

里簡・J1（9）2 正：今爲錢校券一

里簡・J1（9）2 正：陽陵仁陽士五（伍）不狀有貲錢八百卅六

里簡・J1（9）3 正：今爲錢校券一

里簡・J1（9）3 正：陽陵下里士五（伍）不識有貲餘錢千七百廿八

里簡・J1（9）4 正：今爲錢校券一

里簡・J1（9）4 正：陽陵孝里士五（伍）衷有貲錢千三百卌四

里簡・J1(9)5 正:今爲錢校券一

 里簡・J1(9)5 正:陽陵下里士五
(伍)鹽有貲錢三百八十四

 里簡・J1(9)6 正:今爲錢券一

 里簡・J1(9)6 正:陽陵褆陽上造徐
有貲錢二千六百八十八

 里簡・J1(9)7 正:今爲錢校券一

 里簡・J1(9)7 正:陽陵褆陽士五
(伍)小欨有貲錢萬一千二百七十
一

 里簡・J1(9)8 正:今爲錢校券一

 里簡・J1(9)8 正:陽陵逆都士五
(伍)越人有貲錢千三百卅四

 里簡・J1(9)9 正:今爲錢校券一

 里簡・J1(9)9 正:陽陵仁陽士五
(伍)穎有贖錢七千六百八十

 里簡・J1(9)10 正:今爲錢校券一

 里簡・J1(9)10 正:陽陵叔作士五
(伍)勝日有貲錢千三百卅四

 關簡・225:所言者錢財事也

 關簡・367:食時錢

漆器 M11・3(雲夢・附二):錢里
大女子〖注〗錢里,里名。

### 3081　鈺　　　　鈺

集證・140.118:鈺將粟印〖注〗鈺,
地名。

---

### 3082　鐕　　　　鐕

 帛書・病方・殘7:[以]鐵鐕(鷺)
煮

### 3083　錐　　　　錐

 睡簡・答問・86:鬭以箴(針)、鈂、
錐〖注〗《說文》:"錐,銳也。""銳,
芒也。"

### 3084　銳厵　　銳厵

 帛書・病方・156:上有□銳某□

### 3085　錘　　　　錘

 睡簡・秦律・130:用膠一兩、脂二
錘〖注〗錘,重量單位,相當八銖,卽
三分之一兩。《說文》:"錘,八銖也。"

### 3086　鈞壐　　鈞壐

 麗山園鍾(秦銅・185):重二鈞十
三斤八兩〖注〗鈞,衡制單位,三十
斤。

 睡簡・效律・6:鈞不正

 集證・177.659:賈鈞〖注〗賈鈞,人
名。

 秦印編266:章鈞

 秦印編266:呂鈞

## 3087　鐸　　　鐸

睡簡・日甲・33背:男女未入宮者轂（擊）鼓奮鐸枭（譟）之〖注〗鐸,大鈴。

秦印編266:田毋鐸

## 3088　鐘鋪　　鐘鋪

秦編鐘・乙鐘（秦銅・10.2）:乍（作）氒（厥）龢鐘〖注〗《說文》:"鐘,樂鐘也。"

秦編鐘・乙鐘鉦部・摹（秦銅・11.5）:乍（作）氒（厥）龢鐘

秦編鐘・戊鐘（秦銅・10.5）:乍（作）氒（厥）龢鐘

秦鎛鐘・1號鎛（秦銅・12.3）:乍（作）氒（厥）龢鐘

秦鎛鐘・2號鎛（秦銅・12.6）:乍（作）氒（厥）龢鐘

秦鎛鐘・3號鎛（秦銅・12.8）:乍（作）氒（厥）龢鐘

天簡38・乙:貞在瘧（應）鐘

天簡38・乙:參黃鐘古先夷則之卦曰

天簡28・乙:黃鐘

天簡28・乙:黃鐘□殹

天簡25・乙:卽以鐘

天簡26・乙:夾鐘

天簡28・乙:貞在黃鐘天下清明

天簡29・乙:埶瘧（應）鐘皆曰

天簡31・乙:投中瘧（應）鐘

天簡34・乙:投中夾鐘兔殹

天簡35・乙:凡忌黃鐘不合音數

睡簡・秦律・125:及載縣（懸）鐘虞〈虡〉用輲（膈）

集證・138.85:雝（雍）左樂鐘

封泥集248・1:雝（雍）左樂鐘

## 3089　鎗　　　鎗

秦懷后磬・摹:其音鎗=鉈=〖注〗《說文》:"鎗,鐘聲也。"

大墓殘磬・摹（集證・84）:氒（厥）音鍴=鎗=

## 3090　鉈　　　鉈

秦懷后磬・摹:其音鎗=鉈=〖注〗《說文》:"鉈,短矛也。"李學勤讀爲"施",延長,悠遠。王輝疑爲鏓之誤,象聲詞,形容鐘聲宏亮。

帛書・病方・16:鉈（施）之

## 3091　鑾　　　鑾

石鼓文・鑾車（先鋒本）:□□鑾車〖注〗鑾,典籍通作"鸞"。鑾車,人君所乘車。

## 3092　衡　　　衡

秦印編267:醫衡

## 3093　鈇　　鈇

鈇 秦政伯喪戈一（珍金·42）：市鈇用逸宜〖注〗市鈇，或說讀爲“被甲”，被甲之士。李學勤說鈇爲鮛字異寫。

鈇 秦政伯喪戈一·摹（珍金·42）：市鈇用逸宜

鈇 秦政伯喪戈二（珍金·43）：市鈇用逸宜

鈇 秦政伯喪戈二·摹（珍金·43）：市鈇用逸宜

鈇 秦印編267：尹鈇

鈇 秦印編267：尹鈇

## 3094　鈇　　鈇

鈇 仲滋鼎·摹（集證·14）：囂（鐈）良鈇黃〖注〗鈇，或寫作“鐥”，金屬合金名。

## 3095　鋪　　鋪

鋪 帛書·病方·438·摹：并直（置）瓦赤鋪（䩔）中〖注〗䩔，卽釜字。

## 3096　鉅　　鉅

鉅 帛書·灸經甲·55：是鉅陰脈（脈）主治〖注〗鉅，大。鉅陰脈，卽太陰脈，指足太陰脈。

鉅 帛書·灸經甲·67：臂鉅陰脈（脈）

鉅 秦印編267：隗鉅

## 3097　銘　　銘

銘 會稽刻石·宋刻本：光陛休銘〖注〗銘，記。

## 3098　　　鍴

鍴 秦編鐘·乙鐘（秦銅·10.2）：懸音鍴=雝=（雝=）〖注〗鍴，陳世輝說“鍴、戠、離”均讀爲“端”。端雝，卽肅雝。端端雝雝，形容鐘聲敬和嚴正。或釋“鈌、鍺、鈇（肅）”。

鍴 秦編鐘·戊鐘（秦銅·10.5）：懸音鍴=雝=（雝=）

鍴 秦鎛鐘·1號鎛（秦銅·12.3）：懸音鍴=雝=（雝=）

鍴 秦鎛鐘·2號鎛（秦銅·12.6）：懸音鍴=雝=（雝=）

鍴 秦公鎛鐘·摹（秦銅·16.4）：其音鍴=雝=（雝=）孔煌

鍴 大墓殘磬（集證·84）：乎（厥）音鍴=鎗=

## 3099　　　鑞

鑞 彎繩朱書·摹（秦銅·158）：鑞八〖注〗鑞八，編號。王輝說，鑞，動詞，殆指塗飾白色金屬。

鑞 彎繩朱書·摹（秦銅·158）：鑞三

## 3100　　　鑰

鑰 雍庫鑰（秦銅·93附圖）：雝（雝）庫鑰重一斤一兩〖注〗《集韻》：“關，《說文》：關下牡也。或从金。”

## 3101　鋢

　秦公鎛鐘・摹(秦銅・16.3):鋢(鎮)靜不廷〖注〗鋢,从金炅聲,炅爲"熱"之異體,王輝說炅字爲會意兼形聲字,漢以後多用"熱"字,少用"炅"字。《說文》"烎"或"炅"之訛字。"鋢"或爲"鎮"之異構,鎮靜,安靜,動詞。

　秦公簋・蓋(秦銅・14.2):鋢(鎮)靜不廷

　大墓殘磬(集證・77):□廷鋢(鎮)灂(靜)

## 3102　鈽

　秦陶・454:鈽(鑛)〖注〗鈽,人名。《廣韻》:"磺(礦),金璞也。鈽,古文。"

　秦陶・455:鈽(鑛)

　秦陶・453:鈽(鑛)

## 3103　鑀

　帛書・病方・345:[有(又)]以金鑀(鉛)冶末皆等〖注〗金鉛,銅屑。

## 3104　鈷

　集證・164.493:尹鈷〖注〗尹鈷,人名。

## 3105　　処(處)

　石鼓文・汧殹(先鋒本):鰋鯉處之

　天簡28・乙:厇(厥)乃處之

　睡簡・日甲・57 背:是粲迓(牙?)之鬼處之

　睡簡・日甲・114 正:興毋(無)定處

　睡簡・爲吏・47:處如資(齋)

　睡簡・答問・122:當㝊(遷)癘所處之〖注〗處,居住。《說文》:"止也。"

　睡簡・答問・126:是謂"處隱官"

　睡簡・答問・125:可(何)辠得"處隱官"

　睡簡・答問・125:已刑者處隱官

　睡簡・日甲・41 背:如席處

　睡簡・日甲・50 背:幼蟲(龍)處之

　睡簡・日甲・50 背:爰母處其室

　睡簡・日甲・52 背:是不辜鬼處之

　關簡・260:□以孤虛循求盜所道入者及臧(藏)處

　帛書・病方・134:其所發毋恆處

　帛書・病方・448:復再三傅其處而已

　帛書・病方・61:以井上甕㿋處土與等

　帛書・病方・107:置凷(塊)其處

　帛書・灸經甲・45:欲獨閉戶牖而處

　秦印編 267:鄭處

秦印編 267：楊高處

秦印編 267：頻陽工處〔注〕處，人名。

秦陶・1269：頻陽工處

秦陶・1257：頻陽工處

秦陶 A・2.4：西處

秦陶・351：咸處

3106　且　　　且

不其簋蓋(秦銅・3)：用乍(作)朕皇且(祖)公白(伯)、孟姬障毁

滕縣不其簋器(秦銅・4)：用乍(作)朕皇且(祖)公白(伯)、孟姬障毁

秦編鐘・甲鐘(秦銅・10.1)：我先且(祖)受天命商(賞)宅受或(國)〔注〕先祖，即秦襄公。李零說爲秦莊公。

秦編鐘・甲鐘鉦部・摹(秦銅・11.1)：我先且(祖)受天命商(賞)宅受或(國)

秦編鐘・丙鐘(秦銅・10.3)：我先且(祖)受天命商(賞)宅受或(國)

秦鎛鐘・1 號鎛(秦銅・12.1)：我先且(祖)受天命商(賞)宅受或(國)

秦鎛鐘・2 號鎛(秦銅・12.4)：我先且(祖)受天命商(賞)宅受或(國)

秦鎛鐘・3 號鎛(秦銅・12.7)：我先且(祖)受天命商(賞)宅受或(國)

秦公鎛鐘・摹(秦銅・16.1)：不(丕)顯朕皇且(祖)受天命

秦公簋・器(秦銅・14.1)：不顯朕皇且(祖)受天命

秦公簋・蓋(秦銅・14.2)：以卲皇且(祖)

大墓殘磬(集證・81)：□皇且(祖)以□〔注〕皇祖，即先祖。

詛楚文・湫淵(中吳本)：且復略我邊城

詛楚文・巫咸(中吳本)：且復略我邊城

睡簡・爲吏・12：事不且須

睡簡・語書・8：有(又)且課縣官

睡簡・6 號牘・背：且令故民有爲不如令者實□

睡簡・答問・21：且不爲〔注〕且，抑。

睡簡・答問・97：且以所辟

睡簡・答問・66：且斯(鬪)殺

睡簡・答問・64：且非是

睡簡・答問・30：抉之且欲有盜

睡簡・答問・30：且未啟亦爲抉

睡簡・答問・49：且行真皋、有(又)以誣人論

睡簡・答問・45：且爲告不審

睡簡・答問・4：乙且往盜〔注〕且，將。

睡簡・答問・57：且它縣當盡貲

睡簡・答問・197：且非是

睡簡・答問・171：且畀夫

睡簡・答問・100：其所告且不審〖注〗且，尚且。

睡簡・答問・141：問主購之且公購

睡簡・答問・157：且可（何）爲

睡簡・答問・115：且未斷猶聽殹

睡簡・秦律・112・摹：上且有以賞之

睡簡・日甲・32 正：既美且長

睡簡・日甲・121 正：其主且爲巫

睡簡・日乙・221：且晉之

睡簡・日乙・191：且有二喪

睡簡・日乙・135：凡且有爲也

睡簡・爲吏・24：且殺之

龍簡・150：租者且出以律

帛書・病方・83・摹：尋尋豕且貫而心

帛書・病方・231：且塞壽（禱）

帛書・病方・308：黃神且與言

## 3107　俎　　　　俎

睡簡・答問・27：置豆俎鬼前未徹乃爲"未闌"〖注〗俎，承放牲體的用器。

秦印編 267：工俎私印

## 3108　斤　　　　斤

卅四年工師文罍・摹（集證・28）：正十七斤十四兩

卅六年私官鼎・口沿（秦銅・49）：十三斤八兩十四朱（銖）

卲宮私官盃（秦銅・194）：廿三斤十兩

卅年銀耳杯・摹（臨淄 173.1）：重一斤十二兩十四朱（銖）

卅一年銀耳杯・摹（臨淄 173.2）：一斤六兩六朱（銖）寅

三年詔事鼎（秦銅・62）：朱侯（？）□官十一斤十四兩

卅三年銀盤・摹（齊王・18.3）：六斤十三兩二斗

卅三年銀盤・摹（齊王・18.3）：重六斤十二兩

卅三年銀盤・摹（齊王・19.4）：重六斤十三兩

麗山園鍾（秦銅・185）：重二鈞十三斤八兩

大官盃・摹（秦銅・209）：四斤

咸陽四斗方壺（珍金・119）：重十九斤四兩

咸陽四斗方壺・摹（珍金・119）：重十九斤四兩

旬陽壺（集證・57）：旬陽重七斤

黄陽鼎（集證・54.2）：六斤十二兩

黄陽鼎（集證・54.3）：六斤十一兩

黄陽鼎（集證・55）：重六斤七兩

信宮罍（珍金・131）：十九斤

 信宮罍・摹（珍金・131）：十九斤

 雍庫鑰（秦銅・93附圖）：重一斤一兩

平陽銅權・摹（秦銅・182）：平陽斤

始皇詔八斤銅權二（秦銅・135）：八斤

始皇詔八斤銅權一（秦銅・134）：八斤

始皇詔十六斤銅權二（秦銅・128）：十六斤

始皇詔十六斤銅權四（秦銅・130.2）：十六斤

始皇詔十六斤銅權一（秦銅・127）：十六斤

宜工銅權（精粹103）：宜工重卅斤

睡簡・封診・82：絲絮五斤蘩（裝）

睡簡・秦律・92：用枲十一斤

睡簡・秦律・91：用枲三斤

睡簡・秦律・91：用枲十八斤

睡簡・秦律・91・摹：用枲十四斤

漆器M11・1（雲夢・附二）：□斤（?）□

## 3109　　斧

睡簡・封診・57：皆乿中類斧

關簡・372：置晉（煎）斧（釜）中〖注〗斧，讀作“釜”。

 帛書・病方・205：斧斬若

## 3110　　斫

睡簡・語書・12：詿訛醜言麃（僄）斫以視（示）險（檢）〖注〗斫，無知。《方言》：“揚越之郊，凡人相侮以爲無知，或謂之斫。”

## 3111　　斲斲

睡簡・日乙・85：喜斲（鬥）

睡簡・答問・66：且斲（鬥）殺〖注〗鬥殺，在鬥毆中殺人。

睡簡・日甲・85正：喜斲（鬥）

睡簡・日乙・200：□斲（鬥）

睡簡・日乙・198：西南斲（鬥）

睡簡・日乙・199：北斲（鬥）

關簡・200：占戰斲（鬥）

關簡・208：占戰斲（鬥）

關簡・202：占戰斲（鬥）

關簡・206：占戰斲（鬥）

關簡・204：占戰斲（鬥）〖注〗字從戈，與“斤”義近。

關簡・220：占戰斲（鬥）

關簡・228：戰斲（鬥）

關簡·222：占戰鬦（鬥）

關簡·226：占戰鬦（鬥）

關簡·224：占戰鬦（鬥）

關簡·265：以此見人及戰鬦（鬥）皆可

關簡·230：占戰鬦（鬥）

關簡·238：占戰鬦（鬥）

關簡·232：占戰鬦（鬥）

關簡·236：占戰鬦（鬥）

關簡·234：占戰鬦（鬥）

關簡·240：占戰鬦（鬥）

關簡·242：占戰鬦（鬥）

關簡·210：占戰鬦（鬥）

關簡·218：占戰鬦（鬥）

關簡·212：占戰鬦（鬥）

關簡·216：占戰鬦（鬥）

關簡·214：占戰鬦（鬥）

關簡·188：戰鬦（鬥）

關簡·190：占戰鬦（鬥）

關簡·198：占戰鬦（鬥）

關簡·192：占戰鬦（鬥）

關簡·196：戰鬦（鬥）

## 3112　釿　釿

卅三年銀盤·摹（齊王·18.3）：千三百廿二釿

## 3113　所　所

石鼓文·乍邍（先鋒本）：爲所斿𡠾

琅邪臺刻石：金石刻盡始皇帝所爲也

繹山刻石·宋刻本：金石刻盡始皇帝所爲也〖注〗所，助詞。

天簡26·乙：遠所殹不得

天簡28·乙：復其故所其奈上商

天簡31·乙：其所中之鐘賤

睡簡·語書·1：其所利及好惡不同

睡簡·效律·17：各坐其所主

睡簡·答問·80：所夬（決）非珥所入殹

睡簡·答問·60：其所包當詣鼍（遷）所

睡簡·答問·80：非必珥所入乃爲夬（決）

睡簡·答問·80：律所謂

睡簡·答問·80：所夬（決）非珥所入殹

睡簡・答問・23：當以布及其它所買界甲

睡簡・答問・23：買（賣）所盜

睡簡・答問・92：所殺直（值）二百五十錢

睡簡・答問・96：以所辟皋皋之

睡簡・答問・60：其所包當詣畢（遷）所〖注〗所，地方，處所。

睡簡・答問・63：當觳（繫）作如其所縱

睡簡・答問・72：及臣邦君長所置爲後大（太）子

睡簡・答問・53：所謂者

睡簡・答問・122：當畢（遷）癘所處之

睡簡・答問・122：或曰當畢（遷）畢（遷）所定殺

睡簡・答問・126：後自捕所亡

睡簡・答問・125：能自捕及親所智（知）爲捕〖注〗親所知，親屬朋友。

睡簡・答問・196：所道旒者命曰“署人”

睡簡・答問・162：律所謂者

睡簡・答問・164：律所謂者

睡簡・答問・164：已閱及敦（屯）車食若行到緜（磘）所乃亡

睡簡・答問・161：王室所當祠固有矣

睡簡・答問・100：其所告且不審

睡簡・答問・130：所捕耐皋以上得取

睡簡・答問・142：律所謂者

睡簡・答問・146：後自得所亡

睡簡・答問・14：妻所匿三百

睡簡・答問・15：妻所匿百一十

睡簡・封診・80：不智（知）盜人數及之所

睡簡・封診・29：流行毋（無）所主舍

睡簡・封診・95：自畫見某所

睡簡・封診・69・摹：當獨抵死（屍）所

睡簡・封診・69・摹：頭足去終所及地各幾可（何）

睡簡・封診・69：終所黨有通迹

睡簡・封診・60：其腹有久故瘢二所

睡簡・封診・6：所坐論云可（何）

睡簡・封診・78：外壤秦萘履迹四所

睡簡・封診・78：卻（膝）、手各六所

睡簡・封診・70：道索終所試脫頭

睡簡・封診・76：其所以塅者類旁鑿

睡簡・封診・35：其右角痏一所

睡簡・封診・48：令終身毋得去畢（遷）所論之

睡簡・封診・58：以刃决（決）二所

| | |
|---|---|
| 睡簡・封診・56：某頭左角刃痏一所 | 睡簡・雜抄・36：尚有棲未到戰所 |
| 睡簡・封診・57：北（背）二所 | 睡簡・雜抄・42：縣尉時循視其攻（功）及所爲 |
| 睡簡・封診・51：誠不孝甲所 | 睡簡・雜抄・40：所城有壞者 |
| 睡簡・封診・13：所坐論云可（何） | 睡簡・雜抄・13・摹：軍人買（賣）稟稟所及過縣 |
| 睡簡・秦律・78：其所亡眾 | 睡簡・雜抄・14：軍人稟所、所過縣百姓買其稟 |
| 睡簡・秦律・7：河（呵）禁所殺犬 | 睡簡・日甲・27 背：其所不可尙（過）也 |
| 睡簡・秦律・70：計其輸所遠近 | 睡簡・日甲・24 背：畏人所 |
| 睡簡・秦律・57：盡月而以其餘益爲後九月稟所 | 睡簡・日甲・25 背：鬼之所惡 |
| 睡簡・秦律・126・摹：官府叚（假）公車牛者□叚（假）人所 | 睡簡・日甲・47 正：此所胃（謂）艮山 |
| 睡簡・秦律・123：上之所興 | 睡簡・日甲・57 背：得其所 |
| 睡簡・秦律・16：亟謁死所縣 | 睡簡・日甲・51 背：其居所水則乾 |
| 睡簡・秦律・172：其有所疑 | 睡簡・日甲・102 背：天所以張生時 |
| 睡簡・秦律・171：唯倉所自封印是度縣 | 睡簡・日甲・103 背：天所以張生時 |
| 睡簡・秦律・139：官作居貲贖責（債）而遠其計所官者 | 睡簡・日甲・104 背：天所以張生時 |
| 睡簡・秦律・139：盡八月各以其作日及衣數告其計所官 | 睡簡・日甲・105 背：天所以張生時 |
| 睡簡・秦律・135：所弗問而久繫（繫）之〖注〗所，若。 | 睡簡・日甲・120 正：所利賈市 |
| 睡簡・秦律・140：盡九月而告其計所官 | 睡簡・日甲・128 正：皆毋（無）所利 |
| 睡簡・秦律・159：所不當除而敢先見事 | 睡簡・日甲・130 正：毋（無）所大害 |
| 睡簡・雜抄・8・摹：輕車、趀張、引強、中卒所載傅〈傳〉到軍 | 睡簡・日甲・13 背：走歸豸埼之所 |

睡簡・日甲・157 背：到主君所

睡簡・日乙・121：入（納）之所寄之

睡簡・日乙・134：皆毋（無）所利

睡簡・爲吏・26：不智（知）所使則以權衡求利

睡簡・爲吏・24：一曰不察所親

睡簡・爲吏・35：人各食其所耆（嗜）

睡簡・爲吏・31・摹：則士毋所比

睡簡・效律・33：其有所疑

龍簡・148：其所受臧（贓）

龍簡・147：坐其所匿稅臧（贓）

龍簡・143：□不到所租□直（值）

龍簡・137：直（值）其所失臧（贓）及所受臧（贓）

龍簡・137：直（值）其所失臧（贓）及所受臧（贓）

龍簡・144・摹：租者監者詣受匿（？）租所□然□

龍簡・82：河禁所殺犬

龍簡・8：所致縣、道官

龍簡・3：□[不]行其所當行□

龍簡・3：必行其所當行之道

龍簡・103：諸馬、牛到所

里簡・J1（9）11 正：乃移戍所

里簡・J1（16）6 正：嘉、穀、尉各謹案所部縣卒

里簡・J1（8）134 正：上謁言之卒史衰、義所

里簡・J1（8）154 正：恆以朔日上所買徒隸數

里簡・J1（9）1 正：令毋死署所縣責

里簡・J1（9）1 正：乃移戍所

里簡・J1（9）2 正：令不狄署所縣責

里簡・J1（9）4 正：令衰署所縣責

里簡・J1（9）4 正：乃移戍所

里簡・J1（9）5 正：令鹽署所縣責

里簡・J1（9）5 正：乃移戍所

里簡・J1（9）6 正：令署所縣責

里簡・J1（9）7 正：令申署所縣責

里簡・J1（9）8 正：令越人署所縣責

里簡・J1（9）8 正：乃移戍所

里簡・J1（9）9 正：令頡署所縣受責

里簡・J1（9）10 正：令勝日署所縣責

里簡・J1（9）10 正：乃移戍所

里簡・J1（9）11 正：令署所縣責

關簡・330：卽以所操瓦而蓋□

關簡・209：所言者危行事也

關簡・207：所言者虛故事

關簡・203：所言者請謁、獄訟事也

關簡・205：所言者憂病事也

關簡・20一：所言者末事、急事也

關簡・229：所言者家室、請謁事也

關簡・227：所言者急事也

關簡・223：所言者

關簡・225：所言者錢財事也

關簡・221：所言者惡事也

關簡・260：□以孤虛循求盜所道入
者及臧（藏）處

關簡・239：所言者行事也

關簡・237：所言者變治事也

關簡・235：所言者家室、故事也

關簡・231：所言者獄訟、請謁事也

關簡・243：卽斗所乘也

關簡・241：所言者宦御若行者也

關簡・219：所言者凶事也

關簡・217：所言者獄訟事、請謁事
也

關簡・215：所言者惡事也

關簡・211：所言者分楬事也

關簡・309：縣（懸）陰所

關簡・328：乃以所操瓦蓋之

關簡・328：所謂“牛”者，頭虫也

關簡・329：之東西垣日出所燭

關簡・321：人所恆炊（吹）者〔注〕
所，若。

關簡・350：出種所

關簡・189：所言者行事也

關簡・187：所言者急事也

關簡・199：所言者急

關簡・197：所言者吉事也

關簡・193：所言者家室事

關簡・191：所言者憂病事也

關簡・132：此所謂戎磨日殹

帛書・灸經甲・53：其所產病

帛書・灸經甲・71：其所產［病］

帛書・脈法・72：眽（脈）亦聽（聖）
人之所貴殹

帛書・病方・29：暴（曝）若有所燥

 帛書・病方・46：以扁（遍）熨直骨（胃）攣筋所

 帛書・病方・54：嬰兒瘛所

 帛書・病方・56：以傅犬所齧者

 帛書・病方・64：犬所齧

 帛書・病方・69：乃以脂□所冶藥傅之

 帛書・病方・106：以晦往之凷（塊）所

 帛書・病方・113：冒其所以犬矢濕者

 帛書・病方・121：扁（遍）施所而止

 帛書・病方・129：縣（懸）之陰燥所

 帛書・病方・134：其所發毋恆處

 帛書・病方・134：所齧穿者□

 帛書・病方・135：以傅蟲所齧□之

 帛書・病方・204：某狐叉非其處所

 帛書・病方・231：□縣（懸）茅比所〖注〗比所，近處。

 帛書・病方・266：燔所穿地

 帛書・病方・365：取桐本一節所

 帛書・病方・390：其病所在曰□霙（核）

 帛書・病方・390：若在它所

 帛書・病方・415：置溫所三日

 帛書・病方・445：□若□徹〔 〕魃□魃□所

 帛書・病方・殘4：□挈去先所傅□

 帛書・灸經甲・40：其所產病

 帛書・灸經甲・46：其所產病

 帛書・灸經甲・51：其所產病

 秦陶・480：東武不更所脊〖注〗所脊，人名。

3114 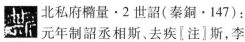 斯

 北私府橢量・2 世詔（秦銅・147）：元年制詔丞相斯、去疾〖注〗斯，李斯，人名。

 大駺銅權（秦銅・131）：元年制詔丞相斯、去疾

 二世元年詔版八（秦銅・168）：元年制詔丞相斯、去疾

 二世元年詔版二（秦銅・162）：元年制詔丞相斯、去疾

 二世元年詔版九（秦銅・169）：元年制詔丞相斯、去疾

 二世元年詔版六（秦銅・166）：元年制詔丞相斯、去疾

 二世元年詔版三（秦銅・163）：元年制詔丞相斯、去疾

 二世元年詔版十二（秦銅・172）：元年制詔丞相斯、去疾

 二世元年詔版十三・50（集證・摹）：元年制詔丞相斯、去疾

二世元年詔版四（秦銅・164）：元年制詔丞相斯、去疾

二世元年詔版五（秦銅·165）：元年制詔丞相斯、去疾

二世元年詔版一（秦銅·161）：元年制詔丞相斯、去疾

兩詔斤權一·摹（集證·46）：元年制詔丞相斯、去疾

兩詔斤權二·摹（集證·49）：元年制詔丞相斯、去疾

兩詔斤權一（集證·45）：元年制詔丞相斯、去疾

兩詔銅權四（秦銅·179.2）：元年制詔丞相斯、去疾

兩詔銅權五（秦銅·180）：元年制詔丞相斯、去疾

兩詔銅權一（秦銅·175）：元年制詔丞相斯、去疾

兩詔橢量二（秦銅·149）：元年制詔丞相斯、去疾

兩詔橢量三之二（秦銅·151）：元年制詔丞相斯、去疾

兩詔橢量一（秦銅·148）：元年制詔丞相斯、去疾

美陽銅權（秦銅·183）：元年制詔丞相斯、去疾

平陽銅權·摹（秦銅·182）：元年制詔丞相斯、去疾

僅存銘兩詔銅權（秦銅·135-18.2）：元年制詔丞相斯、去疾

旬邑銅權（秦銅·133）：元年制詔丞相斯、去疾

左樂兩詔鈞權（集證·43）：元年制詔丞相斯、去疾

元年丞相斯戈·摹（秦銅·160）：元年丞相斯造

泰山刻石·宋拓本：丞相臣斯、臣去疾、御史大夫臣德昧死言

琅邪臺刻石：丞相臣斯、臣去疾、御史大夫臣德昧死言

泰山刻石·廿九字本：□臣斯、臣去疾、御史大夫臣□昧死言

繹山刻石·宋刻本：丞相臣斯、臣去疾、御史大夫臣德昧死言

## 3115　　斷　詔剙

睡簡·答問·83：齧斷人鼻若耳若指若脣〖注〗《說文》：“斷，截也。”

睡簡·答問·208：支（肢）或未斷

睡簡·答問·60：已斷已令

睡簡·答問·50：獄未斷〖注〗斷，判決。

睡簡·答問·122：未斷

睡簡·答問·115：且未斷猶聽殹

睡簡·答問·115：獄已斷乃聽

睡簡·日甲·62 背：斷而能屬者

睡簡·爲吏·29：斷割不刑

帛書·病方·135：使人鼻抉（缺）指斷

帛書·病方·267：穿其斷

## 3116　新　新

新郪虎符（集證·38）：左才（在）新郪〖注〗新郪，地名。

新郪虎符·摹（集證·37）：左才（在）新郪

詛楚文·湫淵（中吳本）：述（遂）取語（吾）邊城新郪及郝（於）、長、敦

（莘）〖注〗新郪，地名。

詛楚文・巫咸（中吳本）：述（遂）取
吾（吾）邊城新郪及郝（於）、［長］、
敔（莘）

詛楚文・亞駝（中吳本）：述（遂）取
吾（吾）邊城新郪及郝（於）、長、敔
（莘）

睡簡・效律・32・摹：新倉嗇夫、新
佐、史主廥者

睡6號牘・正：驚多問新負、嬰皆得
毋恙也

睡簡・編年・8・摹：新城歸

睡簡・編年・6：攻新城〖注〗新城，
地名。

睡簡・效律・20：新吏居之未盈歲

睡簡・效律・21：新吏與居吏坐之

睡簡・效律・32・摹：新倉嗇夫、新
佐、史主廥者

睡簡・編年・7：新城陷

睡簡・封診・83：新殹

睡簡・秦律・31：令其故吏與新吏
雜先索（索）出之

睡簡・秦律・197：節（即）新爲吏
舍

睡簡・秦律・160：不得除其故官
佐、吏以之新官

睡簡・秦律・162：新吏居之未盈歲

睡簡・秦律・163：新吏弗坐

睡簡・秦律・163：新吏與居吏坐之

睡簡・秦律・172：新倉嗇夫

睡簡・秦律・172：新佐、史主廥者

睡簡・秦律・111：新工初工事

睡簡・秦律・111：新工二歲而成

睡簡・雜抄・35：軍新論攻城

睡簡・雜抄・18：縣工新獻

睡簡・日甲・26 正：毋以楚九月己
未台（始）被新衣

睡簡・日甲・115 背：不可以裂新
衣

睡簡・效律・20：新吏弗坐

關簡・314：取新乳狗子

帛書・病方・211：而新布裹

帛書・病方・335：□癃而新肉產

帛書・病方・92：盛以新瓦甍

帛書・病方・131：以新布執曁
（概）之

封泥印・附二 200：新安丞印〖注〗
新安，地名。

封泥印・附二 214：新淦丞印〖注〗
新淦，地名。

秦印編 268：新覂

秦印編 268：新安丞印

秦印編 268：新淦丞印

秦印編 268：咸新安盼

秦印編 268：新城義渠

秦印編 268：新城邦〖注〗新城，地名。

封泥集 289・1：新安丞印

封泥集 302・1：新淦丞印

封泥集 353・1：新息鄉印

封泥集 353・3：新息鄉印

新封泥 B・3.20：新蔡丞印〖注〗新蔡，縣名。

新封泥 B・3.22：新陰□□

集證・154.333：新安丞印

集證・154.348：新城丞印

封泥印 116：新蔡丞印

封泥印 121：新成陽丞

封泥印 122：新城父丞

封泥印 134：新東陽丞

封泥印・待考 163：新陰□□

秦陶 A・3.7：新城邦

秦陶・1208：新城義渠

秦陶・1210：新城義渠

秦陶・1211：新城邦

秦陶・1214：新城義渠

秦陶・1216・摹：新城如步

秦陶・1268：新城章

秦陶・1274：新城邦

秦陶・1393：咸新安盼

秦陶 A・3.6：新城章

3117　　斗

高陵君鼎・摹（集證・22）：工□一斗五升大半〖注〗斗，量詞，十升。

卅四年工師文罍・摹（集證・28）：四斗

卅六年邦工師扁壺（隨州・4）：四斗大半斗

卅六年邦工師扁壺（隨州・4）：四斗大半斗

卅六年邦工師扁壺・摹（隨州・4）：四斗大半斗

卅六年邦工師扁壺・摹（隨州・4）：四斗大半斗

卲宮私官盉（秦銅・194）：四斗少半斗

卲宮私官盉（秦銅・194）：四斗少半斗

二年寺工壺・摹（秦銅・52）：三斗

雍工敀壺・摹（秦銅・53）：三斗

工敀鼎・摹（秦銅・54）：六斗

三年詔事鼎（秦銅・62）：容一斗二升

卅三年銀盤・摹（齊王・18.3）：六斤十三兩二斗

卅三年銀盤・摹（齊王・19.4）：二斗

卅三年銀盤・摹（齊王・19.4）：容二斗

麗山園鍾・摹（秦銅・185）：麗山園容十二斗三升

高奴篕・摹（秦銅・198）：高奴一斗名（?）一

咸陽鼎（集證・51）：咸陽鼎一斗三升

咸陽鼎・摹（集證・51）：咸陽鼎一斗三升

半斗鼎・摹（秦銅・205）：半斗

半斗鼎・摹（秦銅・205）：半斗

咸陽四斗方壺・摹（珍金・119）：四斗少半升

咸陽四斗方壺・摹（珍金・119）：四斗少半升

咸陽四斗方壺・摹（珍金・120）：咸四斗少半升

咸陽四斗方壺・摹（珍金・120）：咸四斗少半升

莧陽鼎（集證・54.2）：容一斗一升

莧陽鼎（集證・54.3）：容一斗一升

莧陽鼎・摹（集證・55）：容一斗一升

新見秦宜陽鼎・摹（鼎跋）：咸一斗四升

新見秦宜陽鼎（實錄）：咸一斗四升

信宮甾（珍金・128）：四斗

信宮甾・摹（珍金・128）：四斗

安邑銅鍾（附）・摹（陶罐・3）：十三斗一升

北私府橢量・柄刻文（秦銅・147）：半斗

睡簡・日乙・103：斗，利祠及行賈、賈市

睡簡・效律・46：水減二百斗以上

睡簡・效律・47：不盈百斗以下到十斗

睡簡・效律・47：不盈二百斗以下到百斗

睡簡・效律・47：不盈十斗以下及稟黎縣中而負者

睡簡・效律・5：斗不正

睡簡・秦律・38：稻、麻畝用二斗大半斗

睡簡・秦律・43：毀（毇）米六斗大半斗

睡簡・秦律・50：月禾一石二斗半斗

睡簡・秦律・38：稻、麻畝用二斗大半斗〖注〗大半斗，三分之二斗。

睡簡・秦律・43・摹：毀（毇）米六斗大半斗

睡簡・秦律・50：月禾一石二斗半斗

睡簡・效律・47：不盈百斗以下到十斗

睡簡・秦律・60：日少半斗〖注〗少半斗，三分之一斗。

睡簡・秦律・74：食其母日粟一斗

睡簡・秦律・38・摹：禾、麥畝一斗

睡簡・秦律・38・摹：叔（菽）歃半斗

睡簡・秦律・38・摹：黍、荅歃大半斗

睡簡・秦律・43：春爲米十斗

睡簡・秦律・43：麥十斗

睡簡・秦律・43：叔（菽）、荅、麻十五斗爲一石

睡簡・秦律・43・摹：爲粟廿斗

睡簡・秦律・43：爲糲三斗

睡簡・秦律・43・摹：以十斗爲石

睡簡・秦律・41：九[斗]爲毀（毇）米八斗

睡簡・秦律・182：糒（糒）米一斗

睡簡・秦律・180：少半斗

睡簡・秦律・180：食糒（糒）米半斗

睡簡・秦律・181：粺米一斗

睡簡・秦律・194：各有衡石贏（纍）、斗甬（桶）

睡簡・秦律・179：食粺米半斗

睡簡・秦律・100：縣及工室聽官爲正衡石贏（纍）、斗用（桶）、升〖注〗
斗桶，段玉裁說秦漢時以十斗爲桶，一說六斗爲桶。

睡簡・日甲・75 正：斗，利祠及行賈、賈市〖注〗斗，北斗，星名。

睡簡・日甲・58 正：斗、牽牛致死

睡簡・日甲・5 背：中冬竹〈箕〉、斗

睡簡・日甲・52 正：斗、牽牛大吉

睡簡・日甲・55 正：斗、牽牛少吉

睡簡・日甲・1 正：十一月斗〖注〗斗，二十八宿之一。

睡簡・日乙・100：十二月斗廿一日

關簡・366：北斗長史

關簡・375：淳毋下三斗

關簡・189：斗乘亢

關簡・138：十一月斗

關簡・187：斗乘角

關簡・199：斗乘箕

龍簡・192：斗

關簡・20 一：斗乘斗

關簡・20 一：斗乘斗

關簡・207：[斗]乘虛

關簡・203：斗乘牽=（牽牛）

關簡・205：斗乘婺=（婺女）

關簡・20 一：斗

關簡・229：斗乘東井

關簡·223：斗乘畢

 關簡·225：斗乘此（觜）嶲

 關簡·221：斗乘卯（昴）

 關簡·239：斗乘翼

 關簡·243：卽斗所乘也

 關簡·243：求斗術曰

 關簡·241：斗乘軫

 關簡·219：斗乘胃

 關簡·97：辛未食人米四斗

 關簡·97：魚米四斗

 關簡·324：以羊矢（屎）三斗

 關簡·375：取棗灰一斗

 帛書·病方·殘14：□美棗一斗

 帛書·病方·殘11：□流水□斗煮□

 帛書·病方·377：候其洎不盡一斗

帛書·病方·418：煮弱（溺）二斗

帛書·病方·無編號殘：斗

帛書·病方·168：以水一斗煮葵種一斗

帛書·病方·261：煮一斗棗、一斗膏

 帛書·病方·168：以水一斗煮葵種一斗

 帛書·病方·261：煮一斗棗、一斗膏

 帛書·病方·3：卽以赤荅一斗並□

 帛書·病方·30：取一斗

 帛書·病方·41：㵞與薛（糵）半斗

 帛書·病方·43：以敦（淳）酒半斗者（煮）潰（沸）

 帛書·病方·48：小嬰兒以水［半］斗

 帛書·病方·92：成鬻（粥）五斗

 帛書·病方·94：洎水三斗

 帛書·病方·115：取如□鹽廿分斗一

 帛書·病方·154：湮汲水三斗

 帛書·病方·173：以水一斗半［煮一］分

 帛書·病方·176：以淳酒半斗

帛書·病方·181：以水一斗煮膠一參、米一升

帛書·病方·193：取馬矢觕者三斗

帛書·病方·194：洎以酸漿□斗

帛書·病方·241：取其汁淆（漬）美黍米三斗

 帛書·病方·244：如孰（熟）二斗米頃

 帛書·病方·248：取弱（溺）五斗

帛書·病方·251：取耆（署）苽（蔴）汁二斗以漬之

帛書·病方·255·摹：叚（煆）駱阮少半斗

帛書·病方·261：以爲四斗汁

帛書·病方·273：取汁四斗

帛書·病方·278：斗□已洒睢（疽）□

帛書·病方·287：醇酒一斗淳之

 帛書·病方·296：□半斗

 帛書·病方·300：□淳酒半斗

 帛書·病方·301：淳酒一斗□

帛書·病方·347：并以戴□斗煮之

 帛書·病方·347：取慶（蝱）良（螂）一斗

 帛書·病方·368：取茈半斗

銅容器·摹（陝博·3）：一斗八升

秦印編268：稿斗

南郊710·199·摹：易九斗三斗

南郊708·195·摹：杜氏十斗

南郊709·197·摹：樂定王氏九斗

南郊714·209·摹：李氏九斗二參

南郊709·198·摹：南陽趙氏十斗

南郊137·125·摹：西奐蘇氏十斗

南郊137·125·摹：西奐蘇氏十斗

麗山茜府陶盤·摹（秦銅·52 附圖）：一斗二升

秦陶·1461·摹：左廄容八斗

秦陶·1474·摹：[麗山]食官□反一斗

秦陶·1484：容十斗

秦陶·1487·摹：容十斗

秦陶·1488：容十斗

南郊324·134.2·摹：馮氏十斗

## 3118　料

睡簡·秦律·194：有實官縣料者〖注〗料，量。縣料，稱量。

睡簡·效律·12：縣料而不備其見（現）數五分一以上

睡簡·效律·11：縣料而不備者

## 3119　　魁

秦印編268：閻魁

秦印編268：橋魁

秦印編268：傅魁

3120　　升

高陵君鼎（集證・22）：工□一斗五升大半〖注〗升，量詞，十龠。

高陵君鼎・摹（集證・22）：工□一斗五升大半

麗山園鍾（秦銅・185）：麗山園容十二斗三升

大官盉・摹（秦銅・209）：大官四升

咸陽鼎（集證・51）：咸陽鼎一斗三升

咸陽鼎・摹（集證・51）：咸陽鼎一斗三升

咸陽四斗方壺・摹（珍金・119）：四斗少半升

咸陽四斗方壺（珍金・120）：咸四斗少半升

咸陽四斗方壺・摹（珍金・120）：咸四斗少半升

萯陽鼎（集證・54.2）：容一斗一升

萯陽鼎（集證・54.3）：容一斗一升

新見秦宜陽鼎・摹（鼎跋）：咸一斗四升

萯陽鼎（集證・55）：容一斗一升

安邑銅鍾（附）・摹（陶罐・3）：十三斗一升

商鞅方升（秦銅・21）：大良造鞅爰積十六尊（寸）五分尊（寸）壹爲升

睡簡・效律・4：二升以上

睡簡・效律・5：半升以上

睡簡・效律・7：升不正

睡簡・效律・5：不盈半升到少半升

睡簡・秦律・182：鹽廿二分升二

睡簡・秦律・181：醬半升

睡簡・秦律・179：醬駟（四）分升一

睡簡・秦律・100・摹：縣及工室聽官爲正衡石贏（纍）、斗用（桶）、升

睡簡・日甲・45背：以沙人（砂仁）一升捝（實）其舂白

睡簡・效律・7：六分升一以上

睡簡・效律・7：廿分升一以上

關簡・342：毋下一升

關簡・321：以□四分升一歃（飲）之〖注〗四分升一，四分之一升。

關簡・315：取東〈朿〉灰一升

關簡・313：以正月取桃蠹（蠹）矢（屎）少半升

帛書・病方・418：令二升

帛書・病方・353：陵（菱）枝（芰）一升半

帛書・病方・408：頭脂一升

帛書・病方・418：豕膏一升

帛書・病方・418：冶黎（藜）盧二升

帛書・病方・115：竈黃土十分升一

帛書·病方·153：冶筴糞少半升、陳葵種一□〔注〕少半升,三分之一升。

 帛書·病方·161：黑叔（菽）三升

 帛書·病方·173：葵種一升

 帛書·病方·173：取棗種麤（麤）屑二升

 帛書·病方·181：以水一斗煮膠一參、米一升

 帛書·病方·216：并以醯二升和

 帛書·病方·216：嬰以一升

 帛書·病方·227：冶困（菌）［桂］尺、獨□一升

 帛書·病方·250：取菌莖乾冶二升

 帛書·病方·270：善伐米大半升

 帛書·病方·280：以［美］醯半升□澤（釋）泔二參

 帛書·病方·296：煮成三升

 帛書·病方·353：□米一升入中

 帛書·病方·415：小刌一升

 秦陶·1478：麗邑五升

 秦陶·1479：麗邑九升

 麗山茜府陶盤·摹（秦銅·52附圖）：一斗二升

## 3121　　吊 矛　　矛 𢦧

 有司伯喪矛一（珍金·46）：又（有）嗣（司）白（伯）喪之車矛

 有司伯喪矛一·摹（珍金·46）：又（有）嗣（司）白（伯）喪之車矛

 有司伯喪矛二（珍金·47）：又（有）嗣（司）白（伯）喪之車矛

 有司伯喪矛二·摹（珍金·47）：又（有）嗣（司）白（伯）喪之車矛

 十六年大良造鞅戈鐓（秦銅·17）：十六年大良造庶長鞅之造雍矛

## 3122　　矜　　矜

 詛楚文·湫淵（中吳本）：張矜意（布）怒（弩）〔注〕矜,矛柄。舊釋矜。〖編者按〗《說文》大徐本有"矜"無"矜",段玉裁注改"矜"作"矜",並補篆文。

 詛楚文·巫咸（中吳本）：張矜意（布）怒（弩）

 詛楚文·亞駝（中吳本）：張矜意（布）怒（弩）

## 3123　　車 軷　　車 軷

 不其簋蓋（秦銅·3）：弗以我車圅（陷）于囏

 不其簋蓋（秦銅·3）：女（汝）以我車宕伐嚴允（玁狁）于高陶（陶）

 滕縣不其簋器（秦銅·4）：弗以我車圅（陷）于囏

 滕縣不其簋器（秦銅·4）：女（汝）以我車宕伐嚴允（玁狁）于高陶（陶）

 彎繩朱書·摹（秦銅·158）：□車第一

有司伯喪矛一（珍金·46）：又（有）嗣（司）白（伯）喪之車矛

有司伯喪矛一·摹（珍金·46）：又（有）嗣（司）白（伯）喪之車矛

有司伯喪矛二（珍金·47）：又（有）嗣（司）白（伯）喪之車矛

有司伯喪矛二・摹（珍金・47）：又
（有）嗣（司）白（伯）喪之車矛

石鼓文・車工（先鋒本）：避車既工

石鼓文・車工（先鋒本）：避車既好

石鼓文・鑾車（先鋒本）：□□鑾車
〖注〗鑾車，人君所乘車。

石鼓文・鑾車（先鋒本）：旹車龑
（載）術（行）

石鼓文・田車（先鋒本）：宮車其寫

石鼓文・田車（先鋒本）：田車孔安
〖注〗田，馬敘倫説爲“畋”省。田
車，輕車。

秦駰玉版・甲・摹：路車四馬〖注〗
路車，卽輅車，君王貴族所乘之車。

秦駰玉版・乙・摹：路車四馬

睡簡・日乙・107・摹：上車毋顧

睡簡・日乙・130：凡製車及寇
〈冠〉□申

睡簡・爲吏・30：道傷（易）車利

睡簡・秦律・89：傳車、大車輪
〖注〗《漢書》注：“傳者，若今之驛，
古者以車，謂之傳車。”

睡簡・秦律・89：傳車、大車輪
〖注〗大車，用牛牽引的載重的車。

睡簡・答問・164：已閲及敦（屯）
車食若行到絲（徭）所乃亡

睡簡・答問・175：以乘馬駕私車而
乘之

睡簡・答問・175：以其乘車載女子
〖注〗乘車，安車。

睡簡・答問・159：旞（遺）火燔其
叚（假）乘車馬

睡簡・秦律・73：車牛一兩（輛）

睡簡・秦律・73：各與其官長共養、
車牛

睡簡・秦律・74・摹：以此鼠（予）
僕、車牛

睡簡・秦律・128：官長及吏以公車
牛稟其月食及公牛乘馬之稟

睡簡・秦律・129：以攻公大車

睡簡・秦律・126：不攻閒車

睡簡・秦律・126：大車軸絞（綯）

睡簡・秦律・126：官府叚（假）公
車牛者□叚（假）人所

睡簡・秦律・126：或私用公車牛

睡簡・秦律・126：及不芥（介）車

睡簡・秦律・125：及大車轅不勝任

睡簡・秦律・130：一脂、攻閒大車
一兩（輛）

睡簡・秦律・148：爲大車折轚
（輮）

睡簡・雜抄・8：輕車、赾張、引强、
中卒所載傅〈傳〉到軍〖注〗輕車，兵
種名，用以衝撃敵陣的戰車。

睡簡・雜抄・28：志馬舍乘車馬後

睡簡・雜抄・26：車貲一甲

睡簡・雜抄・26：公車司馬

睡簡・雜抄・25：射虎車二乘爲曹
〖注〗射虎車，一種有防禦設備專用
於獵射猛獸的車。

睡簡・雜抄・19：大車殹

 睡簡・雜抄・13：同車食、敦（屯）長、僕射弗告〖注〗同車食，指同屬一車一起領食軍糧的軍人。

 睡簡・日甲・73 背：車人，親也

 睡簡・日甲・13 正：寇〈冠〉、製（製）車、折衣常（裳）、服帶吉

 睡簡・日甲・14 正：可以入人、始寇〈冠〉、乘車

 睡簡・日乙・25：利以乘車、寇〈冠〉、帶劍、裂（製）衣常（裳）、祭、作大事、家（嫁）子

 睡簡・日乙・95：軫，乘車、衣常（裳）、取妻

 睡簡・日乙・38：乘車

  睡簡・日乙・53：□車

 龍簡・54：其騎及以乘車、軺車□〖注〗乘車，有座位的馬車，也叫"安車"。

龍簡・54：其騎及以乘車、軺車□〖注〗軺車，一馬駕駛的輕便車。

 龍簡・58：有（又）沒入其車、馬、牛縣、道［官］

 龍簡・56：□車□

 龍簡・57：□輓車〖注〗輓車，引車，用人力拉的車。

 關簡・332：見車

 關簡・333：卽取車蕢（蔶）

 關簡・312：取車前草實〖注〗車前草實，卽車前子。

 關簡・332：輔車＝輔〖注〗車，此專指牙床。

 帛書・病方・413：并和以車故脂

 帛書・病方・444：以采蠡爲車

 帛書・病方・403：虜（遽）斬乘車鬃椁□

新封泥 A・1.13：中車丞璽

集證・143.168：四川輕車〖注〗輕車，兵種之名。

秦印編 268：四川輕車

封泥集 199・1：信宮車府

集證・144.188：信宮車府

秦印編 268：公車司馬丞

封泥集 117・1：公車司馬丞〖注〗公車司馬，官名。

封泥集 117・2：公車司馬丞

封泥集 117・3：公車司馬丞

封泥集 117・4：公車司馬丞

封泥集 117・5：公車司馬丞

封泥集 117・9：公車司馬丞

封泥集 117・7：公車司馬丞

新封泥 C・19.1：公車司馬丞

封泥印 11：公車司馬丞

 新封泥 E・13：公車司馬

新封泥 A・1.6:公車司馬

集證・139.98:宮車司馬丞

集證・139.99:宮車司馬丞

秦印編 268:寺車丞印

秦印編 268:車府〖注〗車府,官名。

封泥集 119・2:車府

新封泥 A・1.18:車官

封泥集 120・8:中車府丞〖注〗中車府,官署名。

封泥印 12:中車府丞

封泥集 120・1・摹:中車府丞

封泥集 120・2:中車府丞

封泥集 120・3:中車府丞

封泥集 120・4:中車府丞

封泥集 120・5:中車府丞

封泥集 120・7:中車府丞

集證・145.191:中車府丞

集證・144.189:中車府丞

集證・145.190:中車府丞

集證・139.107:寺車丞印〖注〗寺車,官名。

封泥集 172・6:寺車丞印

封泥集 171・1:寺車丞印

封泥集 171・2:寺車丞印

集證・139.106:寺車丞印

封泥集 172・4:寺車丞印

封泥集 172・5:寺車丞印

新封泥 E・3:寺車丞印

封泥印 53:寺車丞印

新封泥 C・17.20:寺車丞印

新封泥 C・17.16:寺車府印

新封泥 A・1.17:寺車府印

封泥印 12:車府

集證・144.187:車府

封泥印・待考 159・摹:行車〖注〗行車,官名。

新封泥 D・35:行車官印

新封泥 A・1.19:行車官印

 秦陶・470:車

## 3124　軒　　軒

 秦印編 268:上官軒

## 3125　輻　輻

龍簡・54：其騎及以乘車、輻車□〖注〗輻車，一馬駕駛的輕便車。

## 3126　輕　輕

睡簡・答問・36：吏智（知）而端重若輕之

睡簡・秦律・2・摹：近縣令輕足行其書〖注〗輕足，走得快的人。

睡簡・語書・11：輕惡言而易病人

龍簡・171：□故輕故重□〖注〗故輕，故意減輕。

龍簡・172・摹：□雖弗爲輕租直（值）

龍簡・173・摹：輕［重］同罪□

集證・143.168：四川輕車〖注〗輕車，兵種之名。

秦印編268：四川輕車

## 3127　輿　輿

詛楚文・湫淵（中吳本）：鞴（鞴）輸棧輿〖注〗棧輿，卽棧車，低劣之車。

詛楚文・巫咸（中吳本）：鞴（鞴）輸棧輿

詛楚文・亞駝（中吳本）：鞴（鞴）輸棧輿

會稽刻石・宋刻本：輿舟不傾

睡簡・雜抄・27・摹：傷乘輿馬〖注〗乘輿馬，帝王駕車的馬。

睡簡・日甲・58 正：東井、輿鬼大吉

睡簡・日甲・55 正：柳、東井、輿鬼大凶

睡簡・日乙・90：輿鬼

龍簡・59・摹：騎作乘輿御〖注〗乘輿，皇帝與諸侯乘坐的車子。

龍簡・119：而輿軓（？）疾敺（驅）入之〖注〗輿軓，疑爲一種田獵的車輛。

關簡・161：輿鬼

關簡・153：輿鬼〖注〗輿鬼，二十八宿之一。

關簡・231：［輿鬼：斗］乘輿鬼

帛書・病方・444：以敝箕爲輿

封泥集232・1：方輿丞印〖注〗輿，通"與"。方輿，地名。

新封泥 B・3.33：夷輿丞印〖注〗夷輿，地名。

秦印編269：范脾輿

封泥印138：夷輿丞印

地圖注記・摹（地圖・5）：輿谿

## 3128　輯　輯

瓦書・郭子直摹：一里廿輯〖注〗輯，袁仲一說假爲"聚"，村落；李學勤讀爲"楫"，樹木；黃盛璋說爲步的單位：十步或六步爲一輯。

## 3129　轃　轃

銅車馬當顱・摹（秦銅・157.1）：轃右一〖注〗轃，孫機說爲"軨"之假

借,《說文》:"輓,引車也。"袁仲一、程學華說"轆"與"幔"通。

銅車馬當顱·摹(秦銅·157.2):
轆四

## 3130　輅　輅

帛書·足臂·15:舌輅□旦尚□數膈(喝)〖注〗《說文》:"輅,車軨前橫木也。"此指舌頭僵直。

## 3131　輒　輒

青川牘·摹:輒爲之〖注〗輒,卽,就。

睡簡·秦律·196·摹:閉門輒靡其旁火

睡簡·秦律·117:輒以效苑吏

睡簡·秦律·10:輒上石數縣廷

睡簡·秦律·76:輒移居縣責之

睡簡·秦律·44:輒移其稟縣

睡簡·秦律·148·摹:輒治(笞)之

睡簡·秦律·1·摹:亦輒言雨少多

睡簡·秦律·1·摹:輒以書言澍〈澍〉稼、誘(秀)粟及狠(墾)田暘毋(無)稼者頃數

睡簡·秦律·28:輒爲廥籍

睡簡·秦律·22:皆輒出

睡簡·秦律·29:輒上數廷

 睡簡·秦律·2:亦輒言其頃數

 睡簡·秦律·183:輒行之

 睡簡·秦律·184:以輒相報殹

 里簡·J1(16)6正:輒劾移縣

 關簡·318:寒輒更之

 帛書·病方·329:輒封其上

 帛書·病方·419:輒停三日

 帛書·病方·429:輒復傅灰

 帛書·病方·218:輒楼杕垣下

 帛書·病方·455:輒逋之

秦印編269:王輒

## 3132　軴　軴

會稽刻石·宋刻本:窺軴(巡)天下〖注〗段玉裁《說文解字注》云:"軴之言巡也,巡繞之詞。"

繹山刻石·宋刻本·摹:窺軴(巡)遠方

泰山刻石·宋拓本:窺軴(巡)遠黎

## 3133　軫　軫

 睡簡·日甲·6背:凡參、翼、軫以出女

 睡簡·日甲·5背:中春軫、角

睡簡・日乙・96：八月軫廿八日

睡簡・日乙・95：軫，乘車、衣常（裳）、取妻

關簡・241：斗乘軫

關簡・241：軫

關簡・161：軫〖注〗軫，二十八宿之一。

### 3134　轂　轂

秦陶 A・1.2・摹：大轂〖注〗轂，人名。

### 3135　軹　軹

封泥集 340・1：軹鄉〖注〗軹鄉，鄉名。

封泥集 340・2・摹：軹鄉

### 3136　輻　輻

帛書・病方・435：燔扁（蝙）輻（蝠）以荆薪〖注〗蝙蝠，昆蟲名。

### 3137　轅　轅

睡簡・答問・179・摹：騷馬蟲皆麗衡厄（軛）靷龞轅軸（軔）

睡簡・秦律・125・摹：及大車轅不勝任〖注〗轅，木轅。

### 3138　載　載

會稽刻石・宋刻本：各載其名

睡簡・封診・68：卽令甲、女載丙死（屍）詣廷

睡簡・秦律・125：及載縣（懸）鐘虞〈虡〉用輻（膈）

睡簡・雜抄・8：輕車、趀張、引強、中卒所載傅〈傳〉到軍

睡簡・答問・175：以其乘車載女子

### 3139　軍　軍

秦駰玉版・甲・摹：故告大（？）壹（？）、大將軍〖注〗大將軍，官名，此指星神名。

秦駰玉版・乙・摹：故告大（？）壹（？）、大將軍

睡簡・日乙・119：軍歸

睡簡・爲吏・27：將軍以埋豪（壕）

睡簡・6 號牘・正：與從軍

睡簡・編年・53・摹：吏誰從軍

睡簡・答問・52：將軍材以錢若金賞

睡簡・秦律・45：有事軍及下縣者

睡簡・秦律・156：軍爵

睡簡・秦律・153：從軍當以勞論及賜

睡簡・秦律・154：軍爵律〖注〗軍爵律，關於軍功爵的法律規定。

睡簡・雜抄・8：輕車、趀張、引强、中卒所載傅〈傳〉到軍

睡簡・雜抄・35：軍新論攻城

睡簡・雜抄・10：到軍課之

睡簡・雜抄・12：軍人買（賣）稟稟所及過縣

睡簡・雜抄・14：軍人稟所、所過縣百姓買其稟

睡簡・雜抄・11：不當稟軍中而稟者

睡簡・日甲・40 正：利弋邋（獵）、報讎、攻軍、韋（圍）城、始殺

睡簡・日甲・116 正：南門，將軍門

睡簡・日乙・43：可以攻軍、入城及行

集證・159.422：軍市〖注〗軍市，專設於軍中之市。

集證・165.513：吳軍〖注〗吳軍，人名。

秦印編 269：軍

集證・143.169：軍假司馬

漆器 M11・9（雲夢・附二）：士五（伍）軍〖注〗軍，人名。

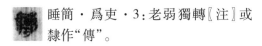漆器 M11・18（雲夢・附二）：士五（伍）軍

漆器 M11・19（雲夢・附二）：士五（伍）軍

## 3140　轉　　　轉

睡簡・爲吏・3：老弱獨轉〖注〗或隸作"傳"。

## 3141　輸　　　輸

詛楚文・湫淵（中吳本）：變輸（渝）盟刾（約）〖注〗輸，舊讀爲"渝"。郭沫若讀如本字，墮。

詛楚文・巫咸（中吳本）：變輸（渝）盟刾（約）

詛楚文・亞駝（中吳本）：變輸（渝）盟刾（約）

睡簡・效律・49・摹：上節（即）發委輸〖注〗委輸，以車運送。

睡簡・秦律・86：都官輸大內

睡簡・秦律・87：都官遠大內者輸縣

睡簡・秦律・201：道官相輸隸臣妾、收人

睡簡・秦律・92・摹：輸大內〖注〗輸，運交。

睡簡・效律・49：百姓或之縣就（僦）及移輸者〖注〗移輸，轉交。

里簡・J1（16）6 正：今洞庭兵輸內史及巴、南郡蒼梧

里簡・J1（16）6 正：輸甲兵當傳者多

## 3142　軌　　　軌

軌簠・器蓋・摹（秦銅・203）：軌〖注〗軌，卽簠字古文"朹"。"殹、軌、朹、簠"通用。

軌簠・器身・摹（秦銅・203）：軌

會稽刻石・宋刻本：皆遵軌度〖注〗軌，車轍。

為掘。

3143 輪 輪

睡簡·秦律·89·摹:傳車、大車輪〖注〗輪,車輪。

3144 輓 輓

龍簡·57·摹:□輓車〖注〗輓車,引車,用人力拉的車。

3145 斬 斬

天簡30·乙·摹:斬伐寫=殺戮安=

睡簡·秦律·155:及隸臣斬首為公士

睡簡·秦律·117:興徒以斬(塹)垣離(籬)散及補繕之〖注〗塹,挖掘壕溝。

睡簡·日甲·109 正:毋以木〈未〉斬大木

睡簡·秦律·156:工隸臣斬首及人為斬首以免者

睡簡·秦律·156:工隸臣斬首及人為斬首以免者

睡簡·答問·51·摹:㡿(戮)之已乃斬之之謂殹〖注〗斬,斬首。

睡簡·答問·126:斬左止為城旦

睡簡·答問·1:斬左止

睡簡·封診·31·摹:及斬首一

龍簡·2·摹:斬其男子左趾

龍簡·120:及斬人疇企(睢)〖注〗斬,截,斷。李家浩疑讀為"塹",訓

關簡·352:卽斬豚耳

帛書·病方·53:斬若門右

帛書·病方·198:令斬足者清明東鄉(嚮)

帛書·病方·205:斧斬若

帛書·病方·4:斬□

帛書·病方·403:虜(遽)斬乘車㲄(椁)□

3146 輔 輔

關簡·332:輔車=輔〖注〗輔,此指頰骨。車,專指牙床。

關簡·332:輔車=輔

秦印編269:輔驚

秦印編269:輔武

3147 軲

睡簡·秦律·126:大車軲紉(緊)

睡簡·秦律·125:折軲上〖注〗軲,見《墨子·經說下》及《雜守》兩篇,孫詒讓釋為"胡";或釋為"軸"。

3148 軓

龍簡·119·摹:而興軓(?)疾敺(驅)入之〖注〗興軓,疑為一種田獵的車輛。或釋"軨"。

3149　　　　　　轎

集證·178.671:楊轎〖注〗楊轎,人名。

3150　　　　　　鞪

睡簡·秦律·148:爲大車折鞪(鞣)〖注〗鞣,車輪的外周。

3151　　　　　　輀

睡簡·秦律·125:及載縣(懸)鐘虞〈虡〉用輀(膈)〖注〗膈,《史記》索隱:"縣鐘格。"卽鐘架上的横木。

3152　　　　　　軙

帛書·脈法·76:膃(膿)軙(淺)而碧(砭)深

3153　　官　　　官

卅六年私官鼎(秦銅·49):厶(私)官〖注〗私官,朱德熙、裘錫圭說"應爲皇后食官"。

邵宫私官盉(秦銅·194):邵宫私官

私官鼎(秦銅·193·摹):厶(私)官□

三年詔事鼎(秦銅·62):朱侯(?)□官十一斤十四兩

大官盉·摹(秦銅·209):大官四升〖注〗大官,太官,官名。

睡簡·效律·1·摹:爲都官及縣效律

睡簡·效律·15:貲官嗇夫一盾

睡簡·效律·10:貲官嗇夫二甲

睡簡·秦律·44:宦者、都官吏、都官人有事上爲將

睡簡·秦律·160:不得除其故官佐、吏以之新官

睡簡·秦律·139:官作居貲贖責(債)而遠其計所官者

睡簡·秦律·157:縣、都官、十二郡免除吏及佐、羣官屬

睡簡·秦律·44:宦者、都官吏、都官人有事上爲將

睡簡·秦律·197:官嗇夫及吏夜更行官

睡簡·秦律·160:不得除其故官佐、吏以之新官

睡簡·秦律·139:官作居貲贖責(債)而遠其計所官者

睡簡·秦律·157:縣、都官、十二郡免除吏及佐、羣官屬

睡簡·答問·95:辭者不先辭官長、嗇夫

睡簡·答問·95:可(何)謂"官長"

睡簡·答問·95:命都官曰"長"

睡簡·答問·63:作官府

睡簡·答問·61:嗇夫不以官爲事

睡簡·答問·126:是謂"處隱官"

睡簡·答問·125:可(何)皋得"處隱官"

睡簡·答問·125:已刑者處隱官

睡簡·答問·166:未官

睡簡・答問・166：已官

 睡簡・答問・133：罷癃（癃）守官府

 睡簡・答問・149：實官戶關不致〖注〗實官，貯藏糧食的官府。

 睡簡・答問・159：今舍公官（館）〖注〗公館，官府的館舍。

 睡簡・答問・150：實官戶扇不致

 睡簡・答問・155：吏從事於官府

 睡簡・秦律・82：而坐其故官以貲賞（償）及有它責（債）

 睡簡・秦律・82：官嗇夫免

 睡簡・秦律・86：都官輸大內

 睡簡・秦律・86：縣、都官以七月糞公器不可繕者

 睡簡・秦律・87：都官遠大內者輸縣

 睡簡・秦律・83：官嗇夫免

 睡簡・秦律・83：吏坐官以負賞（償）

 睡簡・秦律・83：令與其稗官分〖注〗稗官，屬下的小官。

 睡簡・秦律・83：效其官而有不備者

 睡簡・秦律・80：嗇夫卽以其直（值）錢分負其官長及冗吏

 睡簡・秦律・84：及恆作官府以負責（債）

 睡簡・秦律・80：縣、都官坐效、計以負賞（償）者

 睡簡・秦律・81：亦官與辨券

 睡簡・秦律・20：大（太）倉課都官及受服者

 睡簡・秦律・201：道官相輸隸臣妾、收人

 睡簡・秦律・92：都宜有用□其官

 睡簡・秦律・97：爲作務及官府市

 睡簡・秦律・93：縣、大內皆聽其官致

 睡簡・秦律・95：亡、不仁其主及官者

 睡簡・秦律・68：賈市居死者及官府之吏

 睡簡・秦律・72：都官之佐、史冗者

 睡簡・秦律・79：令其官嗇夫及吏主者代賞（償）之

 睡簡・秦律・73：都官佐、史不盈十五人者

 睡簡・秦律・73：各與其官長共養、車牛〖注〗官長，機構中的主管官員。

 睡簡・秦律・74：小官毋（無）嗇夫者

 睡簡・秦律・71：工獻輸官者

 睡簡・秦律・37：都官以計時讎食者籍

 睡簡・秦律・182：上造以下到官佐、史毋（無）爵者

 睡簡・秦律・187：都官歲上出器求補者數

 睡簡・秦律・18：其人詣其官

 睡簡・秦律・184：亟告官

 睡簡・秦律・128：官長及吏以公車牛稟其月食及公牛乘馬之稟

睡簡·秦律·128:官有金錢者自爲買脂、膠

睡簡·秦律·122:欲以城旦舂益爲公舍官府及補繕之

睡簡·秦律·102·摹:公甲兵各以其官名刻久(記)之

睡簡·秦律·126:官府叚(假)公車牛者□叚(假)人所

睡簡·秦律·127:其主車牛者及吏、官長皆有罪

睡簡·秦律·125:縣、都官用貞(楨)、栽爲俑(棚)牏

睡簡·秦律·121:縣毋敢擅壞更公舍官府及廷

睡簡·秦律·19:今課縣、都官公服牛各一課〖注〗都官,又稱中都官,官名。

睡簡·秦律·19:令其人備之而告官

睡簡·秦律·196:官吏有重罪

睡簡·秦律·197:官嗇夫及吏夜更行官

睡簡·秦律·193:侯(候)、司寇及羣下吏毋敢爲官府佐、史及禁苑憲盜

睡簡·秦律·194:計其官

睡簡·秦律·194:有實官縣料者

睡簡·秦律·195:非其官人殹

睡簡·秦律·195:有實官高其垣牆

睡簡·秦律·162:官嗇夫必與去者效代者

睡簡·秦律·162:節(即)官嗇夫免而效

睡簡·秦律·164:諄官嗇夫

睡簡·秦律·164:貲官嗇夫一甲

睡簡·秦律·165:令官嗇夫、冗吏共賞(償)敗禾粟

睡簡·秦律·161:令君子毋(無)害者若令史守官

睡簡·秦律·161:毋令官佐、史守

睡簡·秦律·178:官嗇夫貲一盾

睡簡·秦律·179:自官士大夫以上

睡簡·秦律·17:以其診書告官論之

睡簡·秦律·139:盡八月各以其作日及衣數告其計所官

睡簡·秦律·136:大嗇夫、丞及官嗇夫有罪

睡簡·秦律·103:入叚(假)而而毋(無)久及非其官之久(記)也

睡簡·秦律·133·摹:居官府公食者

睡簡·秦律·135·摹:居於官府

睡簡·秦律·131:令縣及都官取柳及木楺(柔)可用書者

睡簡·秦律·104:公器官□久(記)

睡簡·秦律·104·摹:官輒告叚(假)器者曰

睡簡·秦律·140:盡九月而告其計所官

睡簡·秦律·140:毋過九月而靡(畢)到其官

睡簡·秦律·105:官輒收其叚(假)

睡簡・秦律・156：以爲隱官工

 睡簡・秦律・150：司寇勿以爲僕、養、守官府及除有爲殹

睡簡・秦律・100・摹：縣及工室聽官爲正衡石羸（纍）、斗用（桶）、升

睡簡・秦律・101：邦中之繇（徭）及公事官（館）舍〖注〗館，居宿。

睡簡・雜抄・23：大（太）官、右府、左府、右采鐵、左采鐵課殿〖注〗太官，官名，屬少府。

睡簡・日甲・38 正：不可臨官、飲食、樂、祠祀

睡簡・日甲・32 正：臨官立（涖）正（政）相宜也〖注〗臨官，任官。

睡簡・日甲・36 正：必三徙官

睡簡・日甲・18 正：爲官府室祠

睡簡・日甲・160 正：戌入官

睡簡・日甲・162 正：申入官

睡簡・日甲・163 正：酉入官

睡簡・日甲・164 正：卯入官

睡簡・日甲・165 正・摹：未午辰入官

睡簡・日甲・161 正：亥入官

睡簡・日甲・146 背：凡此日不可入官及入室

睡簡・日甲・146 背：入官必有皋

睡簡・日甲・157 正：入官良日

睡簡・日乙・81：官

睡簡・日乙・228：子、丑入官

睡簡・日乙・229：戌入官

睡簡・日乙・226：利入官

睡簡・日乙・227：利入官

睡簡・日乙・224：利入官

睡簡・日乙・224：入官

睡簡・日乙・225：利入官

睡簡・日乙・230：亥入官

睡簡・日乙・232：酉入官

睡簡・日乙・237：利以臨官立（涖）政

睡簡・日乙・233：卯入官

睡簡・日乙・234：實〈寅〉、巳入官

睡簡・日乙・235：未、辰、午入官、辱而去

睡簡・日乙・231：申入官

睡簡・日乙・141：入官

睡簡・爲吏・8：城郭官府

睡簡・爲吏・23：五曰安家室忘官府

睡簡・爲吏・21：三曰居官善取

睡簡・爲吏・9：非以官祿夬助治

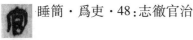 睡簡・爲吏・48：志徹官治

 睡簡・爲吏・42：無官不治

 睡簡・爲吏・10：及官之歔豈可悔

 睡簡・效律・8：誶官嗇夫

 睡簡・效律・22：誶官嗇夫

睡簡・效律・2：官嗇夫、冗吏皆共賞（償）不備之貨而入贏

睡簡・效律・23：令官嗇夫、冗吏共賞（償）敗禾粟

 睡簡・效律・23・摹：貲官嗇夫一甲

睡簡・效律・9・摹：貲官嗇夫一甲

睡簡・效律・3・摹：貲官嗇夫一甲

睡簡・效律・42：官府臧（藏）皮革

睡簡・效律・42：貲官嗇夫一甲

睡簡・效律・46：到官試之

睡簡・效律・43・摹：大者貲官嗇夫一盾

睡簡・效律・44・摹：貲官嗇夫一盾

睡簡・效律・52：及都倉、庫、田、亭嗇夫坐其離官屬于鄉者

睡簡・效律・52：其吏主者坐以貲、誶如官嗇夫

睡簡・效律・59：貲官嗇夫一盾

睡簡・效律・59・摹：貲官嗇夫一甲

 睡簡・效律・56：誶官嗇夫

 睡簡・效律・54：如它官然

 睡簡・效律・54・摹：尉計及尉官吏節（即）有劾

 睡簡・效律・55：如令史坐官計劾然

 睡簡・效律・51：官嗇夫貲二甲

 睡簡・效律・51：官嗇夫貲一甲

 睡簡・效律・19：官嗇夫必與去者效代者

 睡簡・效律・19：節（即）官嗇夫免而效不備

 睡簡・效律・19：實官佐、史被免徙

 睡簡・效律・17：官嗇夫免

 睡簡・效律・17：同官而各有主殹

 睡簡・效律・17：縣令令人效其官

 睡簡・效律・13・摹：誶官嗇夫

 睡簡・效律・14：貲官嗇夫一盾

 睡簡・效律・14：貲官嗇夫一甲

 龍簡・8・摹：所致縣、道官〖注〗官，官府。

龍簡・88：□道官皆勿論□

龍簡・200：有言縣、道官

龍簡・64・摹：貲官嗇□

龍簡・7:□傳書縣、道官

龍簡・100:牧縣官馬、牛、羊盜□之〖注〗縣官,指官府、國家。

龍簡・206・摹:道官長

龍簡・227:□官□

龍簡・271・摹:□官□

龍簡・246:□道官□

龍簡・211・摹:□入縣官□

龍簡・9・摹:令、丞□縣、道官

龍簡・102・摹:沒入私馬、牛、[羊]、[駒]、犢、羔縣道官

龍簡・10:取傳書鄉部稗官〖注〗稗官,小官。

里簡・J1(8)134 正:狼屬(囑)司馬昌官

里簡・J1(9)10 正:問何縣官計

里簡・J1(9)11 正:問何縣官計

里簡・J1(9)981 正:田官守敬敢言之〖注〗田官守,官名。

里簡・J1(8)134 正:謁告昌官令狼歸船

里簡・J1(9)1 正:問何縣官計

里簡・J1(9)2 正:問何縣官計

里簡・J1(9)3 正:問何縣官計

里簡・J1(9)4 正:問何縣官計

里簡・J1(9)5 正:問何縣官計

里簡・J1(9)6 正:問何縣官計

里簡・J1(9)7 正:問何縣官計

里簡・J1(9)8 正:問何縣官計

里簡・J1(9)9 正:問何縣官計

里簡・J1(16)6 正:隱官

關簡・16:壬子治鐵官

關簡・15:辛亥宿鐵官〖注〗鐵官,官署名。

秦印編269:官田臣印

秦印編270:上官果

秦印編269:中官徒府

秦印編270:上官軒

秦印編269:中官徒府

秦印編270:上官遺

秦印編269:西宮中官

秦印編270:上官董

秦印編269:謝官

秦印編270:官廐

秦印編270:敬長慎官

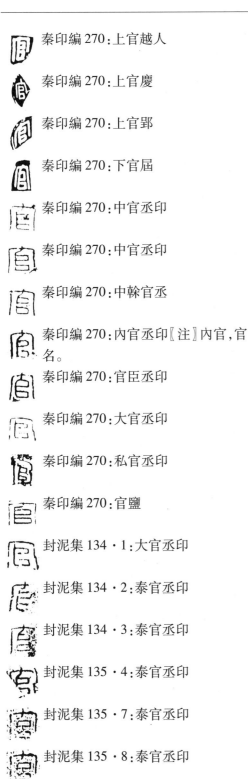

秦印編 270：上官越人

秦印編 270：上官慶

秦印編 270：上官郢

秦印編 270：下官屈

秦印編 270：中官丞印

秦印編 270：中官丞印

秦印編 270：中斡官丞

秦印編 270：內官丞印〖注〗內官，官名。

秦印編 270：官臣丞印

秦印編 270：大官丞印

秦印編 270：私官丞印

秦印編 270：官鹽

封泥集 134・1：大官丞印

封泥集 134・2：泰官丞印

封泥集 134・3：泰官丞印

封泥集 135・4：泰官丞印

封泥集 135・7：泰官丞印

封泥集 135・8：泰官丞印

封泥集 135・9：泰官丞印

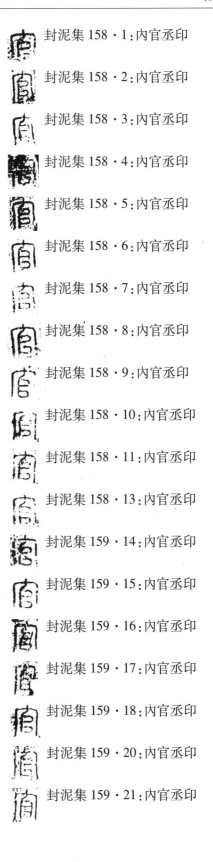

封泥集 158・1：內官丞印

封泥集 158・2：內官丞印

封泥集 158・3：內官丞印

封泥集 158・4：內官丞印

封泥集 158・5：內官丞印

封泥集 158・6：內官丞印

封泥集 158・7：內官丞印

封泥集 158・8：內官丞印

封泥集 158・9：內官丞印

封泥集 158・10：內官丞印

封泥集 158・11：內官丞印

封泥集 158・13：內官丞印

封泥集 159・14：內官丞印

封泥集 159・15：內官丞印

封泥集 159・16：內官丞印

封泥集 159・17：內官丞印

封泥集 159・18：內官丞印

封泥集 159・20：內官丞印

封泥集 159・21：內官丞印

封泥集 177・1：中官丞印

封泥集 177・2：中官丞印〖注〗中官，官名。

封泥集 177・3：中官丞印

封泥集 178・6：中官丞印

封泥集 178・11：中官丞印

封泥集 178・14：中官丞印

封泥集 179・1：私官丞印〖注〗私官，官名。

封泥集 179・2：私官丞印

封泥集 196・1：官廄丞印〖注〗官廄，官名。

封泥集 224・1：官臣丞印〖注〗官臣，官名。

封泥集 224・2：官臣丞印

封泥集 224・3：官臣丞印

封泥集 224・5：官臣丞印

封泥集 224・6・摹：官臣丞印

封泥集 253・1：蜀左織官〖注〗左織官，官名。

封泥集 386・1：上官擨〖注〗上官，複姓。

封泥集 386・2：上官擨

封泥集・附 393・28・摹：官

集證・135.41：中官丞印

集證・136.57：泰官丞印

集證・136.58：大官丞印

集證・136.59：內官丞印

集證・136.60：內官丞印

集證・150.270：官臣丞印

集證・150.271：官臣丞印

新封泥 C・16.5：中官丞印

新封泥 C・17.13：大官丞印

新封泥 C・18.7：私官丞印

新封泥 E・4：內官丞印

新封泥 E・16：官臣之印

新封泥 E・19：大官丞印

封泥印 6：麗山飤官〖注〗飤官，卽食官，官名。

封泥印 34：泰官

封泥印 35：泰官丞印

封泥印 35：泰官庫印

封泥印 41：蜀左織官

封泥印 43：內官丞印

封泥印 44：私官丞印

封泥印 55：中官榦丞

封泥印 55 · 摹：中官

封泥印 56：中官丞印

封泥印 78：官臣丞印

封泥印 81：橘官

封泥印 153：上官擥

封泥印 · 附二 193：大官丞印

封泥印 · 待考 158：左般私官

封泥印 · 待考 159：右般私官

封泥印 · 待考 160：行平官印

新封泥 D · 7：少府榦官〖注〗榦官，官名。

新封泥 D · 10：泰官

新封泥 D · 24：私官左般

新封泥 D · 25：私官右般

新封泥 D · 35：行車官印

新封泥 D · 44：橘官

新封泥 A · 1.9：樂官〖注〗樂官，官名。

新封泥 A · 1.18：車官〖注〗車官，官名。

新封泥 A · 1.19：行車官印

新封泥 A · 2.1：榦官

新封泥 A · 2.2：大官

新封泥 A · 2.3：大官榦丞

新封泥 A · 2.10：材官〖注〗材官，官名。

新封泥 A · 3.2：北宮榦官

新封泥 A · 4.10：官臣之印

封泥集 · 附一 401：中官徒府

封泥集 · 附一 405 · 摹：官田臣印

封泥集 · 附一 407：西宮中官

封泥集 · 附一 408：射官〖注〗射官，官名。

集證 · 135.40：西宮中官

集證 · 145.194：中官徒府

集證 · 149.269：官田臣印

集證 · 161.446 · 摹：上官鞏

集證 · 161.447：上官鮮

集證 · 161.448：上官賢

集證 · 161.449：上官郢

集證 · 161.450：上官□

秦陶 · 1474：［麗山］食官□反一斗

秦陶・1490：上官〖注〗上官，姓氏。

 遺址・3・摹：官

 秦陶・1466：麗山飤官

 秦陶・1467：麗山飤官右

 秦陶・1468：麗山飤官右

 秦陶・1469：麗山飤官右

 秦陶・1470：麗山飤官左

3154　　𦣻 𦣻　　自 𦣻

秦印編270：歸自

3155　　賤　　陵

高陵君鼎（集證・22）：十五年高陵
君丞趪〖注〗高陵君，昭襄王同母
弟，又號葉陽君。

陵 高陵君鼎・摹（集證・22）：十五年
高陵君丞趪

闕 陽陵虎符（秦銅・97）：左才（在）陽
陵〖注〗陽陵，地名。

杏 洛陽少府戈・摹（珍金220・1）：杏
陵〖注〗杏陵，地名。董珊說“杏”或
讀爲“永”，永陵爲秦悼武王墓所在。

賤 睡簡・爲吏・15・摹：茲（慈）下勿
陵〖注〗陵，欺辱。

陵 里簡・J1（16）9 正・摹：啟陵鄉未
有葉（牒）

里簡・J1（16）9 背：□遷陵守丞敦
狐告都鄉主〖注〗遷陵，縣名。

里簡・J1（8）157 正：啟陵鄉夫敢言
之〖注〗啟陵，鄉名。

里簡・J1（9）2 背：陽陵卒署遷陵

里簡・J1（9）3 背：陽陵卒署遷陵

里簡・J1（9）5 背：陽陵卒署遷陵

里簡・J1（9）6 背：陽陵卒署遷陵

里簡・J1（9）7 背：陽陵卒署遷陵

里簡・J1（9）10 背：陽陵卒署遷陵

里簡・J1（9）11 背：陽陵卒署遷陵

里簡・J1（9）12 背：陽陵卒署遷陵

里簡・J1（9）2 背：陽陵卒署遷陵

里簡・J1（9）5 背：陽陵卒署遷陵

里簡・J1（9）6 背：陽陵卒署遷陵

里簡・J1（8）156：遷陵守丞色下少
內

里簡・J1（8）158 正：遷陵守丞色敢
告酉陽丞

里簡・J1（9）1 背：洞庭叚（假）尉觿
謂遷陵丞

里簡・J1（9）1 背：陽陵卒署遷陵

里簡・J1（9）1 正：陽陵守丞廚敢言
之

里簡・J1（9）1 正：陽陵宜居士五
（伍）毋死有貲餘錢八千六十四
〖注〗陽陵，縣名。

里簡・J1（9）1 正：以受（授）陽陵司
空

里簡・J1（9）2 正:陽陵仁陽士五（伍）不狄有貲錢八百卅六

里簡・J1（9）2 正:陽陵守丞恬敢言之

里簡・J1（9）2 正:陽陵遬敢言之

里簡・J1（9）2 正:以受（授）陽陵司空

里簡・J1（9）3 背:洞庭叚（假）尉觿謂遷陵丞

里簡・J1（9）3 背:陽陵遬敢言之

里簡・J1（9）3 背:陽陵卒署遷陵

里簡・J1（9）3 正:陽陵守丞恬敢言之

里簡・J1（9）3 正:陽陵下里士五（伍）不識有貲餘錢千七百廿八

里簡・J1（9）3 正:以受（授）陽陵司空

里簡・J1（9）4 背:陽陵卒署遷陵

里簡・J1（9）4 正:陽陵守丞廚敢言之

里簡・J1（9）4 正:陽陵孝里士五（伍）衰有貲錢千三百卅四

里簡・J1（9）4 正:以受（授）陽陵司空

里簡・J1（9）5 背:洞庭叚（假）尉觿謂遷陵丞

里簡・J1（9）5 正:陽陵守丞廚敢言之

里簡・J1（9）5 正:陽陵遬敢言之

里簡・J1（9）5 正:陽陵下里士五（伍）鹽有貲錢三百八十四

里簡・J1（9）5 正:以受（授）陽陵司空

里簡・J1（9）6 背:洞庭叚（假）尉觿謂遷陵丞

里簡・J1（9）6 正:陽陵褆陽上造徐有貲錢二千六百八十八

里簡・J1（9）6 正:陽陵遬敢言之

里簡・J1（9）6 正:以受（授）陽陵司空

里簡・J1（9）7 背:洞庭叚（假）尉觿謂遷陵丞

里簡・J1（9）7 背:陽陵遬敢言之

里簡・J1（9）7 背:陽陵卒署遷陵

里簡・J1（9）7 正:陽陵褆陽士五（伍）小狄有貲錢萬一千二百七十一

里簡・J1（9）7 正:陽陵守丞廚敢言之

里簡・J1（9）7 正:以受（授）陽陵司空

里簡・J1（9）8 背:陽陵卒署遷陵

里簡・J1（9）8 正:陽陵逆都士五（伍）越人有貲錢千三百卅四

里簡・J1（9）8 正:陽陵守丞廚敢言之

里簡・J1（9）8 正:陽陵遬敢言之

里簡・J1（9）8 正:以受（授）陽陵司空

里簡・J1（9）9 背:洞庭叚（假）尉觿謂遷陵丞

里簡・J1（9）9 背:陽陵遬敢言之

里簡・J1（9）9 背:陽陵卒署遷陵

里簡・J1（9）9 正:陽陵仁陽士五（伍）頵有贖錢七千六百八十

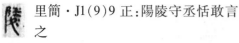

里簡·J1(9)9 正:陽陵守丞恬敢言之

里簡·J1(9)9 正:以受(授)陽陵司空

里簡·J1(9)10 背:洞庭叚(假)尉觸謂遷陵丞

里簡·J1(9)10 背:陽陵卒署遷陵

里簡·J1(9)10 正:陽陵守丞廥敢言之

里簡·J1(9)10 正:陽陵叔作士五(伍)勝日有貲錢千三百卌四

里簡·J1(9)10 正:以受(授)陽陵司空

里簡·J1(9)11 背:洞庭叚(假)尉觸謂遷陵丞

里簡·J1(9)11 背:陽陵卒署遷陵

里簡·J1(9)11 正:陽陵守丞恬敢言之

里簡·J1(9)11 正:陽陵遬敢言之

里簡·J1(9)11 正:陽陵谿里士五(伍)采有貲餘錢八百五十二

里簡·J1(9)11 正:以受(授)陽陵司空

里簡·J1(9)12 背:洞庭叚(假)尉觸謂遷陵丞

里簡·J1(9)12 背:陽陵守丞廥敢言之

里簡·J1(9)12 背:陽陵遬敢言之

里簡·J1(9)12 背:陽陵卒署遷陵

里簡·J1(16)5 背:都鄉別啟陵、貳春

里簡·J1(16)5 背:遷陵丞歐敢告尉

里簡·J1(16)6 背:遷陵丞歐敢言之

里簡·J1(8)133 背:遷陵守丞隓告司空主

里簡·J1(8)133 正:遷陵司空尋(得)、尉乘□

里簡·J1(8)134 正:爲責(債)券移遷陵

里簡·J1(8)154 正:遷陵守丞都敢言之

里簡·J1(8)157 背:遷陵丞昌郤(卻)之啟陵

里簡·J1(8)157 背:已除成、匄爲啟陵郵人

里簡·J1(8)157 正:成里典、啟陵郵人缺

關簡·56:甲午宿競(竟)陵〖注〗競,通"竟"。競陵,地名。

關簡·51:丁亥治競(竟)陵

關簡·19:乙卯宿競(竟)陵

關簡·13:己酉宿競(竟)陵

關簡·11:丁未起江陵

關簡·20:丙辰治競(竟)陵

關簡·28:甲子治競(竟)陵

關簡·22:戊午治競(竟)陵

關簡·29:三月乙丑治競(竟)陵

關簡·26:壬戌治競(竟)陵

關簡·27:癸亥治競(竟)陵

關簡·23：己未治競（竟）陵

 關簡·24：庚申治競（竟）陵

 關簡·25：辛酉治競（竟）陵

 關簡·21：丁巳治競（竟）陵

 關簡·30：丙寅治競（竟）陵

 關簡·34·摹：庚午到江陵

 關簡·3：戊戌宿江陵〖注〗江陵，地名。

 帛書·病方·353：陵（菱）𦬣（芰）一升半〖注〗陵𦬣，卽菱芰，藥名。

 帛書·病方·369：自罪（擇）取大山陵

 帛書·病方·410：熬陵（菱）𦬣（芰）一參

 帛書·病方·351：以小童弱（溺）漬陵（菱）𦬣（芰）

 帛書·病方·419：用陵（菱）叔〈𦬣（芰）〉熬

 集證·158.402：高陵鄉印

 集證·152.308：高陵右尉

秦印編270：高陵右尉

秦印編271：東平陵丞

秦印編270：高陵司馬

秦印編271·摹：西陵丞印

秦印編271：廷陵丞印

秦印編271：樂陵丞印

封泥印·附二204：樂陵丞印

封泥集·附一409：隅陵之部

秦印編270：啟陵

秦印編271：樂陵

秦印編270：陵

 封泥集214·2：陽陵禁丞

封泥集274·1：高陵丞印

封泥集274·2：高陵丞印

封泥集290·1：建陵丞印

封泥集290·1：蘭陵丞印

封泥集308·1：廷陵丞印

封泥集315·1：於陵丞印

封泥集317·1：樂陵丞印

封泥集317·1：樂陵

封泥集318·1·摹：東平陵丞

封泥集318·2：東平陵丞

封泥集350·1：廣陵鄉印

封泥集350·2：廣陵鄉印

新封泥 B・3.34：壽陵丞印

集證・149.256：陽陵禁丞

集證・152.307：高陵丞印

集證・156.367：蘭陵丞印

集證・156.368：建陵丞印

新封泥 C・19.5：壽陵丞印

封泥印 69：陽陵禁丞

封泥印 96：高陵丞印

封泥印 114：壽陵丞印

封泥印 119：西陵丞印

封泥印 143：晦陵丞印〖注〗晦，讀爲
"海"，海陵，地名。

秦陶・491：闌（蘭）陵居貲便里不
更牙〖注〗蘭陵，地名。

## 3156　䧜　陰

雕陰鼎（集證・52）：雕陰〖注〗雕
陰，地名。

石鼓文・霝雨（先鋒本）：或陰或陽

石鼓文・鑾車（先鋒本）：遑（原）溼
（隰）陰陽

秦駰玉版・甲・摹：而道（導）峄
（華）大山之陰陽〖注〗陰，指華陰。

秦駰玉版・乙・摹：而道（導）峄
（華）大山之陰陽

會稽刻石・宋刻本：陰通閒使

睡簡・日乙・18：作陰之日

睡簡・日乙・119：雨陰

睡簡・封診式・18：自晝甲見丙陰
市庸中〖注〗陰，隱藏。

睡簡・日甲・28 正：酉亥陰

睡簡・日甲・29 正：亥丑陰

睡簡・日甲・26 正：巳未陰

睡簡・日甲・27 正：未酉陰

睡簡・日甲・6 正：陰日

睡簡・日甲・42 正：是胃（謂）乍陰
乍陽

睡簡・日甲・10 正：外陰日

睡簡・日乙・22：坐外陰之日

睡簡・日乙・60：陰，先辱後慶

睡簡・日乙・6：作陰

睡簡・日乙・48：未酉陰

睡簡・日乙・49：酉亥陰

睡簡・日乙・47：巳未陰

睡簡・日乙・50：亥丑陰

睡簡・日乙・52：巳卯陰

睡簡・日乙・51：丑卯陰

關簡・309：縣（懸）陰所

 帛書・足臂・27：臂少陰［温（脈）］

 帛書・足臂・28：皆［久（灸）］臂少陰［温（脈）］

 帛書・脈法・82：臂之大（太）陰、少陰

 帛書・病方・42：陰乾百日

 帛書・病方・120：卽縣（懸）陰燥□

 帛書・病方・129：縣（懸）之陰燥所

 帛書・病方・165：陰乾

 帛書・病方・222：而久（灸）其泰（太）陰、泰（太）陽□〖注〗太陰，人體脈名。

 帛書・病方・226：其藥曰陰乾黃牛膽〖注〗陰乾黃牛膽，卽牛膽。

 帛書・死候・86：三陰骫（腐）臧（臟）煉（爛）腸而主殺

 帛書・灸經甲・55：是鉅陰眽（脈）主治〖注〗鉅陰脈，卽太陰脈，指足太陰脈。

 帛書・灸經甲・60：是厥陰眽（脈）主治

 帛書・灸經甲・62：少陰眽（脈）

 帛書・灸經甲・67：臂鉅陰眽（脈）〖注〗鉅陰脈，卽太陰脈。

 帛書・灸經甲・67：出內陰兩骨之間

 帛書・灸經甲・70：［出］臑內陰

 帛書・灸經甲・71：是臂少陰眽（脈）主治〖注〗少陰，人體脈名。

 帛書・足臂・13：足少陰温（脈）

 帛書・足臂・15：［皆久（灸）］足少陰［温（脈）］

 帛書・足臂・18：皆久（灸）足泰（太）陰温（脈）

 帛書・足臂・19：交泰（太）陰温（脈）

 帛書・足臂・19：足希（厥）陰温（脈）

 帛書・足臂・20：［久（灸）］希（厥）陰温（脈）

 帛書・足臂・21：三陰之病亂

 帛書・足臂・23：三陰病雜以陽病

 帛書・足臂・23：陽病折骨絕筋而無陰病

 帛書・足臂・25：臂泰（太）陰温（脈）

 帛書・足臂・26：皆久（灸）臂泰（太）陰温（脈）

 封泥印・待考163：新陰□□

 集證・154.343：樂陰右尉

 秦印編271：樂陰右尉

 秦印編271：大夫陰

 秦印編271：陰頯

 秦印編271：陰秦

 秦印編271：陰嫚

 秦印編271：呂陰

秦印編 271:李陰

秦印編 271・摹:濟陰丞印

秦印編 271:陰御弄印

秦印編 271:女陰丞印

秦印編 271:陰密丞印

秦印編 271:襄陰市

封泥集 229・1:陰御弄印〖注〗陰御弄,官名。

封泥集 229・3:陰御弄印

封泥集 299・1:濟陰丞印〖注〗濟陰,地名。

封泥集 304・1:女陰丞印〖注〗女陰,地名。

新封泥 B・3.21:女陰

新封泥 B・3.22:新陰□□

集證・137.72:陰御弄印

集證・155.350:女陰丞印

集證・157.394:濟陰丞印

集證・157.395:濟陰丞印

封泥印 79:陰御弄印

封泥印 116:女陰

封泥印 132:濟陰丞印

封泥印 137:陰密丞印〖注〗陰密,地名。

集證・176.645:陰嫚〖注〗陰嫚,人名。

秦陶・488:平陰居貲北游公士滕〖注〗平陰,地名。

秦陶 A・4.2:陰□

## 3157　陽　　陽

陽陵虎符(秦銅・97):左才(在)陽陵〖注〗陽陵,地名。

咸陽鼎(集證・51):咸陽鼎一斗三升〖注〗咸陽,地名。

咸陽鼎・摹(集證・51):咸陽鼎一斗三升

新見秦宜陽鼎・摹(鼎跋):宜陽〖注〗宜陽,地名。

新見秦宜陽鼎(實錄):宜陽

咸陽四斗方壺・摹(珍金・119):咸陽

蒷陽鼎(集證・55):鄂蒷陽共鼎〖注〗蒷陽,地名或宮名。

美陽銅權(秦銅・183):美陽〖注〗美陽,地名。

平陽銅權・摹(秦銅・182):平陽斤〖注〗平陽,地名。

咸陽亭半兩銅權(秦銅・184):咸陽亭

四年相邦樛斿戈(秦銅・26.1):櫟陽工上造間〖注〗櫟陽,地名。

十三年相邦義戈・摹(秦銅・30):咸陽工巿(師)田

□□年上郡守戈(集證・20):定陽〖注〗定陽,地名。

□□年上郡守戈・摹(集證・20):定陽

十五年上郡守壽戈・摹（集證・24）:中陽〖注〗中陽,地名。

十七年丞相啟狀戈・摹（秦銅・40）:郘陽嘉〖注〗郘陽,地名。

十七年丞相啟狀戈・摹（秦銅・40）:郘陽

廿七年上郡守趞戈・故宮藏・摹（秦銅・46）:□陽

卅年詔事戈・摹（珍金・76）:中陽

卅年上郡守起戈一・摹（秦銅・50）:□陽

廣衍戈・摹（秦銅・192）:中陽

元年丞相斯戈・摹（秦銅・160）:櫟陽左工去疾

廿一年舌或戈・摹（珍金・138）:義陽〖注〗義陽,地名。

廣衍矛・摹（秦銅・37）:□陽

寺工矛一・摹（秦銅・95）:咸陽

大墓殘磬（集證・60）:高陽又（有）霝（靈）〖注〗高陽,傳說古帝顓頊之號。

石鼓文・霝雨（先鋒本）:或陰或陽

石鼓文・鑾車（先鋒本）:遣（原）淫（隰）陰陽

秦駰玉版・甲・摹:而道（導）嶧（華）大山之陰陽〖注〗陽,指華陽。

秦駰玉版・乙・摹:而道（導）嶧（華）大山之陰陽

天簡28・乙:以視陰陽

睡簡・日乙・54:正陽

槖室門楣刻字:五十一年曲陽士五（伍）邦〖注〗曲陽,地名。

睡簡・11號牘・正:黑夫等直佐淮陽〖注〗淮陽,地名。

睡簡・日乙・15:贏陽之日

睡簡・爲吏・15:困造之士久不陽

睡簡・日乙・47:寅酉危陽

睡簡・日乙・50:[申]未危陽

睡簡・日乙・56:危陽

睡簡・日乙・50:未辰正陽

睡簡・編年・33:攻蔡、中陽

睡簡・編年・34:攻華陽

睡簡・編年・51:攻陽城〖注〗陽城,地名。

睡簡・答問・58・摹:咸陽及它縣發弗智（知）者當皆貲

睡簡・答問・163:以將陽有（又）行治（笞）〖注〗將陽,疊韻聯綿詞,游蕩。

睡簡・秦律・28:咸陽二萬一積

睡簡・秦律・26:咸陽十萬一積

睡簡・秦律・93・摹:在咸陽者致其衣大內

睡簡・日甲・82背:癸名曰陽生先智丙

睡簡・日甲・8正・摹:[外]陽日

睡簡・日甲・26正:寅酉危陽

睡簡・日甲・27正:辰亥危陽

睡簡·日甲·27 正:卯子正陽

睡簡·日甲·31 背:鬼來陽(揚)灰
叞(擊)箕以枲(譟)之

睡簡·日甲·42 正:是胃(謂)乍陰
乍陽

睡簡·日乙·20:成外陽之日

睡簡·日乙·3:贏陽

睡簡·日乙·48:辰[亥]危陽

睡簡·日乙·48:卯[子]正陽

睡簡·日乙·49:巳寅正陽

睡簡·日乙·49:午丑危陽

睡簡·日乙·47:丑戌[正]陽

里簡·J1(9)12 背:陽陵卒署遷陵

里簡·J1(9)984 正:酉陽守丞□敢
告遷陵丞〖注〗酉陽,地名。

里簡·J1(9)12 背:陽陵守丞廚敢
言之

里簡·J1(9)12 背:陽陵遬敢言之

里簡·J1(9)6 正:陽陵褆陽上造徐
有貲錢二千六百八十八

里簡·J1(9)7 正:陽陵褆陽士五
(伍)小欬有貲錢萬一千二百七十
一

里簡·J1(9)6 正:陽陵褆陽上造徐
有貲錢二千六百八十八〖注〗褆陽,
鄉里名。

里簡·J1(9)7 正:陽陵褆陽士五
(伍)小欬有貲錢萬一千二百七十

一

里簡·J1(8)158 正:遷陵守丞色敢
告酉陽丞

里簡·J1(9)1 背:陽陵卒署遷陵

里簡·J1(9)1 正:陽陵守丞廚敢言
之

里簡·J1(9)1 正:陽陵宜居士五
(伍)毋死有貲餘錢八千六十四

里簡·J1(9)1 正:以受(授)陽陵司
空

里簡·J1(9)2 背:陽陵卒署遷陵

里簡·J1(9)2 正:陽陵仁陽士五
(伍)不狋有貲錢八百卅六

里簡·J1(9)2 正:陽陵仁陽士五
(伍)不狋有貲錢八百卅六〖注〗仁
陽,鄉里名。

里簡·J1(9)2 正:陽陵守丞恬敢言
之

里簡·J1(9)2 正:陽陵遬敢言之

里簡·J1(9)2 正:以受(授)陽陵司
空

里簡·J1(9)3 背:陽陵遬敢言之

里簡·J1(9)3 背:陽陵卒署遷陵

里簡·J1(9)3 正:陽陵守丞恬敢言
之

里簡·J1(9)3 正:陽陵下里士五
(伍)不識有貲餘錢千七百廿八

里簡·J1(9)3 正:以受(授)陽陵司
空

里簡·J1(9)4 正:陽陵守丞廚敢言
之

里簡·J1(9)4 正:陽陵孝里士五
(伍)衷有貲錢千三百卅四

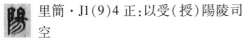

里簡·J1(9)4正:以受(授)陽陵司空

里簡·J1(9)5背:陽陵卒署遷陵

里簡·J1(9)5正:陽陵守丞廚敢言之

里簡·J1(9)5正:陽陵遨敢言之

里簡·J1(9)5正:陽陵下里士五(伍)鹽有貲錢三百八十四

里簡·J1(9)5正:以受(授)陽陵司空

里簡·J1(9)6背:陽陵卒署遷陵

里簡·J1(9)7背:陽陵遨敢言之

里簡·J1(9)7背:陽陵卒署遷陵

里簡·J1(9)7正:陽陵守丞廚敢言之

里簡·J1(9)7正:以受(授)陽陵司空

里簡·J1(9)8背:陽陵卒署遷陵

里簡·J1(9)8正:陽陵逆都士五(伍)越人有貲錢千三百卌四

里簡·J1(9)8正:陽陵守丞廚敢言之

里簡·J1(9)8正:陽陵遨敢言之

里簡·J1(9)8正:以受(授)陽陵司空

里簡·J1(9)9背:陽陵遨敢言之

里簡·J1(9)9背:陽陵卒署遷陵

里簡·J1(9)9正:陽陵仁陽士五(伍)頯有贖錢七千六百八十

里簡·J1(9)9正:陽陵仁陽士五(伍)頯有贖錢七千六百八十〖注〗仁陽,鄉里名。

里簡·J1(9)9正:陽陵守丞恬敢言之

里簡·J1(9)9正:以受(授)陽陵司空

里簡·J1(9)10背:陽陵守丞慶敢言之

里簡·J1(9)10背:陽陵卒署遷陵

里簡·J1(9)10正:陽陵守丞廚敢言之

里簡·J1(9)10正:陽陵叔作士五(伍)勝日有貲錢千三百卌四

里簡·J1(9)10正:以受(授)陽陵司空

里簡·J1(9)11背:陽陵卒署遷陵

里簡·J1(9)11正:陽陵守丞恬敢言之

里簡·J1(9)11正:陽陵遨敢言之

里簡·J1(9)11正:陽陵谿里士五(伍)采有貲餘錢八百五十二

里簡·J1(9)11正:以受(授)陽陵司空

里簡·J1(16)5背:求盜簪裹(嫋)陽成辰以來〖注〗陽成,里名。

關簡·297:上公、兵死、陽主歲=在中〖注〗陽,讀爲"殤",夭死者。

帛書·足臂·29:臂泰(太)陽溫(脈)〖注〗太陽,人體脈名。

帛書·足臂·30:皆久(灸)臂泰(太)陽溫(脈)

帛書·足臂·32:[皆]久(灸)臂少陽之溫(脈)〖注〗少陽,人體脈名。

帛書·足臂·34:皆久(灸)臂陽明溫(脈)〖注〗臂陽明,人體脈名。

帛書・脈法・74:陽上於環二寸而益爲一久(灸)

帛書・病方・90:以堇一陽筑(築)封之

帛書・病方・188:銎(齋)陽□

帛書・死候・85:凡三陽

帛書・灸經甲・39:[少]陽眽(脈)

帛書・灸經甲・40:是少陽[眽(脈)主]治

帛書・灸經甲・43:陽明眽(脈)

帛書・灸經甲・46:是陽明眽(脈)主治

帛書・灸經甲・47:陽(腸)痛

帛書・灸經甲・61:有陽眽(脈)與之[俱]病

帛書・足臂・1:足泰(太)陽溫(脈)

帛書・足臂・5:足少陽溫(脈)

帛書・足臂・9:皆久(灸)少陽溫(脈)

帛書・足臂・10:足陽明溫(脈)

帛書・足臂・12:皆久(灸)陽明溫(脈)

帛書・足臂・23:三陰病雜以陽病

帛書・足臂・23:陽病北(背)如流湯

帛書・足臂・23:陽病折骨絕筋而無陰病

 帛書・足臂・31:臂少陽溫(脈)

集證・158.400:櫟陽鄉印〖注〗櫟陽鄉,鄉名。

集證・175.631:陽樛〖注〗陽樛,人名。

集證・158.399:咸陽右鄉

秦印編271:昌陽丞印

秦印編271:蕡陽苑丞

秦印編271:杜陽左尉

秦印編272:咸陽亭印

秦印編271:曲陽左尉

秦印編272:華陽丞印

秦印編271:宜陽津印

秦印編272:櫟陽右工室丞

秦印編271:陽平君印

秦印編272:陽御弄印

秦印編271:茝陽少內

秦印編272:上東陽鄉

秦印編271:櫟陽鄉印

秦印編272:上東陽鄉

秦印編271:咸陽右鄉

 秦印編272:茝陽工癸

秦印編 271：安陽鄉印

秦印編 272：苣陽癸

秦印編 271：利陽右尉

秦印編 272：宜陽肆

秦印編 271：韓陽

秦印編 272：宜陽肆

秦印編 271：陽樛

秦印編 272：咸陽臣禹

秦印編 271：陽出

秦印編 272：美陽工倉

秦印編 271：陽成安

秦印編 271：陽□

秦印編 271：定陽市丞

秦印編 271：般陽丞印

封泥集 365・1：咸陽亭丞

封泥集 365・2：咸陽亭丞

封泥集 202・1：華陽丞印

封泥集 202・2：華陽丞印

封泥集 202・3：華陽丞印

封泥集 202・4：華陽丞印

封泥集 202・5：華陽丞印

封泥集 202・6：華陽丞印

封泥集 202・8：華陽丞印

封泥集 202・9：華陽丞印

封泥集 202・10：華陽丞印

封泥集 214・1：陽陵禁丞

封泥集 241・1：咸陽

封泥集 242・1：咸陽丞印

封泥集 242・6：咸陽丞印

封泥集 242・7：咸陽丞印

封泥集 242・9：咸陽丞印

封泥集 242・10：咸陽丞印

封泥集 242・11：咸陽丞印

封泥集 242・12：咸陽丞印

封泥集 242・13：咸陽丞印

封泥集 243・14：咸陽丞印

封泥集 243・16：咸陽丞印

封泥集 243・17：咸陽丞印

封泥集 243・19:咸陽丞印

封泥集 243・20:咸陽丞印

封泥集 243・23:咸陽丞印

封泥集 243・24:咸陽丞印

封泥集 243・27:咸陽丞印

封泥集 243・28:咸陽丞印

封泥集 243・29:咸陽丞印

封泥集 243・31:咸陽丞印

封泥集 244・1:咸陽工室丞

封泥集 248・1:櫟陽右工室丞

封泥集 269・1:□陽□守

封泥集 269・1:淮陽弩丞

封泥集 272・1:瀕陽丞印〖注〗瀕陽,地名。

封泥集 272・4:瀕陽丞印

封泥集 272・6:瀕陽丞印

封泥集 277・1:茝陽丞印〖注〗茝陽,卽芷陽,地名。

封泥集 277・3:茝陽丞印

封泥集 277・4:茝陽丞印

封泥集 278・1:雲陽丞印〖注〗雲陽,地名。

封泥集 278・2:雲陽丞印

封泥集 281・1:美陽丞印

封泥集 286・1:定陽市丞〖注〗定陽,地名。

封泥集 291・1:游陽丞印〖注〗游陽,地名。

封泥集 300・1:城陽侯印〖注〗城陽,地名。

封泥集 300・2:城陽侯印

封泥集 306・1:女陽丞印

封泥集 306・1:陽安丞印〖注〗陽安,地名。

封泥集 306・2:女陽丞印

封泥集 309・1:夕陽丞印〖注〗夕陽,地名。

封泥集 314・1:傅陽丞印〖注〗傅陽,地名。

封泥集 318・1:般陽丞印〖注〗般陽,地名。

封泥集 318・2:般陽丞印

封泥集 325・1:高陽丞印〖注〗高陽,地名。

封泥集 330・1:昌陽丞印〖注〗昌陽,地名。

封泥集 352・2:朝陽鄉印

封泥集 360・1:陽夏鄉印

封泥集 360・3:陽夏鄉印

封泥集 361・1:南陽鄉印

封泥集 361・2:南陽鄉印

封泥集 361・3:南陽鄉印

封泥集 361・4:陽夏鄉印

封泥集 363・1:上東陽鄉

封泥集 363・3:上東陽鄉

封泥集 363・4:上東陽鄉

封泥集 364・1:咸陽亭印

新封泥 B・3.8:美陽

新封泥 B・3.11:宜陽之丞

新封泥 B・3.2:櫟陽丞印

新封泥 B・3.3:櫟陽左工室丞

新封泥 B・3.6:雲陽

新封泥 B・3.32:浮陽丞印〖注〗浮陽,地名。

集證・136.49:華陽丞印

集證・159.414:咸陽亭印

集證・159.415:咸陽亭丞

集證・142.143:咸陽工室丞

集證・142.144:櫟陽右工室丞

集證・149.256:陽陵禁丞

集證・151.290:□陽□守

集證・151.293:咸陽

集證・151.294:咸陽丞印

集證・152.302:茝陽丞印

集證・152.303:茝陽丞印

集證・152.310:瀕陽丞印〖注〗瀕陽,地名。

集證・153.318:雲陽丞印

集證・153.319:雲陽丞印

集證・153.321:美陽丞印

集證・153.322:美陽丞印

集證・154.337:高陽丞印

集證・157.391:般陽丞印

集證・157.392:般陽丞印

集證・159.424:定陽市丞

新封泥 C・16.12:陽都船印

新封泥 C・17.25:咸陽丞印

新封泥 C・18.4:陽御弄印

新封泥 C・17.11:陽都船丞

新封泥 C・17.21:南陽郎丞

封泥印 132：般陽丞印

封泥印 134：新東陽丞〖注〗新東陽，地名。

封泥印 60：華陽禁印

封泥印 61：華陽丞印

封泥印 80：陽御弄印

封泥印 88：咸陽亭丞

封泥印 89：咸陽丞印

封泥印 89：咸陽工室丞

封泥印 94：瀕陽丞印

封泥印 97：櫟陽右工室丞

封泥印 99：苜陽丞印

封泥印 102：雲陽丞印

封泥印 102：雲陽

封泥印 105：美陽丞印

封泥印 111：雒陽丞印〖注〗雒陽，地名。

封泥印 112：浮陽丞印

封泥印 113：□武陽丞

封泥印 115：女陽丞印〖注〗女陽，卽汝陽，地名。

封泥印 115：穎陽丞印〖注〗穎，卽穎，穎陽，地名。

封泥印 118：游陽丞印

封泥印 121：新成陽丞〖注〗新成陽，地名。

封泥印 122：歷陽丞印〖注〗歷陽，地名。

封泥印 141：陽夏丞印〖注〗陽夏，地名。

封泥印·附二 190：城陽侯印

封泥印·附二 197：定陽市丞

封泥印·待考 164：□陽苑丞

封泥印·待考 165：□陽

新封泥 A·3.20：窋陽家丞〖注〗窋陽，地名。

封泥集·附一 409：杜陽左尉〖注〗杜陽，地名。

封泥集·附一 409：宜陽津印

封泥集·附一 405：曲陽左尉〖注〗曲陽，地名。

封泥集·附一 405：聞陽司空〖注〗聞陽，地名。

封泥集·附一 406：苜陽少内

封泥集·附一 407：咸陽右鄉

封泥集·附一 410：櫟陽鄉印

集證·141.140：聞陽司空

集證·153.327：杜陽左尉

集證·154.342：曲陽左尉

集證·145.200：苣陽少內

集證·150.276：宜陽津印

集證·152.313：利陽右尉〖注〗利陽，地名。

瓦當·2.3：羽陽千歲〖注〗羽陽，宮名。

秦陶A·2.1：泥陽〖注〗泥陽，地名。

秦陶A·2.8：宜陽工武

秦陶A·3.14：咸陽工崖

秦陶A·4.1：當陽邑□

秦陶A·2.10：宜陽工昌

秦陶A·2.11：宜陽工肆

秦陶A·2.13：宜陽昌

秦陶A·3.12：美陽工蒼

秦陶·1291：咸陽成洛

秦陶·1292：咸陽□□

秦陶·312：咸陽衣

秦陶·313：咸陽危

秦陶·314：咸陽慶

秦陶·317：咸陽

秦陶·318：咸陽

秦陶·320：咸陽賜

秦陶·321：咸陽午

秦陶·330：咸陽笐

秦陶·331：咸陽秸

秦陶·335：咸陽野

秦陶·368：櫟陽重

秦陶·368：咸陽高

秦陶·489·摹：平陽驛

秦陶·1038：陽

秦陶·1039：陽

秦陶·1198.2：美陽工蒼

秦陶·1199：美陽工蒼

秦陶·1201：美陽工蒼

秦陶·1206：美陽工蒼

秦陶·1217：苣陽工癸

秦陶·1218：苣陽工癸

秦陶·1220：苣陽癸

秦陶·1221：苣陽癸

秦陶·1222：苣陽癸

秦陶・1223：苃陽癸

秦陶・1230：宜陽肆

秦陶・1232（宜陽肆）

秦陶・1244：郎陽貝〖注〗郎陽，地名。

秦陶・1245：瀕陽狀

秦陶・1254：瀕陽工處

秦陶・1257：瀕陽工處

秦陶・1258：高陽工烏

秦陶・1269：瀕陽工處

秦陶・1277：咸陽市牛

秦陶・1284：咸陽巨鬲

秦陶・1285：咸陽巨鬲

秦陶・1286：咸陽成石

秦陶・1289：咸陽巨夆

集證・223.279：美陽工倉

集證・223.283：當陽克

集證・216.213：咸陽巨夆

集證・216.219：咸陽巨夆

集證・217.225：咸陽巨夆

集證・217.226：咸陽巨夆

集證・220.253：咸剌里陽〖注〗陽，人名。

集證・220.256：咸剌陽戲〖注〗陽戲，人名。

南郊709・198・摹：南陽趙氏十斗

新封泥 C・15：咸陽亭久

地圖注記・摹（地圖・5）：陽盡柏木

地圖注記・摹（地圖・5）：陽有劍木

## 3158　𨾥𨻰　　陸隓

元年上郡假守暨戈（珍金・93）：平陸〖注〗平陸，地名。

元年上郡假守暨戈・摹（珍金・93）：平陸

十四年□平匽氏戟（珍金・61）：平陸

十四年□平〈守〉匽氏戟・摹（珍金・61）：平陸

睡簡・11 號牘・正：母視安陸絲布賤

睡簡・編年・29：攻安陸〖注〗安陸，地名。

秦印編272：平陸丞印

集證・176.644：陸都〖注〗陸都，人名。

雲夢秦墓・69：安陸市亭

"檢",檢點約束。

## 3159　阿

卅二年相邦冄戈・摹(珍金・82)：
延行延阿

封泥印 133：東阿丞印〖注〗東阿,地名。

新封泥 B・3.17：東阿丞印

新封泥 A・3.13：陽阿禁印〖注〗陽阿,地名。

封泥印 73：平阿禁印〖注〗平阿,地名。

## 3160　阪

石鼓文・乍邍(先鋒本)：帥皮(彼)阪□〖注〗《說文》："阪,坡者曰阪。一曰澤障,一曰山脅也。"

睡簡・日甲・75 背：必依阪險〖注〗阪險,險峻之處。

睡簡・日甲・76 背：阪險

## 3161　隅

睡簡・日甲・40 背：取西南隅

封泥集・附一 409：隅陵之部

## 3162　險

睡簡・日甲・76 背：阪險

睡簡・日甲・75 背：必依阪險

睡簡・語書・12：詆訑醜言庨(儦)斫以視(示)險(檢)〖注〗險,通

## 3163　隗

秦印編 272：隗□

秦印編 272：隗雩

秦印編 272：隗攺

秦印編 272：隗周

集證・177.657：隗周〖注〗隗周,人名。

秦印編 272：隗鉅

秦印編 272：隗圌

秦印編 272：隗都

集證・174.611：張隗

## 3164　陝

帛書・病方・43：卽溫衣陝(夾)坐四旁

## 3165　陷

青川牘・摹：而有陷敗不可行

睡簡・雜抄・35：城陷

睡簡・日甲・5 正：陷

## 3166　隤

秦印編 273：隤

秦印編 273：張隤

## 3167　隊

新郪虎符・摹（集證・37）：燔隊（燧）事

集證・216.215：咸廅里隊〖注〗隊，人名。

## 3168　降

繹山刻石・宋刻本：乃降專惠

睡簡・雜抄・38：寇降〖注〗降，投降。

睡簡・日甲・128 正：凡是日赤啻（帝）恆以開臨下民而降其英（殃）〖注〗降，下。

睡簡・日乙・134：凡是日赤啻（帝）恆以開臨下民而降央（殃）

集證・222.272：降高〖注〗降，通"絳"，地名。

秦陶 A・3.8：降高

秦陶 A・3.9：降獲

## 3169　阤

繹山刻石・宋刻本：阤及五帝

帛書・病方・95：兔□肉阤（他）靦中

## 3170　阮

睡簡・語書・12：阮閬强肮（伉）以視（示）强〖注〗阮閬，高大的樣子。

## 3171　防堕

會稽刻石・宋刻本：防隔内外〖注〗《說文》："防，隄也。"此用爲動詞。

## 3172　隄

青川牘・摹：修波（陂）隄〖注〗《說文》："隄，唐也。"卽"塘"，堤壩。

睡簡・秦律・22：以隄（題）效之〖注〗題，題識。

睡簡・秦律・4：毋敢伐材木山林及雍（壅）隄水〖注〗壅隄水，阻斷水流。

睡簡・秦律・171：效者見其封及隄（題）

## 3173　陘

秦駰玉版・甲・摹：氏（是）其名曰陘（經）〖注〗陘，讀爲"經"，典常，刑典。李學勤說卽《法經》。李零說爲神名。

睡簡・日甲・72 背：多〈名〉兔寃陘突垣義酉

秦印編 273：史陘

秦印編 273：左司陘瓦

秦印編 273：陘印

秦陶・535：左司陘瓦

秦陶・537:左司陘瓦

秦陶・542:左司陘瓦

秦陶・532:左司陘瓦

秦印編273:隱

秦陶・1484:隱成呂氏缶〖注〗隱
成,地名。

秦陶・1487:隱成呂氏缶

### 3174　　隔

會稽刻石・宋刻本:防隔內外

泰山刻石・宋拓本:昭隔內外

### 3176　　陝

卅四年蜀守戈・摹(集證・29):陝
〖注〗陝,地名。

### 3175　　隱

會稽刻石・宋刻本:靡有隱情〖注〗
隱,隱蔽。

睡簡・答問・125:可(何)皋得"處
隱官"

睡簡・答問・125:已刑者處隱官
〖注〗隱官,宮刑。

睡簡・秦律・156:以爲隱官工
〖注〗隱官工,在不易被人看見的處
所工作的工匠。

睡簡・答問・126:是謂"處隱官"

帛書・病方・188:煮隱夫木〖注〗
隱夫木,藥名。

集證・167.534:李隱〖注〗李隱,人
名。

集證・173.599:原隱〖注〗原隱,人
名。

秦印編273:楊隱

秦印編273:楊隱

秦印編273:毛隱

### 3177　　阮

帛書・病方・257:駱阮一名曰白
苦、苦浸〖注〗駱阮,藥名。

### 3178　　陳陣

會稽刻石・宋刻本:善否陳前

會稽刻石・宋刻本:顯陳舊章

睡簡・日甲・138 背:毋起北南陳
垣及繒(增)之

睡簡・爲吏・1:畫局陳畀(棋)以
爲耤(籍)

關簡・326:見東陳垣〖注〗陳垣,舊
牆。

關簡・327:卽取垣瓦貍(埋)東陳
垣止(址)下

關簡・326:敢告東陳垣君子

帛書・病方・406:冶陳葵〖注〗陳,
舊。

帛書・病方・18:以陳縕□[傅之]
〖注〗陳縕,舊絮。

帛書・病方・153:冶笑薁少半升、
陳葵種一□

帛書・病方・178：卽燒陳槀其中
〖注〗陳槀,乾禾草。

 帛書・病方・180：燔陳芻若陳薪
〖注〗陳芻,乾飼草。

 帛書・病方・180：燔陳芻若陳薪
〖注〗陳薪,乾柴。

 帛書・病方・187：取三歲陳霍
（藿）

 帛書・病方・192：以水與弱（溺）
煮陳葵種而飲之

 帛書・病方・217：東鄉（嚮）坐於
東陳垣下

 帛書・病方・326 六：取陳黍、叔
（菽）

 帛書・病方・355：取陳葵莖

 秦印編273：陳臣

 秦印編273：陳術

 秦印編273：陳雕

 秦印編273：陳萌

 秦印編273：陳武

 秦印編273：陳忌

 秦印編273：陳蒼

 秦印編273：陳登

 秦印編273：陳義渠

 秦印編273：陳勝

 秦印編273：陳遺

 秦印編273：陳解

 封泥集379・1：陳舍

## 3179　　陶

 不其簋蓋（秦銅・3）：女（汝）以我
車宕伐嚴允（玁狁）于高隓（陶）
〖注〗陶,象陶者在溝岸邊兩手埴土作器。
〖編者按〗此字或釋"隋"。

 天簡28・乙：以視陶陽〖編者按〗此
字或釋"陰"。

 秦印編274：東陶

 集證・157.396：定陶丞印〖注〗定
陶,地名。

 封泥集・附一409：樂陶右尉〖注〗
樂陶,地名。

## 3180　除　除

 石鼓文・乍邍（先鋒本）：□□□除

 繹山刻石・宋刻本：烖害滅除

 青川牘・摹：九月大除道及除澮
〖注〗除,修治。

 青川牘・摹：九月大除道及除澮

 青川牘・摹：非除道之時

 青川牘・摹：四年十二月不除道者

 天簡23・甲：除日逃亡

 天簡31・乙：九月建戌除亥

睡簡·效律·43：小者除

 睡簡·效律·58：不盈廿二錢，除

 睡簡·效律·18：大嗇夫及丞除〖注〗除，免罪。

 睡簡·效律·18：故嗇夫及丞皆不得除

 睡簡·答問·65：除

 睡簡·答問·125：除毋（無）辠

 睡簡·答問·146：論當除不當

 睡簡·答問·144：郡縣除佐

 睡簡·秦律·190：除佐必當壯以上

 睡簡·秦律·13：爲旱〈皂〉者除一更

 睡簡·秦律·159：除吏、尉

 睡簡·秦律·159：所不當除而敢先見事

 睡簡·秦律·159：已除之

 睡簡·秦律·157：縣、都官、十二郡免除吏及佐、羣官屬〖注〗免除，任免。

 睡簡·秦律·157：以十二月朔日免除

 睡簡·秦律·150：司寇勿以爲僕、養、守官府及除有爲殹〖注〗除，任用。

 睡簡·秦律·150：有上令除之

 睡簡·秦律·115：除興〖注〗除興，免除本次徵發。

 睡簡·雜抄·2：除士吏、發弩嗇夫不如律

 睡簡·雜抄·6：除弟子律〖注〗除弟子律，律名，關於任用弟子的法律。

 睡簡·雜抄·6：當除弟子籍不得〖注〗除……籍，自簿籍上除名。

 睡簡·雜抄·3：駕騶除四歲

 睡簡·雜抄·37：除伍人〖注〗除，懲辦。

 睡簡·雜抄·34：宿者已上守除〖注〗《說文》：“除，殿陛也。”

 睡簡·雜抄·4：除吏律〖注〗除吏律，律名，關於任用官吏的法律。

 睡簡·雜抄·1：除守嗇夫、叚（假）佐居守者

 睡簡·日甲·22 正：除亥

 睡簡·日甲·24 正：除丑

 睡簡·日甲·25 正：除寅

 睡簡·日甲·38 正：可以穿井、行水、蓋屋、飲樂、外除

 睡簡·日甲·5 正：利以除凶厲（厲）

 睡簡·日甲·18 正：除未

 睡簡·日甲·16 正：除巳

 睡簡·日甲·17 正：除午

 睡簡·日甲·14 正：除卯〖注〗除，建除。

 睡簡·日甲·15 正：除辰

 睡簡·日甲·111 背：先爲禹除道

 睡簡·日乙·116：以除室

睡簡・日乙・115:除室〖注〗除,掃除。

睡簡・日乙・115:以除室

睡簡・爲吏・50:除害興利

睡簡・爲吏・10:除陛甬道〖注〗除陛,臺階。

龍簡・251・摹:□治除敗□

龍簡・146:除其罪〖注〗除,免去。

里簡・J1(8)157 背:已除成、匄爲啟陵郵人

里簡・J1(8)157 正:除士五(伍)成里匄、成〖注〗除,任命。

里簡・J1(8)157 背:今有(又)除成爲典何

關簡・348:爲先農除舍〖注〗除舍,清掃居處。

關簡・49:丁亥史除

帛書・病方・110:除日已望

封泥印 137:方□除丞

秦印編 274:景徐

**3181　　　陛**

睡簡・爲吏・10:除陛甬道〖注〗除陛,臺階。

**3182　　　阹**

睡簡・爲吏・8:上毌間阹〖注〗阹,疑爲卻字之誤。間卻,間隙。

**3183　　　陲**

會稽刻石・宋刻本:光陲休銘

泰山刻石・宋拓本:陲於後嗣

**3184　　　院**

睡簡・答問・186:宇相直者不爲"院"〖注〗院,圍牆。

**3185　　　阮**

睡簡・秦律・118:未卒歲或壞阮(決)

睡簡・秦律・118:卒歲而或阮(決)壞

睡簡・秦律・119:及雖未盈卒歲而或盜阮(決)道出入

**3186　　　阾**

五年相邦呂不韋戈三・摹(秦銅・69):少府工室阾〖注〗阾,人名。

**3187　　　隧**

帛書・病方・179:以隧下

**3188　　　隩**

睡簡・日甲・89 背:室四隩也

3189　　　　隓

石鼓文・田車(先鋒本):遊以隓于
遵〖注〗隓,或釋"隋、躋、陵"。《說
文》:"隋,升也。"

3190　　　　隌

瓦書・郭子直摹:自桑隌之封以東
〖注〗桑隌,地名。袁仲一說"隌"卽
郭字;黃盛璋說"隌"卽"墩"之會意字;李
學勤說桑隌爲植桑之淳鹵地。

3191　　　　陕

石鼓文・先鋒本・田車:遴戎止陕
〖注〗鄭業敎釋"陕",古文"扶",地
名。或釋"陝、陽"。

3192　　闗　　　　馦(燹燧)

杜虎符(秦銅・25):燔燹(燧)之事

新郪虎符(集證・38):燔燹(燧)事

集證・220.253:咸燹里陽〖注〗燹
里,里名。

集證・220.256:咸燹陽戲

3193　　　　絫(累)

秦印編274:馮絫

3194　　四 𦥑 三　　四 甲 三

秦子簋蓋(珍金・34):卲(昭)于囗
四方〖注〗四方,本指東西南北,後
泛指宇內。

秦子簋蓋・摹(珍金・31):卲(昭)
于囗四方

秦編鐘・乙鐘(秦銅・10.2):匍有
四方〖注〗四方,天下。

秦編鐘・乙鐘左篆部・摹(秦銅・
11.7):匍有四方

秦鎛鐘・1號鎛(秦銅・12.3):匍
有四方

秦鎛鐘・2號鎛(秦銅・12.6):匍
有四方

秦鎛鐘・3號鎛(秦銅・12.9):匍
有四方

秦公鎛鐘・摹(秦銅・16.4):匍又
(有)四方

秦公簋・蓋(秦銅・14.2):竈(肇)
囿(域)四方

卅四年工師文罍・摹(集證・28):
卅四年工帀(師)文〖注〗卅四年,秦
昭襄王三十四年,公元前273年。

卅四年工師文罍・摹(集證・28):
四斗

卅四年工師文罍・摹(集證・28):
正十七斤十四兩

卅六年私官鼎・口沿(秦銅・49):
十三斤八兩十四朱(銖)

卅六年邦工師扁壺(隨州・4):四
斗大半斗

卅六年邦工師扁壺・摹(隨州・
4):四斗大半斗

卲宮私官盉(秦銅・194):四斗少
半斗

卌年銀器足・摹(金銀器344):四
枚重囗

卅年銀耳杯·摹（臨淄 173.1）：重一斤十二兩十四朱（銖）

卅年銀耳杯·摹（臨淄 173.1）：四十年左工〖注〗四十年，秦昭襄王四十年，公元前 267 年。

三年詔事鼎（秦銅·62）：卅四〖注〗卅四，編號。

新見秦宜陽鼎·摹（鼎跋）：咸一斗四升

新見秦宜陽鼎（實錄）：咸一斗四升

銅車馬當顱·摹（秦銅·157.2）：輨四

銅弩機刻文·摹（秦銅·156.6）：卅四

大官盉·摹（秦銅·209）：大官四升

大官盉·摹（秦銅·209）：四斤

半斗鼎·摹（秦銅·205）：四〖注〗四，編號。

咸陽四斗方壺（珍金·119）：四斗少半升

咸陽四斗方壺·摹（珍金·119）：四斗少半升

咸陽四斗方壺·摹（珍金·119）：重十九斤四兩

咸陽四斗方壺·摹（珍金·119）：重十九斤四兩

咸陽四斗方壺（珍金·120）：咸四斗少半升

咸陽四斗方壺·摹（珍金·120）：咸四斗少半升

信宮鼺（珍金·128）：四斗

信宮鼺·摹（珍金·128）：四斗

四年相邦樛斿戈（秦銅·26.1）：四年相邦樛斿之造〖注〗四年，秦惠文君前元四年，公元前 334 年。

王四年相邦張儀戈（集證·17）：王四年相邦張義（儀）〖注〗王四年，秦惠文王後元四年，公元前 321 年。

十四年相邦冉戈·摹（秦銅·38）：十四年相邦冉造〖注〗十四年，秦昭襄王十四年，公元前 293 年。

卅四年蜀守戈·摹（集證·29）：卅四年蜀守□造〖注〗卅四年，秦昭襄王三十四年，公元前 273 年。

襄陽少府戈·摹（珍金 220·2）：卅四年少工樽

四年相邦呂不韋戈·摹（秦銅·63）：四年相邦呂不［韋造］〖注〗四年，秦王政四年，公元前 243 年。

十四年屬邦戈·摹（秦銅·74）：十四年屬邦工□□戴〖注〗十四年，秦王政十四年，公元前 233 年。

廿四年葭萌戈·摹（集證·26.2）：廿四年〖注〗廿四年，秦王政二十四年，公元前 223 年。

四年相邦呂不韋矛·摹（秦銅·66）：四年相邦呂不韋造

十四年□平匽氏戟（珍金·60）：十四年□平匽氏造戟〖注〗十四年，秦惠文王後元十四年，公元前 311 年。

十四年□平匽氏戟·摹（珍金·60）：十四年□平〈守〉匽氏造戟

廿四年上郡守戟（潛山·19）：廿四年上郡守□造〖注〗廿四年，秦昭襄王二十四年，公元前 283 年。

四年相邦呂不韋戟·摹（秦銅·65）：四年相邦呂不韋造

十七年寺工鈹五·摹（秦銅·83）：四工□

廿四年莒傷銅斧（沂南·2）：廿四年莒傷（陽）丞寺

大墓殘磬（集證·60）：四方以鼐（宓）平

大墓殘磬(集證・66):隹(惟)四年
八月初吉甲申〖注〗四年,王輝說爲
秦景公四年,公元前 573 年。

大墓殘磬(集證・68):□四年□初
吉甲□

大墓殘磬(集證・72):四方穆=

大墓殘磬(集證・73):四□

大墓殘磬(集證・74):四□

石鼓文・鑾車(先鋒本):四馬其寫

石鼓文・田車(先鋒本):四介既簡
(閑)

秦駰玉版・甲・摹:欲事天地、四亟
(極)、三光、山川、神示(祇)、五祀、
先祖〖注〗四極,本指四方極遠之地,亦指
四方的擎天柱。

秦駰玉版・乙・摹:路車四馬

秦駰玉版・乙・摹:欲事天地、四亟
(極)、三光、山川、神示(祇)、五祀、
先祖

繹山刻石・宋刻本:威動四極

明瓊・摹(集證・242):四

青川牘・摹:封高四尺

青川牘・摹:四年十二月不除道者
〖注〗四年,秦武王四年,公元前 307
年。

天簡 35・乙:倍之四

天簡 35・乙:四以四倍之至於四

天簡 35・乙:風不利豕四日

天簡 35・乙:四以四倍之至於四

天簡 23・甲:四日

天簡 33・乙:人八月四日

睡簡・日乙・145:耐爲四席

睡簡・日乙・1:四月

睡簡・爲吏・10:四曰喜爲善行

睡簡・語書・1:廿年四月丙戌朔丁
亥

睡簡・日乙・151:六月二旬四日

睡簡・日乙・151:四月八日

睡簡・爲吏・22:四曰受令不僂

睡簡・爲吏・30:四曰善言隋(惰)
行

睡簡・日乙・92:四月房十四日

睡簡・日乙・92:四月房十四日

睡簡・編年・24:廿四年

睡簡・編年・4:四年

睡簡・編年・44:卌四年

睡簡・編年・14:十四年

睡簡・答問・98:其四鄰、典、老皆
出不存

睡簡・答問・99:可(何)謂"四鄰"

睡簡・答問・12:其臧(臟)直(值)各四百

睡簡・封診・78:外壤秦綦履迹四所

睡簡・封診・17:迺四月中盜牛

睡簡・秦律・94:夏卌四錢

睡簡・秦律・95:其小者冬四錢

睡簡・秦律・95:夏卌四錢

睡簡・秦律・90:夏衣以四月盡六月稟之

睡簡・秦律・91:用枲十四斤

睡簡・秦律・109:更隸妾四人當工[一]人

睡簡・雜抄・3:駕騶除四歲

睡簡・雜抄・35:貲日四月居邊

睡簡・雜抄・31:其四毋(無)子

睡簡・日甲・88 背:四月

睡簡・日甲・8 背:十四日臾(誤)詢

睡簡・日甲・89 背:室四隩也

睡簡・日甲・85 背:其咎在四室

睡簡・日甲・29 正:廿四日恐

睡簡・日甲・27 正:三月四月

睡簡・日甲・25 背:取桃枱〈桮〉楄(段)四隅中央

睡簡・日甲・98 正:四瀊(廢)甲乙

睡簡・日甲・98 正:四月、五月、十月

睡簡・日甲・99 正:四瀊(廢)丙丁

睡簡・日甲・97 正:四瀊(廢)壬癸

睡簡・日甲・9 正:之四方野外

睡簡・日甲・66 正:四月楚七月

睡簡・日甲・63 背:四月

睡簡・日甲・3 正:小夫四成〖注〗四成,四年成熟。

睡簡・日甲・59 正:虛四徹不可入客、寓人及臣妾

睡簡・日甲・107 背:二月十四日

睡簡・日甲・104 正:四月乙

睡簡・日甲・105 正:四月辰

睡簡・日甲・101 正:四瀊(廢)日

睡簡・日甲・18 背:宇四旁下

睡簡・日甲・120 正:四歲更

睡簡・日甲・12 背:三月、四月、九月、十月爲牝月

睡簡・日甲・127 正:四月上旬丑

睡簡・日甲・17 背:宇四旁高

睡簡・日甲・17 正:四月

睡簡・日甲・138 背：四月寅

睡簡・日甲・132 背：四月寅

睡簡・日甲・132 正：凡四門之日

睡簡・日甲・139 背：四月丙午

睡簡・日甲・139 背：四月酉

睡簡・日甲・136 正：四月甲臽

睡簡・日甲・137 背：四月丙午

睡簡・日甲・133 正：入二月四日

睡簡・日甲・133 正：入六月廿四日

睡簡・日甲・133 正：入四月八日

睡簡・日甲・143 背：是胃（謂）四敨

睡簡・日甲・145 背：四月居酉

睡簡・日甲・159 背：四足善行

睡簡・日乙・殘5：□寅卯四月巳午不可以殺□

睡簡・日乙・200：四月、八月、十二月

睡簡・日乙・20：利以祭、之四旁（方）野外

睡簡・日乙・29：四月

睡簡・日乙・213：四月巳

睡簡・日乙・21：四月

睡簡・日乙・21：之四鄰

睡簡・日乙・98：入四月旬五日心

睡簡・日乙・98：十月□十四日

睡簡・日乙・99：十一月參十四日

睡簡・日乙・93：五月旗（箕）十四日

睡簡・日乙・91：四月甲臽

睡簡・日乙・48：三月、四月

睡簡・日乙・120：四月、八月、十二月之辰

睡簡・日乙・149：四月八日

龍簡・116：廿四年正月甲寅以來

里簡・J1(6)1 正：四[四]十六

里簡・J1(6)1 正：三四十二

里簡・J1(6)1 正：四五廿

里簡・J1(6)1 正：四八卅二

里簡・J1(6)1 正：四七廿八

里簡・J1(6)1 正：四六廿四

里簡・J1(6)1 正：四六廿四

里簡・J1(8)152 正：卅二年四月丙午朔甲寅

里簡・J1(8)156：四月丙午朔癸丑

里簡・J1(8)156:四月癸丑

里簡・J1(8)158 正:卅二年四月丙午朔甲寅

里簡・J1(9)1 背:卅四年六月甲午朔戊午

里簡・J1(9)1 背:卅五年四月己未朔乙丑

里簡・J1(9)1 正:卅三年四月辛丑朔丙午

里簡・J1(9)1 正:四月己酉

里簡・J1(9)1 正:陽陵宜居士五(伍)毋死有貲餘錢八千六十四

里簡・J1(9)2 背:卅五年四月己未朔乙丑

里簡・J1(9)2 正:卅四年八月癸巳朔[朔]日

里簡・J1(9)2 正:四月壬寅

里簡・J1(9)3 背:卅五年四月己未朔乙丑

里簡・J1(9)4 正:卅三年四月辛丑朔丙午

里簡・J1(9)4 正:卅四年八月癸巳朔甲午

里簡・J1(9)4 正:四月己酉

里簡・J1(9)4 正:陽陵孝里士五(伍)衷有貲錢千三百卅四

里簡・J1(9)5 正:卅三年四月辛丑朔丙午

里簡・J1(9)5 正:卅四年八月癸巳朔[朔]日

里簡・J1(9)5 正:陽陵下里士五(伍)鹽有貲錢三百八十四

里簡・J1(9)6 背:卅五年四月己未朔乙丑

里簡・J1(9)6 正:卅三年四月辛丑朔戊申

里簡・J1(9)6 正:卅四年八月癸巳朔[朔]日

里簡・J1(9)7 背:卅四年八月癸巳朔[朔]日

里簡・J1(9)7 背:卅五年四月己未朔乙丑

里簡・J1(9)7 正:卅三年四月辛丑朔戊申

里簡・J1(9)7 正:四月己酉

里簡・J1(9)8 背:卅五年四月己未朔乙丑

里簡・J1(9)8 正:卅三年四月辛丑朔丙午

里簡・J1(9)8 正:卅四年八月癸巳朔[朔]日

里簡・J1(9)8 正:四月戊申

里簡・J1(9)8 正:陽陵逆都士五(伍)越人有貲錢千三百卅四

里簡・J1(9)9 背:卅四年八月癸巳朔[朔]日

里簡・J1(9)9 背:卅五年四月己未朔乙丑

里簡・J1(9)9 正:四月壬寅

里簡・J1(9)10 背:卅五年四月己未朔乙丑

里簡・J1(9)10 正:卅三年四月辛丑朔丙午

里簡・J1(9)10 正:四月乙酉

里簡・J1(9)10 正:陽陵叔作士五(伍)勝日有貲錢千三百卅四

里簡・J1(9)11 背:卅五年四月己未朔乙丑

里簡·J1（9）11 正：卅四年八月癸巳朔〔朔〕日

里簡·J1（9）11 正：四月壬寅

里簡·J1（9）12 背：卅四年七月甲子朔辛卯

里簡·J1（9）12 背：卅五年四月己未朔乙丑

里簡·J1（6）1 正：八〔八〕六十四

里簡·J1（6）1 正：二〔二〕而四

里簡·J1（6）1 正：二七十四

里簡·J1（6）1 正：二四而八

里簡·J1（6）1 正：六九五十四

里簡·J1（6）1 正：三八廿四

關簡·75：四月大

關簡·136：廿四日

關簡·135：十四日

關簡·149：四月

關沮牘·正·1：四月壬申小

關簡·263：十九日以到廿四日

關簡·97：辛未食人米四斗

關簡·1：四月乙未

關沮牘·背·1：月不盡四日

關簡·97：魚米四斗

關簡·136：四日

帛書·病方·443：□若四膿（體）

帛書·病方·339：三、四傅

帛書·病方·353：冶烏豪（喙）四果（顆）

帛書·灸經甲·49：爲四病

帛書·灸經甲·69：四末痛〖注〗四末，四肢。

帛書·病方·32：尉時及已熨四日內

帛書·病方·43：卽溫衣陜（夾）坐四旁

帛書·病方·49：四支（肢）毋濡

帛書·病方·179：棗十四

帛書·病方·194：四五用

帛書·病方·233：□四榮□

帛書·病方·261：以爲四斗汁

帛書·病方·273：取汁四斗

帛書·病方·275：□、畺（薑）、蜀焦（椒）、樹（茱）臾（萸）四物而當一物

帛書·病方·275：以白薇、黃芑（耆）、芍藥、甘草四物者（煮）

帛書·病方·276：日四飲

帛書·病方·280：雎（疽）未□烏豪（喙）十四果（顆）

帛書・病方・299：橿（薑）、桂、椒□居四□

帛書・病方・318：男子惡四

先秦幣・101.2：十四〖注〗十四，或表紀年之數；或表範次。

先秦幣・101.3：十四

集證・143.168：四川輕車〖注〗四川，卽泗川，地名。

秦印編274：四川大守

封泥印92：四川大守

封泥印93：四□尉□

封泥集260・1：四川大守

集證・151.289：四川大守

秦陶・197：四十四

秦陶・198：四十四

南郊717・220・摹：四

南郊717・223・摹：四

秦陶・456：民四

秦陶・1440：十四□

秦陶・195：四十四

秦陶・197：四十四

秦陶・198：四十四

秦陶・195：四十四

瓦書（秦陶・1610）：韻以四年冬十壹月癸酉封之

瓦書（秦陶・1610）：四年

瓦書・郭子直摹：韻以四年冬十壹月癸酉封之〖注〗四年，秦惠文王前元四年，公元前334年。

瓦書・郭子直摹：四年

秦陶・210：六十四

秦陶・366：稱十四

秦陶・23：四

秦陶・24：四

秦陶・25：四

秦陶・26：四

秦陶・27：四

秦陶・28：四

秦陶・29：四

秦陶・30：四

秦陶・31：四

秦陶・32：四

秦陶・33：四

秦陶・34：四

秦陶・35：四

 秦陶・36：四

 秦陶・37：四

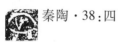 秦陶・38：四

 秦陶・39：四

 秦陶・40：四

 秦陶・41：四

 秦陶・42：四

 秦陶・43：四

 秦陶・164：十四

 秦陶・165：十四

 秦陶・166：十四

 秦陶・167：十四

 秦陶・168：十四

 秦陶・185：三十四

 秦陶・187：三十四

 秦陶・193：四十一

 秦陶・194：四十三

 秦陶・196：四十三

 秦陶・199：四十五

 秦陶・200：四十五

 秦陶・201：四十五

 秦陶・202：四十五

 秦陶・204：五十四

 木骰子（王家台・14）：四

 漆器 M9・6（雲夢・附二）：咸乙四

 漆器 M14・17（雲夢・附二）：四

 漆器 M9・16（雲夢・附二）：四

 漆器 M9・6（雲夢・附二）：咸乙四

 漆器 M4・4（雲夢・附二）：四

 木骰子（王家台・14）：四

 木骰子（王家台・14）：四

 木骰子（王家台・14）：四

 木骰子（王家台・14）：四

## 3195　　叕

 睡簡・日乙・145：席叕（餟）其後〖注〗餟，餟祭。

睡簡・日乙・145：亦席三叕（餟）

帛書・病方・211：取死者叕烝（蒸）之〖注〗叕，疑讀爲“餟、腏”，祭飯。

## 3196　亞　亞

石鼓文·田車(先鋒本):□出各亞〖注〗鄭業敦釋"次第行也"。馬敘倫說借爲"匬",覆也。

石鼓文·乍邁(先鋒本):亞箬其華〖注〗亞箬,王國維讀爲"猗儺"。吳廣霈讀爲"沃若",語助詞。羅君惕說"箬"爲竹名,《說文》:"楚謂竹皮曰箬。"

詛楚文·亞駝(中吳本):不畏皇天上帝及不(丕)顯大神亞駝之光列(烈)威神〖注〗亞駝,神名。

詛楚文·亞駝(中吳本):親卬(仰)不(丕)顯大神亞駝而質焉

詛楚文·亞駝(中吳本):求蔑濾(廢)皇天上帝及不(丕)顯大神亞駝之卹祠、圭玉、羲(犧)牲

詛楚文·亞駝(中吳本):使其宗祝邵鼕布憨(檄)告于不(丕)顯大神亞駝

詛楚文·亞駝(中吳本):亦應受皇天上帝及不(丕)顯大神亞駝之幾(機)靈德賜

秦陶·1395:亞

## 3197　晉

睡簡·日乙·217:其南晉之〖注〗晉,讀爲"厭",《廣雅·釋言》:"鎮也。"

睡簡·日乙·221:且晉之

睡簡·日乙·222:東南晉之

睡簡·日乙·223:其南晉之

## 3198　㐅　㐅　五 ✕

不其簋蓋(秦銅·3):臣五家

滕縣不其簋器(秦銅·4):臣五家

銅容器·摹(陝博·3):廿五年

杜虎符(秦銅·25):用兵五十人以上

高陵君鼎(集證·22):工□一斗五升大半

高陵君鼎(集證·22):十五年高陵君丞趮〖注〗十五年,秦昭襄王十五年,公元前292年。

高陵君鼎·摹(集證·22):工□一斗五升大半

高陵君鼎·摹(集證·22):十五年高陵君丞趮

邵宮私官盉(秦銅·194):十五〖注〗十五,編號。

新鄭虎符·摹(集證·37):用兵五十人以上

銅弩機刻文·摹(秦銅·156.3):五十五

銅弩機刻文·摹(秦銅·156.3):五十五

銅弩機刻文·摹(秦銅·156.7):五

銅弩機刻文·摹(秦銅·156.3):五十五

銅弩機刻文·摹(秦銅·156.3):五十五

銅弩機刻文·摹(秦銅·156.7):五

銅弩機刻文·摹(秦銅·156.3):五十五

銅弩機刻文·摹(秦銅·156.7):五

銅弩機刻文·摹(秦銅·156.3):五十五

銅弩機刻文·摹(秦銅·156.5):十五

銅條(集證·44.1):上五〖注〗上五,編號。

商鞅方升(秦銅·21):大良造鞅爰積十六尊(寸)五分尊(寸)壹爲升

王五年上郡疾戈(秦銅·27):王五年上郡疾造〖注〗王五年,惠文王後元五年,公元前320年。

王五年上郡疾戈·摹(秦銅·27):王五年上郡疾造

十五年上郡守壽戈(集證·23):十五年上郡守壽之造〖注〗十五年,秦昭襄王十五年,公元前292年。

十五年上郡守壽戈·摹(集證·24):十五年上郡守壽之造

廿五年上郡守厝戈·摹(秦銅·43):廿五年上郡守厝造〖注〗廿五年,秦昭襄王二十五年,公元前282年。

廿五年上郡守周戈(登封·4.1):廿五年上郡守周造

五十年詔事戈·摹(集證·31):五十年詔事宕〖注〗五十年,秦昭襄王五十年,公元前257年。

廩丘戈·摹(秦銅·191):五〖注〗五,編號。

五年相邦呂不韋戈一(集證·33):五年相邦呂不韋造〖注〗五年,秦王政五年,公元前242年。

五年相邦呂不韋戈二(秦銅·68.1):五年相邦呂不韋造

五年相邦呂不韋戈二·摹(秦銅·68.1):五年相邦呂不韋造

五年相邦呂不韋戈三·摹(秦銅·69):五年相邦呂不韋造

十五年寺工鈹一·摹(秦銅·75):十五年寺工敏〖注〗十五年,秦王政十五年,公元前232年。

十五年寺工鈹二·摹(秦銅·76):十五年寺工敏

十七年寺工鈹一·摹(秦銅·79):子五九〖注〗子五九,編號。

十七年寺工鈹六(秦銅·84):子壬五

十八年寺工鈹·摹(秦銅·85):五三〖注〗五三,編號。

石鼓文·乍邊(先鋒本):□□五日

秦駰玉版·甲·摹:欲事天地、四亟(極)、三光、山川、神示(祇)、五祀、先祖〖注〗五祀,指古代祭祀的五種神。

秦駰玉版·乙·摹:欲事天地、四亟(極)、三光、山川、神示(祇)、五祀、先祖

繹山刻石·宋刻本:陀及五帝

琅邪臺刻石:五大夫趙嬰、五大夫楊樛從〖注〗五大夫,官名。

琅邪臺刻石:五大夫趙嬰、五大夫楊樛從

明瓚(集證·241):五

明瓚·摹(集證·242):五

天簡33·乙:五月

天簡24·乙:得其前五爲得

睡簡·爲吏·11:五曰龔(恭)敬多讓

睡簡·效律·12:縣料而不備其見(現)數五分一以上

睡簡·效律·13:十分一以到不盈五分一

梜室門楣刻字：<u>五</u>十一年曲陽士五（伍）邦

睡簡・秦律・94：夏<u>五</u>十五錢

睡簡・日甲・17 正：己亥、癸亥、<u>五</u>酉、<u>五</u>丑

梜室門楣刻字：五十一年曲陽士五（伍）邦

睡簡・秦律・94：夏五十<u>五</u>錢

睡簡・日甲・17 正：己亥、癸亥、<u>五</u>酉、<u>五</u>丑

睡簡・6 號牘・正：願母幸遣錢五六百

睡簡・6 號牘・正：綌布謹善者毋下二丈五尺□

睡簡・編年・3：五十六年

睡簡・編年・45：卌五年

睡簡・編年・51：五十一年

睡簡・答問・84：士五（伍）甲

睡簡・答問・92：所殺直（值）二百五十錢

睡簡・答問・71：士五（伍）甲毋（無）子

睡簡・答問・35：士五（伍）甲盜

睡簡・答問・48：沒錢五千而失之

睡簡・答問・42：甲誣駕（加）乙五十

睡簡・答問・18：臧（贓）直（值）百五十

睡簡・答問・1：不盈五人

睡簡・答問・163：今士五（伍）甲不會

睡簡・答問・163：治（笞）五十

睡簡・答問・132：當治（笞）五十

睡簡・答問・136：夫、妻、子五人共盜

睡簡・答問・1：五人盜

睡簡・封診・82：繆繒五尺緣及殿（純）

睡簡・封診・82：絲絮五斤葉（裝）

睡簡・封診・8：封有鞫者某里士五（伍）甲家室、妻、子、臣妾、衣器、畜產

睡簡・封診・28：士五（伍）

睡簡・封診・91：某里公士甲等廿人詣里人士五（伍）丙

睡簡・封診・6：士五（伍）

睡簡・封診・79：垣東去內五步

睡簡・封診・76：下廣二尺五寸

睡簡・封診・73：某里士五（伍）乙告曰

睡簡・封診・37：某里士五（伍）甲縛詣男子丙

睡簡・封診・35：袤五寸

睡簡・封診・47：士五（伍）咸陽才（在）某里曰丙

睡簡・封診・43：某里五大夫乙家吏甲詣乙妾丙

睡簡・封診・50：甲親子同里士五（伍）丙不孝

睡簡・封診・50：某里士五（伍）甲告曰

睡簡・封診・15：以五月晦與同里士五（伍）丙盜某里士五（伍）丁千錢

睡簡・秦律・94：春冬人五十五錢

睡簡・秦律・95：春冬人五十五錢

睡簡・秦律・66：福（幅）廣二尺五寸

睡簡・秦律・61：其老當免老、小高五尺以下及隷妾欲以丁鄰者一人贖

睡簡・秦律・73：都官佐、史不盈十五人者

睡簡・秦律・74：旬五日而止之

睡簡・秦律・43：叔（菽）、荅、麻十五斗爲一石

睡簡・秦律・52：高五尺二寸

睡簡・秦律・51：隷臣、城旦高不盈六尺五寸

睡簡・秦律・109：小隷臣妾可使者五人當工一人

睡簡・秦律・151：非適（謫）皋殹而欲爲冗邊五歳

睡簡・秦律・115：失期三日到五日

睡簡・雜抄・20：徒治（笞）五十

睡簡・雜抄・9：驀馬五尺八寸以上

睡簡・雜抄・18：徒絡組五十給

睡簡・日甲・88 背：五月

睡簡・日甲・8 背：月生五日曰杵

睡簡・日甲・89 正：必五人死

睡簡・日甲・87 背：其咎在五室馬牛

睡簡・日甲・29 正：廿五日廿六日吉

睡簡・日甲・27 正：弦望及五辰不可以興樂□

睡簡・日甲・98 背：日中以行有五喜

睡簡・日甲・98 正：四月、五月、十月

睡簡・日甲・9 背：十五日曰臣代主

睡簡・日甲・93 背：入十一月二旬五日心

睡簡・日甲・94 正：五辰

睡簡・日甲・94 正：五丑、五酉、庚午

睡簡・日甲・67 正：日十一夕五

睡簡・日甲・67 正：五月楚八月

睡簡・日甲・64 背：日十一夕五

睡簡・日甲・64 背：五月

睡簡・日甲・65 正：日五夕十一

睡簡・日甲・78 正：三乃五

睡簡・日甲・30 背：五步一人一犬

睡簡・日甲・40 背：去地五尺

睡簡・日甲・59 正：正月五月九月

睡簡・日甲・109 背:五月丙寅

睡簡・日甲・106 正:五月六月不可興土攻(功)

睡簡・日甲・107 背:五月十六日

睡簡・日甲・103 正:凡入月五日

睡簡・日甲・103 正:月不盡五日

睡簡・日甲・104 正:五月戊

睡簡・日甲・105 正:五月丑

睡簡・日甲・18 正:五月

睡簡・日甲・127 正:五月上旬戊

睡簡・日甲・124 正:五歲弗更

睡簡・日甲・125 正:五歲更

睡簡・日甲・121 背:五月六月

睡簡・日甲・121 背:月不盡五日

睡簡・日甲・121 正:五歲弗更

睡簡・日甲・137 正:五月乙臽

睡簡・日甲・133 正:入五月十九日

睡簡・日甲・134 正:五月丑

睡簡・日甲・135 正:有五喜

睡簡・日甲・131 背:五月卯

睡簡・日甲・145 背:五月居子

睡簡・日甲・151 背:五種忌

睡簡・日甲・116 正:五歲更

睡簡・日甲・117 背:五月六月

睡簡・日甲・117 背:月不盡五日

睡簡・日甲・111 背:卽五畫地

睡簡・日乙・89:必五生(牲)死

睡簡・日乙・89:五月

睡簡・日乙・28:日五夕十一

睡簡・日乙・22:日十一夕五

睡簡・日乙・22:五月

睡簡・日乙・240:好言五(語)

睡簡・日乙・256:其食者五口

睡簡・日乙・253:食五口

睡簡・日乙・216:五月午

睡簡・日乙・98:入四月旬五日心

睡簡・日乙・92:五月乙臽

睡簡・日乙・99:入五月旬二日心

睡簡・日乙・64:五穀良日

睡簡·日乙·65：五穀龍日

睡簡·日乙·30：五月

睡簡·日乙·40：祠五祀日

睡簡·日乙·42：凡五巳不可入寄者

睡簡·日乙·49：五月、六月

睡簡·日乙·46：五種忌日

睡簡·日乙·102：入八月五日心

睡簡·日乙·105：入十一月二旬五日心

睡簡·日乙·18：五〈正〉月

睡簡·日乙·181：有病者必五病而□

睡簡·日乙·120：正月、五月、九月之丑

睡簡·日乙·129：凡五丑

睡簡·日乙·197：正月、五月

睡簡·日乙·130：必以五月庚午

睡簡·日乙·133：五月上旬戌

睡簡·日乙·149：五月旬六日

睡簡·日乙·153：五月甲午、庚午

睡簡·日乙·151：五月旬六日

睡簡·日乙·1：五月

睡簡·日乙·113：五酉、甲辰、丙寅

睡簡·爲吏·22：廿五年閏再十二月丙午朔辛亥

睡簡·爲吏·23：五曰安家室忘官府

睡簡·爲吏·6：吏有五善

睡簡·爲吏·32：五曰非上

睡簡·爲吏·18：五曰賤士而貴貨貝

睡簡·爲吏·12：五者畢至

睡簡·爲吏·13：吏有五失

岳山牘·M36：43 正：以五卯祠之必有得也

龍簡·98·摹：廿五年四月乙亥以來□馬牛羊□

里簡·J1（16）9 正：廿六年五月辛巳朔庚子

里簡·J1（9）11 正：陽陵谿里士五（伍）采有貲餘錢八百五十二

里簡·J1（6）1 正：三五十五

里簡·J1（6）1 正：五［五］廿五

里簡·J1（6）1 正：五九卌五

里簡·J1（6）1 正：五七卅五

里簡·J1（6）1 正：三五十五

里簡·J1（6）1 正：五［五］廿五

里簡·J1（6）1 正：五九卌五

里簡・J1(6)1 正:五七卅五

里簡・J1(8)156:水十一刻[刻]下五

里簡・J1(9)1 背:卅五年四月己未朔乙丑

里簡・J1(9)1 正:陽陵宜居士五(伍)毋死有貲餘錢八千六十四

里簡・J1(9)2 背:卅五年四月己未朔乙丑

里簡・J1(9)2 正:陽陵仁陽士五(伍)不狄有貲錢八百卅六

里簡・J1(9)3 背:卅五年四月己未朔乙丑

里簡・J1(9)3 正:陽陵下里士五(伍)不識有貲餘錢千七百廿八

里簡・J1(9)4 正:陽陵孝里士五(伍)衰有貲錢千三百卅四

里簡・J1(9)5 正:陽陵下里士五(伍)鹽有貲錢三百八十四

里簡・J1(9)6 背:卅五年四月己未朔乙丑

里簡・J1(9)7 背:卅五年四月己未朔乙丑

里簡・J1(9)7 正:陽陵褆陽士五(伍)小狄有貲錢萬一千二百七十一

里簡・J1(9)8 背:卅五年四月己未朔乙丑

里簡・J1(9)8 正:陽陵逆都士五(伍)越人有貲錢千三百卅四

里簡・J1(9)9 背:卅五年四月己未朔乙丑

里簡・J1(9)9 正:陽陵仁陽士五(伍)額有贖錢七千六百八十

里簡・J1(9)10 背:卅五年四月己未朔乙丑

里簡・J1(9)10 正:陽陵叔作士五(伍)勝日有貲錢千三百卅四

里簡・J1(9)11 背:卅五年四月己未朔乙丑

里簡・J1(9)11 正:陽陵豁里士五(伍)采有貲餘錢八百五十二

里簡・J1(9)12 背:卅五年四月己未朔乙丑

里簡・J1(6)1 正:二五而十

里簡・J1(6)1 正:六九五十四

里簡・J1(6)1 正:七八五十六

里簡・J1(6)1 正:四五廿

里簡・J1(6)1 正:五八卅

里簡・J1(6)1 正:五六卅

里簡・J1(8)157 正:除士五(伍)成里匃、成〖注〗士伍,平民。

關簡・76:五月小

關簡・134:廿五日大毚(徹)

關簡・369:十五日乃已

關沮牘・正・2:五月辛丑大

關簡・87:五月丁丑大

關簡・29:五月甲子

關簡・263:廿五日以到卅日

關簡・136:五日

關簡・137:十五日

帛書·灸經甲·69：爲五病

 帛書·足臂·21：皆有此五病者

 帛書·病方·13：五畫地□之〔注〕五畫地，在地上畫五下。

 帛書·病方·92：成鬻（粥）五斗

 帛書·病方·92：水十五而米一

 帛書·病方·94：炊五穀（穀）、兔□

 帛書·病方·125：二、三月十五日到十七日取鳥卵

 帛書·病方·194：四五用

 帛書·病方·233：冶桂五寸□

 帛書·病方·237：取野獸肉食者五物之毛等

 帛書·病方·248：取弱（溺）五斗

 帛書·病方·256：五六日清□

 帛書·病方·272：日五六飲之

 帛書·病方·335：其甚者五六入湯中而瘳

帛書·病方·347：以烏豙（喙）五果（顆）

帛書·病方·351：置突上五六日

帛書·病方·372：凡五物等

帛書·病方·372：已冶五物□取牛脂□細布□

帛書·病方·381：啻（帝）右（有）五兵

 帛書·病方·388：□以木薪炊五斗米

 帛書·病方·殘7：用布五尺□

 帛書·病方·殘14：□蕩之五□

 帛書·病方·目錄：凡五十二

 帛書·死候·86：□五死

 帛書·死候·88：五者扁（偏）有

 帛書·灸經甲·58：上〔踝（踝）〕五寸而〔出大（太）陰之後〕

 秦陶·206：五十五

 秦陶·207：五十五

 秦陶·206：五十五

 秦陶·207：五十五

 秦陶·44：五

 秦陶·45：五

 秦陶·46：五

 秦陶·47：五

 秦陶·48：五

 秦陶·49：五

 秦陶·50：五

 秦陶·51：五

秦陶·52:五

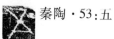 秦陶·53:五

 秦陶·54:五

 秦陶·55:五

 秦陶·56:五

 秦陶·57:五

 秦陶·58:五

 秦陶·59:五

 秦陶·60:五

 秦陶·61:五

 秦陶·62·摹:五

 秦陶·63:五

 秦陶·64:五

 秦陶·65:五

 秦陶·66:五

 秦陶·67:五

 秦陶·68:五

 秦陶·69:五

 秦陶·70:五

 秦陶·71:五

 秦陶·72:五

 秦陶·73:五

 秦陶·74:五

 秦陶·75:五

 秦陶·76:五

 秦陶·77:五

 秦陶·78:五

 秦陶·79·摹:五

 秦陶·80·摹:五

 秦陶·81:五

 秦陶·82:五

 秦陶·169:十五

 秦陶·170:十五

 秦陶·182:二十五

 秦陶·188:三十五

 秦陶·189:三十五

 秦陶·199:四十五

 秦陶·200:四十五

秦陶・201：四十五

秦陶・202：四十五

秦陶・204：五十四

秦陶・205：五十

秦陶・208：五十九

秦陶・213：七十五

秦陶・215：八十五

秦陶・353：咸五

秦陶・1478：麗邑五升

集證・215.208：五

南郊325・135.2：五

⿱ 漆器M11・18（雲夢・附二）：士五（伍）軍

⿱ 漆器M11・19（雲夢・附二）：士五（伍）軍

⿱ 漆器M11・9（雲夢・附二）：士五（伍）軍

⿱ 漆器（關簡149）：士五（伍）坅

⿱ 漆器（關簡149）：士五（伍）坅

⿱ 地圖注記・摹（地圖・4）：宛到□廿五里

⿱ 地圖注記・摹（地圖・5）：去谷口可五里

⿱ 地圖注記・摹（地圖・4）：十五里

## 3199 　六

六 卅六年邦工師扁壺（隨州・4）：卅六年邦工帀（師）〖注〗卅六年，秦昭襄王三十六年，公元前271年。

六 卅六年邦工師扁壺・摹（隨州・4）：卅六年邦工帀（師）

六 卅一年銀耳杯・摹（臨淄173.2）：一斤六兩六朱（銖）寅

六 卅一年銀耳杯・摹（臨淄173.2）：一斤六兩六朱（銖）寅

⿱ 虎形轄（精華168）：卌六年〖注〗卌六年，秦昭襄王四十六年，公元前261年。

六 工敀鼎・摹（秦銅・54）：六斗

六 卅三年銀盤・摹（齊王・18.3）：六斤十三兩二斗

六 卅三年銀盤・摹（齊王・18.3）：重六斤十二兩

六 卅三年銀盤・摹（齊王・19.4）：重六斤十三兩

六 莤陽鼎（集證・55）：重六斤七兩

六 莤陽鼎（集證・54.2）：六斤十二兩

六 莤陽鼎（集證・54.3）：六斤十一兩

六 北私府橢量・始皇詔（秦銅・146）：廿六年

六 始皇詔銅橢量六（秦銅・107）：廿六年

六 北私府橢量・始皇詔（秦銅・146）：廿六年

六 始皇詔銅橢量六（秦銅・107）：廿六年

六 大騩銅權（秦銅・131）：廿六年

高奴禾石銅權（秦銅·32.2）：廿六年

兩詔斤權一·摹（集證·46）：廿六年

兩詔版（秦銅·174.1）：廿六年

兩詔斤權二·摹（集證·49）：廿六年

兩詔斤權二·照片（集證·47.2）：廿六年

兩詔斤權一（集證·45）：廿六年

兩詔銅權二（秦銅·176）：廿六年

兩詔銅權三（秦銅·178）：廿六年

兩詔銅權四（秦銅·179.1）：廿六年

兩詔銅權一（秦銅·175）：廿六年

兩詔橢量三之一（秦銅·150）：廿六年

兩詔橢量一（秦銅·148）：廿六年

美陽銅權（秦銅·183）：廿六年

平陽銅權·摹（秦銅·182）：廿六年

僅存銘兩詔銅權（秦銅·135-18.1）：廿六年

僅存銘始皇詔銅權·八（秦銅·135-8）：廿六年

僅存銘始皇詔銅權·九（秦銅·135-9）：廿六年

僅存銘始皇詔銅權·六（秦銅·135-6）：廿六年

僅存銘始皇詔銅權·七（秦銅·135-7）：廿六年

僅存銘始皇詔銅權·三（秦銅·135-3）：廿六年

僅存銘始皇詔銅權·十（秦銅·135-10）：廿六年

僅存銘始皇詔銅權·十二（秦銅·135-12）：廿六年

僅存銘始皇詔銅權·十七（秦銅·135-17）：廿六年

僅存銘始皇詔銅權·十三（秦銅·135-13）：廿六年

僅存銘始皇詔銅權·十四（秦銅·135-14）：廿六年

僅存銘始皇詔銅權·四（秦銅·135-4）：廿六年

僅存銘始皇詔銅權·一（秦銅·135-1）：廿六年

商鞅方升（秦銅·21）：大良造鞅爰積十六尊（寸）五分尊（寸）壹爲升

商鞅方升（秦銅·21）：廿六年

始皇詔八斤銅權二（秦銅·135）：廿六年

始皇詔八斤銅權一（秦銅·134）：廿六年

始皇詔版八（秦銅·144）：廿六年

始皇詔版二（秦銅·137）：廿六年

始皇詔版三（秦銅·138）：廿六年

始皇詔版一（秦銅·136）：廿六年

始皇詔十六斤銅權二（秦銅·128）：廿六年

始皇詔十六斤銅權二（秦銅·128）：十六斤

始皇詔十六斤銅權三（秦銅·129）：廿六年

始皇詔十六斤銅權三（秦銅·129）：十六斤

始皇詔十六斤銅權四（秦銅·130.1）：廿六年

始皇詔十六斤銅權四（秦銅·130.2）：十六斤

始皇詔十六斤銅權一（秦銅·127）：廿六年

始皇詔鐵石權二（秦銅·121）：廿六年

始皇詔鐵石權七（秦銅·125）：廿六年

始皇詔銅方升二（秦銅·99）：廿六年

始皇詔銅方升三（秦銅·100）：廿六年

始皇詔銅方升四（秦銅·101）：廿六年

始皇詔銅方升一（秦銅·98）：廿六年

始皇詔銅權八（秦銅·117）：廿六年

始皇詔銅權二（秦銅·111）：廿六年

始皇詔銅權九（秦銅·118）：廿六年

始皇詔銅權六（秦銅·115）：廿六年

始皇詔銅權三（秦銅·112）：廿六年

始皇詔銅權十（秦銅·119）：廿六年

始皇詔銅權十一（珍金·125）：廿六年

始皇詔銅權四（秦銅·113）：廿六年

始皇詔銅權五（秦銅·114）：廿六年

始皇詔銅權一（秦銅·110）：廿六年

始皇詔銅橢量二（秦銅·103）：廿六年

始皇詔銅橢量三（秦銅·104）：廿六年

始皇詔銅橢量四（秦銅·105）：廿六年

始皇詔銅橢量五（秦銅·106）：廿六年

始皇詔銅橢量一（秦銅·102）：廿六年

武城銅橢量（秦銅·109）：廿六年

旬邑銅權（秦銅·133）：廿六年

左樂兩詔鈞權（集證·43）：廿六年

十六年大良造鞅戈鐓（秦銅·17）：十六年大良造庶長鞅之造〖注〗十六年，秦孝公十六年，公元前346年。

王六年上郡守疾戈·摹（秦銅·28.2）：王六年上郡守疾之造□〖注〗王六年，惠文王後元六年，公元前319年。

六年漢中守戈·摹（集證·19）：六年莫（漢）中守□造〖注〗六年，秦昭襄王六年，公元前301年。

六年上郡守閒戈（登封·4.2）：六年上郡守閒之造

廿六年戈·王輝摹（珍金179）：廿六年相□守之造〖注〗廿六年，秦昭襄王二十六年，公元前281年。

十六年少府戈（珍金·102）：十六年少府工師乙〖注〗十六年，秦王政二十四年，公元前231年。

十六年少府戈·摹（珍金·102）：十六年少府工師乙

廿六年蜀守武戈・摹（集證・36.2）：廿六年蜀守武造〖注〗廿六年，秦始皇二十六年，公元前221年。

十五年寺工鈹一・摹（秦銅・75）：戊六〖注〗戊六，編號。

十五年寺工鈹二・摹（秦銅・76）：十六〖注〗十六，編號。

十六年寺工鈹・摹（秦銅・78）：十六年寺工敏造

十九年寺工鈹一・摹（秦銅・86）：子乙六〖注〗子乙六，編號。

十九年寺工鈹四・摹（秦銅・89）：六二〖注〗六二，編號。

石鼓文・鑾車（先鋒本）：六轡鷔□

會稽刻石・宋刻本：六合之中

會稽刻石・宋刻本：六王專倍

繹山刻石・宋刻本：廿有六年

泰山刻石・宋拓本：廿有六年

繹山刻石・宋刻本：滅六暴强

明瓚（集證・241）：六

明瓚・摹（集證・242）：六

二號坑馬飾文・摹（集證・240）：丁六

睡簡・日乙・151：五月旬六日

睡簡・效律・6：六分升一以上

睡簡・效律・3：不盈十六兩到八兩

睡簡・答問・209：人戶、馬牛及者（諸）貨材（財）直（值）過六百六十錢爲“大誤”

睡簡・答問・35：臧（贓）直（值）過六百六十

睡簡・答問・1：盜過六百六十錢

睡簡・效律・59：過六百六十錢以上

睡簡・效律・59：廿二錢以到六百六十錢

睡簡・答問・209：人戶、馬牛及者（諸）貨材（財）直（值）過六百六十錢爲“大誤”

睡簡・答問・35：臧（贓）直（值）過六百六十

睡簡・答問・1：盜過六百六十錢

睡簡・效律・59：過六百六十錢以上

睡簡・效律・59：廿二錢以到六百六十錢

睡簡・6號牘・正：願母幸遺錢五六百

睡簡・編年・23：十六年

睡簡・編年・3：五十六年

睡簡・編年・13：六年

睡簡・答問・2：不盈黥百六十到二百廿錢

睡簡・答問・6：盜牛時高六尺

睡簡・答問・6：高六尺七寸

睡簡・答問・67：問乙高未盈六尺

睡簡・答問・40：問盜六百七十

睡簡・答問・196：耤（藉）牢有六署

睡簡・答問・166：小未盈六尺

睡簡・答問・158：甲小未盈六尺

睡簡・答問・153：赦期已盡六月而得

睡簡・答問・118：有（又）觳（繋）城旦六歲

睡簡・封診・78：卻（膝）、手各六所

睡簡・封診・59：去男子其一奇六步

睡簡・秦律・92：直（值）卅六錢

睡簡・秦律・90：夏衣以四月盡六月稟之

睡簡・秦律・91：直（值）卌六錢

睡簡・秦律・43：毀（毇）米六斗大半斗

睡簡・秦律・52：隸妾、舂高不盈六尺二寸

睡簡・秦律・51：隸臣、城旦高不盈六尺五寸

睡簡・秦律・115：六日到旬

睡簡・雜抄・28：卒歲六匹以下到一匹

睡簡・雜抄・31：其六毋（無）子

睡簡・日甲・89 背：其咎在六室

睡簡・日甲・86 正：不可食六畜

睡簡・日甲・85 正：不可食六畜

睡簡・日甲・28 正：六日不吉

睡簡・日甲・90 背：六月

睡簡・日甲・98 背：六壬不可以船行

睡簡・日甲・60 正：二月六月十月

睡簡・日甲・62 背：日六夕十

睡簡・日甲・66 正：日六夕十

睡簡・日甲・66 正：日十夕六

睡簡・日甲・63 背：日十夕六

睡簡・日甲・64 正：日六夕七〈十〉

睡簡・日甲・64 正：日十夕六

睡簡・日甲・31 背：人若鳥獸及六畜恆行人宮

睡簡・日甲・47 背：燔蚤（髵）及六畜毛邋（鬣）其止所

睡簡・日甲・44 正：是胃（謂）六甲相逆

睡簡・日甲・52 背：野獸若六畜逢人而言

睡簡・日甲・56 背：人之六畜毋（無）故而皆死

睡簡・日甲・55 正：六月

睡簡・日甲・100 正：勿以殺六畜

睡簡・日甲・109 背：六月甲子

睡簡・日甲・107 背：五月十六日

睡簡・日甲・104 正：六月己

睡簡・日甲・105 正：六月戌

睡簡・日甲・128 背：六庚不可以行

睡簡・日甲・128 背：六壬不可以船行

睡簡・日甲・127 正：六月上旬卯

睡簡・日甲・121 背：五月六月

睡簡・日甲・138 背：六月巳

睡簡・日甲・132 背：六月戌

睡簡・日甲・139 正：六月戌臽

睡簡・日甲・133 正：入六月廿四日

睡簡・日甲・134 正：六月戌

睡簡・日甲・131 背：六月午

睡簡・日甲・145 背：六月居卯

睡簡・日甲・153 背：六日反枳（支）

睡簡・日甲・119 正：十六歳弗更

睡簡・日甲・117 背：五月六月

睡簡・日甲・115 背：六月己未

睡簡・日甲・115 正：十六歳弗更

睡簡・日乙・85：不可食六畜

睡簡・日乙・29：日六夕十

睡簡・日乙・27：日六夕十

睡簡・日乙・23：六月

睡簡・日乙・23：日十夕六

睡簡・日乙・216：六月未

睡簡・日乙・21：日十夕六

睡簡・日乙・93：六月戌臽

睡簡・日乙・94：六月東井廿七日

睡簡・日乙・91：六月

睡簡・日乙・31：六月

睡簡・日乙・49：五月、六月

睡簡・日乙・46：旬六日毀

睡簡・日乙・44：不可以使人及畜六畜

睡簡・日乙・44：六庚不可以行

睡簡・日乙・44：六壬不可以船行

睡簡・日乙・45：入月六日、七日、八日、二旬二日皆知

睡簡・日乙・100：入六月旬心

睡簡・日乙・120：二月、六月、十月之戌

睡簡・日乙・198：二月、六月、十月、正南盡

睡簡·日乙·1:六月

睡簡·日乙·133:六月上旬卯

睡簡·日乙·149:六月二旬

睡簡·日乙·149:五月旬六日

睡簡·日乙·153:六月丁丑

睡簡·日乙·151:六月二旬四日

睡簡·效律·3:十六兩以上

龍簡·192:不盈三□到六□

里簡·J1(16)9 正:廿六年五月辛巳朔庚子

里簡·J1(6)1 正:四[四]十六

里簡·J1(6)1 正:四六廿四

里簡·J1(6)1 正:五六卅

里簡·J1(9)1 背:卅四年六月甲午朔戊午

里簡·J1(6)1 正:六[六]卅六

里簡·J1(6)1 正:六[六]卅六

里簡·J1(9)1 正:陽陵宜居士五(伍)毋死有貲餘錢八千六十四

里簡·J1(9)2 正:陽陵仁陽士五(伍)不狄有貲錢八百卅六

里簡·J1(9)6 正:陽陵褆陽上造徐有貲錢二千六百八十八

里簡·J1(9)9 正:陽陵仁陽士五(伍)穎有贖錢七千六百八十

里簡·J1(9)10 背:卅四年六月甲午朔壬戌

里簡·J1(6)1 正:八[八]六十四

里簡·J1(6)1 正:二八十六

里簡·J1(6)1 正:二六十二

里簡·J1(6)1 正:二三而六

里簡·J1(6)1 正:六八卅八

里簡·J1(6)1 正:六九五十四

里簡·J1(6)1 正:六七卅二

里簡·J1(6)1 正:七八五十六

里簡·J1(6)1 正:七九六十三

里簡·J1(6)1 正:三六十八

里簡·J1(8)134 正:廿六年八月庚戌朔丙子

關簡·137:十六日

關簡·135:六日

關沮牘·正·2:六月辛未小

關簡·297:卅六年

關簡·263:(數)朔日以到六日

關簡·154:六月

關簡·77:六月大

關簡·136:六日

 帛書·病方·457:傅藥六十日

 帛書·足臂·34:上足温(脈)六、手[温(脈)五]

 帛書·病方·166:前[日]至可六七日秀(秀)

 帛書·病方·199:以月十六日始毁

 帛書·病方·249:冶桂六寸

 帛書·病方·256:五六日清□

 帛書·病方·272:日五六飲之

 帛書·病方·335:其甚者五六入湯中而瘳

 帛書·病方·351:置突上五六日

 帛書·病方·368:而以善戴六斗□如此□醫以此教惠□

 帛書·病方·378:醯六

 秦陶·1605:廿六□

 始皇詔陶印(《研究》附):廿六年

 秦陶·1554:廿六年

 秦陶·211:六十六

 秦陶·211:六十六

 赤峰秦瓦量·殘(銘刻選43):廿六年

 秦陶·83:六

 秦陶·84:六

 秦陶·85:六

 秦陶·86:六

 秦陶·87:六

 秦陶·88:六

 秦陶·89:六

 秦陶·90:六

 秦陶·91:六

 秦陶·92:六

 秦陶·93:六

 秦陶·94:六

 秦陶·95:六

 秦陶·96:六

 秦陶·97:六

 秦陶·98:六

 秦陶·171:十六

 秦陶·172:十六

 秦陶·209:六十

 秦陶·210·摹:六十四

秦陶·212：弋六十八

 秦陶·1503·摹：六

 秦陶·1504·摹：六

 秦陶·1511·摹：六

 秦陶·1512·摹：六

 秦陶·1547：廿六年

 秦陶·1548：廿六年

 秦陶·1553：廿六年

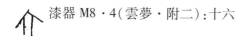

漆器 M14·10（雲夢·附二）：六

漆器 M8·3（雲夢·附二）：十六

漆器 M8·4（雲夢·附二）：十六

漆器 M13·30（雲夢·附二）：六

3200　　　　七

卅四年工師文罍·摹（集證·28）：
正十七斤十四兩

卅七年銀器足·摹（金銀器 344）：
卅七年工右舍〖注〗卅七年，秦昭襄
王三十七年，公元前 270 年。

卅三年銀盤·摹（齊王·18.3）：名
吉七

彎繩朱書·摹（秦銅·158）：第七

金銀泡（序號 17）·摹（集證·228 ~
237）：七

金銀泡（序號 36）·摹（集證·228 ~
237）：七

金銀泡（序號 38）·摹（集證·228 ~
237）：七

金銀泡（序號 100）·摹（集證·228 ~
237）：七

金銀泡（序號 101）·摹（集證·228 ~
237）：七

金銀泡（序號 102）·摹（集證·228 ~
237）：七

金銀泡（序號 103）·摹（集證·228 ~
237）：七

金銀泡（序號 104）·摹（集證·228 ~
237）：七

金銀泡（序號 105）·摹（集證·228 ~
237）：七

金銀泡（序號 106）·摹（集證·228 ~
237）：七

金銀泡（序號 107）·摹（集證·228 ~
237）：七

金銀泡（序號 114）·摹（集證·228 ~
237）：七

金銀泡（序號 130）·摹（集證·228 ~
237）：七

金銀泡（序號 131）·摹（集證·228 ~
237）：七

金銀泡（序號 132）·摹（集證·228 ~
237）：七

金銀泡（序號 135）·摹（集證·228 ~
237）：七

旬陽壺（集證·57）：旬陽重七斤

蓍陽鼎（集證·55）：第百卅七

蓍陽鼎（集證·55）：百廿七

蓍陽鼎（集證·55）：重六斤七兩

莒陽鼎（集證・55）：第百卅七

王七年上郡守疾（？）戈・摹（秦銅・29）：王七（？）年上郡守疾（？）之造〘注〙王七年，惠文王後元七年，公元前318年。

七年上郡守閒戈・摹（秦銅・33）：七年上郡守閒造〘注〙七年，秦昭襄王七年，公元前300年。

十七年丞相啟狀戈・摹（秦銅・40）：十七年丞相啟狀造〘注〙十七年，秦昭襄王十七年，公元前290年。

廿七年上郡守趞戈・故宫藏・摹（秦銅・46）：廿七年上守趞造〘注〙廿七年，秦昭襄王二十七年，公元前280年。

廿七年上郡守趞戈（集證・25.2）：廿七年上守趞造

卅七年上郡守慶戈・摹（精粹19）：卅七年上郡守慶造〘注〙卅七年，秦昭襄王三十七年，公元前270年。

十七年寺工鈹一・摹（秦銅・79）：十七年寺工敏造〘注〙十七年，秦王政十七年，公元前230年。

十七年寺工鈹二・摹（秦銅・91.2）：十七年寺工敏

十七年寺工鈹五・摹（秦銅・83）：十七年寺工敏造

十九年寺工鈹二・摹（秦銅・87）：七十八〘注〙七十八，編號。

秦駰玉版・乙・摹：亓（其）齒七（？）

會稽刻石・宋刻本：卅有七年〘注〙卅七年，秦始皇三十七年，公元前210年。

明瓊・摹（集證・242）：七

二號坑馬飾文・摹（集證・240）：丙七三

二號坑馬飾文・摹（集證・240）：癸廿七

石板（集證・227）：内西七〘注〙七，編號。

睡簡・日乙・151：正月七日

睡簡・日乙・117：正月、七月朔日

睡簡・編年・3：卅七年

睡簡・秦律・94：其小者冬七十七錢

睡簡・日甲・119 背：入七月七日日乙酉

睡簡・日乙・95：七月七星廿八日

睡簡・秦律・94：其小者冬七十七錢

睡簡・日甲・67 正：日七夕九

睡簡・日甲・119 背：入七月七日日乙酉

睡簡・日乙・95：七月七星廿八日

睡簡・編年・47：卅七年

睡簡・答問・6：高六尺七寸

睡簡・答問・40：問盜六百七十

睡簡・秦律・86：縣、都官以七月糞公器不可繕者

睡簡・秦律・87：盡七月而臠（畢）

睡簡・秦律・73：七人以上鼠（予）車牛、僕

睡簡・秦律・74：不盈七人者

睡簡・秦律・5：到七月而縱之

睡簡・秦律・13：以四月、七月、十月、正月膚（臚）田牛

睡簡・日甲・29 正：廿七日恐

睡簡・日甲・90 背：七月

睡簡・日甲・99 背：市日以行有七喜

睡簡・日甲・95 正：七月、八月、九月

睡簡・日甲・68 背：日七夕九

睡簡・日甲・62 背：日九夕七

睡簡・日甲・66 背：日九夕七

睡簡・日甲・66 正：四月楚七月

睡簡・日甲・67 正：日七夕九

睡簡・日甲・64 背：完掇其葉二七

睡簡・日甲・64 正：日六夕七〈十〉

睡簡・日甲・65 正：日九夕七

睡簡・日甲・61 正：三月七月十一月

睡簡・日甲・52 正：玄戈觳（繫）七星

睡簡・日甲・57 正：柳、七星大吉

睡簡・日甲・54 正：東井、七星大凶

睡簡・日甲・107 背：九月廿七日

睡簡・日甲・107 背：正月七日

睡簡・日甲・104 正：七月丙

睡簡・日甲・105 正：七月未

睡簡・日甲・12 背：十二月、正月、七月、八月爲牡月

睡簡・日甲・127 正：七月上旬子

睡簡・日甲・124 背：七日刺

睡簡・日甲・132 背：七月巳

睡簡・日甲・139 背：入月十七日

睡簡・日甲・137 背：七月辛酉

睡簡・日甲・133 正：入九月廿七日

睡簡・日甲・133 正：入七月九日

睡簡・日甲・133 正：入正月七日

睡簡・日甲・134 正：七月未

睡簡・日甲・135 正：有七喜

睡簡・日甲・131 背：七月酉

睡簡・日甲・143 背：入月七日及冬未、春戌、夏丑、秋辰

睡簡・日甲・145 背：七月居午

睡簡・日甲・158 正：必七徙

睡簡・日乙・20：日九夕七

睡簡・日乙・228：七徙

睡簡・日乙・26：日七夕九

睡簡・日乙・24：七月

睡簡・日乙・24：日九夕七

睡簡・日乙・210：七月申

睡簡・日乙・90：二月東辟（壁）廿七日

睡簡・日乙・92：七星

睡簡・日乙・97：入三月七日直心

睡簡・日乙・93：七月

睡簡・日乙・94：六月東井廿七日

睡簡・日乙・94：七月丙皀

睡簡・日乙・32：七月

睡簡・日乙・45：入月六日、七日、八日、二旬二日皆知

睡簡・日乙・41：午在七星

睡簡・日乙・50：七月、八月

睡簡・日乙・101：入七月八日心

睡簡・日乙・18：日七夕九

睡簡・日乙・120：三月、七月之未

睡簡・日乙・199：三月、七月、十一月

睡簡・日乙・195：入月旬七日毀垣

睡簡・日乙・1：七月

睡簡・日乙・133：七月上旬子

睡簡・日乙・149：九月二旬七日

睡簡・日乙・149：七月九日

睡簡・日乙・149：正月七日

睡簡・日乙・153：七月甲子

睡簡・日乙・151：九月二旬七日

睡簡・日乙・151：七月九日

岳山牘・M36：43 正：凡七畜

里簡・J1（6）1 正：五七卅五

里簡・J1（16）8 正：□少内七人

里簡・J1（16）9 正：劾等十七戶徙都鄉

里簡・J1（9）9 正：陽陵仁陽士五（伍）額有贖錢七千六百八十

里簡・J1（6）1 正：二七十四

里簡・J1（6）1 正：六七卅二

里簡・J1（6）1 正：七［七］卅九

里簡・J1（6）1 正：七八五十六

里簡・J1（6）1 正：七九六十三

里簡・J1（6）1　正：三九廿七

里簡・J1（6）1　正：三七廿一

里簡・J1（6）1　正：四七廿八

關簡・137：十七日

關簡・134：七日

關簡・131：七星〖注〗七星，二十八宿之一。

關沮牘・正・2：七月庚子大

關簡・89：七月

關簡・263：七日以到十二日

關簡・78：七月大

關簡・322：男子歙（飲）二七

關簡・322：女子欲〈飲〉七

關簡・329：以叔（菽）七

關簡・323：男子七以歙（飲）之

關簡・323：女子二七

關簡・369：礬赤叔（菽）各二七

關簡・377：卽取守室二七

關簡・337：而左足踐之二七

關簡・331：男子（以）米七

關簡・331：女子以米二七

關簡・160：七星

關簡・138：十七日

關簡・132：七月

帛書・病方・381：女子二七

帛書・病方・殘15：七日□

帛書・病方・381：男子七

帛書・病方・66：二七而□

帛書・病方・104：以敝帚騷（掃）尤（疣）二七

帛書・病方・105：男子七

帛書・病方・108：靡（磨）又（疣）內辟（壁）二七

帛書・病方・109：葵莖靡（磨）又（疣）二七

帛書・病方・109：有（又）以殺本若道旁蕑（菺）根二七

帛書・病方・111：男子七

帛書・病方・111：女子二七

帛書・病方・125：二三月十五日到十七日取鳥卵

帛書・病方・166：前［日］至可六七日秀（秀）

帛書・病方・182：取贏牛二七

帛書・病方・196：若以柏杵七

帛書·病方·198：以箭趏之二七

帛書·病方·200：卽以鐵椎改段之二七

帛書·病方·205：卽操布改之二七

帛書·病方·207：以築衝癪（癪）二七

帛書·病方·215：長足二七

帛書·病方·215：食衣白魚一七

帛書·病方·218：而以采爲四寸杙二七

帛書·病方·219：以盡二七杙而已

帛書·病方·249：以煮青蒿大把二、鮒魚如手者七

帛書·病方·270：取石大如卷（拳）二七

帛書·病方·271：凡七物

秦陶·1158：七

秦陶·99：七

秦陶·100：七

秦陶·101：七

秦陶·102：七

秦陶·103：七

秦陶·104：七

秦陶·105：七

秦陶·106：七

秦陶·107：七

秦陶·108：七

秦陶·109：七

秦陶·110：七

秦陶·111：七

秦陶·112：七

秦陶·173：十七

秦陶·174：十七

秦陶·175：十七

秦陶·213：七十五

秦陶·216：八十七

木骰子（王家台·14）：七

木骰子（王家台·14）：七

十七年漆盒·摹（漆盒·3）：十七年大（太）后詹事丞□〖注〗十七年，秦昭襄王十七年，公元前290年。

3201　　欠　　　九

不其簋蓋（秦銅·3）：唯九月初吉戊申

滕縣不其簋器（秦銅·4）：唯九月初吉戊申

左服馬後左蹄刻文（集證・47.1）：戊九〖注〗戊九，編號。

咸陽四斗方壺（珍金・119）：重十九斤四兩

咸陽四斗方壺・摹（珍金・119）：重十九斤四兩

信宮罍（珍金・131）：十九斤

信宮罍・摹（珍金・131）：十九斤

元年上郡假守暨戈（珍金・94）：九〖注〗九，編號。

元年上郡假守暨戈・摹（珍金・94）：九

五年相邦呂不韋戈三・摹（秦銅・69）：工九〖注〗九，人名。

十九年大良造鞅殳鐏（集證・15）：十九年大良造庶長鞅之造殳〖注〗十九年，秦孝公十九年，公元前343年。

十九年大良造鞅殳鐏・摹（集證・15）：十九年大良造庶長鞅之造殳

九年相邦呂不韋戟・摹（集證・35）：九年相邦呂不韋造〖注〗九年，秦王政九年，公元前238年。

十九年寺工鈹一・摹（秦銅・86）：十九年寺工邦〖注〗十九年，秦王政十九年，公元前228年。

十九年寺工鈹二・摹（秦銅・87）：十九年寺工邦

十九年寺工鈹三・摹（秦銅・88）：十九年寺工邦

十九年寺工鈹四・摹（秦銅・89）：十九年寺工邦

十九年寺工鈹五・摹（秦銅・90）：十九年寺工邦

明瓚・摹（集證・242）：九

青川牘・摹：九月大除道及除澮

天簡30・乙：入月九日

天簡31・乙：九月建戌除亥

天簡31・乙：三月戊臽日九

睡簡・日乙・151：七月九日

睡簡・日甲・67正：日七夕九

睡簡・編年・19：十九年

睡簡・編年・16：九年

睡簡・秦律・90：冬衣以九月盡十一月稟之

睡簡・秦律・70：八月、九月中其有輸

睡簡・秦律・57：盡月而以其餘益爲後九月稟所

睡簡・秦律・51：到九月盡而止其半石

睡簡・秦律・187：上會九月內史

睡簡・秦律・139：毋過九月而歸（畢）到其官

睡簡・秦律・140：盡九月而告其計所官

睡簡・日甲・86背：九月

睡簡・日甲・22正：九月

睡簡・日甲・97背：莫（暮）市以行有九喜

睡簡・日甲・95正：七月、八月、九月

睡簡・日甲・68背：九月

睡簡・日甲・68 背:日七夕九

睡簡・日甲・62 背:日九夕七

睡簡・日甲・66 背:日九夕七

睡簡・日甲・67 正:日七夕九

睡簡・日甲・64 正:六月楚九月

睡簡・日甲・65 正:日九夕七

睡簡・日甲・59 正:正月五月九月

睡簡・日甲・108 正:九月十月癸己丙

睡簡・日甲・109 背:九月甲子

睡簡・日甲・107 背:九月廿七日

睡簡・日甲・107 背:七月九日

睡簡・日甲・104 正:九月戌

睡簡・日甲・105 正:九月丑

睡簡・日甲・128 正:九月上旬寅

睡簡・日甲・12 背:三月、四月、九月、十月爲牝月

睡簡・日甲・132 背:九月丑

睡簡・日甲・136 正:九月己臽

睡簡・日甲・133 正:入八月九日

睡簡・日甲・133 正:入九月廿七日

睡簡・日甲・133 正:入七月九日

睡簡・日甲・133 正:入五月十九日〖編者按〗此字或釋爲"六"。

睡簡・日甲・134 正:九月辰

睡簡・日甲・135 正:有九喜

睡簡・日甲・131 背:九月辰

睡簡・日甲・110 正:九月北方

睡簡・日甲・112 正:九月、十月、爨月作事北方

睡簡・日甲・1 正:九月氐

睡簡・日乙・207:九月戌

睡簡・日乙・20:日九夕七

睡簡・日乙・26:九月

睡簡・日乙・26:日七夕九

睡簡・日乙・24:日九夕七

睡簡・日乙・98:九月

睡簡・日乙・96:九月己臽

睡簡・日乙・96:入二月九日直心

睡簡・日乙・97:九月奎十三日

睡簡・日乙・34:九月

睡簡・日乙・51:九月、十月

睡簡・日乙・103：入九月三日心

睡簡・日乙・18：日七夕九

睡簡・日乙・120：正月、五月、九月之丑

睡簡・日乙・1：九月

睡簡・日乙・133：九月上旬寅

睡簡・日乙・149：九月二旬七日

睡簡・日乙・149：七月九日

睡簡・日乙・153：九月辛卯

睡簡・日乙・151：九月二旬七日

龍崗牘・正：九月丙申

龍簡・191・摹：不盈九斗到十□

里簡・J1(6)1 正：七九六十三

里簡・J1(6)1 正：三[三]而九

里簡・J1(6)1 正：三九廿七

里簡・J1(6)1 正：五九卅五

里簡・J1(9)981 背：九月庚午旦

里簡・J1(9)981 正：卅年九月丙辰朔己巳

里簡・J1(16)5 背：水十一刻[刻]下九

里簡・J1(6)1 正：二九十八

里簡・J1(6)1 正：六九五十四

里簡・J1(6)1 正：七[七]卅九

關簡・59：後九月大

關簡・134：十九日

關沮牘・正・2：九月己亥大

關簡・263：十九日以到廿四日

關簡・91：九月乙亥大

關簡・79：九月小

關簡・372：毋下九日

關簡・138：九日

關簡・136：九日

封泥集 254・1：九江守印〖注〗九江，地名。

集證・150.285：九江守印

南郊 714・209：李氏九斗二參

集證・192.11：九

南郊 709・197：樂定王氏九斗

秦陶・124：九

秦陶・125：九

秦陶・126：九

秦陶・127：九

 秦陶・128：九

 秦陶・129：九

 秦陶・130：九

 秦陶・131：九

 秦陶・177：十九

 秦陶・203：卅九

 秦陶・208：五十九

 秦陶・218：九十

 秦陶・1479：麗邑九升

廿九年漆盒・王輝摹（集證・27）：廿九年大（太）后詹事丞向

廿九年漆盒・黃盛璋摹（集證・27）：廿九年大（太）后詹事丞向〖注〗廿九年，秦昭襄王二十九年，公元前278年。

 地圖注記・摹（地圖・5）：九員

 漆器 M6・8（雲夢・附二）：咸乙九

### 3202　馗蓬　馗（逵）

 睡簡・答問・199：是謂“逵卒”〖注〗《爾雅》：“逵，九達謂之逵。”

睡簡・答問・199：可（何）謂“逵卒”

### 3203　禽　禽

不其簋蓋（秦銅・3）：女（汝）多禽（擒）

不其簋蓋（秦銅・3）：余來歸獻禽（擒）〖注〗擒，擒獲。

滕縣不其簋器（秦銅・4）：女（汝）多禽（擒）

滕縣不其簋器（秦銅・4）：余來歸獻禽（擒）

石鼓文・鑾車（先鋒本）：迺禽□□

### 3204　离　离

秦印編 274：君有百离

### 3205　萬　萬

秦編鐘・乙鐘（秦銅・10.2）：大壽萬年

秦編鐘・乙鐘左鼓・摹（秦銅・11.6）：大壽萬年

秦編鐘・戊鐘（秦銅・10.5）：大壽萬年

秦鎛鐘・1 號鎛（秦銅・12.3）：大壽萬年

秦鎛鐘・2 號鎛（秦銅・12.6）：大壽萬年

秦公鎛鐘・摹（秦銅・16.2）：協龢萬民

秦公鎛鐘・摹（秦銅・16.3）：萬生（姓）是敕〖注〗萬姓，萬民，指一般民眾。

詛楚文・亞駝（中吳本）：枼（世）萬子孫

詛楚文·湫淵（中吳本）：茉（世）萬子孫

 詛楚文·巫咸（中吳本）：茉（世）萬子孫

 秦駰玉版·甲·摹：茉（世）萬子孫

 秦駰玉版·乙·摹：茉（世）萬子孫

 會稽刻石·宋刻本：兼聽萬事

 繹山刻石·宋刻本：世無萬數

 睡簡·爲吏·51：兹（慈）愛萬姓

 睡簡·效律·27：萬石一積而比黎之爲戶

 睡簡·答問·181：邦亡來通錢過萬

 睡簡·秦律·28：芻稾各萬石一積

 睡簡·秦律·28：咸陽二萬一積

 睡簡·秦律·26：櫟陽二萬石一積

 睡簡·秦律·26：咸陽十萬一積

 睡簡·秦律·21：萬石一積而比黎之爲戶

 睡簡·效律·38：櫟陽二萬石一積

里簡·J1（9）7正：陽陵褆陽士五（伍）小欬有貲錢萬一千二百七十一

 秦印編275：萬歲

 秦印編275：萬歲

 秦印編275：萬年

秦印編275：萬金

秦印編275：萬□

秦印編275：萬歲

秦印編275：萬歲

秦印編275：萬歲

集證·186.782：萬歲〖注〗萬歲，祈求長壽之辭。

集證·186.784：萬金

集證·199.54：千萬〖注〗千萬，吉語。

秦瓦（遺址·4.1）：萬歲

## 3206　虎　　禹

 秦公簋·器（秦銅·14.1）：鼏（宓）宅禹蹟（蹟）

睡簡·日甲·135正：禹須臾〖注〗禹，大禹，人名。

睡簡·日甲·111背：先爲禹除道

 睡簡·日甲·111背：禹步三〖注〗禹步，一種巫術的方法。

 睡簡·日甲·2背：禹以取桧（塗）山之女日也

 睡簡·日乙·106：禹步三

 睡簡·日乙·104：禹符

 關簡·345：禹步三

 關簡·339：禹步攢房禁

關簡・335：禹步三

關簡・340：禹步三

關簡・350：禹步三

關簡・329：復環禹步三步

關簡・326：禹步三步

關簡・327：乃禹步

關簡・376：禹步三步

關簡・332：禹步三步

關簡・342：禹步（三步）

帛書・病方・401：取禹竃□塞傷痏□

帛書・病方・442：禹步三

帛書・病方・97：鄉（鄕）人禹步三

帛書・病方・106：禹步三

帛書・病方・195：禹步三

帛書・病方・199：禹步三

帛書・病方・208：更名曰禹

帛書・病方・210：禹步三

秦印編275：王禹

秦印編275：鄭禹

秦印編275：姚禹

秦陶・569：左禹〖注〗禹，人名。

## 3207　　獸

石鼓文・鑾車（先鋒本）：獸鹿如□〖注〗獸，“狩”之本字。

睡簡・日甲・31背：人若鳥獸及六畜恆行人宮

睡簡・日甲・49背：鳥獸虫豸甚眾

睡簡・日甲・59背：□鳥獸能言

睡簡・秦律・6：百姓犬入禁苑中而不追獸及捕獸者

睡簡・秦律・6：其追獸及捕獸者

睡簡・秦律・6：百姓犬入禁苑中而不追獸及捕獸者

睡簡・秦律・6：其追獸及捕獸者

睡簡・秦律・120：其近田恐獸及馬牛出食稼者

龍簡・39・摹：及見獸出在外

龍簡・39：垣有壞決獸道出

龍簡・37：盜死獸直（值）賈（價）以閒（關）□

龍簡・89・摹：□獸得□

龍簡・85：中獸

龍簡・81・摹：□獸者

龍簡・27：禁毋敢取奐（壖）中獸

龍簡・79：其追獸□

龍簡・119・摹：唯毋令獸□

帛書・病方・237：取野獸肉食者五物之毛等

3208　甲　甲　**甲**审

杜虎符（秦銅・25）：兵甲之符

杜虎符（秦銅・25）：凡興士被甲

新郪虎符（集證・38）：凡興士被甲

新郪虎符（集證・38）：甲兵之符

新郪虎符・摹（集證・37）：凡興士被甲

新郪虎符・摹（集證・37）：甲兵之符

陽陵虎符（秦銅・97）：甲兵之符

十五年寺工鈹一・摹（秦銅・75）：工甲〖注〗甲，人名。

大墓殘磬（集證・67）：隹（惟）四年八月初吉甲申

大墓殘磬（集證・68）：□四年□初吉甲□

詛楚文・湫淵（中吳本）：飭（飭）甲氐（砥）兵

詛楚文・巫咸（中吳本）：飭（飭）甲氐（砥）兵

詛楚文・亞駝（中吳本）：飭（飭）甲氐（砥）兵

會稽刻石・宋刻本：數動甲兵

天簡32・乙：甲寅甲申乙卯

天簡32・乙：甲寅甲申乙卯

天簡29・乙：甲雨

天簡34・乙：甲辰旬申酉虛寅卯孤失虛左正西

天簡34・乙：正月甲乙雨禾

睡簡・效律・14：貲官嗇夫一甲

睡簡・效律・51：官嗇夫貲二甲

睡簡・效律・51：官嗇夫貲一甲

睡簡・效律・10：貲官嗇夫二甲

睡簡・效律・51：令、丞貲一甲

睡簡・日甲・88正：甲申

睡簡・日甲・98正：其日乙未、甲午、甲辰垣之

睡簡・日乙・225：甲申、甲辰、乙巳、乙未

睡簡・日乙・239：甲戌生

睡簡・日乙・144：甲辰、甲申、庚申、壬辰、壬申，吉

睡簡・效律・57：貲一甲

睡簡・答問・18：甲妻、子與甲同皋

睡簡・答問・169：貲二甲

睡簡・封診・86：有（又）訊甲室人甲到室居處及復（腹）痛子出狀

睡簡・雜抄・39：貲二甲

睡簡・日甲・88 正：甲辰

睡簡・日甲・98 正：其日乙未、甲午、甲辰垣之

睡簡・日乙・225：甲申、甲辰、乙巳、乙未

睡簡・日乙・239：好甲

睡簡・日乙・144：甲辰、甲申、庚申、壬辰、壬申，吉

睡簡・日乙・153：正月甲午、庚午、甲戌

睡簡・答問・8：或曰貲二甲

睡簡・答問・86：當貲二甲

睡簡・答問・84：士五（伍）甲

睡簡・答問・23：今盜盜甲衣

睡簡・答問・98：賊入甲室

睡簡・答問・98：賊傷甲

睡簡・答問・92：當貲二甲

睡簡・答問・9：甲盜

睡簡・答問・68：甲殺人

睡簡・答問・68：今甲病死已葬

睡簡・答問・68：人乃後告甲

睡簡・答問・68：問甲當論及收不當

睡簡・答問・67：甲可（何）論

睡簡・答問・67：甲謀遣乙盜殺人

睡簡・答問・6：問甲可（何）論

睡簡・答問・77：當貲一甲

睡簡・答問・71：士五（伍）甲毋（無）子

睡簡・答問・38：當貲二甲

睡簡・答問・36：甲有皋

睡簡・答問・33：甲當黥爲城旦

睡簡・答問・33：問甲及吏可（何）論

睡簡・答問・35：甲當耐爲隸臣

睡簡・答問・35：黥甲爲城旦

睡簡・答問・35：問甲及吏可（何）論

睡簡・答問・31：未啓當貲二甲

睡簡・答問・49：當貲二甲一盾

睡簡・答問・47：甲告乙盜牛

睡簡・答問・43：問甲可（何）論

睡簡・答問・44：甲告乙盜牛

睡簡・答問・44：問甲當論不當

睡簡・答問・45：卽端告曰甲盜牛

睡簡・答問・45：甲盜羊

睡簡·答問·5：人臣甲謀遣人妾乙盜主牛

睡簡·答問·50：上造甲盜一羊

睡簡·答問·10：甲盜不盈一錢

睡簡·答問·18：告甲

睡簡·答問·18：甲妻、子與甲同皋

睡簡·答問·183：甲誣乙通一錢黥城旦皋

睡簡·答問·184：貲一甲

睡簡·答問·122：甲有完城旦皋

睡簡·答問·122：今甲癘

睡簡·答問·122：問甲可（何）以論

睡簡·答問·12：甲往盜丙

睡簡·答問·12：甲乙雅不相智（知）

睡簡·答問·127：大夫甲堅鬼薪

睡簡·答問·127：今甲從事

睡簡·答問·127：問甲可（何）論

睡簡·答問·12：與甲言

睡簡·答問·168：甲取（娶）人亡妻以爲妻

睡簡·答問·169：貲二甲

睡簡·答問·166：女子甲爲人妻

睡簡·答問·167：甲弗告請（情）

睡簡·答問·167：女子甲去夫亡

睡簡·答問·163：今士五（伍）甲不會

睡簡·答問·161：貲二甲

睡簡·答問·160：貲一甲

睡簡·答問·173：甲、乙以其故相刺傷

睡簡·答問·175：貲二甲

睡簡·答問·138：甲捕乙

睡簡·答問·138：它如甲

睡簡·答問·138：問甲當購不當

睡簡·答問·139：當貲各二甲

睡簡·答問·136：問甲當購□幾可（何）

睡簡·答問·137：今甲捕得其八人

睡簡·答問·137：問甲當購幾可（何）

睡簡·答問·134：甲當購

睡簡·答問·134：甲告乙賊傷人

睡簡·答問·148：皆貲二甲

睡簡·答問·149：廷行事貲一甲

睡簡·答問·147：甲徙居

睡簡・答問・158：甲小未盈六尺

 睡簡・答問・153：當貲一甲

 睡簡・答問・150：廷行事貲一甲

 睡簡・答問・151：廷行［事］貲一甲

 睡簡・答問・101：當貲二甲

 睡簡・答問・11：甲盜錢以買絲

 睡簡・答問・119：甲賊傷人

 睡簡・封診・8：封有鞫者某里士五（伍）甲家室、妻、子、臣妾、衣器、畜產

 睡簡・封診・86：有（又）訊甲室人甲到室居處及復（腹）痛子出狀

 睡簡・封診・86：診甲前血出及癰狀

 睡簡・封診・84：丙債□甲

 睡簡・封診・84：甲懷子六月矣

 睡簡・封診・84：甲與丙相捽

 睡簡・封診・84：某里士五（伍）妻甲告曰

 睡簡・封診・85：別丙、甲

 睡簡・封診・85：今甲裹把子來詣自告

 睡簡・封診・20：甲、乙捕索（索）其室而得此錢、容（鎔）

 睡簡・封診・29：甲等而捕丁戊

 睡簡・封診・23：某里公士甲、士五（伍）乙詣牛一

 睡簡・封診・21：市南街亭求盜才（在）某里曰甲縛詣男子丙

 睡簡・封診・92：召甲等

 睡簡・封診・96：男子甲自詣

 睡簡・封診・93：甲等及里人弟兄及它人智（知）丙者

 睡簡・封診・91：卽疏書甲等名事關諜（牒）北（背）

 睡簡・封診・91：甲等難飲食焉

 睡簡・封診・91：某里公士甲等廿人詣里人士五（伍）丙

 睡簡・封診・68：卽令甲、女載丙死（屍）詣廷

 睡簡・封診・37：甲臣

 睡簡・封診・37：某里士五（伍）甲縛詣男子丙

 睡簡・封診・34：甲、丙戰刑（邢）丘城

 睡簡・封診・35：甲、丙得首殹

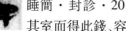 睡簡・封診・48：曻（遷）丙如甲告

睡簡・封診・50：甲親子同里士五（伍）丙不孝

 睡簡・封診・50：某里士五（伍）甲告曰

睡簡・封診・51：誠不孝甲所

睡簡・封診・51：甲親子

 睡簡・封診・18：自晝甲見丙陰市庸中

睡簡・封診・17：甲故士五（伍）

睡簡・封診・17：男子甲縛詣男子丙

睡簡・封診・15：某里公士甲自告曰

睡簡・秦律・97：不從令者貲一甲〖注〗甲，鎧甲。

睡簡・秦律・102：公甲兵各以其官名刻久（記）之〖注〗甲兵，武器。

睡簡・秦律・102：其叚（假）百姓甲兵

睡簡・秦律・165：貲官嗇夫二甲

睡簡・秦律・165：貲官嗇夫一甲

睡簡・秦律・115：貲二甲

睡簡・秦律・115：貲一甲

睡簡・雜抄・8：二甲

睡簡・雜抄・8：尉貲二甲

睡簡・雜抄・22：貲嗇夫二甲而濾（廢）

睡簡・雜抄・29：貲廄嗇夫一甲

睡簡・雜抄・26：車貲一甲

睡簡・雜抄・26：貲一甲

睡簡・雜抄・27：貲一甲

睡簡・雜抄・24：貲二甲

睡簡・雜抄・2：尉貲二甲

睡簡・雜抄・25：而貲工曰不可者二甲

睡簡・雜抄・25：貲一甲

睡簡・雜抄・21：令、丞各一甲

睡簡・雜抄・21：貲嗇夫二甲而濾（廢）

睡簡・雜抄・21：貲嗇夫一甲

睡簡・雜抄・2：貲二甲

睡簡・雜抄・20：貲嗇夫一甲

睡簡・雜抄・9：令、丞各一甲

睡簡・雜抄・9：令、尉貲各二甲

睡簡・雜抄・9：縣司馬貲二甲

睡簡・雜抄・6：二甲

睡簡・雜抄・6：貲一甲

睡簡・雜抄・39：貲二甲

睡簡・雜抄・36：稟伍二甲

睡簡・雜抄・36：貲一甲

睡簡・雜抄・33：貲二甲

睡簡・雜抄・33：貲各一甲

睡簡・雜抄・34：人貲二甲

睡簡・雜抄・3：貲二甲

睡簡・雜抄・42：使者貲二甲

 睡簡・雜抄・4:貲二甲

 睡簡・雜抄・40:貲各一甲

 睡簡・雜抄・5:居縣貲一甲

 睡簡・雜抄・18:丞、曹長一甲

 睡簡・雜抄・18:工師及丞貲各二甲

 睡簡・雜抄・12:貲一甲

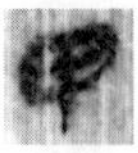 睡簡・雜抄・19:貲嗇夫一甲

 睡簡・雜抄・10:令、丞二甲

 睡簡・雜抄・16:敢深益其勞歲數者、貲一甲

 睡簡・雜抄・16:貲嗇夫一甲

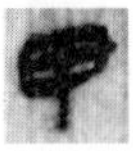 睡簡・雜抄・17:貲工師二甲

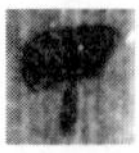 睡簡・雜抄・17:貲工師一甲

 睡簡・雜抄・10:司馬貲二甲

 睡簡・雜抄・14:貲二甲

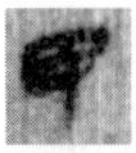 睡簡・雜抄・14:貲一甲

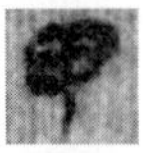 睡簡・雜抄・15:丞、庫嗇夫、吏貲二甲

 睡簡・雜抄・15:及令、丞貲各一甲

 睡簡・雜抄・11:皆貲二甲

 睡簡・雜抄・1:貲二甲

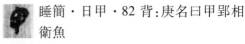

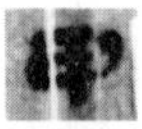 睡簡・日甲・8背:甲子午、庚辰、丁巳

 睡簡・日甲・82背:庚名曰甲郢相衛魚

 睡簡・日甲・84正:甲辰、甲申、甲寅

 睡簡・日甲・81背:甲盜名曰耤鄭壬𩞄强當良

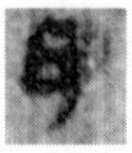 睡簡・日甲・24正:甲午、乙未、乙巳

 睡簡・日甲・90正・摹:甲辰

 睡簡・日甲・90正:甲午

 睡簡・日甲・98背:甲申

 睡簡・日甲・98背:甲寅

 睡簡・日甲・98正:四灋(廢)甲乙

 睡簡・日甲・9背:甲寅之旬

 睡簡・日甲・92正:甲辰、乙巳、丙午、戊辰、丙辰

 睡簡・日甲・97背・摹:甲子

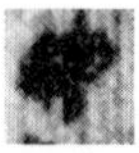 睡簡・日甲・93正:甲申、乙巳

 睡簡・日甲・94正:庚午、庚子、甲午

 睡簡・日甲・68正:甲乙有疾

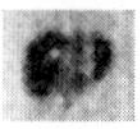 睡簡・日甲・72正:甲有閒

 睡簡・日甲・74正:甲乙病

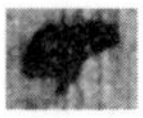 睡簡・日甲・44正:是胃(謂)六甲相逆

睡簡·日甲·100 背:甲辰

睡簡·日甲·100 背:甲戌

睡簡·日甲·108 正:七月八月甲丁庚

睡簡·日甲·108 正:十一月十二月戊辛甲

睡簡·日甲·102 背:春三月甲乙

睡簡·日甲·102 正:秋三月甲乙

睡簡·日甲·109 背:九月甲子

睡簡·日甲·109 背:六月甲子

睡簡·日甲·109 背:十二月甲子以以行〖編者按〗下“以”字衍。

睡簡·日甲·104 正:三月甲

睡簡·日甲·1 背:秋三月季甲乙

睡簡·日甲·129 背:癸巳、乙巳、甲戌

睡簡·日甲·126 背:以甲子、寅、辰東徙

睡簡·日甲·132 正:毋以癸甲西南行

睡簡·日甲·136 正:四月甲皀

睡簡·日甲·135 正:甲乙壬癸丙丁日中行

睡簡·日甲·135 正:壬癸庚辛甲乙夕行

睡簡·日甲·115 背:戊、巳、癸、甲

睡簡·日乙·殘6:甲

睡簡·日乙·殘3:□居室唯甲寅甚害□

睡簡·日乙·202:甲乙死者

睡簡·日乙·207:甲乙死者

睡簡·日乙·229:壬子、甲子、丙子、戊子、庚子

睡簡·日乙·223:冬三月甲乙死者

睡簡·日乙·230:壬午、甲午、丙午、戊午、庚

睡簡·日乙·238:甲子生

睡簡·日乙·236:甲寅、乙丑、乙巳

睡簡·日乙·236:甲子到乙亥是右〈君〉也

睡簡·日乙·236:戊戌、庚戌、壬戌、甲戌、丙戌

睡簡·日乙·242:甲午生

睡簡·日乙·249:甲失火

睡簡·日乙·244:甲辰生

睡簡·日乙·241:甲申生

睡簡·日乙·253:甲亡

睡簡·日乙·217:甲乙死者

睡簡·日乙·91:四月甲皀

睡簡·日乙·68:甲申

睡簡·日乙·68:甲寅、午

睡簡・日乙・66：甲戌、乙巳、癸酉、丁未、癸丑、□寅、己卯

睡簡・日乙・67：甲乙榆

睡簡・日乙・70：甲辰

睡簡・日乙・70：甲午、寅

睡簡・日乙・78・摹：甲子、申

睡簡・日乙・72：甲子、辰

睡簡・日乙・76：甲辰

睡簡・日乙・37：甲申

睡簡・日乙・35：甲申、辰

睡簡・日乙・189：甲乙夢被黑裘衣寇〈冠〉

睡簡・日乙・185：□甲乙病

睡簡・日乙・181：甲乙有疾

睡簡・日乙・125・摹：甲子、乙丑

睡簡・日乙・141：久宦者毋以甲寅到室

睡簡・日乙・153・摹：七月甲子

睡簡・日乙・153：五月甲午、庚午

睡簡・日乙・153：正月甲午、庚午、甲戌

睡簡・日乙・110：秋三月甲乙

睡簡・日乙・113：五酉、甲辰、丙寅

睡簡・日乙・111：季秋甲乙

睡簡・爲吏・21：兵甲工用

睡簡・效律・23：貲官嗇夫二甲

睡簡・效律・23：貲官嗇夫一甲

睡簡・效律・9：貲官嗇夫一甲

睡簡・效律・3：貲官嗇夫一甲

睡簡・效律・42：貲官嗇夫一甲

睡簡・效律・46：貲工及吏將者各二甲

睡簡・效律・47：貲各一甲

睡簡・效律・41：甲旅札贏其籍及不備者

睡簡・效律・59：貲官嗇夫一甲

睡簡・效律・57：貲一甲

岳山牘・M36：43 正：癸巳、乙巳、甲戌

岳山牘・M36：43 正：甲申、乙卯

岳山牘・M36：43 正：戊寅、戊午、甲午

岳山牘・M36：43 正：甲午、甲寅

岳山牘・M36：43 正：甲午、甲寅

岳山牘・M36：43 正：甲申、乙巳、乙卯

岳山牘・M36：43 正：甲午、庚午、戊午、甲寅、丙寅

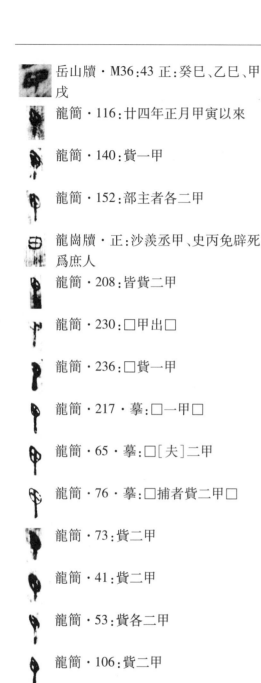

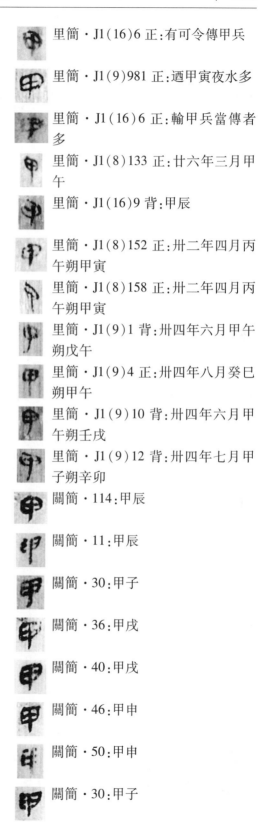

岳山牘・M36:43 正:癸巳、乙巳、甲戌

龍簡・116:廿四年正月甲寅以來

龍簡・140:貲一甲

龍簡・152:部主者各二甲

龍崗牘・正:沙羨丞甲、史丙免辟死爲庶人

龍簡・208:皆貲二甲

龍簡・230:□甲出□

龍簡・236:□貲一甲

龍簡・217・摹:□一甲□

龍簡・65・摹:□[夫]二甲

龍簡・76・摹:□捕者貲二甲□

龍簡・73:貲二甲

龍簡・41:貲二甲

龍簡・53:貲各二甲

龍簡・106:貲二甲

龍簡・120:貲一甲

龍簡・132:□貲租者一甲□

龍簡・139・摹:其部□貲二甲

龍簡・152:令、丞、令史各一甲

里簡・J1(16)6 正:有可令傳甲兵

里簡・J1(9)981 正:迺甲寅夜水多

里簡・J1(16)6 正:輸甲兵當傳者多

里簡・J1(8)133 正:廿六年三月甲午

里簡・J1(16)9 背:甲辰

里簡・J1(8)152 正:卅二年四月丙午朔甲寅

里簡・J1(8)158 正:卅二年四月丙午朔甲寅

里簡・J1(9)1 背:卅四年六月甲午朔戊午

里簡・J1(9)4 正:卅四年八月癸巳朔甲午

里簡・J1(9)10 背:卅四年六月甲午朔壬戌

里簡・J1(9)12 背:卅四年七月甲子朔辛卯

關簡・114:甲辰

關簡・11:甲辰

關簡・30:甲子

關簡・36:甲戌

關簡・40:甲戌

關簡・46:甲申

關簡・50:甲申

關簡・30:甲子

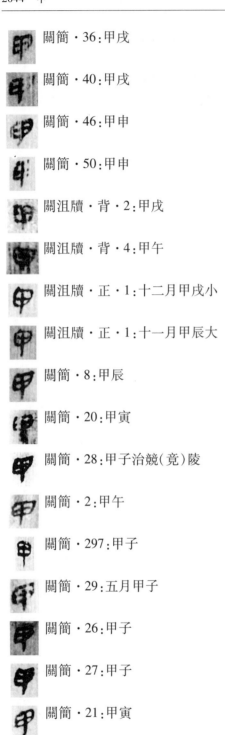
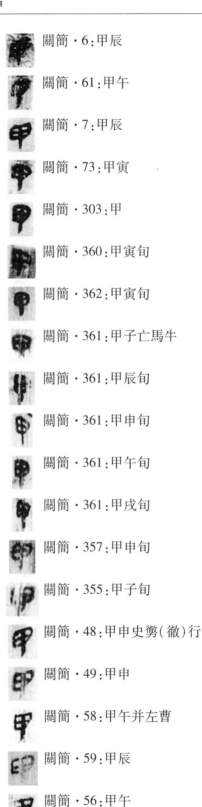

關簡・36：甲戌

關簡・40：甲戌

關簡・46：甲申

關簡・50：甲申

關沮牘・背・2：甲戌

關沮牘・背・4：甲午

關沮牘・正・1：十二月甲戌小

關沮牘・正・1：十一月甲辰大

關簡・8：甲辰

關簡・20：甲寅

關簡・28：甲子治競（竟）陵

關簡・2：甲午

關簡・297：甲子

關簡・29：五月甲子

關簡・26：甲子

關簡・27：甲子

關簡・21：甲寅

關簡・92：甲子

關簡・9：甲辰

關簡・6：甲辰

關簡・61：甲午

關簡・7：甲辰

關簡・73：甲寅

關簡・303：甲

關簡・360：甲寅旬

關簡・362：甲寅旬

關簡・361：甲子亡馬牛

關簡・361：甲辰旬

關簡・361：甲申旬

關簡・361：甲午旬

關簡・361：甲戌旬

關簡・357：甲申旬

關簡・355：甲子旬

關簡・48：甲申史券（徹）行

關簡・49：甲申

關簡・58：甲午并左曹

關簡・59：甲辰

關簡・56：甲午

關簡·10:甲辰

 關簡·18:甲寅宿都鄉

 關簡·19:甲寅

 關簡·169:甲

 關簡·1:六月甲午

 關簡·17:甲寅

 關簡·135:甲

 帛書·病方·382:若不能桼(漆)甲兵

帛書·病方·347:去其甲足

 秦印編275:乘馬甲

 秦印編275:李甲

 秦印編275:孟甲

 秦印編275:趙甲

 秦印編275:楊甲

 秦印編275:宮甲

 秦陶A·4.10:甲

 秦陶·402:甲

 秦陶·445:甲

 秦陶·475:甲

秦陶·918:宮甲

漆器M6·14(雲夢·附二):咸甲

漆器M8·2(雲夢·附二):咸甲

漆器M13·32(雲夢·附二):小女子甲

3209　　ㄟ　　乙

商鞅方升(秦銅·21):冬十二月乙酉

十六年少府戈(珍金·102):十六年少府工師乙〖注〗乙,人名。

十六年少府戈·摹(珍金·102):十六年少府工師乙

十九年寺工鈹一·摹(秦銅·86):子乙六〖注〗子乙六,編號。

二號坑馬飾文·摹(集證·240):乙十八

天簡32·乙:甲寅、甲申、乙卯

天簡32·乙:乙酉

天簡34·乙:正月甲乙雨

睡簡·日乙·181:甲乙有疾

睡簡·日乙·125:甲子、乙丑

睡簡·日乙·148:祠親,乙丑吉

睡簡·日乙·111:季秋甲乙

睡簡·日甲·88正:乙未

睡簡·日甲·86正:乙丑

睡簡・日甲・78 正：乙丑

睡簡・日乙・225：乙巳

睡簡・日乙・236：甲寅、乙丑、乙巳

睡簡・封診・73：自宵臧（藏）乙復（複）結衣一乙房内中

睡簡・日甲・80 正：乙丑

睡簡・日甲・88 正：乙亥

睡簡・日甲・82 正：乙丑

睡簡・日甲・86 正：乙酉

睡簡・日甲・78 正：乙亥

睡簡・日甲・113 背：乙丑

睡簡・日乙・225：乙未

睡簡・日乙・236：乙巳

睡簡・日甲・80 正：乙酉

睡簡・日甲・88 正：乙巳

睡簡・日甲・82 正：乙酉

睡簡・日甲・86 正：乙巳

睡簡・答問・205：甲把其衣錢匿臧（藏）乙室

睡簡・答問・205：欲令乙爲盜

睡簡・答問・9：問乙可（何）論

睡簡・答問・9：乙智（知）其盜

睡簡・答問・67：甲謀遣乙盜殺人

睡簡・答問・42：甲誣駕（加）乙五十

睡簡・答問・4：甲謀遣乙盜

睡簡・答問・46：問乙可（何）論

睡簡・答問・47：甲告乙盜牛

睡簡・答問・47：今乙盜羊

睡簡・答問・43：甲告乙盜牛若賊傷人

睡簡・答問・43：今乙不盜牛、不傷人

睡簡・答問・44：甲告乙盜牛

睡簡・答問・44：今乙賊傷人

睡簡・答問・45：問乙爲誣人

睡簡・答問・45：乙智（知）

睡簡・答問・4：乙且往盜

睡簡・答問・5：人臣甲謀遣人妾乙盜主牛

睡簡・答問・10：問乙論可（何）殹

睡簡・答問・10：行乙室

睡簡・答問・10：乙弗覺

睡簡・答問・183：甲誣乙通一錢黥城旦皋

睡簡·答問·12：甲乙雅不相智（知）

睡簡·答問·12：乙亦往盜丙

睡簡·答問·167：男子乙亦闌亡

睡簡·答問·167：乙卽弗棄

睡簡·答問·173：甲、乙以其故相刺傷

睡簡·答問·138：甲捕乙

睡簡·答問·138：已論耐乙

睡簡·答問·139：問吏及乙論可（何）殹

睡簡·答問·139：以畀乙

睡簡·答問·134：甲告乙賊傷人

睡簡·答問·134：問乙賊殺人

睡簡·答問·11：寄乙，乙受

睡簡·答問·11：乙論可（何）殹

睡簡·封診·83：見乙有結復（複）衣

睡簡·封診·20：甲、乙捕索（索）其室而得此錢、容（鎔）

睡簡·封診·27：首人以此弩矢□乙

睡簡·封診·23：某里公士甲、士五（伍）乙詣牛一

睡簡·封診·95：乙、丙相與奸

睡簡·封診·73：某里士五（伍）乙告曰

睡簡·封診·73：乙獨與妻丙晦臥堂上

睡簡·封診·73：自宵臧（藏）乙復（複）結衣一乙房內中

睡簡·封診·75：與鄉□隸臣某卽乙、典丁診乙房內

睡簡·封診·42：丙，乙妾殹（也）

睡簡·封診·42：某里五大夫乙家吏

睡簡·封診·42：乙使甲曰

睡簡·封診·43：某里五大夫乙家吏甲詣乙妾丙

睡簡·日甲·80 正：乙巳

睡簡·日甲·82 背：辛名曰秦桃乙忌慧

睡簡·日甲·82 正：乙巳

睡簡·日甲·81 背：乙名曰舍徐可不詠亡惪（憂）

睡簡·日甲·98 背：乙卯

睡簡·日甲·98 背：乙酉

睡簡·日甲·98 正：其日乙未、甲午、甲辰垣之

睡簡·日甲·98 正：四瀘（廢）甲乙

睡簡·日甲·92 正：甲辰、乙巳、丙午、戊辰、丙辰

睡簡·日甲·97 背：乙未

睡簡·日甲·93 正：甲申、乙巳

睡簡·日甲·68 正：甲乙有疾

睡簡・日甲・73 正:乙酢

睡簡・日甲・74 正:甲乙病

睡簡・日甲・100 背:乙亥

睡簡・日甲・100 背:乙巳

睡簡・日甲・108 正:五月六月乙戊辛

睡簡・日甲・102 背:春三月甲乙

睡簡・日甲・102 正:秋三月甲乙

睡簡・日甲・109 背:七月乙丑

睡簡・日甲・109 背:十月乙丑

睡簡・日甲・109 背:四月乙丑

睡簡・日甲・109 背:正月乙丑

睡簡・日甲・104 正:十二月乙

睡簡・日甲・104 正:四月乙

睡簡・日甲・1 背:秋三月季甲乙

睡簡・日甲・129 背:癸巳、乙巳、甲戌

睡簡・日甲・132 正:毋以乙丙西北行

睡簡・日甲・136 背:春之乙亥

睡簡・日甲・137 背:正月乙卯

睡簡・日甲・137 正:五月乙臽

睡簡・日甲・135 正:甲乙壬癸丙丁日中行

睡簡・日甲・135 正:壬癸庚辛甲乙夕行

睡簡・日甲・149 背:田亳主以乙巳死

睡簡・日甲・141 正:乙亥生子

睡簡・日甲・141 正:乙卯生子

睡簡・日甲・141 正:乙巳生子

睡簡・日甲・141 正:乙未生子

睡簡・日甲・155 正:乙酉

睡簡・日甲・119 背:入七月七日日乙酉

睡簡・日甲・119 背:乙丑

睡簡・日甲・113 背:乙丑

睡簡・日甲・113 背:乙巳

睡簡・日甲・113 背:乙酉

睡簡・日甲・114 背:入十月十日乙酉、十一月丁酉材(裁)衣

睡簡・日乙・殘 8:□乙酉不可家□

睡簡・日乙・殘 4:□酉乙亥未辛酉可□

睡簡・日乙・殘 1□:□巳乙未□

睡簡・日乙・202:甲乙死者

睡簡・日乙・207:甲乙死者

睡簡・日乙・228：乙丑

睡簡・日乙・226：乙卯

睡簡・日乙・223：冬三月甲乙死者

睡簡・日乙・225：乙酉

睡簡・日乙・238：乙丑生

睡簡・日乙・239：乙亥生

睡簡・日乙・236：甲子到乙亥是右〈君〉也

睡簡・日乙・234：乙巳

睡簡・日乙・231：乙亥

睡簡・日乙・249：乙失火

睡簡・日乙・245：乙卯生

睡簡・日乙・241：乙酉生

睡簡・日乙・254：乙亡

睡簡・日乙・217：甲乙死者

睡簡・日乙・92：五月乙臽

睡簡・日乙・68：乙丑

睡簡・日乙・66：乙巳

睡簡・日乙・67：甲乙榆

睡簡・日乙・64：壬辰乙巳

睡簡・日乙・70：其忌乙巳

睡簡・日乙・78：乙□

睡簡・日乙・72：乙亥、酉

睡簡・日乙・76：乙巳

睡簡・日乙・38：乙亥

睡簡・日乙・39：乙亥

睡簡・日乙・35：乙亥

睡簡・日乙・31：乙酉

睡簡・日乙・40：乙戶

睡簡・日乙・46：乙巳及丑黍

睡簡・日乙・101：十一月乙卯天臽

睡簡・日乙・189：甲乙夢被黑裘衣寇〈冠〉

睡簡・日乙・184：乙酢（作）

睡簡・日乙・185：□甲乙病

睡簡・日乙・110：秋三月甲乙

岳山牘・M36：43 正：乙巳

岳山牘・M36：43 正：乙卯

岳山牘・M36：43 正：乙巳

岳山牘・M36：43 正：乙巳

岳山牘・M36:43 正:乙巳

龍簡・98・幕:廿五年四月乙亥以來□馬牛羊□

里簡・J1(9)9 背:卅五年四月己未朔乙丑

里簡・J1(9)10 背:卅五年四月己未朔乙丑

里簡・J1(9)10 正:四月乙酉

里簡・J1(9)12 背:卅五年四月己未朔乙丑

里簡・J1(9)1 背:卅五年四月己未朔乙丑

里簡・J1(9)3 背:卅五年四月己未朔乙丑

里簡・J1(9)6 背:卅五年四月己未朔乙丑

里簡・J1(9)7 背:卅五年四月己未朔乙丑

里簡・J1(9)8 背:卅五年四月己未朔乙丑

里簡・J1(9)11 背:卅五年四月己未朔乙丑

關簡・1:四月乙未

關簡・115:乙巳

關簡・19:乙卯宿競(竟)陵

關簡・167:乙

關簡・17:乙卯

關簡・11:乙巳

關簡・37:乙亥

關簡・31:乙丑

關簡・47:乙酉

關簡・51:乙酉

關簡・37:乙亥

關簡・31:乙丑

關簡・47:乙酉

關簡・51:乙酉

關沮牘・背・3:乙酉

關沮牘・背・4:乙未

關沮牘・正・1:十月乙亥小

關簡・8:乙巳

關簡・20:乙卯

關簡・28:乙丑史但戠(繫)

關簡・22:乙卯

關簡・29:三月乙丑治競(竟)陵

關簡・27:乙丑

關簡・21:乙卯

關簡・2:乙未

關簡・93:乙丑

關簡・91：九月乙亥大

關簡・9：乙巳

關簡・60：乙巳

關簡・62：乙未

關簡・71：乙卯

關簡・7：乙巳

關簡・30：乙丑

關簡・39：乙亥

關簡・364：乙未去宛

關簡・49：乙酉

關簡・41：乙亥

關簡・57：乙未

關簡・57：乙未宿尋平

關簡・105：乙未

關簡・10：乙巳

關簡・18：乙卯

關簡・12：乙巳

關簡・135：乙

秦印編275：李乙

秦印編275：鄒乙

秦印編275：馬乙

漆器M9・6（雲夢・附二）：咸乙四

漆器M9・6（雲夢・附二）：咸乙四

漆器M6・8（雲夢・附二）：咸乙九

### 3210　乾乾　乾乾

睡簡・封診・89：皆言甲前旁有乾血

睡簡・日甲・39背：水則乾

睡簡・日甲・51背：其居所水則乾

睡簡・日乙・166：乾肉從東方來

關簡・309：縣（懸）陰所，乾

關簡・321：大如扁（蝙）蝠矢而乾之

關簡・378：□之乾

帛書・灸經甲・60：甚則嗌乾

帛書・病方・23：乾而冶

帛書・病方・25：取薺孰（熟）乾實

帛書・病方・42：陰乾百日

帛書・病方・47：熨乾更爲

帛書・病方・127：□而乾

帛書・病方・129：十歲以前藥乃乾

帛書・病方・165：陰乾

帛書・病方・226：其藥曰陰乾黃牛膽〖注〗陰乾黃牛膽,卽牛膽。

帛書・病方・249：乾薑（薑）二果（顆）

帛書・病方・250：取菑莖乾冶二升

帛書・病方・258：涂（塗）乾

帛書・病方・266：令之乾

帛書・病方・309：乾,以汁弁之

帛書・病方・321：乾,有（又）傅之

帛書・病方・356：乾而傅之

帛書・病方・360：乾,去□目□

帛書・病方・360：乾加（痂）

帛書・病方・379：乾,復傅之

帛書・病方・414：善洒,乾

帛書・病方・416：乾而復傅者□

帛書・病方・418：乾騷（瘙）

帛書・病方・422：乾夸（刳）竈

帛書・病方・461：乾之

帛書・病方・殘13：□乾□

帛書・灸經甲・53：口乾

秦印編275：茅乾滑

## 3211　亂　　亂

詛楚文・湫淵（中吳本）：淫半（泆）甚（耽）亂

詛楚文・巫咸（中吳本）：淫半（泆）甚（耽）亂

詛楚文・亞駝（中吳本）：淫半（泆）甚（耽）亂

繹山刻石・宋刻本：追念亂世

會稽刻石・宋刻本：亂賊滅亡

繹山刻石・宋刻本：討伐亂逆

睡簡・爲吏・27：發正亂昭〖注〗亂,治。

關簡・191：占約結,相捵亂也〖注〗捵,通“抵”。亂,通“讕”。捵亂,卽抵讕,拒不承認。

帛書・足臂・21：三陰之病亂

## 3212　尤　　尤

帛書・病方・102：卽拔尤（疣）去之

帛書・病方・102：以久（灸）尤（疣）末

帛書・病方・102：尤（疣）

帛書・病方・103：令尤（疣）者抱禾

帛書・病方・103：吾尤（疣）

帛書・病方・104：騷（掃）尤（疣）北

帛書・病方・106：靡（磨）尤（疣）北

帛書・病方・111：祝尤（疣）

帛書・病方・目錄：去人馬尤（疣）〖注〗馬疣，古病名。

秦印編276：尤衛

## 3213　丙　丙

木車馬銀環文字・摹（集證・239）：丙〖注〗丙，編號。

十五年寺工鈹一・摹（秦銅・75）：丙□

石鼓文・吾水（先鋒本）：日佳（惟）丙申

二號坑馬飾文・摹（集證・240）：丙七三

睡簡・答問・12：甲往盜丙

睡簡・答問・12：乙亦往盜丙

睡簡・日甲・92 正：丙辰

睡簡・日甲・95 正：其日丙午、丁酉、丙申垣之

睡簡・日乙・224：丙寅、丙子

睡簡・日乙・224：丙寅、丙子

睡簡・日甲・83 正：丙午

睡簡・日甲・83 正：丙寅

睡簡・答問・173：丙弗智（知）

睡簡・答問・173：丙論可（何）殹

睡簡・答問・173：甲、乙交與女子丙奸

睡簡・封診・84：丙債□甲

睡簡・封診・84：甲與丙相捽

睡簡・封診・84：自晝與同里大女子丙鬭

睡簡・封診・85：別丙、甲

睡簡・封診・22：丙盜此馬、衣

睡簡・封診・21：市南街亭求盜才（在）某里曰甲縛詣男子丙

睡簡・封診・92：丙家節（即）有祠

睡簡・封診・93：皆莫肯與丙共梧（杯）器

睡簡・封診・93：亦未嘗召丙飲

睡簡・封診・95：某里士五（伍）甲詣男子乙、女子丙

睡簡・封診・95：乙、丙相與奸

睡簡・封診・91：丙有寧毒言

睡簡・封診・91：某里公士甲等廿人詣里人士五（伍）丙

睡簡・封診・68：即令甲、女載丙死（屍）詣廷

睡簡・封診・62：訊甲亭人及丙

睡簡・封診・38：甲未賞（嘗）身免丙

睡簡・封診・32：今日見丙戲旞

睡簡・封診・39：令令史某診丙

 睡簡・封診・37：丙，甲臣

 睡簡・封診・37：某里士五（伍）甲縛詣男子丙

 睡簡・封診・34：甲、丙戰刑（邢）丘城

 睡簡・封診・35：甲、丙得首殹

 睡簡・封診・35：甲、丙相與爭

 睡簡・封診・48：罷（遷）丙如甲告

 睡簡・封診・42：丙，乙妾殹

 睡簡・封診・52：訊丙

 睡簡・封診・50：甲親子同里士五（伍）丙不孝

 睡簡・封診・53：丙毋（無）麋（眉）

 睡簡・封診・51：丞某訊丙

 睡簡・封診・51：與牢隷臣某執丙

 睡簡・封診・18：自晝甲見丙陰市庸中

 睡簡・封診・16：告丙

 睡簡・封診・16：卽令［令］史某往執丙

 睡簡・封診・17：丙坐賊人□命

 睡簡・封診・17：男子甲縛詣男子丙

 睡簡・日甲・82 背：癸名曰陽生先智丙

 睡簡・日甲・83 正：丙子

 睡簡・日甲・81 背：丙名曰轓可癸上

 睡簡・日甲・98 背：丙午

 睡簡・日甲・98 背：丙子

 睡簡・日甲・92 正：丙午

 睡簡・日甲・99 正：四灒（廢）丙丁

 睡簡・日甲・95 正：其日丙午、丁酉、丙申垣之

 睡簡・日甲・70 正：丙丁有疾

 睡簡・日甲・76 正：丙丁病

 睡簡・日甲・74 正：丙有閒

 睡簡・日甲・56 正：丙申以就（僦）

 睡簡・日甲・100 背：丙申

 睡簡・日甲・100 背：丙寅

 睡簡・日甲・108 正：九月十月癸己丙

 睡簡・日甲・102 正：冬三月丙丁

 睡簡・日甲・109 背：八月丙寅

 睡簡・日甲・109 背：十一月丙寅

 睡簡・日甲・109 背：五月丙寅

 睡簡・日甲・104 正：七月丙

睡簡・日甲・101 背:丙辰

睡簡・日甲・101 背:丙戌

睡簡・日甲・1 背:冬三月季丙丁

睡簡・日甲・120 背:丙申

睡簡・日甲・120 背:秋丙、庚、辛材(裁)衣

睡簡・日甲・125 背:祠史先龍丙望

睡簡・日甲・132 正:毋以乙丙西北行

睡簡・日甲・139 背:四月丙午

睡簡・日甲・137 背:四月丙午

睡簡・日甲・135 正:甲乙壬癸丙丁日中行

睡簡・日甲・135 正:戊己丙丁庚辛旦行

睡簡・日甲・142 正:丙辰生子

睡簡・日甲・142 正:丙申生子

睡簡・日甲・142 正:丙午生子

睡簡・日甲・142 正:丙戌生子

睡簡・日甲・142 正:丙子生子

睡簡・日甲・154 正:丙寅以求人

睡簡・日甲・151 背:丙及寅禾

睡簡・日甲・116 背:丙申、丁亥

睡簡・日甲・116 背:秋丙、庚、辛材(裁)衣

睡簡・日乙・殘 8:□丙子□

睡簡・日乙・208:丙丁死者

睡簡・日乙・203:丙丁死者

睡簡・日乙・229:丙子

睡簡・日乙・224:丙申

睡簡・日乙・230:丙午

睡簡・日乙・238:丙寅生

睡簡・日乙・236:丙戌

睡簡・日乙・237:丙辰

睡簡・日乙・240:丙子生

睡簡・日乙・249:丙失火

睡簡・日乙・243:丙申生

睡簡・日乙・244:丙午

睡簡・日乙・245:丙辰生

睡簡・日乙・241:丙戌生

睡簡・日乙・255:丙亡

睡簡・日乙・213:丙丁死者

睡簡・日乙・94:七月丙臽

睡簡・日乙・68：丙辰

睡簡・日乙・67：丙丁棗

睡簡・日乙・70：丙寅

睡簡・日乙・72：丙寅

睡簡・日乙・79：丙丁火

睡簡・日乙・76：丙辰

睡簡・日乙・76：丙午

睡簡・日乙・74：丙辰

睡簡・日乙・75：丙辰

睡簡・日乙・75：丙申

睡簡・日乙・37：丙申

睡簡・日乙・34：丙寅、庚寅

睡簡・日乙・40：丙丁竈

睡簡・日乙・46：丙及寅禾

睡簡・日乙・52：祠史先龍丙望

睡簡・日乙・187：丙丁病

睡簡・日乙・183：丙丁有疾

睡簡・日乙・190：丙丁夢□

睡簡・日乙・144：毋以丙、丁、戊、壬□

睡簡・日乙・153：四月丙子

睡簡・日乙・110：冬三月丙丁

睡簡・日乙・113：五酉、甲辰、丙寅

睡簡・日乙・111：季冬丙丁

睡簡・爲吏・22：廿五年閏再十二月丙午朔辛亥

睡簡・語書・1：廿年四月丙戌朔丁亥

岳山牘・M36：43 正：丙辰、乙巳、丙午

龍崗牘・正・摹：九月丙申

龍崗牘・正・摹：沙羨丞甲、史丙免辟死爲庶人

里簡・J1(8)152 正：卅二年四月丙午朔甲寅

里簡・J1(8)156：四月丙午朔癸丑

里簡・J1(8)158 背：四月丙辰旦

里簡・J1(8)158 正：卅二年四月丙午朔甲寅

里簡・J1(9)1 正：卅三年四月辛丑朔丙午

里簡・J1(9)5 正：卅三年四月辛丑朔丙午

里簡・J1(9)8 正：卅三年四月辛丑朔丙午

里簡・J1(9)10 正：卅三年四月辛丑朔丙午

里簡・J1(9)981 正：卅年九月丙辰朔己巳

里簡・J1(16)5 背：丙辰水下四刻

里簡・J1(16)5 背:三月丙辰

里簡・J1(8)134 正:廿六年八月庚戌朔丙子

關簡・38:丙子

關簡・48:丙戌

關簡・42:丙子

關簡・52:丙戌

關簡・38:丙子

關簡・48:丙戌

關簡・42:丙子

關簡・52:丙戌

關簡・8:丙午

關簡・89:丙子大

關簡・20:丙辰治競(竟)陵

關簡・28:丙寅

關簡・286:丙

關簡・2:丙申

關簡・22:丙辰

關簡・299:丙子

關簡・23:丙辰

關簡・9:丙午

關簡・63:丙申

關簡・61:丙午

關簡・70:十一月丙戌小

關簡・30:丙寅治競(竟)陵

關簡・32:丙寅

關簡・40:丙子

關簡・41:丙子

關簡・50:丙戌後事已

關簡・58:丙申

關簡・59:丙辰

關簡・51:丙戌

關簡・10:丙午

關簡・106:丙申

關簡・18:丙辰

關簡・12:丙午

關簡・1:二月丙申宿競(竟)陵

關簡・19:丙辰守丞登、史豎除

關簡・165:丙

關簡·13:丙午

 關簡·136:丙

 關簡·11:丙午

 秦印編276:據丙

 秦印編276:丙筍

 秦陶·466:丙

 秦陶 A·1.6:宮丙

3214　　丁

丁　金銀泡(序號18)·摹(集證·228~237):丁

丁　金銀泡(序號19)·摹(集證·228~237):丁

丁　金銀泡(序號20)·摹(集證·228~237):丁

丁　金銀泡(序號21)·摹(集證·228~237):丁

丁　金銀泡(序號22)·摹(集證·228~237):丁

丁　金銀泡(序號23)·摹(集證·228~237):丁

丁　金銀泡(序號24)·摹(集證·228~237):丁

丁　金銀泡(序號28)·摹(集證·228~237):丁

丁　金銀泡(序號39)·摹(集證·228~237):丁

丁　金銀泡(序號77)·摹(集證·228~237):丁

丁　金銀泡(序號79)·摹(集證·228~237):丁

丁　金銀泡(序號80)·摹(集證·228~237):丁

丁　金銀泡(序號81)·摹(集證·228~237):丁

丁　金銀泡(序號82)·摹(集證·228~237):丁

丁　金銀泡(序號83)·摹(集證·228~237):丁

丁　金銀泡(序號87)·摹(集證·228~237):丁

丁　金銀泡(序號109)·摹(集證·228~237):丁

丁　金銀泡(序號110)·摹(集證·228~237):丁

丁　金銀泡(序號111)·摹(集證·228~237):丁

丁　金銀泡(序號112)·摹(集證·228~237):丁

丁　金銀泡(序號113)·摹(集證·228~237):丁

丁　金銀泡(序號115)·摹(集證·228~237):丁

丁　金銀泡(序號118)·摹(集證·228~237):丁

丁　金銀泡(序號119)·摹(集證·228~237):丁

丁　金銀泡(序號120)·摹(集證·228~237):丁

丫　二號坑馬飾文·摹(集證·240):丁六

　　睡簡·日乙·116:丁酉

　　睡簡·日乙·115:丁酉

　　睡簡·日乙·111:季冬丙丁

　　睡簡·日甲·80正:丁巳

睡簡・日甲・83 正：丁巳

睡簡・日乙・殘 7：丁未

睡簡・日乙・116：丁亥

睡簡・日乙・115：丁亥

睡簡・日乙・殘 7：丁丑

睡簡・封診・29：丁與戊去亡

睡簡・封診・25：丁與此首人强攻羣盜人

睡簡・封診・25：某亭校長甲、求盜才（在）某里曰乙、丙縛詣男子丁

睡簡・封診・32：已診丁

睡簡・封診・53：丁言曰

睡簡・封診・53：令醫丁診之

睡簡・封診・15：以五月晦與同里士五（伍）丙盜某里士五（伍）丁千錢

睡簡・秦律・61：隷臣欲以人丁粼者二人贖〔注〕粼，疑讀爲“齡”。丁齡，卽丁年，丁壯之年。

睡簡・秦律・61：其老當免老、小高五尺以下及隷妾欲以丁粼者一人贖

睡簡・日甲・80 正：丁巳、丁未、戊戌、戊辰、戊子

睡簡・日甲・8 背：甲子午、庚辰、丁巳

睡簡・日甲・83 正：丁未

睡簡・日甲・81 背：丁名曰浮妾榮辨僕上

睡簡・日甲・81 正：女子龍丁

睡簡・日甲・98 背：丁丑

睡簡・日甲・98 背：丁未

睡簡・日甲・99 正：四瀀（廢）丙丁

睡簡・日甲・95 正：其日丙午、丁酉、丙申垣之

睡簡・日甲・6 背：丁巳以出女

睡簡・日甲・78 正：丁丑亥

睡簡・日甲・74 正：丁酢

睡簡・日甲・31 正：凡丁丑不可以葬

睡簡・日甲・100 背：丁卯

睡簡・日甲・100 背：丁酉

睡簡・日甲・108 正：七月八月甲丁庚

睡簡・日甲・102 正：冬三月丙丁

睡簡・日甲・103 背：夏三月丙丁

睡簡・日甲・104 正：八月丁

睡簡・日甲・101 背：丁巳

睡簡・日甲・1 背：冬三月季丙丁

睡簡・日甲・128 背：丁卯不可以船行

睡簡・日甲・121 背：丁酉材（裁）衣常（裳）

睡簡・日甲・132 正:毋以丁庚東北行

睡簡・日甲・135 正:甲乙壬癸丙丁日中行

睡簡・日甲・135 正:戊己丙丁庚辛旦行

睡簡・日甲・143 正:丁丑生子

睡簡・日甲・143 正:丁亥生子

睡簡・日甲・143 正:丁卯生子

睡簡・日甲・143 正:丁巳生子

睡簡・日甲・143 正:丁未生子

睡簡・日甲・143 正:丁酉生子

睡簡・日甲・150 背:丁亥、戊戌

睡簡・日甲・155 正:丁丑、己丑取妻

睡簡・日甲・155 正:丁巳

睡簡・日甲・118 背:丁酉裂衣常(裳)

睡簡・日甲・119 背:丁丑材(裁)衣

睡簡・日甲・119 背:十一月丁酉材(裁)衣

睡簡・日甲・119 背:十月丁酉材(裁)衣

睡簡・日甲・116 背:丙申、丁亥

睡簡・日甲・113 背:丁丑

睡簡・日甲・113 背:丁丑材(裁)衣

睡簡・日甲・113 背:丁亥

睡簡・日甲・113 背:丁巳

睡簡・日甲・113 背:丁巳、丑

睡簡・日甲・113 背:丁未

睡簡・日甲・114 背:入十月十日乙酉、十一月丁酉材(裁)衣

睡簡・日甲・114 背:十月丁酉材(裁)衣

睡簡・日甲・115 背:丁、戊、己、申

睡簡・日甲・115 背:丁亥

睡簡・日乙・208:丙丁死者

睡簡・日乙・203:丙丁死者

睡簡・日乙・228:丁丑

睡簡・日乙・226:丁卯

睡簡・日乙・225:丁酉

睡簡・日乙・238:丁卯

睡簡・日乙・234:丁巳

睡簡・日乙・235:丁未

睡簡・日乙・240:丁丑生

睡簡・日乙・249:丁失火

睡簡・日乙・246:丁巳生

睡簡・日乙・243:丁酉生

睡簡・日乙・244:丁未生

睡簡・日乙・241:丁亥生

睡簡・日乙・256:丁亡

睡簡・日乙・213:丙丁死者

睡簡・日乙・95:八月丁臽

睡簡・日乙・68:丁巳、未

睡簡・日乙・66:丁未

睡簡・日乙・67:丙丁椉

睡簡・日乙・70:丁酉、未

睡簡・日乙・79:丙丁火

睡簡・日乙・76:丁未

睡簡・日乙・73:丁□

睡簡・日乙・74:丁丑

睡簡・日乙・74:丁未

睡簡・日乙・75:丁未

睡簡・日乙・75:丁丑

睡簡・日乙・30:初田毋以丁亥、戊戌

睡簡・日乙・39:丁丑

睡簡・日乙・33:丁酉

睡簡・日乙・40:丙丁竈

睡簡・日乙・44:丁卯不可以船行

睡簡・日乙・187:丙丁病

睡簡・日乙・183:丙丁有疾

睡簡・日乙・185:丁酢(作)

睡簡・日乙・129:丁丑在亢

睡簡・日乙・129:丁巳衣之

睡簡・日乙・123:丁、癸不□巳、未、卯、亥

睡簡・日乙・190:丙丁夢□

睡簡・日乙・147:丁不可祠道旁

睡簡・日乙・144:毋以丙、丁、戊、壬□

睡簡・日乙・153:六月丁丑

睡簡・語書・1:廿年四月丙戌朔丁亥

岳山牘・M36:43 正:丁未、戊戌、壬午

岳山牘・M36:43 正:丁酉

岳山牘・M36:43 正:丁未

岳山牘・M36:43 正:丁未

里簡・J1(9)11 正:卅三年三月辛未朔丁酉

里簡·J1（9）984 正：廿八年八月戊辰朔丁丑

里簡·J1（8）157 背：正月戊寅朔丁酉

關簡·33：丁卯

關簡·43：丁丑

關簡·53：丁亥

關簡·33：丁卯

關簡·14：丁未

關簡·11：丁未起江陵

關簡·43：丁丑

關簡·53：丁亥

關簡·88：六月丁未小

關簡·87：五月丁丑大

關簡·20：丁巳守丞登、□史□之□

關簡·2：丁酉宿井韓鄉

關簡·22：丁巳

關簡·29：十一月丁卯

關簡·29：正月丁卯嘉平視事

關簡·23：丁巳

關簡·24：丁巳

關簡·21：丁巳治竸（竟）陵

關簡·98：丁亥

關簡·94：丁卯

關簡·60：丁巳

關簡·62：丁未

關簡·64：丁酉

關簡·3：丁酉

關簡·31：丁卯宿□上

關簡·4：丁酉

關簡·42：丁丑

關簡·49：丁亥

關簡·49：丁亥史除

關簡·41：丁丑

關簡·52：丁亥

關簡·51：丁亥治竸（竟）陵

關簡·10：丁未

關簡·107：丁酉

關簡·12：丁未

關簡·19：丁巳

關簡・165：丁

關簡・13：丁未去左曹

關簡・136：丁

秦印編276：任丁

秦印編276：韓丁

秦印編276：烏丁

秦印編276：丁市

秦印編276：丁午

秦陶・929：宮丁〖注〗丁，人名。

秦陶・971：宮丁

秦陶・972：宮丁

秦陶・442：丁

秦陶・423：丁末

## 3215　戌　戊

不其簋蓋（秦銅・3）：唯九月初吉戊申

滕縣不其簋器（秦銅・4）：唯九月初吉戊申

左服馬後左蹄刻文（集證・47.1）：戊九〖注〗戊九，編號。

寺工矛一・摹（秦銅・95）：戊午〖注〗戊午，編號。

十五年寺工鈹一・摹（秦銅・75）：戊六〖注〗戊六，編號。

青川牘・摹：王命丞相戊（茂）、內史匽氏〖注〗戊，通“茂”，卽甘茂，人名。

天簡29・乙：□歲戊雨

天簡31・乙：三月戊臽

天簡38・乙：冬三月戊戊不可北行百里大兇

睡簡・日甲・89正：戊寅

睡簡・日甲・85正：戊寅

睡簡・日乙・189：戊寅

睡簡・日乙・147：戊辰不可祠道蹻（旁）

睡簡・日乙・144：毋以丙、丁、戊、壬□

睡簡・日乙・119：凡戊子風

睡簡・日甲・80正：戊戌

睡簡・日甲・89正：戊辰

睡簡・日甲・83正：戊寅

睡簡・日甲・85正：戊寅

睡簡・日乙・189：戊辰

睡簡・日乙・148：戊辰

睡簡・日甲・89正：戊寅、戊辰、戊申戌

睡簡・日甲・83正：戊戌

睡簡・日甲・85正：戊戌

睡簡・日乙・189:戊戌

睡簡・日甲・85 正:戊午不可殺牛

睡簡・日乙・189:戊申

睡簡・封診式・29:丁與戊去亡

睡簡・日甲・80 正:戊辰

睡簡・日甲・83 正:戊子

睡簡・日甲・81 背:戊名曰匽爲勝衼

睡簡・日甲・81 正:戊戌

睡簡・日甲・2 背:戊午

睡簡・日甲・92 正:戊辰

睡簡・日甲・99 背:戊辰

睡簡・日甲・99 背:戊戌

睡簡・日甲・91 正:戊戌

睡簡・日甲・91 正:戊寅

睡簡・日甲・68 正:戊己病

睡簡・日甲・72 正:戊己有疾

睡簡・日甲・76 正:戊有閒

睡簡・日甲・3 背:戊申、己酉

睡簡・日甲・59 正:入客戊辰、己巳、辛酉、辛卯、己未、庚午

睡簡・日甲・100 背:戊午

睡簡・日甲・108 正:十一月十二月戊辛甲

睡簡・日甲・108 正:五月六月乙戊辛

睡簡・日甲・104 正:九月戊

睡簡・日甲・104 正:五月戊

睡簡・日甲・101 背:戊申

睡簡・日甲・101 背:戊寅

睡簡・日甲・120 背:己、戊、壬、癸、丙申、丁亥

睡簡・日甲・138 正:三月戊臽

睡簡・日甲・139 正:六月戊臽

睡簡・日甲・137 正:春三月戊敿

睡簡・日甲・134 背:春三月戊辰、己巳

睡簡・日甲・134 背:冬三月戊寅、己丑

睡簡・日甲・134 背:夏三月戊申、己末

睡簡・日甲・135 正:庚辛戊己壬癸餔時行

睡簡・日甲・135 正:戊己丙丁庚辛旦行

睡簡・日甲・131 正:冬三月戊戌不可北

睡簡・日甲・131 正:夏三月戊辰不可南

睡簡・日甲・144 正:戊辰生子

睡簡·日甲·144 正:戊申生子

睡簡·日甲·144 正:戊午生子

睡簡·日甲·144 正:戊戌生子

睡簡·日甲·144 正:戊子生子

睡簡·日甲·150 背:丁亥、戊戌

睡簡·日甲·153 正:戊子以有求也

睡簡·日甲·155 正:戊申、己酉

睡簡·日甲·116 背:己、戊、壬、癸

睡簡·日甲·115 背:丁、戊、己、申

睡簡·日甲·115 背:戊、巳、癸、甲

睡簡·日甲·115 背:戊申

睡簡·日乙·80:戊己土

睡簡·日乙·209:戊己死者

睡簡·日乙·204:戊己死

睡簡·日乙·229:戊子

睡簡·日乙·227:戊寅

睡簡·日乙·224:戊申

睡簡·日乙·230:戊午

睡簡·日乙·238:戊辰生

睡簡·日乙·236:戊戌

睡簡·日乙·237:戊辰

睡簡·日乙·240:戊寅生

睡簡·日乙·246:戊午生

睡簡·日乙·243:戊戌生

睡簡·日乙·244:戊申生

睡簡·日乙·241:戊子生

睡簡·日乙·250:戊失火

睡簡·日乙·257:戊亡

睡簡·日乙·90:三月戊臽

睡簡·日乙·93:六月戊臽

睡簡·日乙·68:壬辰、戊辰

睡簡·日乙·69:戊□

睡簡·日乙·67:戊己桑

睡簡·日乙·70:戊午

睡簡·日乙·72:戊辰

睡簡·日乙·73:戊午、戊,

睡簡·日乙·73:戊子、寅

睡簡·日乙·71:戊辰

睡簡・日乙・30：初田毋以丁亥、戊戌

睡簡・日乙・38：戊、己

睡簡・日乙・36：戊寅、辛巳

睡簡・日乙・37：戊申

睡簡・日乙・40：戊己內中土

睡簡・日乙・187：戊有閒

睡簡・日乙・184：戊己有疾

睡簡・日乙・121：毋以戊辰、己巳入（納）寄者

睡簡・日乙・191：戊己夢黑

睡簡・日乙・131：毋以戊辰、己巳入寄人

睡簡・日乙・148：己卯、戊辰、戊寅

睡簡・日乙・142：北毋以□戊寅

睡簡・日乙・142：行龍戊、己

岳山牘・M36：43 正：戊寅、戊午、甲午

岳山牘・M36：43 正：丁未、戊戌、壬午

岳山牘・M36：43 正：甲午、庚午、戊午、甲寅、丙寅

岳山牘・M36：43 正：戊寅、戊午、甲午

里簡・J1(16)6 背：三月戊午

里簡・J1(8)157 背：正月戊戌

里簡・J1(8)157 背：正月戊寅朔丁酉

里簡・J1(9)3 正：卅三年三月辛未朔戊戌

里簡・J1(9)6 正：卅三年四月辛丑朔戊申

里簡・J1(9)7 正：卅三年四月辛丑朔戊申

里簡・J1(9)8 正：四月戊申

里簡・J1(9)9 正：卅三年三月辛未朔戊戌

里簡・J1(8)157 正：卅二年正月戊寅朔甲午

關簡・14：戊申

關簡・15：戊申

關簡・12：戊申宿黃郵

關簡・167：戊

關簡・13：戊申

關簡・11：戊申

關簡・30：戊辰

關簡・34：戊辰

關簡・40：戊寅

關簡・44：戊寅

關簡・54：戊子

關簡・30：戊辰

關簡・34：戊辰

 關簡・40：戊寅

 關簡・44：戊寅

 關簡・54：戊子

 關沮牘・背・4：戊子

 關沮牘・背・1：以十二月戊戌嘉平

 關簡・85：三月戊寅大

 關簡・20：戊午

 關簡・288：戊

 關簡・286：戊

 關簡・22：戊午治競（竟）陵

 關簡・23：戊午

 關簡・24：戊午

 關簡・259：戊己土

 關簡・25：戊午

 關簡・2：戊戌

 關簡・99：戊子

關簡・95：戊辰

關簡・61：戊午

 關簡・300：戊子

 關簡・32：戊辰宿路陰

 關簡・365：十月戊子齊而牛止司命
在庭□

 關簡・33：戊辰

 關簡・3：戊戌宿江陵

 關簡・42：戊寅

 關簡・43：戊寅

 關簡・4：戊戌

 關簡・50：戊子

 關簡・50：戊子宿迣贏邑北上淛

 關簡・52：戊子

 關簡・59：戊戌

 關簡・53：戊子

 關簡・5：戊戌

 關簡・108：戊戌

 關簡・10：戊申

 秦印編276：黃戌

 秦印編276：王戌

 秦陶・1294：咸邑如戌〚注〛如戌，
人名。

## 3216　床戚　成戚

大騉銅權（秦銅·131）：不稱成功盛德

旬邑銅權（秦銅·133）：不稱成功盛德

僅存銘兩詔銅權（秦銅·135-18.2）：不稱成功盛德

北私府橢量·2世詔（秦銅·147）：不稱成功盛德

兩詔橢量一（秦銅·148）：不稱成功盛德

兩詔橢量二（秦銅·149）：不稱成功盛德

兩詔橢量三之二（秦銅·151）：不稱成功盛德

左樂兩詔鈞權（集證·43）：不稱成功[盛德]

二世元年詔版一（秦銅·161）：不稱成功盛德

二世元年詔版二（秦銅·162）：不稱成功盛德

二世元年詔版三（秦銅·163）：不稱成功盛德

二世元年詔版四（秦銅·164）：不稱成功盛德

二世元年詔版五（秦銅·165）：不稱成功盛德

二世元年詔版六（秦銅·166）：不稱成功盛德

二世元年詔版八（秦銅·168）：不稱成功盛德

二世元年詔版九（秦銅·169）：不稱成功盛德

二世元年詔版十一（秦銅·171）：不稱成功盛德

二世元年詔版十二（秦銅·172）：不稱成功盛德

二世元年詔版十三（集證·50）：不稱成功盛德

兩詔銅權一（秦銅·175）：不稱成功盛德

兩詔銅權三（秦銅·178）：不稱成功盛德

兩詔銅權四（秦銅·179.2）：不稱成功盛德

兩詔斤權一·摹（集證·46）：不稱成功盛德

兩詔斤權二·摹（集證·49）：不稱成功盛德

平陽銅權·摹（秦銅·182）：不稱成功盛德

美陽銅權（秦銅·183）：不稱成功盛德

卅四年蜀守戈·摹（集證·29）：成〚注〛成，"成都"的簡稱，地名。

成固戈（集成·17.10938）：成固〚注〛成固，地名。

九年相邦呂不韋戟·摹（集證·35）：成都

詛楚文·湫淵（中吳本）：昔我先君穆公及楚成王是繆（勠）力同心

詛楚文·巫咸（中吳本）：昔我先君穆公及楚成王是繆（勠）力同心

詛楚文·亞駝（中吳本）：昔我先君穆公及楚成王是繆（勠）力同心

琅邪臺刻石：不稱成功盛德

泰山刻石·宋拓本：不稱成功盛德

繹山刻石·宋刻本：不稱成功盛德

繹山刻石·宋刻本：既獻泰成

天簡22·甲：危卯成辰收巳

天簡 22・甲:危辰成巳

睡簡・爲吏・12:勞有成既〖注〗成既,成就。

睡簡・秦律・112:盈期不成學者

睡簡・秦律・111:故工一歲而成

睡簡・秦律・111:能先期成學者謁上

睡簡・秦律・111:新工二歲而成

睡簡・日甲・82 背:己名曰宜食成怪目

睡簡・日甲・22 正:成未

睡簡・日甲・25 正:成酉

睡簡・日甲・2 正:不成以祭

睡簡・日甲・36 正:是胃(謂)不成行

睡簡・日甲・34 正:美惡自成

睡簡・日甲・34 正:小事果成

睡簡・日甲・3 正:百事順成

睡簡・日甲・3 正:小夫四成〖注〗四成,四年成熟。

睡簡・日甲・40 正:有爲不成

睡簡・日甲・18 正:成寅

睡簡・日甲・163 正:百事不成

睡簡・日甲・17 正:成丑

睡簡・日甲・14 正:成戌

睡簡・日甲・117 正:成之卽之蓋

睡簡・日甲・114 正:成之

睡簡・日乙・8:成外

睡簡・日乙・20:成外陽之日

睡簡・日乙・24:成決光之日

睡簡・日乙・56:不成其行

睡簡・日乙・12:成決

睡簡・爲吏・38:百事既成

關簡・193:占約結,成

關簡・195:約結,成

關簡・217:凶事成

關簡・217:吉事不成

關簡・209:占約結,不成

關簡・207:占約結,不成

關簡・203:吉事不成

關簡・203:凶事成

關簡・205:占約結,不成

關簡・201:占約結,不成

關簡·229:占約結,不成

　關簡·223:以期約結者,成

　關簡·225:約結,不成

　關簡·221:占獄訟,不成

　關簡·221:占約結,成而有言語

　關簡·239:占約結,成

　關簡·233:占約結,不成

　關簡·235:占約結,成

　關簡·231:占約結,不成

　關簡·241:占約結,成

　關簡·253:百事不成

　關簡·219:占約結,不成

　關簡·213:占約結,成

　關簡·215:占約結,成

　關簡·211:所言者分楬事也,不成

　關簡·189:請謁事也,不成

　關簡·189:占約結,不成

　關簡·187:約結,成

　關簡·199:不善不成

成　關簡·199:善事成

關簡·199:占約結,不成

關簡·197:占約結,成

里簡·J1(8)157 正:成里典、啟陵郵人缺〔注〕成里,里名。

里簡·J1(8)157 正:除士五(伍)成里匄

里簡·J1(16)5 背:求盜簪裹陽成辰以來〔注〕陽成,里名。

里簡·J1(8)157 背:今有(又)除成爲典何〔注〕成,人名。

里簡·J1(8)157 背:已除成、匄爲啟陵郵人

帛書·病方·300:令成三升

帛書·病方·92:成鬻(粥)五斗

帛書·病方·126:此藥已成

帛書·病方·128:令藥已成而發之

帛書·病方·296:煮成三升

秦印編276:樂成丞印

秦印編277:陽成安

秦印編276:成獀

秦印編277:陽成郘

秦印編276:成薺

　秦印編277:高成之印

秦印編 276：臣成

秦印編 277：可成金

秦印編 276：牟成

秦印編 277：成童

秦印編 276：魏樂成

秦印編 277：陽成佗

秦印編 276：成玉人

秦印編 277：張成

秦印編 276：王成

秦印編 277：成山

秦印編 276：卽成

秦印編 277：成憍

秦印編 276：成薔

秦印編 277：廣成之丞

秦印編 276：成黑

秦印編 277：樂成之印

秦印編 276：韓成

秦印編 277：樂成

封泥集 295・1：樂成〖注〗樂成,地名。

封泥集 296・1：樂成之印

封泥集 309・1：廣成之丞〖注〗廣成,地名。

封泥集 360・2：南成鄉印

封泥集 360・3：南成鄉印

封泥印 121：新成陽丞

封泥印・附二 215：樂成之印

封泥印・附二 216：樂成

集證・165.515：成憍〖注〗成憍,人名。或卽長安君"成蟜"。

秦陶・1484：隱成呂氏缶〖注〗隱成,地名。

秦陶・1487：隱成呂氏缶

集證・218.243：咸重成□

秦陶・1286：咸陽成石

秦陶・1288：咸陽成石

秦陶・1291：咸陽成洛

秦陶・1423：成

秦陶・1424：成

秦陶・1425：成

秦陶・1426：成

秦陶・1427：成

秦陶・1428：成

 秦陶・1429：成

 秦陶・1430：成

 秦陶・1431：成

 秦陶・1432：成

 秦陶・1433：成

 秦陶・1434：成

 秦陶・1435：成

 秦陶・1436：成

 漆器(青川牘・15)：成亭〖注〗成亭,亭名。成,成都。

漆器(青川牘・15)：成亭

漆器(青川牘・15)：成亭

漆器(青川牘・15)：成亭

 地圖注記・摹(地圖・3)：光成

### 3217　己壬　己壬

 十七年寺工鈹二・摹(秦銅・91.1)：己□

秦駰玉版・乙・摹：八月己酉(？)

青川牘・摹：二年十一月己酉朔二日

天簡29・乙：己雨禾秀

 天簡33・乙：人八月四日己丑

 天簡34・乙：三月己丑

 睡簡・日乙・131：毋以戊辰、己巳入寄人

睡簡・日乙・148：己卯、戊辰、戊寅

 睡簡・日甲・86 正：己酉

 睡簡・日甲・59 正：入客戊辰、己巳、辛酉、辛卯、己未、庚午

 睡簡・日甲・80 正：己丑

 睡簡・日甲・88 正：己丑

 睡簡・日甲・82 正：己丑

 睡簡・日甲・86 正：己丑

 睡簡・日甲・85 正：己丑

 睡簡・日甲・26 正：毋以楚九月己未台(始)被新衣

 睡簡・日甲・59 正：入客戊辰、己巳、辛酉、辛卯、己未、庚午

 睡簡・日甲・80 正：己酉

 睡簡・日甲・88 正：己酉

 睡簡・日甲・82 正：己酉

 睡簡・日甲・85 正：己未

 睡簡・日甲・82 正：己酉

 睡簡・日甲・85 正：己巳

睡簡·封診·28:與丁以某時與某里士五(伍)己、庚、辛

睡簡·封診·50:卽令令史己往執

睡簡·封診·50:令史己爰書

睡簡·日甲·80 正:己巳

睡簡·日甲·88 正:己巳

睡簡·日甲·82 正:己亥

睡簡·日甲·86 正:己巳

睡簡·日甲·85 正:己巳

睡簡·日甲·2 背:己未

睡簡·日甲·26 正:毋以楚九月己未台(始)被新衣

睡簡·日甲·90 正:己卯

睡簡·日甲·90 正:己巳

睡簡·日甲·90 正:己未

睡簡·日甲·91 正:母以己巳、壬寅殺犬

睡簡·日甲·68 正:戊己病

睡簡·日甲·72 正:戊己有疾

睡簡·日甲·76 正:己酢

睡簡·日甲·57 正:己巳入寄者

睡簡·日甲·108 正:九月十月癸己丙

睡簡·日甲·104 正:六月己

睡簡·日甲·120 背:己、戊、壬、癸、丙申、丁亥

睡簡·日甲·166 正:己丑

睡簡·日甲·139 正:十二月己臽

睡簡·日甲·136 正:九月己臽

睡簡·日甲·134 背:冬三月戊寅、己丑

睡簡·日甲·134 背:秋三月戊戌、己亥

睡簡·日甲·134 背:夏三月戊申、己未

睡簡·日甲·134 正:己酉從遠行入

睡簡·日甲·135 正:庚辛戊己壬癸餔時行

睡簡·日甲·135 正:戊己丙丁庚辛旦行

睡簡·日甲·131 正:凡春三月己丑不可東

睡簡·日甲·131 正:秋三月己未不可西

睡簡·日甲·145 正:己丑生子

睡簡·日甲·145 正:己亥生子

睡簡·日甲·145 正:己巳生子鬼

睡簡·日甲·145 正:己未生子

睡簡·日甲·145 正:己酉生子

睡簡·日甲·155 正:丁丑、己丑取妻

睡簡・日甲・155 正：戊申、己酉

睡簡・日甲・115 背：丁、戊、己、申

睡簡・日甲・115 背：己卯

睡簡・日甲・100 背：己丑

睡簡・日甲・100 背：己未

睡簡・日甲・101 背：己卯

睡簡・日乙・191：戊己夢黑

睡簡・日甲・101 背：己酉

睡簡・日甲・115 背：己未

睡簡・日乙・225：己酉

睡簡・日乙・238：己巳生

睡簡・日甲・7 背：以己丑、酉、巳

睡簡・日甲・115 背：六月己未

睡簡・日乙・219：戊己死者

睡簡・日乙・209：戊己死者

睡簡・日乙・124：己亥

睡簡・日乙・121：毋以戊辰、己巳入（納）寄者

睡簡・日乙・142：行龍戊、己

睡簡・日乙・204：戊己死

睡簡・日乙・228：己丑

睡簡・日乙・234：己巳

睡簡・日乙・235：己未

睡簡・日乙・242：己丑生

睡簡・日乙・246：己未生

睡簡・日乙・247：凡己巳生

睡簡・日乙・243：己亥生

睡簡・日乙・244：己［酉］生

睡簡・日乙・250：己失火

睡簡・日乙・258：己亡

睡簡・日乙・214：戊己死者

睡簡・日乙・99：十二月己臽

睡簡・日乙・96：九月己臽

睡簡・日乙・68：己丑

睡簡・日乙・67：己卯

睡簡・日乙・67：戊己桑

睡簡・日乙・64：己□出種及鼠（予）人

睡簡・日乙・72：己巳

睡簡・日乙・73：己亥

睡簡・日乙・74:己亥

睡簡・日乙・74:己巳

睡簡・日乙・38:戊、己

睡簡・日乙・32:己酉

睡簡・日乙・39:己亥

睡簡・日乙・40:戊己内中土

睡簡・日乙・188:己丑爲囷廁

睡簡・日乙・187:己酢(作)

睡簡・日乙・184:戊己有疾

睡簡・日乙・80:戊己土

睡簡・日乙・153:三月己酉

里簡・J1(9)7 正:四月己酉

里簡・J1(9)8 背:卅五年四月己未朔乙丑

里簡・J1(9)9 背:卅五年四月己未朔乙丑

岳山牘・M36:43 正:丁丑、未、丙辰、己巳、亥

里簡・J1(16)6 背:己未旦

里簡・J1(9)12 背:卅五年四月己未朔乙丑

里簡・J1(9)10 背:卅五年四月己未朔乙丑

里簡・J1(9)11 背:卅五年四月己未朔乙丑

里簡・J1(9)7 背:卅五年四月己未朔乙丑

里簡・J1(9)981 正:卅年九月丙辰朔己巳

里簡・J1(9)1 背:卅五年四月己未朔乙丑

里簡・J1(9)1 正:四月己酉

里簡・J1(9)2 背:卅五年四月己未朔乙丑

里簡・J1(9)4 正:四月己酉

里簡・J1(9)5 背:四月己未朔乙丑

里簡・J1(9)5 正:四月己酉

里簡・J1(9)6 背:卅五年四月己未朔乙丑

關簡・14:己酉

關簡・109:己亥

關簡・12:己酉

關簡・16:己酉

關簡・11:己酉

關簡・45:己卯

關簡・41:己卯

關簡・55:己丑

關簡・45:己卯

關簡・41:己卯

關簡・55:己丑

關沮牘・背・4:己丑

關沮牘・背・5:己亥

關沮牘・正・2:九月己亥大

關簡・84:二月己酉小

關簡・22:己未

關簡・26:己未

關簡・23:己未治竸(竟)陵

關簡・24:己未

關簡・259:戊己土

關簡・21:己未

關簡・96:己巳

關簡・60:己亥

關簡・62:己未

關簡・6:己亥

關簡・64:己酉

關簡・364:令以七月己丑夕到宛

關簡・371:己巳、卯溉困埾穴

關簡・33:己巳宿江陵

關簡・34:己巳

關簡・35:己巳

關簡・31:己巳

關簡・4:己亥

關簡・43:己卯

關簡・44:己卯

關簡・5:己亥

關簡・53:己丑論脩賜

關簡・54:己丑

關簡・51:己丑

關簡・51:己丑宿迣離涌西

關簡・100:己丑

關簡・15:己酉

關簡・169:己

關簡・13:己酉宿竸(竟)陵

秦陶・444:己

## 3218　庚

銅弩機刻文・摹(秦銅・156.2):庚

卅年上郡守起戈一・摹(秦銅・50):工隸臣庚〖注〗庚,人名。

天簡 29・乙:庚雨

睡簡・日乙・116:庚申

睡簡・日乙・153・摹:正月甲午、庚午、甲戌

睡簡・日乙・110:春三月庚辛

睡簡・日乙・115・摹:庚申

睡簡・日乙・111:□春庚辛

睡簡・日甲・97 正:其日辛酉、庚午、庚辰垣之

睡簡・日甲・94 正・摹:庚午

睡簡・日乙・227:庚申

睡簡・日甲・83 正:庚寅

睡簡・日甲・84 正:庚辰

睡簡・日甲・97 正:其日辛酉、庚午、庚辰垣之

睡簡・日甲・94 正・摹:庚子

睡簡・日乙・227:庚子

睡簡・日甲・84 正:庚申

睡簡・日乙・227:庚寅

睡簡・封診・28:與丁以某時與某里士五(伍)已、庚、辛

睡簡・日甲・88 正:庚申

睡簡・日甲・8 背:庚辰

睡簡・日甲・82 背:庚名曰甲郢相衛魚

睡簡・日甲・87 正:春三月庚辰可以筑(築)羊卷(圈)

睡簡・日甲・83 正・摹:庚辰

睡簡・日甲・84 正・摹:庚午

睡簡・日甲・81 正・摹:男子龍庚寅

睡簡・日甲・92 正:庚寅

睡簡・日甲・99 背:庚寅

睡簡・日甲・99 背:六庚不可以行

睡簡・日甲・97 背:庚辰

睡簡・日甲・97 背:庚戌

睡簡・日甲・94 正:五丑、五酉、庚午

睡簡・日甲・70 正:庚辛病

睡簡・日甲・79 正:庚申是天昌

睡簡・日甲・74 正:庚辛有疾

睡簡・日甲・52 背:以庚日日始出時瀆門以灰

睡簡・日甲・59 正:入客戊辰、己巳、辛酉、辛卯、己未、庚午

睡簡・日甲・108 正:七月八月甲丁庚

睡簡・日甲・102 正:春三月庚辛

睡簡・日甲・104 背:秋三月庚辛

睡簡・日甲・104 正:十月庚

 睡簡・日甲・101 背:庚午

 睡簡・日甲・101 背:庚子

 睡簡・日甲・1 背:春三月季庚辛

 睡簡・日甲・120 背:秋丙、庚、辛材(裁)衣

 睡簡・日甲・128 背:六庚不可以行

 睡簡・日甲・126 背:庚子、寅、辰西徙

 睡簡・日甲・126 正・摹:庚辰

 睡簡・日甲・127 背:毋以庚午入室

 睡簡・日甲・132 正:毋以丁庚東北行

 睡簡・日甲・137 正:十月庚芻

 睡簡・日甲・135 正:庚辛戊己壬癸鋪時行

 睡簡・日甲・135 正:壬癸庚辛甲乙夕行

 睡簡・日甲・135 正:戊己丙丁庚辛旦行

 睡簡・日甲・146 正:庚申生子

 睡簡・日甲・146 正:庚午生子

 睡簡・日甲・146 正:庚戌生子

 睡簡・日甲・146 正:庚寅生子

 睡簡・日甲・146 正:庚子生子

 睡簡・日甲・116 背:秋丙、庚、辛材(裁)衣

 睡簡・日乙・81:庚辛金

 睡簡・日乙・205・摹:庚辛死者

 睡簡・日乙・220:庚辛死者

 睡簡・日乙・229・摹:庚子

 睡簡・日乙・226:庚子

 睡簡・日乙・227:庚寅

 睡簡・日乙・230・摹:戊午庚

 睡簡・日乙・239・摹:庚午生

 睡簡・日乙・236:庚戌

 睡簡・日乙・237:庚辰

 睡簡・日乙・240:庚辰

 睡簡・日乙・246・摹:庚申生

 睡簡・日乙・247・摹:庚子生

 睡簡・日乙・245:庚戌生

 睡簡・日乙・250:庚失火

 睡簡・日乙・259:庚亡

 睡簡・日乙・210:庚辛死者

 睡簡・日乙・215:庚辛死者

睡簡・日乙・97：十月庚臼

睡簡・日乙・68：庚辰

睡簡・日乙・66：庚寅

睡簡・日乙・67：庚辛李

睡簡・日乙・70：庚午

睡簡・日乙・72：庚寅

睡簡・日乙・76：庚辰

睡簡・日乙・76：庚寅

睡簡・日乙・73：庚寅

睡簡・日乙・34：庚寅

睡簡・日乙・40：壬癸行、庚辛□

睡簡・日乙・43：久行毋以庚午入室

睡簡・日乙・44：六庚不可以行

睡簡・日乙・183：庚辛病

睡簡・日乙・185：庚辛有疾

睡簡・日乙・122：庚申、辛酉

睡簡・日乙・124：庚申

睡簡・日乙・130：必以五月庚午

睡簡・日乙・138：庚□

睡簡・日乙・144：庚申

睡簡・日乙・153：八月庚辰

睡簡・日乙・153：五月甲午、庚午

岳山牘・M36：43 正：庚寅

里簡・J1（8）134 正：廿六年八月庚戌朔丙子

里簡・J1（9）6 正：四月庚戌

里簡・J1（9）981 背：九月庚午旦

里簡・J1（8）134 正：九月庚辰

關簡・110：庚子

關簡・14：庚戌宿都鄉

關簡・15：庚戌

關簡・272：庚

關簡・36：庚午

關簡・42：庚辰

關簡・46：庚辰

關簡・56：庚寅

關簡・274：庚

關簡・36：庚午

關簡・42：庚辰

關簡·46:庚辰

 關簡·56:庚寅

 關沮牘·背·4:庚寅

 關沮牘·背·5:庚子

 關沮牘·正·2:八月庚午小

 關沮牘·正·2:七月庚子大

 關簡·82:十二月庚戌小

 關簡·22:庚申

 關簡·26:庚申

 關簡·27:庚申

 關簡·23:庚申

 關簡·24:庚申治競(竟)陵

 關簡·25:庚申

 關簡·259:庚辛金

 關簡·6:庚子

 關簡·63:庚申

 關簡·61:庚子

 關簡·7:庚子

 關簡·368:今日庚午利浴瞢(䁇)

 關簡·34:庚午到江陵

 關簡·4:庚子

 關簡·44:庚辰

 關簡·45:庚辰

 關簡·52:庚寅

 關簡·52:庚寅宿迣□北

 關簡·5:庚子

 關簡·59:庚戌

 關簡·54:庚寅

 關簡·101:庚寅

 關簡·12:庚戌

 關簡·16:庚戌

 關簡·167:庚

 關簡·13:庚戌

 關簡·135:庚

 秦印編277:常庚

 秦印編277:任庚

 秦印編277:王庚

 秦印編277:王庚

3219　辛　　辛

青川牘・摹:辛一日

天簡 29・乙:辛雨有年

睡簡・日乙・111:□春庚辛

睡簡・爲吏・22:廿五年閏再十二
月丙午朔辛亥

睡簡・日甲・59 正:入客戊辰、己
巳、辛酉、辛卯、己未、庚午

睡簡・日甲・155 正:辛酉

睡簡・日甲・113 背:辛巳

睡簡・日乙・193:凡酉、午、巳、寅、
辛亥、辛卯問病者

睡簡・日甲・80 正:辛丑

睡簡・日甲・82 正:辛丑

睡簡・日甲・92 正:辛未、庚寅、辛
巳

睡簡・日甲・59 正:入客戊辰、己
巳、辛酉、辛卯、己未、庚午

睡簡・日甲・155 正:辛亥

睡簡・日甲・113 背:辛丑

睡簡・日乙・193:凡酉、午、巳、寅、
辛亥、辛卯問病者

睡簡・日甲・80 正:辛酉

睡簡・11 號牘・正:二月辛巳

睡簡・封診・28:與丁以某時與某
里士五(伍)己、庚、辛

睡簡・日甲・80 正:辛巳

睡簡・日甲・82 背:辛名曰秦桃乙
忌慧

睡簡・日甲・82 正:辛巳

睡簡・日甲・83 正:辛卯

睡簡・日甲・84 正:辛酉

睡簡・日甲・92 正:辛巳

睡簡・日甲・99 背:辛卯

睡簡・日甲・99 背:辛酉

睡簡・日甲・97 背:辛亥

睡簡・日甲・97 正:其日辛酉、庚
午、庚辰垣之

睡簡・日甲・68 正:辛酢

睡簡・日甲・70 正:庚辛病

睡簡・日甲・78 正:辛丑

睡簡・日甲・74 正:庚辛有疾

睡簡・日甲・5 背:庚辰、辛巳

睡簡・日甲・57 正:毋以辛酉入寄
者

睡簡・日甲・108 正:十一月十二
月戊辛甲

睡簡・日甲・108 正:五月六月乙
戊辛

睡簡・日甲・102 正:春三月庚辛

| | |
|---|---|
| 睡簡·日甲·104 背:秋三月庚辛 | 睡簡·日甲·113 背:辛丑 |
| 睡簡·日甲·104 正:十一月辛 | 睡簡·日甲·113 背:辛巳 |
| 睡簡·日甲·101 背:辛丑 | 睡簡·日甲·113 背:辛未 |
| 睡簡·日甲·101 背:辛未 | 睡簡·日甲·115 背:辛卯 |
| 睡簡·日甲·1 背:春三月季庚辛 | 睡簡·日乙·81:庚辛金 |
| 睡簡·日甲·120 背:秋丙、庚、辛材(裁)衣 | 睡簡·日乙·殘4:□酉乙亥未辛酉可□ |
| 睡簡·日甲·138 正:十一月辛臼 | 睡簡·日乙·205:庚辛死者 |
| 睡簡·日甲·132 正:毋以辛壬東南行 | 睡簡·日乙·220:庚辛死者 |
| 睡簡·日甲·136 背:秋之辛亥 | 睡簡·日乙·228:辛丑 |
| 睡簡·日甲·137 背:七月辛酉 | 睡簡·日乙·227:辛丑 |
| 睡簡·日甲·135 正:庚辛戊己壬癸餔時行 | 睡簡·日乙·225:辛酉 |
| 睡簡·日甲·135 正:壬癸庚辛甲乙夕行 | 睡簡·日乙·239:辛未生 |
| 睡簡·日甲·135 正:戊己丙丁庚辛旦行 | 睡簡·日乙·234:辛巳 |
| 睡簡·日甲·147 正:辛丑生子 | 睡簡·日乙·235:辛未 |
| 睡簡·日甲·147 正:辛亥生子 | 睡簡·日乙·231:辛亥 |
| 睡簡·日甲·147 正:辛未生子 | 睡簡·日乙·240:辛巳生 |
| 睡簡·日甲·147 正:辛酉生子 | 睡簡·日乙·242:辛卯生 |
| 睡簡·日甲·119 背:辛巳、丑、酉 | 睡簡·日乙·246:辛酉生 |
| 睡簡·日甲·113 背:辛巳、丑、酉 | 睡簡·日乙·243:辛丑生 |

睡簡·日乙·245:辛亥生

睡簡·日乙·251:辛失火

睡簡·日乙·210:庚辛死者

睡簡·日乙·215:庚辛死者

睡簡·日乙·98:十一月辛臼

睡簡·日乙·66:辛卯

睡簡·日乙·67:庚辛李

睡簡·日乙·72:辛巳、未

睡簡·日乙·76:辛巳、卯

睡簡·日乙·73:辛丑

睡簡·日乙·74:辛巳

睡簡·日乙·71:辛丑

睡簡·日乙·39:辛□

睡簡·日乙·39:辛丑

睡簡·日乙·36:辛巳

睡簡·日乙·31:辛丑

睡簡·日乙·40:壬癸行、庚辛□

睡簡·日乙·183:庚辛病

睡簡·日乙·185:庚辛有疾

睡簡·日乙·122:庚申、辛酉

睡簡·日乙·192:庚辛夢青黑

睡簡·日乙·192:辛卯壬午不可寧人

睡簡·日乙·131:辛酉、卯

睡簡·日乙·153:九月辛卯

睡簡·日乙·110:春三月庚辛

睡簡·日乙·116:辛卯

睡簡·日乙·115:辛卯

岳山牘·M36:43 正:辛卯

岳山牘·M36:43 正:辛卯

里簡·J1(9)1 正:卅三年四月辛丑朔丙午

里簡·J1(9)3 正:卅三年三月辛未朔戊戌

里簡·J1(9)4 正:卅三年四月辛丑朔丙午

里簡·J1(9)5 正:卅三年四月辛丑朔丙午

里簡·J1(9)6 正:卅三年四月辛丑朔戊申

里簡·J1(9)7 正:卅三年四月辛丑朔戊申

里簡·J1(9)8 正:卅三年四月辛丑朔丙午

里簡·J1(9)9 正:卅三年三月辛未朔戊戌

里簡·J1(9)10 正:卅三年四月辛丑朔丙午

里簡・J1（9）11 正:卅三年三月辛未朔丁酉

里簡・J1（9）12 背:卅四年七月甲子朔辛卯

里簡・J1（16）9 正:廿六年五月辛巳朔庚子

關簡・33:辛未

關簡・47:辛巳

關簡・43:辛巳

關簡・57:辛卯

關簡・33:辛未

關簡・47:辛巳

關簡・43:辛巳

關簡・57:辛卯

關沮牘・背・4:辛卯

關沮牘・正・2:六月辛未小

關沮牘・正・2:五月辛丑大

關簡・80 正:辛亥小

關簡・8:辛丑

關簡・28:辛丑〈酉〉

關簡・26:辛丑〈酉〉

關簡・27:辛丑〈酉〉

關簡・23:辛酉

關簡・24:辛酉嘉平

關簡・259:庚辛金

關簡・25:辛酉治競（竟）陵

關簡・60:辛亥

關簡・62:辛丑

關簡・6:辛丑

關簡・79:辛巳

關簡・7:辛丑

關簡・36:辛未

關簡・37:辛未

關簡・35:辛未治後府

關簡・46:辛巳

關簡・45:辛巳賜

關簡・56:辛卯

關簡・53:辛卯

關簡・53:辛卯宿迣羅涌西

關簡・55:辛卯

關簡・102:辛卯

關簡・18：辛亥

 關簡・169：辛

 關簡・16：辛亥

 關簡・17：辛亥就建□陵

 關簡・135：辛

 關簡・13：辛亥

 關簡・14：辛亥

 關簡・15：辛亥宿鐵官

 帛書・病方・265：尋（燖）然類辛狀〖注〗辛，辛痛。

 帛書・病方・204：賁辛巳日

 帛書・病方・204：以辛巳日古（辜）日

 帛書・病方・208：今日辛卯

 帛書・病方・208：以辛卯日

 秦印編277：辛意

 秦印編277：辛欤

 瓦書・郭子直摹：冬十壹月辛酉

 瓦書（秦陶・1610）：冬十壹月辛酉

3220　辠　辠

 詛楚文・湫淵（中吳本）：以底（祇）楚王熊相之多辠

 詛楚文・巫咸（中吳本）：以底（祇）楚王熊相之多辠

 詛楚文・亞駝（中吳本）：以底（祇）楚王熊相之多辠

 秦駰玉版・甲・摹：而無辠（罪）□友□

 秦駰玉版・甲・摹：余無辠也

 秦駰玉版・乙・摹：而無辠□友□

 秦駰玉版・乙・摹：余無辠也

 會稽刻石・宋刻本：殺之無辠

 睡簡・答問・20：云"與同辠"

 睡簡・答問・22：盜及者（諸）它辠

 睡簡・答問・96：不能定辠人

 睡簡・答問・96：且以辟辠

 睡簡・答問・96：以所辟辠辠之

 睡簡・答問・93：辠當重而端輕之

 睡簡・答問・94：贖辠不直

 睡簡・答問・69：勿辠

 睡簡・答問・66：求盜追捕辠人

 睡簡・答問・60：廷行事有辠當辠（遷）

 睡簡・答問・36：甲有辠

 睡簡・答問・36：吏爲失刑辠

睡簡・答問・33：吏爲失刑皋

睡簡・答問・3：問皋當駕（加）如害盜不當

睡簡・答問・49：且行真皋、有（又）以誣人論

睡簡・答問・108：是胃（謂）"家皋"

睡簡・答問・108：以當刑隸臣皋誣告人

睡簡・答問・122：甲有完城旦皋

睡簡・答問・126：將盜戒（械）囚刑皋以上

睡簡・答問・126：它皋比羣盜者皆如此

睡簡・答問・126：以故皋論

睡簡・答問・125：除毋（無）皋

睡簡・答問・125：可（何）皋得"處隱官"

睡簡・答問・121：癘者有皋

睡簡・答問・100：告皋人

睡簡・答問・109：其皋當刑爲隸臣

睡簡・答問・1：可（何）謂"駕（加）皋"

睡簡・答問・106：父時家皋殹

睡簡・答問・106：可（何）謂"家皋"

睡簡・答問・17：當同皋

睡簡・答問・107：皆如家皋

睡簡・答問・177：真臣邦君公有皋

睡簡・答問・177：致耐皋以上

睡簡・答問・171：妻有皋以收

睡簡・答問・130：所捕耐皋以上得取

睡簡・答問・131：盜皋輕於亡

睡簡・答問・104：告者皋

睡簡・答問・140：購如捕它皋人

睡簡・答問・147：今甲有耐、貲皋

睡簡・答問・140：其耐皋以上

睡簡・答問・145：今初任者有皋

睡簡・答問・140：貲皋

睡簡・答問・15：同皋

睡簡・答問・117：當耐爲侯（候）皋誣人

睡簡・答問・110：其皋當刑城旦

睡簡・答問・113：有皋當贖者

睡簡・答問・115：如失刑皋

睡簡・秦律・84：及有皋以收

睡簡・秦律・20：吏主者、徒食牛者及令、丞皆有皋

睡簡・秦律・200：行者有皋

睡簡・秦律・68：皆有辜

 睡簡・秦律・12：有不從令者有辜

 睡簡・秦律・196：官吏有重辜

 睡簡・秦律・191：犯令者有辜

 睡簡・秦律・106：弗亟收者有辜

 睡簡・秦律・106：其叚（假）者死亡、有辜毋（無）責也

 睡簡・秦律・106：者（諸）擅叚（假）公器者有辜

 睡簡・秦律・175：大嗇夫、丞智（知）而弗辜

 睡簡・秦律・175：以平辜人律論之

 睡簡・秦律・133：有辜以貲贖及有責（債）於公

 睡簡・秦律・153：有辜澊耐睘（遷）其後

 睡簡・秦律・151：非適（謫）辜殹而欲爲冗邊五歲

 睡簡・秦律・116：司空將紅（功）及君子主堵者有辜

 睡簡・日甲・163 正：有辜

 睡簡・日甲・146 背：入官必有辜

 睡簡・日乙・232：有辜

 睡簡・爲吏・1：毋辠毋（無）辜

 睡簡・效律・60：減辜一等

 睡簡・效律・35：大嗇夫、丞智（知）而弗辜

 睡簡・效律・35：以平辜人律論之

 睡簡・語書・7：此皆大辜殹

 睡簡・語書・5：毋巨（距）於辜〖注〗《說文》："秦以辜似皇字，改爲罪。"

## 3221　辜 　　辜

 詛楚文・巫咸（中吳本）：內之則虣（暴）虐（虐）不（無）辜

 詛楚文・亞駝（中吳本）：內之則虣（暴）虐（虐）不（無）辜〖注〗辜，辜。

 睡簡・日甲・36 背：是不辜鬼

 睡簡・日甲・52 背：是不辜鬼處之

## 3222　辟　　辟

 睡簡・爲吏・6：賢鄙溉辟（乂）〖注〗辟，讀爲"乂"，治。

## 3223　辭 　　辭（辭）

 大騩銅權（秦銅・131）：皆有刻辭焉

 大騩銅權（秦銅・131）：今襲號而刻辭不稱始皇帝

 旬邑銅權（秦銅・133）：皆有刻辭焉

 旬邑銅權（秦銅・133）：今襲號而刻辭不稱始皇帝

 僅存銘兩詔銅權（秦銅・135-18.2）：皆有刻辭焉

 北私府橢量・2 世詔（秦銅・147）：皆有刻辭焉

兩詔橢量一（秦銅・148）：皆有刻辭焉

兩詔橢量一（秦銅・148）：今襲號而刻辭不稱始皇帝

兩詔橢量二（秦銅・149）：皆有刻辭焉

兩詔橢量二（秦銅・149）：今襲號而刻辭不稱始皇帝

兩詔橢量三之二（秦銅・151）：皆有刻辭焉

兩詔橢量三之二（秦銅・151）：今襲號而刻辭不稱始皇帝

左樂兩詔鈞權（集證・43）：皆有刻辭焉

二世元年詔版一（秦銅・161）：皆有刻辭焉

二世元年詔版一（秦銅・161）：今襲號而刻辭不稱始皇帝

二世元年詔版二（秦銅・162）：皆有刻辭焉

二世元年詔版二（秦銅・162）：今襲號而刻辭不稱始皇帝

二世元年詔版三（秦銅・163）：皆有刻辭焉

二世元年詔版三（秦銅・163）：今襲號而刻辭不稱始皇帝

二世元年詔版四（秦銅・164）：皆有詔[刻]辭焉

二世元年詔版四（秦銅・164）：今襲號而刻辭不稱始皇帝

二世元年詔版五（秦銅・165）：皆有刻辭焉

二世元年詔版五（秦銅・165）：今襲號而刻辭不稱始皇帝

二世元年詔版六（秦銅・166）：今襲號而刻辭不稱始皇帝

二世元年詔版六（秦銅・166）：皆有刻辭焉

二世元年詔版八（秦銅・168）：今襲號而刻辭不稱始皇帝

二世元年詔版八（秦銅・168）：皆有刻辭焉

二世元年詔版十二（秦銅・172）：皆有刻辭焉

二世元年詔版十三（集證・50）：皆有刻辭焉

二世元年詔版十三（集證・50）：今襲號而刻辭不稱始皇帝

兩詔版（秦銅・174.1）：皆有刻辭焉

兩詔銅權二（秦銅・176）：今襲號而刻辭不稱始皇帝

兩詔銅權三（秦銅・178）：今襲號而刻辭不稱始皇帝

兩詔銅權五（秦銅・180）：皆有刻辭焉

兩詔斤權一（集證・45）：皆有刻辭焉

兩詔斤權一（集證・45）：今襲號而刻辭不稱始皇帝

兩詔斤權一・摹（集證・46）：皆有刻辭焉

兩詔斤權一・摹（集證・46）：今襲號而刻辭不稱始皇帝

兩詔斤權二・摹（集證・49）：今襲號而刻辭不稱始皇帝

兩詔斤權二・摹（集證・49）：皆有刻辭焉

平陽銅權・摹（秦銅・182）：皆有刻辭焉

平陽銅權・摹（秦銅・182）：今襲號而刻辭不稱始皇帝

美陽銅權（秦銅・183）：皆有刻辭焉

美陽銅權（秦銅・183）：今襲號而刻辭不稱始皇帝

琅邪臺刻石：今襲號而金石刻辭不稱始皇帝

泰山刻石・宋拓本：今襲號而金石刻辭不稱始皇帝

繹山刻石・宋刻本：今襲號而金石刻辭不稱始皇帝

睡簡・日甲・46背・摹：不可以辭

睡簡・答問・95：辭者不先辭官長、嗇夫

睡簡・答問・95：辭者不先辭官長、嗇夫

睡簡・答問・95：辭者辭廷〖注〗辭，訟。

睡簡・答問・95：辭者辭廷

睡簡・封診・2：其辭已盡書而毋(無)解

睡簡・封診・6：辭曰

睡簡・封診・17：辭曰

睡簡・封診・13：男子某辭曰

睡簡・雜抄・35：不如辭

睡簡・雜抄・35：辭曰日已備

睡簡・日甲・40正：以辭不合(答)

里簡・J1(9)9正：頗有流辭

里簡・J1(9)3正：毋聽流辭

有司伯喪矛一(珍金・46)：又(有)嗣(司)白(伯)喪之車矛〖注〗又嗣，讀爲"有司"，泛指主管具體事務的官員。司，職掌，主持，管理。

有司伯喪矛一・摹(珍金・46)：又(有)嗣(司)白(伯)喪之車矛

石鼓文・乍邐(先鋒本)：導邋(徵)我嗣〖注〗嗣，借爲"司"字。薛尚功釋"治"。

有司伯喪矛二・摹(珍金・47)：又(有)嗣(司)白(伯)喪之車矛

## 3224　辯　辯

睡簡・爲吏・15：辯短長

## 3225　壬　壬

十七年寺工鈹六(秦銅・84)：子壬五〖注〗子壬五，編號。

青川牘・摹：壬一日

天簡32・乙：□壬辰

天簡32・乙：壬戌、癸巳、癸亥

天簡29・乙：壬雨

睡簡・日甲・84正：壬戌

睡簡・日乙・226：壬子

睡簡・日甲・88正：壬辰

睡簡・日乙・144：壬辰

睡簡・日乙・144：毋以丙、丁、戊、壬□

睡簡・日乙・153：十月壬午

睡簡・日甲・84正：壬申

| | |
|---|---|
| 睡簡・日甲・96 正:其日癸酉、壬辰、壬午垣之 | 睡簡・日甲・70 正:壬有闉 |
| 睡簡・日乙・226:壬辰 | 睡簡・日甲・7 背:壬申、癸酉 |
| 睡簡・日乙・144:壬申 | 睡簡・日甲・72 正:壬癸病 |
| 睡簡・日乙・226:壬申 | 睡簡・日甲・76 正:壬癸有疾 |
| 睡簡・日乙・73:壬午 | 睡簡・日甲・4 背:壬辰、癸巳 |
| 睡簡・日乙・226:壬寅 | 睡簡・日甲・102 正:夏三月壬癸 |
| 睡簡・日甲・88 正:壬申 | 睡簡・日甲・104 正:土徽正月壬 |
| 睡簡・日甲・82 背:壬名曰黑疾齊誰 | 睡簡・日甲・105 背:冬三月壬癸 |
| 睡簡・日甲・87 正:壬戌、癸亥、癸酉 | 睡簡・日甲・1 背:夏三月季壬癸 |
| 睡簡・日甲・81 背:甲盜名曰耤鄭壬簸強當良 | 睡簡・日甲・120 背:己、戊、壬、癸、丙申、丁亥 |
| 睡簡・日甲・98 背:六壬不可以船行 | 睡簡・日甲・128 背:六壬不可以船行 |
| 睡簡・日甲・98 背:壬辰 | 睡簡・日甲・126 背:壬子、寅、辰北徙 |
| 睡簡・日甲・98 背:壬戌 | 睡簡・日甲・126 正:庚辰、壬辰、癸未 |
| 睡簡・日甲・99 背:壬午 | 睡簡・日甲・132 正:毋以辛壬東南行 |
| 睡簡・日甲・96 正:其日癸酉、壬辰、壬午垣之 | 睡簡・日甲・136 正:正月壬臽 |
| 睡簡・日甲・97 背:壬申 | 睡簡・日甲・137 背:十月壬子 |
| 睡簡・日甲・97 背:壬寅 | 睡簡・日甲・135 正:庚辛戊己壬癸餔時行 |
| 睡簡・日甲・97 正:四瀆(廢)壬癸 | 睡簡・日甲・135 正:甲乙壬癸丙丁日中行 |
| 睡簡・日甲・91 正:毋以己巳、壬寅殺犬 | 睡簡・日甲・135 正:壬癸庚辛甲乙夕行 |

睡簡·日甲·148 正：壬申生子

睡簡·日甲·148 正：壬戌生子

睡簡·日甲·148 正：壬寅生子

睡簡·日甲·148 正：壬子生子

睡簡·日甲·147 背：壬申會癸酉

睡簡·日甲·116 背：己、戊、壬、癸

睡簡·日甲·115 背：壬申

睡簡·日乙·88：正月壬臽

睡簡·日乙·82：壬癸水

睡簡·日乙·殘5：壬

睡簡·日乙·206：壬癸死者

睡簡·日乙·229：壬子

睡簡·日乙·227：壬寅

睡簡·日乙·224：壬申

睡簡·日乙·221：壬癸死者

睡簡·日乙·230：壬午

睡簡·日乙·239：壬申生

睡簡·日乙·236：壬戌

睡簡·日乙·237：壬辰

睡簡·日乙·242：壬辰生

睡簡·日乙·246：壬戌生

睡簡·日乙·243：壬寅生

睡簡·日乙·245：壬子生

睡簡·日乙·241：壬午生

睡簡·日乙·251：壬失火

睡簡·日乙·216：壬癸死者

睡簡·日乙·68：壬辰、戊辰

睡簡·日乙·66：庚寅、辛卯、壬辰

睡簡·日乙·67：壬辰膝（漆）

睡簡·日乙·64：壬辰乙巳

睡簡·日乙·65：壬辰瓜

睡簡·日乙·73：壬辰

睡簡·日乙·73：壬午

睡簡·日乙·74：忌，壬戌

睡簡·日乙·71：壬午

睡簡·日乙·38：壬申

睡簡·日乙·32：壬辰、申

睡簡·日乙·33：壬申

| | |
|---|---|
| 睡簡・日乙・40：壬癸行、庚辛□ | 里簡・J1（8）157 背：壬手 |
| 睡簡・日乙・44：六壬不可以船行 | 里簡・J1（9）2 正：四月壬寅 |
| 睡簡・日乙・187：壬癸□人 | 里簡・J1（9）3 正：四月壬寅 |
| 睡簡・日乙・122：壬子、癸丑南 | 里簡・J1（9）9 正：四月壬寅 |
| 睡簡・日乙・123：壬戌 | 里簡・J1（9）10 背：卅四年六月甲午朔壬戌 |
| 睡簡・日乙・124：壬寅 | 里簡・J1（9）11 正：四月壬寅 |
| 睡簡・日乙・192：辛卯壬午不可寧人 | 里簡・J1（9）984 背：八月壬辰 |
| 睡簡・日乙・193：壬癸夢日 | 里簡・J1（8）154 背：二月壬寅 |
| 睡簡・日乙・140：遠行者毋以壬戌、癸亥到室 | 關簡・17：壬子 |
| 睡簡・日乙・110：夏三月壬癸 | 關簡・18：壬子 |
| 睡簡・日乙・111：夏壬癸 | 關簡・19：壬子 |
| 岳山牘・M36：43 正：壬辰 | 關簡・16：壬子治鐵官 |
| 岳山牘・M36：43 正：壬辰 | 關簡・135：壬 |
| 岳山牘・M36：43 正：壬辰 | 關簡・48：壬午 |
| 岳山牘・M36：43 正：壬辰 | 關簡・58：壬辰 |
| 里簡・J1（8）154 正：卅三年二月壬寅朔[朔]日 | 關簡・48：壬午 |
| 里簡・J1（9）981 背：壬手〖注〗壬，人名。 | 關簡・44：壬午 |
| 里簡・J1（9）981 背：佐壬以來 | 關簡・58：壬辰 |
| 里簡・J1（9）981 正：遣佐壬操副詣廷 | 關沮牘・正・1：三月壬寅大 |

關沮牘・正・1：四月壬申小

 關簡・8：壬寅

 關簡・288：壬

 關簡・286：壬

 關簡・28：壬戌

 關簡・26：壬戌治競（竟）陵

 關簡・27：壬戌

 關簡・24：壬戌

 關簡・258：□己、壬、癸

 關簡・259：壬癸水

 關簡・25：壬戌

 關簡・9：壬寅

 關簡・6：壬寅

 關簡・63：壬寅

 關簡・61：壬子

 關簡・78：壬午

 關簡・77：八月壬子

 關簡・7：壬寅

 關簡・302：壬子

 關簡・38：壬申

 關簡・36：壬申治

 關簡・37：壬申

 關簡・371：以壬辰

 關簡・34：壬申

 關簡・46：壬午

 關簡・47：壬午

 關簡・56：壬辰

 關簡・57：壬辰

 關簡・5：壬寅

 關簡・54：壬辰宿迣離涌東

 關簡・103：壬辰

 關簡・179：壬

 秦印編278：壬戌兵器〖編者按〗此字或釋“王”。

 秦陶・1502：壬

3226　　※　※　　※（癸）

 石鼓文・霝雨（先鋒本）：□□□癸

 二號坑馬飾文・辇（集證・240）：癸廿七

 睡簡・日乙・154：十二月癸未

睡簡·日乙·110:夏三月壬癸

 天簡 32·乙·摹:壬戌、癸巳、癸亥

 天簡 32·乙:壬戌、癸巳、癸亥

 天簡 29·乙:癸雨禾秀殹

 睡簡·日乙·111:夏壬癸

 睡簡·日乙·66:癸酉

 睡簡·日甲·80 正:癸酉、癸巳

 睡簡·日乙·66:癸丑

 睡簡·日甲·80 正:癸酉、癸巳

 睡簡·日甲·82 背:癸名曰陽生先智丙

 睡簡·日甲·82 正:癸丑

 睡簡·日甲·87 正:癸亥

 睡簡·日甲·81 背:丙名曰輴可癸上

 睡簡·日甲·2 背:癸丑

 睡簡·日甲·98 背:癸亥

 睡簡·日甲·98 背:癸巳

 睡簡·日甲·99 背:癸丑

 睡簡·日甲·99 背:癸未

 睡簡·日甲·97 背:癸卯

 睡簡·日甲·97 正:四瀘（廢）壬癸

 睡簡·日甲·78 正:癸亥

 睡簡·日甲·7 背:壬申、癸酉

 睡簡·日甲·72 正:壬癸病

 睡簡·日甲·76 正:壬癸有疾

 睡簡·日甲·4 背:壬辰、癸巳

 睡簡·日甲·108 正:九月十月癸己丙

 睡簡·日甲·102 正:夏三月壬癸

 睡簡·日甲·104 正:二月癸

 睡簡·日甲·105 背:冬三月壬癸

 睡簡·日甲·1 背:夏三月季壬癸

 睡簡·日甲·120 背:癸丑

 睡簡·日甲·120 背:癸

 睡簡·日甲·129 背:癸巳

 睡簡·日甲·126 正:癸未

 睡簡·日甲·17 正:癸亥

 睡簡·日甲·132 正:毋以癸甲西南行

 睡簡·日甲·136 背:冬之癸亥

 睡簡·日甲·135 正:庚辛戊己壬癸鋪時行

睡簡·日甲·135 正：甲乙壬癸丙
丁日中行

睡簡·日甲·135 正：壬癸庚辛甲
乙夕行

睡簡·日甲·149 正：癸卯生子

睡簡·日甲·149 正：癸酉生子

睡簡·日甲·155 正：癸丑

睡簡·日甲·116 背：癸丑

睡簡·日甲·116 背：癸

睡簡·日甲·113 背：癸巳

睡簡·日甲·113 背：癸酉

睡簡·日甲·115 背：癸丑

睡簡·日甲·115 背：癸亥

睡簡·日甲·115 背：癸卯

睡簡·日甲·115 背：癸

睡簡·日乙·82：壬癸水

睡簡·日乙·89：二月癸㠯

睡簡·日乙·206：壬癸死者

睡簡·日乙·228：癸丑

睡簡·日乙·226：癸卯

睡簡·日乙·226：癸丑

睡簡·日乙·225：癸酉

睡簡·日乙·221：壬癸死者

睡簡·日乙·239：癸酉生

睡簡·日乙·234：癸巳

睡簡·日乙·235：癸未

睡簡·日乙·231：癸亥

睡簡·日乙·242：癸巳生

睡簡·日乙·246：癸亥

睡簡·日乙·244：癸卯生

睡簡·日乙·245：癸丑生

睡簡·日乙·241：癸未生

睡簡·日乙·251：癸失火

睡簡·日乙·216：壬癸死者

睡簡·日乙·65：癸葵

睡簡·日乙·72：癸未

睡簡·日乙·73：癸未

睡簡·日乙·74：癸未

睡簡·日乙·75：癸未

睡簡·日乙·33：癸丑

睡簡・日乙・31:癸亥

 睡簡・日乙・40:壬癸行、庚辛□

 睡簡・日乙・188:以癸丑

 睡簡・日乙・183:癸酢(作)

 睡簡・日乙・122:壬子、癸丑南

 睡簡・日乙・123:丁、癸不□巳、未、卯、亥

 睡簡・日乙・190:凡癸爲屏圂

 睡簡・日乙・193:壬癸夢日

 睡簡・日乙・131:癸卯

 睡簡・日乙・140:遠行者毋以壬戌、癸亥到室

 睡簡・日乙・147:正□癸不可祠人伏

 岳山牘・M36:43 正:癸酉

 岳山牘・M36:43 正:癸酉

 岳山牘・M36:43 正:癸酉

 岳山牘・M36:43 正:癸亥

 里簡・J1(9)11 正:卅四年八月癸巳朔[朔]日

 里簡・J1(16)5 背:七月癸卯

 里簡・J1(8)156:四月丙午朔癸丑

 里簡・J1(8)156:四月癸丑

 里簡・J1(9)2 正:卅四年八月癸巳朔[朔]日

 里簡・J1(9)4 正:卅四年八月癸巳朔甲午

 里簡・J1(9)5 正:卅四年八月癸巳朔[朔]日

 里簡・J1(9)6 正:卅四年八月癸巳朔[朔]日

 里簡・J1(9)7 背:卅四年八月癸巳朔[朔]日

 里簡・J1(9)8 正:卅四年八月癸巳朔[朔]日

 里簡・J1(9)9 背:卅四年八月癸巳朔[朔]日

 關簡・17:癸丑治鐵官

 關簡・179:癸

 關簡・113:癸卯

 關簡・35:癸酉

 關簡・49:癸未

 關簡・45:癸未

 關簡・35:癸酉

 關簡・49:癸未

 關簡・45:癸未

 關沮牘・背・3:癸未

 關沮牘・正・1:端月癸卯大

關沮牘・正・1:二月癸酉小

關簡・20：癸丑

關簡・28：癸亥

關簡・29：七月癸亥

關簡・26：癸亥

關簡・27：癸亥治競（竟）陵

關簡・258：癸

關簡・25：癸亥

關簡・259：壬癸水

關簡・9：癸卯

關簡・60：癸巳

關簡・62：癸丑

關簡・6：癸卯

關簡・64：癸卯

關簡・7：癸卯

關簡・75：癸丑

關簡・38：癸酉

關簡・39：癸酉

關簡・37：癸酉治

關簡・48：癸未

關簡・47：癸未奏上

關簡・58：癸巳

關簡・57：癸巳

關簡・55：癸巳

關簡・55：癸巳宿區邑

關簡・10：癸卯

關簡・18：癸丑

關簡・1：八月癸巳

關簡・19：癸丑

關簡・135：癸

秦印編278：茝陽癸〖注〗癸，人名。

秦印編278：茝陽工癸

秦印編278：癸狃

秦印編278：李癸

秦印編278：享癸

秦印編278：公癸

秦印編278：趙癸印

秦印編278：衛癸印

集證・173.596：癸

秦陶·1223:芷陽癸

瓦書·郭子直摹:顓以四年冬十壹月癸酉封之

瓦書(秦陶·1610):顓以四年冬十壹月癸酉封之

秦陶·1071:癸

秦陶·1217:芷陽工癸

秦陶·1218:芷陽工癸

秦陶·1220:芷陽癸

秦陶·1221:芷陽癸

秦陶·1222:芷陽癸

### 3227　𥝳 𥝳 ※　子 𥝳 𥝳

不其簋蓋(秦銅·3):女(汝)小子

不其簋蓋(秦銅·3):子=孫=其永寶用享

滕縣不其簋器(秦銅·4):女(汝)小子

滕縣不其簋器(秦銅·4):子=孫=其永寶用享

秦子簋蓋(珍金·34):秦子姬用享〖注〗秦子姬,器主魯姬子。李學勤分讀爲"秦子、姬",卽器主秦子和其姬姓妻。

秦子簋蓋(珍金·34):秦子之光〖注〗秦子李學勤說指靜公。

秦子簋蓋(珍金·34):子子孫孫

秦子簋蓋·摹(珍金·31):秦子姬用享

秦子簋蓋·摹(珍金·31):秦子之光

秦子簋蓋·摹(珍金·31):子子孫孫

秦編鐘·甲鐘(秦銅·10.1):余小子

秦編鐘·甲鐘左鼓·摹(秦銅·11.2):余小子

秦編鐘·丙鐘(秦銅·10.3):余小子

秦鎛鐘·1號鎛(秦銅·12.1):余小子

秦鎛鐘·2號鎛(秦銅·12.4):余小子

秦鎛鐘·3號鎛(秦銅·12.7):余小子

秦公鎛鐘·摹(秦銅·16.2):余雖小子

秦公簋·器(秦銅·14.1):余雖小子

傳世秦子戈(集證·11):秦子乍(作)造(造)公族元用〖注〗秦子,陳平說爲靜公。

故宮藏秦子戈(集證·10):秦子乍(作)造(造)中辟元用

故宮藏秦子戈·摹(集證·10):秦子乍(作)造(造)中辟元用

西安秦子戈·摹(集證·13):秦子元用

香港秦子戈二·摹(新戈·2):秦子乍(作)造(造)公族元用

珍秦齋秦子戈(珍金·38):秦子乍(作)造(造)左辟元用

珍秦齋秦子戈·摹(珍金·38):秦子乍(作)造(造)左辟元用

七年相邦呂不韋戟二·摹(俑坑·3.2):子(?)〖注〗子,編號。

十五年寺工鈹二·摹(秦銅·76):子

十六年寺工鈹・摹（秦銅・78）：子

十七年寺工鈹一・摹（秦銅・79）：子五九〖注〗子五九，編號。

十七年寺工鈹二・摹（秦銅・91.2）：子十〖注〗子十，編號。

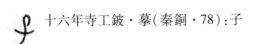 十七年寺工鈹六（秦銅・84）：子壬五〖注〗子壬午，編號。

十九年寺工鈹一・摹（秦銅・86）：子乙六〖注〗子乙六，編號。

十九年寺工鈹四・摹（秦銅・89）：子

秦懷后磬・摹：子〈孔〉聖盡巧〖注〗子，李學勤讀爲“孔”，甚。

大墓殘磬（集證・59）：天子匽（燕）喜〖注〗天子，周天子。

大墓殘磬（集證・59）：允樂子〈孔〉煌

大墓殘磬（集證・61）：天子匽（燕）喜

大墓殘磬（集證・61）：允樂子〈孔〉□粜（漾）

石鼓文・汧殹（先鋒本）：君子漁之

石鼓文・田車（先鋒本）：君子迨樂

石鼓文・車工（先鋒本）：君子之求

石鼓文・而師（先鋒本）：天子□來

石鼓文・霝雨（先鋒本）：君子卽涉

石鼓文・吾水（先鋒本）：天子永寍

石鼓文・車工（先鋒本）：君子員邋（獵）

詛楚文・湫淵（中吳本）：粜（世）萬子孫

詛楚文・巫咸（中吳本）：粜（世）萬子孫

詛楚文・亞駝（中吳本）：粜（世）萬子孫

秦駰玉版・乙・摹：粜（世）萬子孫

秦駰玉版・乙・摹：以余小子駰之病日復

秦駰玉版・乙・摹：又（有）秦曾孫小子駰曰

秦駰玉版・乙・摹：惴=小子

秦駰玉版・甲・摹：小子駰敢以芥（介）圭、吉璧、吉叉（瓅）

秦駰玉版・甲・摹：又（有）秦曾孫小子駰曰〖注〗小子，駰自稱或謙稱。

秦駰玉版・甲・摹：余毓子氒（厥）惑〖注〗毓子，駰自稱或謙稱。曾憲通等釋育子，冑子。

秦駰玉版・甲・摹：惴=小子

秦駰玉版・乙・摹：小子駰敢以芥（介）圭、吉璧、吉叉（瓅）

秦駰玉版・乙・摹：余毓子氒（厥）惑

會稽刻石・宋刻本：有子而嫁

會稽刻石・宋刻本：子不得母

天簡 22・甲：平亥定子執丑

天簡 22・甲：平子定丑

天簡 30・乙：盈戌平亥定子

天簡 32・乙：多女子吉

天簡 39・乙:申壯子老

天簡 32・乙:盈亥平子定丑

天簡 32・乙:十月建亥除子

天簡 38・乙:以子爲貞

睡簡・爲吏・47:父茲(慈)子孝

睡簡・爲吏・47:君子敬如始

睡簡・爲吏・44:君子不病殹

睡簡・爲吏・41:爲人子則孝

睡簡・答問・174:女子北其子

睡簡・封診・17:男子甲縛詣男子丙

睡簡・秦律・110:女子一人當男子一人

睡簡・日甲・148 正:壬子生子

睡簡・日甲・142 正:丙子生子

睡簡・日甲・146 正:庚子生子

睡簡・日甲・144 正:戊子生子

睡簡・日乙・229:壬子

睡簡・日乙・249:子失火

睡簡・封診・17:男子甲縛詣男子丙

睡簡・秦律・110:女子一人當男子一人

睡簡・日甲・83 正:丙子

睡簡・日甲・148 正:壬子生子

睡簡・日甲・142 正:丙子生子

睡簡・日甲・146 正:庚子生子

睡簡・日甲・144 正:戊子生子

睡簡・日乙・229:甲子

睡簡・日乙・108:凡子、卯、寅、酉男子日

睡簡・日乙・109:男子日

睡簡・日乙・229:丙子

睡簡・日乙・229:戊子

睡簡・日乙・229:庚子

睡簡・6 號牘・背:姑秭(姊)子產得毋恙□

睡簡・答問・69:今生子

睡簡・答問・69:其子新生而有怪物其身及不全而殺之

睡簡・答問・69:擅殺子

睡簡・答問・69:直以多子故

睡簡・答問・72:及臣邦君長所置爲後大(太)子

睡簡・答問・72:皆爲"後子"〖注〗後子,作爲嫡嗣的長子。

睡簡・答問・77:問死者有妻、子當收

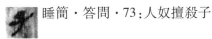 睡簡·答問·73：人奴擅殺子

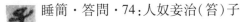 睡簡·答問·74：人奴妾治(笞)子

睡簡·答問·71：其弟子以爲後

睡簡·答問·71：士五(伍)甲毋(無)子

睡簡·答問·18：甲與其妻、子智(知)

睡簡·答問·19：父盜子

睡簡·答問·19：今叚(假)父盜叚(假)子〖注〗假子，義子。

睡簡·答問·195：其子入養主之謂也

睡簡·答問·168：問安置其子

睡簡·答問·168：有子焉

睡簡·答問·167：男子乙亦闌亡

睡簡·答問·167：女子甲去夫亡

睡簡·答問·167：生子

睡簡·答問·107：葆子以上

睡簡·答問·177：臣邦父母產子及產它邦而是謂"真"

睡簡·答問·177：可(何)謂"夏子"

睡簡·答問·17：其妻、子智(知)

睡簡·答問·173：甲、乙交與女子丙奸

睡簡·答問·174：問女子論可(何)殹

睡簡·答問·174：以爲非隸臣子殹

睡簡·答問·175：以其乘車載女子

睡簡·答問·103：父母擅殺、刑、髡子及奴妾

睡簡·答問·136：夫、妻、子五人共盜

睡簡·答問·103：子盜父母

睡簡·答問·104：主擅殺、刑、髡其子、臣妾

睡簡·答問·110：秸葆子之謂殹

睡簡·答問·116：弗買(賣)子母謂殹〖注〗子母，孩子的母親。

睡簡·答問·116：收其外妻、子

睡簡·答問·116：子小不可別

睡簡·封診·84：自晝與同里大女子丙鬪

睡簡·封診·85：今甲裏把子來詣自告

睡簡·封診·85：自宵子變出

睡簡·封診·25：某亭校長甲、求盜才(在)某里曰乙、丙縛詣男子丁

睡簡·封診·21：市南街亭求盜才(在)某里曰甲縛詣男子丙

睡簡·封診·9：子大女子某

睡簡·封診·6：男子某有鞫

睡簡·封診·37：某里士五(伍)甲縛詣男子丙

睡簡·封診·31：男子丁與偕

睡簡・封診・50：甲親子同里士五（伍）丙不孝

睡簡・封診・59：男子西有鬃秦綦履一兩

睡簡・封診・59：去男子其一奇六步

睡簡・封診・59：以履履男子

睡簡・封診・55：署中某所有賊死、結髮、不智（知）可（何）男子一人

睡簡・封診・51：甲親子

睡簡・秦律・62：女子操敔紅及服者

睡簡・秦律・62：贖者皆以男子

睡簡・秦律・59：女子參

睡簡・秦律・161：令君子毋（無）害者若令史守官

睡簡・秦律・133：男子參

睡簡・秦律・135：葆子以上居贖刑以上到贖死〖注〗葆，通"保"。葆子，卽任子。

睡簡・秦律・110：隸妾及女子用箴（針）爲緢（文）繡它物

睡簡・秦律・116：司空將紅（功）及君子主堵者有皐

睡簡・雜抄・6：當除弟子籍不得

睡簡・雜抄・6：使其弟子贏律

睡簡・雜抄・34：署君子、敦（屯）長、僕射不告

睡簡・雜抄・31：其六毋（無）子

睡簡・雜抄・31：其四毋（無）子

睡簡・雜抄・40：縣司空署君子將者

睡簡・日甲・80 正：生子

睡簡・日甲・8 背：不可取妻、家（嫁）子

睡簡・日甲・8 背：甲子午、庚辰、丁巳

睡簡・日甲・82 正：生子

睡簡・日甲・86 背：其後必有子將弟也死

睡簡・日甲・86 正：生子

睡簡・日甲・87 正：生子

睡簡・日甲・83 背：子

睡簡・日甲・83 正：戊子

睡簡・日甲・83 正：生子亡者

睡簡・日甲・83 正：以取妻，男子愛

睡簡・日甲・84 正：生子

睡簡・日甲・85 正：戊子

睡簡・日甲・85 正：以生子，喜歂（鬭）

睡簡・日甲・81 正：戊子

睡簡・日甲・81 正：男子龍庚寅

睡簡・日甲・81 正：女子龍丁

睡簡・日甲・81 正：以生子

睡簡・日甲・20 背:女子爲正

睡簡・日甲・28 正:申子萬

睡簡・日甲・2 背:必以子死

睡簡・日甲・29 正:子徹

睡簡・日甲・27 正:卯子正陽

睡簡・日甲・23 背:君子不得志

睡簡・日甲・23 背:宜子

睡簡・日甲・25 正:閉子

睡簡・日甲・21 背:女子爲正

睡簡・日甲・90 正:以生子

睡簡・日甲・98 背:丙子

睡簡・日甲・9 背:毋(無)子

睡簡・日甲・92 背:其後必有小子死

睡簡・日甲・92 正:生子

睡簡・日甲・99 正:劓子

睡簡・日甲・96 背:必有大女子死

睡簡・日甲・96 背:甲子死

睡簡・日甲・96 背:男子死

睡簡・日甲・97 背:甲子

睡簡・日甲・93 正:以生子

睡簡・日甲・94 正:生子

睡簡・日甲・91 背:生子不牷(全)

睡簡・日甲・91 正:以生子

睡簡・日甲・91 正:有妻子

睡簡・日甲・9 正:子

睡簡・日甲・69 背:面有黑子焉

睡簡・日甲・69 背:子,鼠也

睡簡・日甲・65 背:人恆亡赤子

睡簡・日甲・6 正:祭祀、家(嫁)子、取(娶)婦、入材

睡簡・日甲・6 正:子

睡簡・日甲・70 正:生子

睡簡・日甲・78 正:以生子

睡簡・日甲・79 正:生子

睡簡・日甲・76 正:生子

睡簡・日甲・77 正:生子

睡簡・日甲・73 背:盜者男子

睡簡・日甲・74 正:生子

睡簡・日甲・75 正:生子

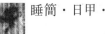睡簡・日甲・71 正:生子

睡簡・日甲・7 正:生子

睡簡・日甲・7 正:子

睡簡・日甲・38 正:以生子

睡簡・日甲・37 正:生子

睡簡・日甲・34 正:生子

睡簡・日甲・31 正:男子亦然

睡簡・日甲・3 正:子

睡簡・日甲・40 正:以生子

睡簡・日甲・42 正:生子

睡簡・日甲・44 背:丈夫女子隋（墮）須（鬚）羸髮黃目

睡簡・日甲・44 正:以生子

睡簡・日甲・4 正:子

睡簡・日甲・54 正:柖（招）榣（搖）毃（繫）子

睡簡・日甲・5 正:子

睡簡・日甲・100 正:長子婦死

睡簡・日甲・100 正:孫子死

睡簡・日甲・100 正:中子婦死

睡簡・日甲・109 背:九月甲子

睡簡・日甲・109 背:六月甲子

睡簡・日甲・109 背:十二月甲子以以行〖編者按〗下“以”字衍。

睡簡・日甲・101 背:庚子

睡簡・日甲・101 正:毋以子卜筮

睡簡・日甲・10 正:子

睡簡・日甲・18 正:柀（破）子

睡簡・日甲・120 正:女子爲巫

睡簡・日甲・126 背:丙子、寅、辰南徙

睡簡・日甲・126 背:庚子、寅、辰西徙

睡簡・日甲・126 背:壬子、寅、辰北徙

睡簡・日甲・126 背:以甲子、寅、辰東徙

睡簡・日甲・127 背:子、卯、午、酉不可入寄者及臣妾

睡簡・日甲・127 正:七月上旬子

睡簡・日甲・12 正:以生子

睡簡・日甲・19 背:不宜子

睡簡・日甲・19 背:女子喜宮斲（鬬）

睡簡・日甲・19 正:稻亥,麥子

睡簡・日甲・16 背:有女子言

睡簡・日甲・17 正:危子

睡簡・日甲・132 背:五月子

睡簡・日甲・136 正:子,旦北吉

睡簡・日甲・137 背:十月壬子

睡簡・日甲・131 背:八月子

睡簡・日甲・13 正:生子吉

睡簡・日甲・13 正:子

睡簡・日甲・148 正:女子爲也

睡簡・日甲・148 正:壬辰生子

睡簡・日甲・148 正:壬申生子

睡簡・日甲・148 正:壬戌生子

睡簡・日甲・142 正:丙辰生子

睡簡・日甲・142 正:丙申生子

睡簡・日甲・142 正:丙午生子

睡簡・日甲・142 正:丙寅生子

睡簡・日甲・149 正:癸丑生子

睡簡・日甲・149 正:癸卯生子

睡簡・日甲・149 正:癸未生子

睡簡・日甲・149 正:癸酉生子

睡簡・日甲・146 背:九月居子

睡簡・日甲・146 正:庚辰生子

睡簡・日甲・146 正:庚申生子

睡簡・日甲・146 正:庚午生子

睡簡・日甲・146 正:庚戌生子

睡簡・日甲・146 正:庚寅生子

睡簡・日甲・146 正:好女子

睡簡・日甲・147 正:辛丑生子

睡簡・日甲・147 正:辛亥生子

睡簡・日甲・147 正:辛卯生子

睡簡・日甲・147 正:辛未生子

睡簡・日甲・147 正:辛酉生子

睡簡・日甲・143 正:丁丑生子

睡簡・日甲・143 正:丁亥生子

睡簡・日甲・143 正:丁卯生子

睡簡・日甲・143 正:丁巳生子

睡簡・日甲・143 正:丁未生子

睡簡・日甲・143 正:丁酉生子

睡簡・日甲・144 正:戊辰生子

睡簡・日甲・144 正:戊申生子

睡簡・日甲・144 正:戊午生子

 睡簡・日甲・144 正:戊戌生子

 睡簡・日甲・144 正:戊寅生子

 睡簡・日甲・145 背:二月居子

 睡簡・日甲・145 背:天李正月居子

 睡簡・日甲・145 正:己丑生子

 睡簡・日甲・145 正:己亥生子

 睡簡・日甲・145 正:己巳生子鬼

 睡簡・日甲・145 正:己未生子

 睡簡・日甲・145 正:己酉生子

 睡簡・日甲・141 正:乙卯生子

 睡簡・日甲・141 正:乙巳生子

 睡簡・日甲・14 正:開子

 睡簡・日甲・150 正:女子以巳字

 睡簡・日甲・15 背:女子爲正

 睡簡・日甲・15 背:毋(無)子

 睡簡・日甲・156 正:毋以戌亥家(嫁)子、取婦

 睡簡・日甲・156 正:以作女子事

 睡簡・日甲・156 正:作女子

 睡簡・日甲・153 正:戊子以有求也

 睡簡・日甲・153 正:子

 睡簡・日甲・154 正:子

 睡簡・日甲・11 背:子、寅、卯、巳、酉、戌爲牡日

 睡簡・日甲・11 正:以生子,寡孤

 睡簡・日甲・11 正:子

 睡簡・日乙・80:生子

 睡簡・日乙・88:□徙死庚子寅辰北徙死

 睡簡・日乙・82:以取妻,女子愛

 睡簡・日乙・89:生子

 睡簡・日乙・86:生子

 睡簡・日乙・87:辰申子水

 睡簡・日乙・87:生子

 睡簡・日乙・83:生子亡者

 睡簡・日乙・83:以取妻,男子愛之

 睡簡・日乙・81:以生子,不完

 睡簡・日乙・8:子

 睡簡・日乙・殘8:□丙子□

 睡簡・日乙・28:虛子

睡簡・日乙・228：子、丑入官

睡簡・日乙・226：壬子

睡簡・日乙・227：庚子

睡簡・日乙・22：生子年不可遠行

睡簡・日乙・224：丙寅、丙子

睡簡・日乙・221：南室有亡子

睡簡・日乙・29：衝［亥，剹］子

睡簡・日乙・26：實子

睡簡・日乙・27：吉子

睡簡・日乙・238：甲子生

睡簡・日乙・236：甲子到乙亥是右〈君〉也

睡簡・日乙・240：丙子生

睡簡・日乙・240：庚辰，好［女］子

睡簡・日乙・240：女子於南

睡簡・日乙・248：女子爲邦君妻

睡簡・日乙・242：女子爲巫

睡簡・日乙・249：子失火

睡簡・日乙・24：利以起大事、祭、家（嫁）子

睡簡・日乙・247：庚子生

睡簡・日乙・247：男子爲人臣

睡簡・日乙・247：女子爲人妾

睡簡・日乙・24：生子

睡簡・日乙・244：女子爲醫

睡簡・日乙・245：壬子生

睡簡・日乙・241：戊子生

睡簡・日乙・250：君子兵死

睡簡・日乙・250：有瘁（癃）子

睡簡・日乙・250：有死子

睡簡・日乙・258：其子已死矣

睡簡・日乙・25：利以乘車、寇〈冠〉、帶劍、裝（製）衣常（裳）、祭、作大事、家（嫁）子

睡簡・日乙・251：有子死

睡簡・日乙・213：其女子也

睡簡・日乙・214：十一月子

睡簡・日乙・2：子

睡簡・日乙・90：以生子

睡簡・日乙・98：生子

睡簡・日乙・92：生子

睡簡・日乙・99：生子

睡簡・日乙・96:生子

 睡簡・日乙・97:生子

 睡簡・日乙・93:以生子

 睡簡・日乙・94:生子

 睡簡・日乙・95:生子

 睡簡・日乙・62:以生子,死

 睡簡・日乙・64:子,亦勿以種

 睡簡・日乙・65:子麥

 睡簡・日乙・6:子

 睡簡・日乙・78:甲子、申

 睡簡・日乙・72:甲子、辰

 睡簡・日乙・73:戊子、寅

 睡簡・日乙・7:子

 睡簡・日乙・30:衝子

 睡簡・日乙・32:窘子

 睡簡・日乙・36:建子

 睡簡・日乙・37:閑〈閉〉子

 睡簡・日乙・33:實子

 睡簡・日乙・34:吉子

睡簡・日乙・35:徐(除)子

睡簡・日乙・31:敫子

睡簡・日乙・3:子

睡簡・日乙・49:申子憂

睡簡・日乙・46:田及子麥

睡簡・日乙・47:子采(穗)

睡簡・日乙・4:子

睡簡・日乙・50:子徹

睡簡・日乙・56:生子

睡簡・日乙・5:子

睡簡・日乙・100:生子

睡簡・日乙・108:凡子、卯、寅、酉男子日

睡簡・日乙・108:男子日如是

睡簡・日乙・108:午、未、申、丑、亥女子日

睡簡・日乙・108:以女子日病

睡簡・日乙・108:以女子日死

睡簡・日乙・102:生子

 睡簡・日乙・109:男子日

 睡簡・日乙・109:男子日

睡簡・日乙・109:女子日

 睡簡・日乙・106:以生子,毋（無）它同生

 睡簡・日乙・107:生子

 睡簡・日乙・103:生子

 睡簡・日乙・104:子爲大夫

 睡簡・日乙・105:生子

 睡簡・日乙・101:生子

 睡簡・日乙・10:子

 睡簡・日乙・18:家（嫁）子、攻敼（擊）

 睡簡・日乙・122:壬子、癸丑南

 睡簡・日乙・126:毋以子卜筮

 睡簡・日乙・125:甲子、乙丑

 睡簡・日乙・12:子

 睡簡・日乙・197:家（嫁）子□

 睡簡・日乙・162:死生在子

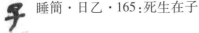 睡簡・日乙・165:死生在子

 睡簡・日乙・179:死生在子

 睡簡・日乙・173:子少翏（瘳）

 睡簡・日乙・175:子大翏（瘳）

 睡簡・日乙・171:子少翏（瘳）

 睡簡・日乙・133:七月上旬子

 睡簡・日乙・13:子

 睡簡・日乙・15:君子益事

 睡簡・日乙・157:子以東吉

 睡簡・日乙・153:七月甲子

 睡簡・日乙・153:四月丙子

 睡簡・日乙・155:□祭祀、嫁子、作大事

 睡簡・日乙・119:凡戊子風

 睡簡・日乙・11:子

 睡簡・爲吏・27:息子多少〖注〗息子,指小豬、小雞類。

 龍簡・2:斬其男子左趾

 里簡・J1（8）134 正:廿六年八月庚戌朔丙子

 里簡・J1（9）12 背:卅四年七月甲子朔辛卯

 里簡・J1（16）9 正:廿六年五月辛巳朔庚子

 關簡・135:子

 關簡・14:壬子

 關簡・145:產子占

 關簡・110:庚子

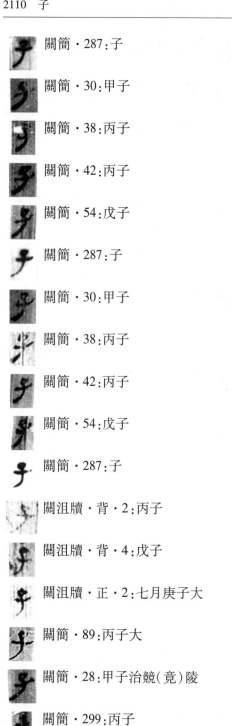

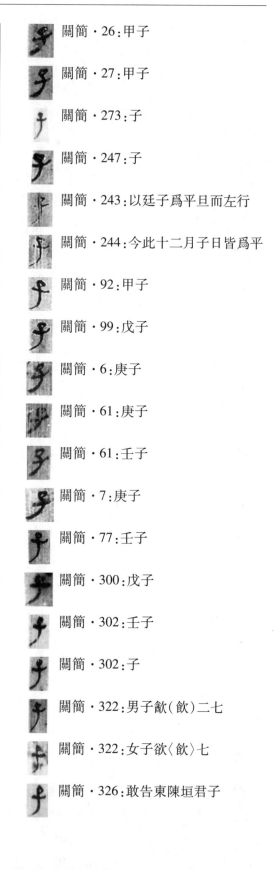

關簡・287:子

關簡・30:甲子

關簡・38:丙子

關簡・42:丙子

關簡・54:戊子

關簡・287:子

關簡・30:甲子

關簡・38:丙子

關簡・42:丙子

關簡・54:戊子

關簡・287:子

關沮牘・背・2:丙子

關沮牘・背・4:戊子

關沮牘・正・2:七月庚子大

關簡・89:丙子大

關簡・28:甲子治競(竟)陵

關簡・299:丙子

關簡・297:甲子

關簡・29:五月甲子

關簡・26:甲子

關簡・27:甲子

關簡・273:子

關簡・247:子

關簡・243:以廷子爲平旦而左行

關簡・244:今此十二月子日皆爲平

關簡・92:甲子

關簡・99:戊子

關簡・6:庚子

關簡・61:庚子

關簡・61:壬子

關簡・7:庚子

關簡・77:壬子

關簡・300:戊子

關簡・302:壬子

關簡・302:子

關簡・322:男子歓(飲)二七

關簡・322:女子欲〈飲〉七

關簡・326:敢告東陳垣君子

關簡·327:請獻驪牛子母

 關簡·323:男子七以歃（飲）之

 關簡·323:女子二七

 關簡·360:子丑爲觚（孤）

 關簡·361:甲子亡馬牛

 關簡·378:卽女子□

 關簡·330:予若叔（菽）子而徵之齲已

 關簡·331:男子（以）米七

 關簡·331:女子以米二七

 關簡·342:前置杯水女子前

 關簡·347:令女子之市買牛胙、市酒

 關簡·343:某有子三旬

 關簡·344:卽以左手撟杯水歃（飲）女子

 關簡·355:甲子旬

 關簡·318:卽以傳黑子

 關簡·317:小大如黑子

 關簡·315:去黑子方〖注〗黑子，痣。

 關簡·40:丙子

 關簡·4:庚子

 關簡·41:丙子

 關簡·50:戊子

 關簡·50:戊子宿迣贏邑北上淛

 關簡·52:戊子

 關簡·5:庚子

 關簡·53:戊子

 關簡·18:壬子

 關簡·19:壬子

 關簡·193:人中子也

 關簡·16:壬子治鐵官

 關簡·17:壬子

 帛書·病方·381:男子七

 帛書·病方·436:燔女子布

 帛書·病方·441:漬女子未嘗丈夫者[布]□音（杯）

 帛書·病方·殘1:□子令女子浴之

 帛書·病方·146:男子□卽以女子初有布

 帛書·病方·146:男子□卽以女子初有布

 帛書·脈法·83:季子忠謹〖注〗季子，次子。

 帛書·病方·13:男子竭

帛書·病方·13：女子䫋

帛書·病方·15：以男子泊傅之〖注〗男子泊，人精。

帛書·病方·105：男子七

帛書·病方·105：女子二七

帛書·病方·111：男子七

帛書·病方·111：女子二七

帛書·病方·187：女子瘇

帛書·病方·188：女子瘇

帛書·病方·199：等與人產子

帛書·病方·201：漬女子布

帛書·病方·207：子胡不已之有

帛書·病方·232：□〔取〕女子月事布

帛書·病方·314：漬女子布

帛書·病方·318：男子惡四〖注〗男子惡，人精。

帛書·病方·375：毚肉、魚及女子

秦印編278：云子思士

秦印編278：杜子

秦印編278：罔子

秦印編278：翁子

秦印編278：□子

秦印編278：駱子

秦印編278：光子

秦印編278：王子

秦印編278：李子

秦印編278：子廚私印

秦印編278：旬子

秦印編278：公子賈

秦印編278：公子□

秦印編278：盛子

秦印編278：援子

秦印編278：楊子得志

秦印編278：云子思士

秦印編278：云子思士

集證·185.767：云子思士

集證·161.455：王子〖注〗王子，人名。

集證·163.487：公子杏〖注〗公子杏，或卽秦惠文王子公子雍。

集證·168.548：杜子〖注〗杜子，人名。

集證·170.566：笝佋子印〖注〗笝佋子，人名。

秦陶・1454：伇子

瓦書（秦陶・1610）：子=孫=

瓦書・郭子直摹：周天子使卿夫=
（大夫）辰來致文武之酢（胙）〖注〗
周天子，周顯王。

瓦書・郭子直摹：子=孫=

瓦書（秦陶・1610）：周天子使卿夫=
（大夫）辰來致文武之酢（胙）

漆器 M11・46（雲夢・附二）：大女
子

漆器 M11・49（雲夢・附二）：小女
子

漆器 M11・51（雲夢・附二）：大女
子娿

漆器 M12・7（雲夢・附二）：小男
子包

漆器 M13・32（雲夢・附二）：小女
子甲

漆器 M6・5（雲夢・附二）：大女子
娿

漆器 M7・27（雲夢・附二）：大女
子娿

漆器 M8・7（雲夢・附二）：大女子
娿

漆器 M11・2（雲夢・附二）：小女
子

漆器 M11・3（雲夢・附二）：錢里
大女子

漆器 M11・7（雲夢・附二）：小女
子

漆器 M11・11（雲夢・附二）：大女
子娿

漆器 M11・17（雲夢・附二）：大女
子娿

漆器 M11・21（雲夢・附二）：小女
子

漆器 M11・22（雲夢・附二）：大女
子

漆器 M11・24（雲夢・附二）：小女
子

漆器 M11・28（雲夢・附二）：大女
子娿

漆器 M11・29（雲夢・附二）：大女
子疕

漆器 M11・35（雲夢・附二）：大女
子娿

3228　　孕

詛楚文・湫淵（中吳本）：刑戮孕婦

詛楚文・巫咸（中吳本）：刑戮孕婦

詛楚文・亞駝（中吳本）：刑戮孕婦

3229　　字

睡簡・日甲・150 正：女子以巳字
〖注〗字，生子。

里簡・J1（6）1 正：凡一千一百一十
三字〖注〗字，單字。

秦印編 279：字丞之印

秦印編 279：令字

3230　　穀

睡簡・日甲・143 正：穀（穀）而美
〖注〗穀，善。

睡簡・日甲・145 正：己酉生子，穀
（穀）

睡簡・日甲・147 正：吉及穀（穀）

帛書・病方・94：炊五穀（穀）

 秦印編 279：必穀

　　 集證・164.500：必（?）穀


### 3231　　季

　　 睡簡・11 號牘・背：爲黑夫、驚多
問東室季須（婿）苟得毋恙也

　　 睡簡・11 號牘・背：爲黑夫、驚多
問嬰氾季吏可（何）如

　　 睡簡・日甲・1 背：春三月季庚辛

　　 睡簡・日甲・1 背：冬三月季丙丁

　　 睡簡・日甲・1 背：秋三月季甲乙

　　 睡簡・日甲・1 背：夏三月季壬癸

　　 睡簡・日乙・111：季冬丙丁

　　 睡簡・日乙・111：季秋甲乙

　　 帛書・脈法・83：季子忠謹〖注〗季
子，次子。

　　 秦印編 279：季□

　　 集證・167.544：季狀〖注〗季狀，人
名。季，或指排行。

　　 集證・176.650：莊季〖注〗莊季，人
名。

　　 秦印編 279：趙季

　　 秦印編 279：謝季

　　 秦印編 279：王季

　　 秦印編 279：王季印

　　 秦印編 279：李季

　　 秦印編 279：張季

　　 秦印編 279：季苞

　　 十七年漆盒・摹（漆盒・3）：工季


### 3232　　孟禾

　　 不其簋蓋（秦銅・3）：用乍（作）朕
皇且（祖）公白（伯）、孟姬障段

　　 滕縣不其簋器（秦銅・4）：用乍
（作）朕皇且（祖）公白（伯）、孟姬障
段

　　 秦駰玉版・甲・摹：孟冬十月〖注〗
孟冬，冬季之首月。

　　 秦駰玉版・乙・摹：孟冬十月

　　 睡簡・日乙・23：利以裚（製）衣常
（裳）、說孟（盟）詐（詛）

　　 睡簡・日乙・17：利以說孟（盟）詐
（詛）、棄疾、鑿宇、葬

　　 關簡・335：□之孟也

　　 秦印編 279：孟得

　　 秦印編 279：臣孟

　　 秦印編 279：王孟

　　 秦印編 279：孟償

　　 秦印編 279：孟造

秦印編 279：羌孟

秦印編 279：孟贏

集證·215. 207·摹：孟

## 3233 孼 孼

睡簡·爲吏·27：尊賢養孼（乂）
〖注〗孼，讀爲“乂”，俊傑。

## 3234 孤 孤

天簡 34·乙：甲辰旬申酉虛寅卯孤
失虛在正西

睡簡·日甲·80 背：名豚孤夏穀□
亥

睡簡·日甲·146 正：少孤

睡簡·日乙·238：少孤

睡簡·日乙·243：小（少）孤

睡簡·爲吏·2：孤寡窮困

關簡·260：□以孤虛循求盜所道入
者及臧（藏）處〖注〗孤虛，古代方術
語。

## 3235 存 存

睡簡·答問·98：典、老雖不存
〖注〗存，在家。

睡簡·答問·98：審不存

睡簡·秦律·161：官嗇夫節（卽）
不存

睡簡·爲吏·5：過（禍）去福存

## 3236 孛 孛

秦印編 280：周孛

## 3237 疑 疑

卅六年私官鼎·口沿（秦銅·49）：
工疑〖注〗疑，人名。

武城銅橢量（秦銅·109）：不壹歉
疑者

旬邑銅權（秦銅·133）：不壹歉疑
者

旬邑銅權（秦銅·133）：使毋疑

北私府橢量·始皇詔（秦銅·
146）：不壹歉疑者〖注〗歉疑，有疑
問。

兩詔銅權一（秦銅·175）：不壹歉
疑者

私府橢量·始皇詔（秦銅·146）：
不壹歉疑者

兩詔銅權一（秦銅·175）：不壹歉
疑者

北私府橢量·2 世詔（秦銅·147）：
使毋疑

大騩銅權（秦銅·131）：不壹歉疑
者

大騩銅權（秦銅·131）：使毋疑

二世元年詔版八（秦銅·168）：使
毋疑

二世元年詔版九（秦銅·169）：使
毋疑

二世元年詔版六（秦銅·166）：使
毋疑

二世元年詔版三（秦銅·163）：使毋疑

 二世元年詔版十二（秦銅·172）：使毋疑

 二世元年詔版十三（集證·50）：使毋疑

 二世元年詔版十一（秦銅·171）：使毋疑

 二世元年詔版四（秦銅·164）：使毋疑

 二世元年詔版五（秦銅·165）：使毋疑

 二世元年詔版一（秦銅·161）：使毋疑

 高奴禾石銅權（秦銅·32.2）：不壹歉疑者

 兩詔斤權一·摹（集證·46）：不壹歉疑者

 兩詔斤權一·摹（集證·46）：使毋疑

 兩詔版（秦銅·174.1）：不壹歉疑者

 兩詔斤權二·摹（集證·49）：不壹歉疑者

 兩詔斤權二·摹（集證·49）：使毋疑

 兩詔斤權二·照片（集證·47.2）：使毋疑

 兩詔斤權一（集證·45）：不壹歉疑者

兩詔銅權二（秦銅·176）：不壹歉疑者

兩詔銅權二（秦銅·176）：使毋疑

兩詔銅權三（秦銅·178）：使毋疑

兩詔銅權四（秦銅·179.1）：不壹歉疑者

 兩詔橢量二（秦銅·149）：使毋疑

 兩詔橢量三之二（秦銅·151）：使毋疑

兩詔橢量三之一（秦銅·150）：不壹歉疑者

兩詔橢量一（秦銅·148）：不壹歉疑者

兩詔橢量一（秦銅·148）：使毋疑

 美陽銅權（秦銅·183）：不壹歉疑者

 平陽銅權·摹（秦銅·182）：不壹歉疑者

 平陽銅權·摹（秦銅·182）：使毋疑

 僅存銘兩詔銅權（秦銅·135-18.1）：不壹歉疑者

 僅存銘兩詔銅權（秦銅·135-18.2）：不壹歉疑者

 僅存銘始皇詔銅權·八（秦銅·135-8）：不壹歉疑者

 僅存銘始皇詔銅權·九（秦銅·135-9）：不壹歉疑者

 僅存銘始皇詔銅權·三（秦銅·135-3）：不壹歉疑者

 僅存銘始皇詔銅權·十（秦銅·135-10）：不壹歉疑者

 僅存銘始皇詔銅權·十七（秦銅·135-17）：不壹歉疑者

僅存銘始皇詔銅權·十三（秦銅·135-13）：不壹歉疑者

僅存銘始皇詔銅權·五（秦銅·135-5）：不壹歉疑者

僅存銘始皇詔銅權·一（秦銅·135-1）：不壹歉疑者

 秦箕斂（箕斂·封3）：不壹歉疑者

商鞅方升（秦銅·21）：不壹歉疑者

始皇詔八斤銅權二（秦銅·135）：不壹歉疑者

始皇詔八斤銅權一（秦銅·134）：不壹歉疑者

始皇詔版八（秦銅·144）：不壹歉疑者

始皇詔版二（秦銅·137）：不壹歉疑者

始皇詔版三（秦銅·138）：不壹歉疑者

始皇詔版五·殘（秦銅·141）：不壹歉疑者

始皇詔版一（秦銅·136）：不壹歉疑者

始皇詔十六斤銅權二（秦銅·128）：不壹歉疑者

始皇詔十六斤銅權三（秦銅·129）：不壹歉疑者

始皇詔十六斤銅權四（秦銅·130.2）：不壹歉疑者

始皇詔十六斤銅權一（秦銅·127）：不壹歉疑者

始皇詔鐵石權四（秦銅·123）：不壹歉疑者

始皇詔銅方升一（秦銅·98）：不壹歉疑者

始皇詔銅權八（秦銅·117）：不壹歉疑者

始皇詔銅權二（秦銅·111）：不壹歉疑者

始皇詔銅權九（秦銅·118）：不壹歉疑者

始皇詔銅權六（秦銅·115）：不壹歉疑者

始皇詔銅權三（秦銅·112）：不壹歉疑者

始皇詔銅權十（秦銅·119）：不壹歉疑者

始皇詔銅權十一（珍金·124）：不壹歉疑者

始皇詔銅權四（秦銅·113）：不壹歉疑者

始皇詔銅權五（秦銅·114）：不壹歉疑者

始皇詔銅權一（秦銅·110）：不壹歉疑者

始皇詔銅橢量二（秦銅·103）：不壹歉疑者

始皇詔銅橢量六（秦銅·107）：不壹歉疑者

始皇詔銅橢量三（秦銅·104）：不壹歉疑者

始皇詔銅橢量四（秦銅·105）：不壹歉疑者

始皇詔銅橢量五（秦銅·106）：不壹歉疑者

始皇詔銅橢量一（秦銅·102）：不壹歉疑者

睡簡·秦律·172：其有所疑

睡簡·效律·33：其有所疑

關簡·209：占獄訟，疑

關簡·222：占市旅，疑

陶量（秦印編280）：疑

陶量（秦印編280）：疑

秦印編280：李疑

秦印編280：王疑

陶量（秦印編 280）：疑

 陶量（秦印編 280）：疑

 秦陶・1593：歡疑者

 秦陶・1597：疑□

 秦陶・1598：疑□

 秦陶・1600：壹□疑者

 秦陶・1602：壹□疑者

 始皇詔陶印（《研究》附）：不壹歡疑者

### 3238　屛　　屛

 秦印編 280：屛

### 3239　育 毓　　育（毓）

秦駰玉版・甲・摹：余毓子乐（厥）惑〖注〗《廣雅》："毓，稚也。"毓子，"駰"自稱或謙稱。曾憲通等釋育子，胄子。

秦駰玉版・乙・摹：余毓子乐（厥）惑

### 3240　疏　　疏

睡簡・封診・91：卽疏書甲等名事關諜（牒）北（背）〖注〗疏書，分條記錄。

 秦印編 280：汪疏

### 3241　丑　　丑

天簡 22・甲：丑旦有言怒

天簡 22・甲：執丑彼寅

天簡 22・甲：平子定丑

天簡 32・乙：盈亥平子定丑

天簡 32・乙：盈丑平寅定卯

天簡 33・乙：入八月四日己丑

天簡 34・乙：三月己丑

睡簡・日乙・11：丑

睡簡・日甲・86 正：乙丑

睡簡・日甲・78 正：乙丑

睡簡・日甲・155 正：丁丑

睡簡・日乙・228：己丑

睡簡・日乙・68：乙丑

睡簡・日甲・80 正：己丑

睡簡・日甲・82 正：己丑

睡簡・日甲・86 正：己丑

睡簡・日甲・78 正：丁丑亥

睡簡・日甲・155 正：己丑取妻

睡簡・日甲・113 背:辛丑

睡簡・日甲・113 背:乙丑

睡簡・日乙・228:辛丑

睡簡・日乙・68:己丑

睡簡・日甲・80 正:辛丑

睡簡・日甲・82 正:癸丑

睡簡・日甲・78 正:辛丑

睡簡・日乙・228:癸丑

睡簡・日乙・228:乙丑

睡簡・日乙・228:丁丑

睡簡・日甲・80 正:乙丑

睡簡・日甲・88 正:己丑

睡簡・日甲・82 正:乙丑

睡簡・日甲・85 背:丑

睡簡・日甲・2 背:癸丑

睡簡・日甲・29 正:亥丑陰

睡簡・日甲・27 正:丑結

睡簡・日甲・23 正:盈丑

睡簡・日甲・24 正:除丑

睡簡・日甲・25 正:建丑

睡簡・日甲・98 背:丁丑

睡簡・日甲・99 背:癸丑

睡簡・日甲・99 正:殺丑

睡簡・日甲・97 背:乙丑

睡簡・日甲・94 正:五丑

睡簡・日甲・9 正:丑

睡簡・日甲・6 正:丑

睡簡・日甲・70 背:丑,牛也

睡簡・日甲・7 背:以己丑、酉、巳

睡簡・日甲・76 背:名建章丑吉

睡簡・日甲・7 正:丑

睡簡・日甲・31 正:凡丁丑不可以葬

睡簡・日甲・4 正:丑

睡簡・日甲・53 正:招(招)橋(搖)戴(繫)丑

睡簡・日甲・5 正:丑

睡簡・日甲・100 背:己丑

睡簡・日甲・102 正:毋以丑徐(除)門戶

睡簡・日甲・109 背:七月乙丑

睡簡・日甲・109 背:十月乙丑

睡簡・日甲・109 背:四月乙丑

睡簡・日甲・109 背:正月乙丑

睡簡・日甲・105 正:九月丑

睡簡・日甲・105 正:五月丑

睡簡・日甲・105 正:正月丑

睡簡・日甲・101 背:辛丑

睡簡・日甲・10 正:丑

睡簡・日甲・18 正:稷龍寅、秖丑

睡簡・日甲・18 正:危丑

睡簡・日甲・120 背:癸丑

睡簡・日甲・127 正:四月上旬丑

睡簡・日甲・166 正:己丑

睡簡・日甲・17 正:成丑

睡簡・日甲・17 正:五丑

睡簡・日甲・132 背:九月丑

睡簡・日甲・136 正:夏三月丑徹

睡簡・日甲・134 背:冬三月戊寅、己丑

睡簡・日甲・134 正:十月戌、丑

睡簡・日甲・134 正:五月丑

睡簡・日甲・131 背:十二月丑

睡簡・日甲・131 正:凡春三月己丑不可東

睡簡・日甲・13 正:丑

睡簡・日甲・149 正:癸丑生子

睡簡・日甲・147 正:辛丑生子

睡簡・日甲・143 正:丁丑生子

睡簡・日甲・145 正:己丑生子

睡簡・日甲・14 正:閉丑

睡簡・日甲・153 背:子丑朔

睡簡・日甲・153 正:丑

睡簡・日甲・154 正:丑

睡簡・日甲・155 正:癸丑

睡簡・日甲・155 正:秋丑辰

睡簡・日甲・11 背:丑、辰、申、午、未、亥爲牝

睡簡・日甲・119 背:丁丑材（裁）衣

睡簡・日甲・119 背:辛巳、丑、酉

睡簡・日甲・119 背:乙丑

睡簡・日甲・116 背:癸丑

睡簡・日甲・113 背：丁丑

睡簡・日甲・113 背：丁丑材（裁）
衣

睡簡・日甲・113 背：丁巳、丑

睡簡・日甲・113 背：辛、巳、丑、酉

睡簡・日甲・113 背：辛丑

睡簡・日甲・113 背：乙丑

睡簡・日甲・115 背：癸丑

睡簡・日甲・11 正：丑

睡簡・日乙・8：丑

睡簡・日乙・83：丑巳金

睡簡・日乙・殘 7：□丁巳丁未丁
丑□

睡簡・日乙・28：吉丑

睡簡・日乙・2：丑

睡簡・日乙・228：子、丑入官

睡簡・日乙・226：癸丑

睡簡・日乙・227：辛丑

睡簡・日乙・29：虛丑

睡簡・日乙・26：閈〈閉〉丑

睡簡・日乙・238：乙丑生

睡簡・日乙・236：乙丑

睡簡・日乙・240：丁丑生

睡簡・日乙・242：己丑生

睡簡・日乙・243：辛丑生

睡簡・日乙・245：癸丑生

睡簡・日乙・217：十二月丑

睡簡・日乙・9：丑

睡簡・日乙・6：丑

睡簡・日乙・66：癸丑

睡簡・日乙・65：丑黍

睡簡・日乙・7：丑

睡簡・日乙・77：春三月戌、夏丑

睡簡・日乙・73：辛丑

睡簡・日乙・74：丁丑

睡簡・日乙・75：丁丑

睡簡・日乙・71：辛丑

睡簡・日乙・30：剽丑

睡簡・日乙・3：丑

睡簡・日乙・32：敫丑

| | | | |
|---|---|---|---|
| 睡簡・日乙・39：丁丑 | | 睡簡・日乙・188：己丑爲圂廁 | |
| 睡簡・日乙・39：辛丑 | | 睡簡・日乙・188：以癸丑 | |
| 睡簡・日乙・36：徐（除）丑 | | 睡簡・日乙・120：正月、五月、九月之丑 | |
| 睡簡・日乙・36：乙亥、丑、酉 | | 睡簡・日乙・12：丑 | |
| 睡簡・日乙・37：建丑 | | 睡簡・日乙・122：壬子、癸丑南 | |
| 睡簡・日乙・33：窞丑 | | 睡簡・日乙・129：丁丑在亢 | |
| 睡簡・日乙・35：吉丑 | | 睡簡・日乙・129：凡五丑 | |
| 睡簡・日乙・31：沖丑 | | 睡簡・日乙・125：甲子、乙丑 | |
| 睡簡・日乙・31：辛丑 | | 睡簡・日乙・196：穿戶忌毋以丑穿門戶 | |
| 睡簡・日乙・48：丑結 | | 睡簡・日乙・169：丑少瘳（瘳） | |
| 睡簡・日乙・49：午丑危陽 | | 睡簡・日乙・13：丑 | |
| 睡簡・日乙・47：丑結 | | 睡簡・日乙・133：四月上旬丑 | |
| 睡簡・日乙・47：丑戌［正］陽 | | 睡簡・日乙・134：十二月上旬丑 | |
| 睡簡・日乙・47：乙巳及丑黍 | | 睡簡・日乙・148：丑、午□ | |
| 睡簡・日乙・50：亥丑陰 | | 睡簡・日乙・148：乙丑吉 | |
| 睡簡・日乙・5：丑 | | 睡簡・日乙・153：六月丁丑 | |
| 睡簡・日乙・108：午、未、申、丑、亥女子日 | | 里簡・J1（9）1 背：卅五年四月己未朔乙丑 | |
| 睡簡・日乙・10：丑 | | 里簡・J1（8）156：四月丙午朔癸丑 | |
| 睡簡・日乙・109：女子日，辰、午、未、申、亥、丑 | | 里簡・J1（8）156：四月癸丑 | |

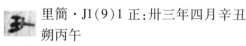
里簡・J1(9)1 正:卅三年四月辛丑朔丙午

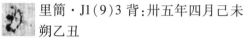
里簡・J1(9)3 背:卅五年四月己未朔乙丑

里簡・J1(9)4 正:卅三年四月辛丑朔丙午

里簡・J1(9)5 正:卅三年四月辛丑朔丙午

里簡・J1(9)7 背:卅五年四月己未朔乙丑

里簡・J1(9)7 正:卅三年四月辛丑朔戊申

里簡・J1(9)8 正:卅三年四月辛丑朔丙午

里簡・J1(9)9 背:卅五年四月己未朔乙丑

里簡・J1(9)10 背:卅五年四月己未朔乙丑

里簡・J1(9)10 正:卅三年四月辛丑朔丙午

里簡・J1(9)11 背:卅五年四月己未朔乙丑

里簡・J1(9)12 背:卅五年四月己未朔乙丑

里簡・J1(9)984 正:廿八年八月戊辰朔丁丑

關簡・135:丑

關簡・290:丑

關簡・39:丁丑

關簡・31:乙丑

關簡・43:丁丑

關簡・290:丑

關簡・39:丁丑

關簡・31:乙丑

關簡・43:丁丑

關沮牘・背・4:己丑

關沮牘・背・5:辛丑

關沮牘・正・2:五月辛丑大

關簡・87:五月丁丑大

關簡・8:辛丑

關簡・20:癸丑

關簡・28:辛丑[酉]

關簡・28:乙丑史但瓠(繁)

關簡・29:三月乙丑治競(竟)陵

關簡・26:辛丑[酉]

關簡・276:丑

關簡・27:辛丑[酉]

關簡・27:乙丑

關簡・248:丑

關簡・93:乙丑

關簡・62:癸丑

關簡·62:辛丑

 關簡·6:辛丑

 關簡·75:癸丑

 關簡·7:辛丑

 關簡·305:丑

 關簡·30:乙丑

 關簡·360:子丑爲妪(孤)

 關簡·364:令以七月己丑夕到宛

 關簡·42:丁丑

 關簡·41:丁丑

 關簡·53:己丑論修賜

 關簡·54:己丑

 關簡·51:己丑

 關簡·51:己丑宿迣離涌西

 關簡·100:己丑

 關簡·18:癸丑

 關簡·19:癸丑

 關簡·17:癸丑治鐵官

 關簡·177:丑

 秦印編280:周丑

### 3242 羞 羞

 不其簋蓋(秦銅·3):王命我羞追于西

滕縣不其簋器(秦銅·4):王命我羞追于西

仲滋鼎·摹(集證·14):盛(?)旨羞〚注〛羞,指美味食物。

卅三年銀盤·摹(齊王·19.4):御羞〚注〛御羞,官名。

睡簡·語書·11:不羞辱

新封泥A·2.11:御羞

封泥集·附一399:中行羞府

集證·137.68:中行羞府

秦印編281:中行羞府

秦印編281:中羞丞印

秦印編281:中羞丞印

秦印編281:中羞府印

秦印編281:中行羞府

秦印編281:御羞丞印

封泥集163·1:御羞丞印

封泥集163·3:御羞丞印

 封泥集163·4:御羞丞印

封泥集 163・5：御羞丞印

封泥集 163・9：御羞丞印

封泥集 163・10：御羞丞印

封泥集 163・12：御羞丞印

封泥集 164・1：中羞丞印

封泥集 164・2：中羞丞印

封泥集 164・3：中羞丞印

封泥集 164・4：中羞丞印

封泥集 164・6：中羞丞印

封泥集 164・7：中羞丞印

封泥集 165・9：中羞丞印

封泥集 165・11：中羞丞印

封泥集 165・12：中羞丞印

封泥集 165・15：中羞丞印

封泥集 165・17：中羞丞印

封泥集 165・18：中羞丞印

封泥集 165・21：中羞丞印

封泥集 165・22：中羞丞印

封泥集 166・1：中行羞府

封泥集 166・1：中羞府印

封泥集 166・2：中羞府印

封泥集・附 393・32：羞

集證・136.63：御羞丞印

集證・137.64・摹：御羞丞印

集證・137.66：中羞丞印

集證・137.69：中行羞府

集證・137.70：中羞府印

新封泥 C・17.22：中羞

新封泥 C・18.1：御羞

封泥印 48：御羞丞印

封泥印 49：中羞丞印

封泥印 49：中羞府印

### 3243　庚鑾　寅鑾

卅一年銀耳杯・摹（臨淄 173.2）：
一斤六兩六朱（銖）寅

五年相邦呂不韋戈一（集證・33）：
工寅〖注〗寅，人名。

五年相邦呂不韋戈二（秦銅・
68.1）：工寅

五年相邦呂不韋戈二・摹（秦銅・
68.1）：工寅

天簡 22・甲：摯丑彼寅

天簡31·乙:定寅執卯彼辰危巳

 天簡32·乙·摹:甲寅甲申乙卯乙酉

 天簡32·乙:盈丑平寅定卯

 天簡34·乙:甲辰旬申酉虛寅卯孤失虛在正西

 睡簡·日乙·141:久宦者毋以甲寅到室

 睡簡·日乙·113:五酉、甲辰、丙寅不可以蓋

 睡簡·日乙·11:寅

 睡簡·日乙·227:庚寅

 睡簡·日乙·34:丙寅、庚寅

 睡簡·日甲·83 正:丙寅

 睡簡·日乙·227:壬寅

 睡簡·日乙·34:丙寅、庚寅

 睡簡·日甲·83 正:戊寅

 睡簡·日乙·227:戊寅

 睡簡·編年·14:正月甲寅

 睡簡·日甲·89 正:戊寅

 睡簡·日甲·83 正:庚寅

 睡簡·日甲·84 正:甲寅

 睡簡·日甲·85 背:寅

 睡簡·日甲·85 背:寅,罔也

 睡簡·日甲·85 正:戊寅

 睡簡·日甲·81 正·摹:男子龍庚寅

 睡簡·日甲·8 正:寅

 睡簡·日甲·22 正:定寅

 睡簡·日甲·26 正:寅酉危陽

 睡簡·日甲·24 正:盈寅

 睡簡·日甲·25 正:除寅

 睡簡·日甲·98 背:甲寅

 睡簡·日甲·9 背:甲寅之旬

 睡簡·日甲·92 正:庚寅

 睡簡·日甲·99 背:庚寅

 睡簡·日甲·97 背:壬寅

 睡簡·日甲·97 正:啻(帝)爲室寅

 睡簡·日甲·95 背:甲辰寅死

 睡簡·日甲·91 正:母以己巳、壬寅殺犬

 睡簡·日甲·91 正:戊寅

 睡簡·日甲·9 正:寅

 睡簡·日甲·6 正:寅

睡簡・日甲・77 背:名責環貉豺干都寅

 睡簡・日甲・71 背:寅,虎也

 睡簡・日甲・7 正:寅

 睡簡・日甲・5 正:寅

 睡簡・日甲・100 背:丙寅

 睡簡・日甲・109 背:八月丙寅

 睡簡・日甲・109 背:二月丙寅

 睡簡・日甲・109 背:五月丙寅

 睡簡・日甲・103 正:毋以寅祭祀鑿井

 睡簡・日甲・101 背:戊寅

 睡簡・日甲・10 正:寅

 睡簡・日甲・18 正:稷龍寅、秫丑

 睡簡・日甲・120 背:寅

 睡簡・日甲・128 正:九月上旬寅

 睡簡・日甲・126 背:庚子、寅、辰西徙

 睡簡・日甲・126 背:壬子、寅、辰北徙

 睡簡・日甲・126 背:以甲子、寅、辰東徙

 睡簡・日甲・17 正:收寅

 睡簡・日甲・138 背:四月寅

 睡簡・日甲・134 背:冬三月戊寅、己丑

 睡簡・日甲・13 正:寅

 睡簡・日甲・148 正:壬寅生子

 睡簡・日甲・142 正:丙寅生子

 睡簡・日甲・146 正:庚寅生子

 睡簡・日甲・144 正:戊寅生子

 睡簡・日甲・14 正:建寅

 睡簡・日甲・159 正:寅,朝見

 睡簡・日甲・153 正:寅

 睡簡・日甲・154 正:丙寅以求人

 睡簡・日甲・154 正:寅

 睡簡・日甲・151 背:丙及寅禾

 睡簡・日甲・11 背:子、寅、卯、巳、酉、戌爲牡日

 睡簡・日甲・116 背:寅

 睡簡・日甲・115 背:寅

 睡簡・日甲・11 正:寅

 睡簡・日乙・88:庚子寅辰北徙死

 睡簡・日乙・8:寅

 睡簡・日乙・殘 3:□居室唯甲寅甚害□

睡簡・日乙・殘5:□寅卯四月巳午不可以殺□

睡簡・日乙・28:實寅

睡簡・日乙・226:壬寅

睡簡・日乙・227:庚寅

睡簡・日乙・224:丙寅

睡簡・日乙・26:建寅

睡簡・日乙・27:閈〈閉〉寅

睡簡・日乙・238:丙寅生

睡簡・日乙・236:甲寅

睡簡・日乙・240:戊寅生

睡簡・日乙・242:庚寅生

睡簡・日乙・249:寅失火

睡簡・日乙・243:壬寅生

睡簡・日乙・214:正月寅

睡簡・日乙・2:寅

睡簡・日乙・9:寅

睡簡・日乙・68:甲寅

睡簡・日乙・66:庚寅

睡簡・日乙・65:寅稷

睡簡・日乙・6:寅

睡簡・日乙・70:寅

睡簡・日乙・70:寅

睡簡・日乙・70:壬寅

睡簡・日乙・72:庚寅

睡簡・日乙・76:庚寅

睡簡・日乙・73:庚寅

睡簡・日乙・73:寅

睡簡・日乙・7:寅

睡簡・日乙・30:虛寅

睡簡・日乙・32・摹:衝寅

睡簡・日乙・36:吉寅

睡簡・日乙・36:戊寅

睡簡・日乙・37:徐(除)寅

睡簡・日乙・33:徼寅

睡簡・日乙・34:窨寅

睡簡・日乙・35:實寅

睡簡・日乙・31:剽寅

睡簡・日乙・3:寅

睡簡·日乙·48：寅采（穗）

睡簡·日乙·49：巳寅正陽

睡簡·日乙·46：丙及寅禾

睡簡·日乙·47：寅酉危陽

睡簡·日乙·4：寅

睡簡·日乙·50：戊寅憂

睡簡·日乙·52：寅午憂

睡簡·日乙·51：寅徹

睡簡·日乙·5：寅

睡簡·日乙·108：凡子、卯、寅、酉男子日

睡簡·日乙·109：寅

睡簡·日乙·10：寅

睡簡·日乙·188：凡酉、午、巳、寅以問病者

睡簡·日乙·189：戊寅

睡簡·日乙·124：壬寅

睡簡·日乙·12：寅

睡簡·日乙·193：凡酉、午、巳、寅、辛亥、辛卯問病者

睡簡·日乙·167：死生在寅

睡簡·日乙·161：寅以東北吉

睡簡·日乙·170：死生在寅

睡簡·日乙·171·摹：［死］生在寅

睡簡·日乙·133·摹：九月上旬寅

睡簡·日乙·13·摹：寅

睡簡·日乙·148：戊寅

睡簡·日乙·142：北毋以□戊寅

岳山牘·M36：43 正：庚寅

龍簡·116·摹：廿四年正月甲寅以來

里簡·J1（8）157 背：正月戊寅朔丁酉

里簡·J1（8）157 正：卅二年正月戊寅朔甲午

里簡·J1（8）152 正：卅二年四月丙午朔甲寅

里簡·J1（8）158 正：卅二年四月丙午朔甲寅

里簡·J1（9）2 正：四月壬寅

里簡·J1（9）3 正：四月壬寅

里簡·J1（9）9 正：四月壬寅

里簡·J1（9）11 正：四月壬寅

里簡·J1（9）981 正：酒甲寅夜水多

里簡·J1（16）6 正：廿七年二月丙子朔庚寅

里簡·J1（8）154 背：二月壬寅

里簡・J1(8)154 正:卅三年二月壬寅朔[朔]日

關簡・112:壬寅

關簡・135:寅

關簡・40:戊寅

關簡・44:戊寅

關簡・56:庚寅

關簡・40:戊寅

關簡・44:戊寅

關沮牘・背・2:戊寅

關沮牘・背・4:庚寅

關沮牘・背・5:壬寅

關沮牘・正・1:三月壬寅大

關簡・8:壬寅

關簡・85:三月戊寅大

關簡・20:甲寅

關簡・28:丙寅

關簡・279:寅

關簡・21:甲寅

關簡・9:壬寅

關簡・6:壬寅

關簡・7:壬寅

關簡・73:甲寅

關簡・308:寅

關簡・30:丙寅治競(竟)陵

關簡・32:丙寅

關簡・360:甲寅旬

關簡・362:甲寅旬

關簡・364:其庚寅遣書下

關簡・359:寅卯爲狐(孤)

關簡・356:寅卯爲虛

關簡・31:丙寅

關簡・42:戊寅

關簡・43:戊寅

關簡・52:庚寅

關簡・52:庚寅宿进□北

關簡・5:壬寅

關簡・54:庚寅

關簡・55:庚寅

關簡·101：庚寅

 關簡·18：甲寅宿都鄉

 關簡·17：甲寅

 關簡·179：寅

 集證·165.506：臣寅〖注〗寅，人名。

 秦印編281：王寅

 秦印編281：田寅

 秦印編281：令狐寅

 封泥印147：任寅

### 3244 卯非 卯非

 王四年相邦張儀戈（集證·17）：□工師賤工卯〖注〗卯，人名。

 天簡22·甲：危卯成辰收巳

 天簡22·甲：彼卯危辰成巳

 天簡31·乙：執卯彼辰

 天簡32·乙·摹：甲寅甲申乙卯

 天簡32·乙：盈丑平寅定卯

 天簡34·乙：甲辰旬申酉虛寅卯孤失虛在正西

 睡簡·日乙·11：卯

 睡簡·日乙·156：日出卯

 睡簡·日乙·153：九月辛卯

 睡簡·日乙·116：辛卯

 睡簡·日乙·115：辛卯

 睡簡·日乙·226：癸卯

 睡簡·日乙·226：乙卯

 睡簡·日乙·226：丁卯

 睡簡·日甲·86 背：卯，會眾

 睡簡·日甲·83 正：辛卯

 睡簡·日甲·85 背：卯

 睡簡·日甲·85 正：己卯

 睡簡·日甲·28 正：卯結

 睡簡·日甲·26 正：卯敫

 睡簡·日甲·27 正：卯子正陽

 睡簡·日甲·24 正：平卯

 睡簡·日甲·25 正：盈卯

 睡簡·日甲·98 背：乙卯

 睡簡·日甲·99 背：辛卯

睡簡·日甲·96 正：剽卯

睡簡·日甲·97 背：癸卯

睡簡・日甲・9 正:卯

睡簡・日甲・6 正:卯

睡簡・日甲・72 背:卯,兔也

睡簡・日甲・7 正:卯

睡簡・日甲・59 正:入客戊辰、己巳、辛酉、辛卯、己未、庚午

睡簡・日甲・51 正:招(招)榣(搖)轂(繫)卯

睡簡・日甲・100 背:丁卯

睡簡・日甲・104 正:毋以卯沐浴

睡簡・日甲・101 背:已卯

睡簡・日甲・10 正:卯

睡簡・日甲・18 正:收卯

睡簡・日甲・128 背:丁卯不可以船行

睡簡・日甲・127 背:子、卯、午、酉不可入寄者及臣妾

睡簡・日甲・127 正:六月上旬卯

睡簡・日甲・19 正:成卯

睡簡・日甲・19 正:菽、荅卯

睡簡・日甲・160 正:卯,朝見

睡簡・日甲・164 正:卯入官

睡簡・日甲・17 正:開卯

睡簡・日甲・132 背:八月卯

睡簡・日甲・137 背:正月乙卯

睡簡・日甲・131 背:五月卯

睡簡・日甲・13 正:卯

睡簡・日甲・149 正:癸卯生子

睡簡・日甲・146 背:十月居卯

睡簡・日甲・147 正:辛卯生子

睡簡・日甲・143 正:丁卯生子

睡簡・日甲・145 背・寨:六月居卯

睡簡・日甲・141 正:乙卯生子

睡簡・日甲・14 正:除卯

睡簡・日甲・154 正:卯

睡簡・日甲・11 背:子、寅、卯、巳、酉、戌爲牡日

睡簡・日甲・115 背:癸卯

睡簡・日甲・115 背:己卯

睡簡・日甲・115 背:辛卯

睡簡・日乙・8:卯

睡簡・日乙・85:卯(昴),邋(獵)、賈市

睡簡・日乙・殘9:□辰卯□

睡簡・日乙・殘7：卯

睡簡・日乙・殘5：□寅卯四月巳午不可以殺□

睡簡・日乙・28：閏〈閉〉卯

睡簡・日乙・29：［實］卯

睡簡・日乙・26：餘（除）卯

睡簡・日乙・2：卯

睡簡・日乙・238：丁卯

睡簡・日乙・233：卯入官

睡簡・日乙・240：已卯生

睡簡・日乙・242：辛卯生

睡簡・日乙・249：卯失火

睡簡・日乙・244：癸卯生

睡簡・日乙・245：乙卯生

睡簡・日乙・211：二月卯

睡簡・日乙・9：卯

睡簡・日乙・66：辛卯

睡簡・日乙・6：卯

睡簡・日乙・67：己卯

睡簡・日乙・76：忌，辛巳、卯

睡簡・日乙・7：卯

睡簡・日乙・30：吉卯

睡簡・日乙・32：剽卯

睡簡・日乙・36：實卯

睡簡・日乙・3：卯

睡簡・日乙・37：吉卯

睡簡・日乙・33：衝卯

睡簡・日乙・34：徹卯

睡簡・日乙・35：窨卯

睡簡・日乙・31：虛卯

睡簡・日乙・48：卯［子］正陽

睡簡・日乙・49：卯結

睡簡・日乙・4：卯

睡簡・日乙・47：辰卯及戌叔（菽）

睡簡・日乙・47：卯敚

睡簡・日乙・44：丁卯不可以船行

睡簡・日乙・41：酉在卯（昴）

睡簡・日乙・52：巳卯陰

睡簡・日乙・5：卯

睡簡・日乙・108:凡子、卯、寅、酉男子日

睡簡・日乙・109:卯

睡簡・日乙・10:卯

睡簡・日乙・101:十一月乙卯天臽

睡簡・日乙・12:卯

睡簡・日乙・123:丁、癸不□巳、未、卯、亥

睡簡・日乙・192:辛卯壬午不可寧人

睡簡・日乙・193:凡酉、午、巳、寅、辛亥、辛卯問病者

睡簡・日乙・163:卯以東吉

睡簡・日乙・177:卯少瘳(瘳)

睡簡・日乙・171:卯大瘳(瘳)

睡簡・日乙・13:卯

睡簡・日乙・133:六月上旬卯

睡簡・日乙・131:癸卯

睡簡・日乙・131:辛酉、卯

睡簡・日乙・148:己卯

睡簡・日乙・159:卯少瘳(瘳)

岳山牘・M36:43 正:辛卯

岳山牘・M36:43 正:辛卯

岳山牘・M36:43 正:乙卯

岳山牘・M36:43 正:以五卯祠之必有得也

里簡・J1(9)12 背:卅四年七月甲子朔辛卯

里簡・J1(16)5 背:七月癸卯

關簡・148:卯(昂)〖注〗卯,通"昂",二十八宿之一。

關簡・113:癸卯

關簡・19:乙卯宿競(竟)陵

關簡・168:卯

關簡・17:乙卯

關簡・33:丁卯

關簡・45:己卯

關簡・41:己卯

關簡・57:辛卯

關簡・33:丁卯

關簡・45:己卯

關簡・41:己卯

關簡・57:辛卯

關沮牘・背・4:辛卯

關簡・20:乙卯

關簡·221:斗乘卯(昂)

 關簡·221:卯(昂)

 關簡·22:乙卯

 關簡·29:十一月丁卯

 關簡·29:正月丁卯嘉平視事

 關簡·279:卯

 關簡·21:乙卯

 關簡·9:癸卯

 關簡·94:丁卯

 關簡·6:癸卯

 關簡·64:癸卯

 關簡·64:乙卯

 關簡·7:癸卯

 關簡·71:乙卯

 關簡·308:卯

關簡·371:己巳、卯溉(塈)困坖(室)穴

關簡·31:丁卯宿□上

關簡·43:己卯

關簡·44:己卯

 關簡·56:辛卯

 關簡·53:辛卯

 關簡·53:辛卯宿迣羅涌西

 關簡·55:辛卯

 關簡·102:辛卯

 關簡·10:癸卯

 關簡·18:乙卯

 關簡·135:卯

 帛書·病方·208:今日辛卯

 帛書·病方·208:以辛卯日

 秦印編281:笵卯

 秦印編281:杜卯

## 3245　辰辰　辰辰

 天簡22·甲:危卯成辰收巳

 天簡22·甲:彼卯危辰成巳

 天簡24·乙:占盜以日辰爲式

 天簡25·乙:合日辰

 天簡31·乙:投其病日辰時

 天簡32·乙·鄰:□壬辰

天簡 32・乙:執辰彼巳危午

天簡 33・乙:五月辰=日大雨

天簡 34・乙:甲辰旬申酉虛寅卯孤失虛在正西

睡簡・日乙・156:食時辰

睡簡・日乙・153:八月庚辰

睡簡・日乙・11:辰

睡簡・日甲・92 正:甲辰

睡簡・日甲・92 正:戊辰

睡簡・日乙・144:甲辰

睡簡・日乙・144:壬辰

睡簡・日甲・126 正:庚辰

睡簡・日甲・126 正:壬辰

睡簡・日乙・237:戊辰

睡簡・日乙・237:戊辰、庚辰、壬辰、丙辰

睡簡・日乙・237:壬辰

睡簡・日乙・237:丙辰

睡簡・日乙・68:壬辰

睡簡・日乙・68:戊辰

睡簡・日甲・88 正:庚辰

睡簡・日甲・88 正:壬辰

睡簡・日甲・88 正:甲辰

睡簡・日乙・73:壬辰

睡簡・日甲・80 正:戊辰

睡簡・日甲・8 背:庚辰

睡簡・日甲・89 正:戊辰

睡簡・日甲・87 背:辰

睡簡・日甲・87 背:辰,樹也

睡簡・日甲・87 正:春三月庚辰可以筑(築)羊卷(圈)

睡簡・日甲・83 正:庚辰

睡簡・日甲・84 正:庚辰

睡簡・日甲・20 正・摹:成辰

睡簡・日甲・22 正・摹:柀(破)辰

睡簡・日甲・26 正:辰申萬

睡簡・日甲・27 正:辰亥危陽

睡簡・日甲・24 正:定辰

睡簡・日甲・25 正:平辰

睡簡・日甲・90 正:甲辰

睡簡・日甲・98 背:壬辰

睡簡・日甲・98 正：其日乙未、甲午、甲辰垣之

睡簡・日甲・92 正：丙辰

睡簡・日甲・99 背：戊辰

睡簡・日甲・99 正：啻（帝）爲室辰

睡簡・日甲・96 正：其日癸酉、壬辰、壬午垣之

睡簡・日甲・97 背：庚辰

睡簡・日甲・97 正：其日辛酉、庚午、庚辰垣之

睡簡・日甲・94 正：五辰

睡簡・日甲・95 背：甲辰寅死

睡簡・日甲・9 正：辰

睡簡・日甲・79 背：名馬童鼙思（勇）辰戌

睡簡・日甲・73 背：辰，盜者男子

睡簡・日甲・7 正：辰

睡簡・日甲・4 背：壬辰、癸巳

睡簡・日甲・50 正：招（招）榣（搖）轂（繋）辰

睡簡・日甲・5 背：庚辰、辛巳

睡簡・日甲・59 正：入客戊辰、己巳、辛酉、辛卯、己未、庚午

睡簡・日甲・100 背：甲辰

睡簡・日甲・105 正：八月辰

睡簡・日甲・105 正：十二月辰

睡簡・日甲・105 正：四月辰

睡簡・日甲・101 背：丙辰

睡簡・日甲・10 正：辰

睡簡・日甲・18 正：開辰

睡簡・日甲・128 正：十一月上旬辰

睡簡・日甲・126 背：庚子、寅、辰西徙

睡簡・日甲・126 背：壬子、寅、辰北徙

睡簡・日甲・126 背：以甲子、寅、辰東徙

睡簡・日甲・16 正：建辰

睡簡・日甲・17 正：閉辰

睡簡・日甲・138 正：秋三月辰敫

睡簡・日甲・132 背：十二月辰

睡簡・日甲・132 正：辰之門也

睡簡・日甲・136 正：辰，北吉

睡簡・日甲・134 背：春三月戊辰、己巳

睡簡・日甲・134 正：八月辰

睡簡・日甲・134 正：九月辰

睡簡・日甲・134 正：十二月辰

睡簡・日甲・134 正:四月辰

睡簡・日甲・131 背:九月辰

睡簡・日甲・131 正:夏三月戊辰不可南

睡簡・日甲・13 正:辰

睡簡・日甲・142 正:丙辰生子

睡簡・日甲・146 正:庚辰生子

睡簡・日甲・143 背:入月七日及冬未、春戌、夏丑、秋辰

睡簡・日甲・144 正:戊辰生子

睡簡・日甲・14 正:盈辰

睡簡・日甲・153 正:辰

睡簡・日甲・155 正:秋丑辰

睡簡・日甲・11 背:丑、辰、申、午、未、亥爲牝

睡簡・日甲・1 正:秋三月辰

睡簡・日乙・88:□徙死庚子寅辰北徙死

睡簡・日乙・8:辰

睡簡・日乙・87:辰申子水

睡簡・日乙・殘9:□辰卯□

睡簡・日乙・2:辰

睡簡・日乙・226:癸丑

睡簡・日乙・225:甲辰

睡簡・日乙・29:閈〈閉〉辰

睡簡・日乙・26:吉辰

睡簡・日乙・238:戊辰生

睡簡・日乙・235:未、辰、午入官、辱而去

睡簡・日乙・240:庚辰

睡簡・日乙・242:壬辰生

睡簡・日乙・244:甲辰生

睡簡・日乙・245:丙辰生

睡簡・日乙・250:辰失火

睡簡・日乙・211:三月辰

睡簡・日乙・9:辰

睡簡・日乙・68:丙辰

睡簡・日乙・68:庚辰、申

睡簡・日乙・6:辰

睡簡・日乙・66:庚寅、辛卯、壬辰

睡簡・日乙・67:壬辰漆（漆）

睡簡・日乙・64:壬辰乙巳

睡簡・日乙・65:辰麻

睡簡・日乙・65：壬辰瓜

睡簡・日乙・70：甲辰

睡簡・日乙・7：辰

睡簡・日乙・72：庚寅、申、辰

睡簡・日乙・72：甲子、辰

睡簡・日乙・72：戊辰

睡簡・日乙・76：丙辰

睡簡・日乙・76：庚辰

睡簡・日乙・76：甲辰

睡簡・日乙・77：秋三月辰、冬未

睡簡・日乙・73：庚寅、辰、午

睡簡・日乙・74：丙辰

睡簡・日乙・75：丙辰

睡簡・日乙・71：戊辰

睡簡・日乙・30：實辰

睡簡・日乙・3：辰

睡簡・日乙・32：龍，壬辰、申

睡簡・日乙・32：虛辰

睡簡・日乙・36：窨辰

睡簡・日乙・33：剽辰

睡簡・日乙・34：衝辰

睡簡・日乙・35：甲申、辰

睡簡・日乙・35：敫辰

睡簡・日乙・31：吉辰

睡簡・日乙・48：辰［亥］危陽

睡簡・日乙・4：辰

睡簡・日乙・49：辰采（穗）

睡簡・日乙・47：辰卯及戌叔（菽）

睡簡・日乙・50：未辰正陽

睡簡・日乙・5：辰

睡簡・日乙・52：辰徹

睡簡・日乙・51：巳辰憂

睡簡・日乙・10：辰

睡簡・日乙・109：辰

睡簡・日乙・189：戊辰

睡簡・日乙・120：四月、八月、十二月之辰

睡簡・日乙・12：辰

睡簡・日乙・121：毋以戊辰、己巳入（納）寄者

睡簡·日乙·191:辰不可以哭、穿
肆(肂)

 睡簡·日乙·169:辰大翏(瘳)

 睡簡·日乙·165:辰以東吉

 睡簡·日乙·177:辰大翏(瘳)

 睡簡·日乙·173:死生在辰

 睡簡·日乙·13:辰

 睡簡·日乙·133:十一月上旬辰

 睡簡·日乙·131:毋以戊辰、己巳
入寄人

 睡簡·日乙·148:祠室,己卯、戊
辰、戊寅

 睡簡·日乙·142:南毋以辰、申

 睡簡·日乙·147:戊辰不可祠道蹖
(旁)

 岳山牘·M36:43 正:庚辰

 岳山牘·M36:43 正:壬辰

 岳山牘·M36:43 正:壬辰

 里簡·J1(8)134 正:九月庚辰

 里簡·J1(16)9 背:甲辰

 里簡·J1(8)158 背:四月丙辰旦

 里簡·J1(9)981 正:卅年九月丙辰
朔己巳

里簡·J1(9)984 背:八月壬辰

 里簡·J1(16)5 背:求盜簪裏陽成
辰以來〖注〗辰,人名。

 里簡·J1(16)5 背:三月丙辰

 關簡·11:甲辰

 關簡·114:甲辰

 關簡·135:辰

 關簡·30:戊辰

 關簡·34:戊辰

 關簡·42:庚辰

 關簡·46:庚辰

 關簡·58:壬辰

 關簡·30:戊辰

 關簡·34:戊辰

 關簡·42:庚辰

 關簡·46:庚辰

 關簡·58:壬辰

 關沮牘·正·1:十一月甲辰大

 關簡·8:甲辰

 關簡·20:丙辰治競(竟)陵

 關簡·22:丙辰

關簡·279:辰

 關簡·23:丙辰

 關簡·251:辰

 關簡·21:丙辰

 關簡·9:甲辰

 關簡·95:戊辰

 關簡·6:甲辰

 關簡·7:甲辰

 關簡·308:辰

 關簡·32:戊辰宿路陰

 關簡·361:甲辰旬

 關簡·371:以壬辰

 關簡·33:戊辰

 關簡·358:辰巳爲姑(孤)

 關簡·355:辰巳爲虛

 關簡·44:庚辰

 關簡·45:庚辰

 關簡·59:丙辰

 關簡·56:壬辰

 關簡·54:壬辰

 關簡·54:壬辰宿迣離涌東

 關簡·10:甲辰

 關簡·18:丙辰

 關簡·19:丙辰守丞登、史豎

 關簡·165:辰

 集證·175.626:壺辰

 秦印編281:潘辰

 秦印編281:咸沃里辰〖注〗辰,人名。

 秦印編281:咸沃里辰

 集證·216.220:咸沃里辰

 集證·216.212:咸沃里辰

 瓦書·郭子直摹:周天子使卿夫=(大夫)辰來致文武之酢(胙)〖注〗辰,人名。

 瓦書(秦陶·1610):周天子使卿夫=(大夫)辰來致文武之酢(胙)

 秦陶·460:辰

 秦陶·462·摹:辰

## 3246　　　辱

 睡簡·日甲·60正:北困辱

睡簡·日甲·62 正:南困辱

睡簡·日甲·61 正:東南辱

睡簡·日甲·59 正:西北辱

睡簡·日甲·165 正:必辱去

睡簡·日乙·200:南執辱

睡簡·日乙·235:未、辰、午入官、辱而去

睡簡·日乙·60:先辱後慶

睡簡·日乙·198:西北執辱

睡簡·日乙·199:東北執辱

睡簡·日乙·197:西南執辱

睡簡·語書·11:不羞辱

**3247　　　巳**

天簡 22·甲:危卯成辰收巳

天簡 22·甲:危辰成巳

天簡 26·乙:巳

天簡 27·乙:巳雞殹

天簡 32·乙:壬戌癸巳癸亥

天簡 32·乙:執辰彼巳危午

天簡 38·乙:爲室巳

睡簡·日乙·11:巳

睡簡·日甲·86 正:乙巳

睡簡·日甲·85 正:己巳

睡簡·日甲·129 背:癸巳

睡簡·日甲·113 背:辛巳

睡簡·日乙·234:己巳

睡簡·日甲·80 正:乙巳

睡簡·日甲·82 正:乙巳

睡簡·日甲·86 正:己巳

睡簡·日甲·85 正:己巳

睡簡·日甲·129 背:乙巳

睡簡·日乙·234:辛巳

睡簡·日甲·80 正:己巳

睡簡·日甲·82 正:己巳

睡簡·日乙·234:癸巳

睡簡·日甲·80 正:己巳

睡簡·日乙·234:乙巳

睡簡·日乙·234:丁巳

睡 11 號牘·正:二月辛巳

睡簡・日甲・80 正:丁巳

睡簡・日甲・80 正:癸巳

睡簡・日甲・88 正:己巳

睡簡・日甲・88 正:乙巳

睡簡・日甲・8 背:丁巳

睡簡・日甲・82 正:辛巳

睡簡・日甲・83 正:丁巳

睡簡・日甲・20 正:收巳

睡簡・日甲・22 正:危巳

睡簡・日甲・29 正:巳結

睡簡・日甲・26 正:巳未陰

睡簡・日甲・27 正:巳敫

睡簡・日甲・24 正:摯(執)巳

睡簡・日甲・25 正:定巳

睡簡・日甲・21 正:成巳

睡簡・日甲・2 正:巳

睡簡・日甲・90 正:己巳

睡簡・日甲・98 背:癸巳

睡簡・日甲・98 正:啻(帝)爲室巳

睡簡・日甲・92 正:乙巳

睡簡・日甲・92 正:辛巳

睡簡・日甲・99 背:己巳

睡簡・日甲・93 正:甲申、乙巳

睡簡・日甲・91 正:母以己巳、壬寅殺犬

睡簡・日甲・9 正:巳

睡簡・日甲・6 背:丁巳以出女

睡簡・日甲・74 背:巳,蟲也

睡簡・日甲・4 背:壬辰、癸巳

睡簡・日甲・49 正:招(招)榣(搖)毄(繫)巳

睡簡・日甲・4 正:巳

睡簡・日甲・5 背:庚辰、辛巳

睡簡・日甲・59 正:入客戊辰、己巳、辛酉、辛卯、己未、庚午

睡簡・日甲・57 正:己巳入寄者

睡簡・日甲・100 背:乙巳

睡簡・日甲・101 背:丁巳

睡簡・日甲・10 正:巳

睡簡・日甲・18 正:閉巳

睡簡・日甲・128 正:八月上旬巳

睡簡・日甲・16 正:除巳

睡簡・日甲・17 正:建巳

睡簡・日甲・138 背:六月巳

睡簡・日甲・132 背:七月巳

睡簡・日甲・134 背:春三月戊辰、
己巳

睡簡・日甲・13 正:巳

睡簡・日甲・149 背:田亳主以乙
巳死

睡簡・日甲・143 正:丁巳生子

睡簡・日甲・145 正:己巳生子鬼

睡簡・日甲・141 正:乙巳生子

睡簡・日甲・14 正:平巳

睡簡・日甲・150 正:女子以巳字

睡簡・日甲・150 正:巳

睡簡・日甲・152 正:巳

睡簡・日甲・155 正:丁巳

睡簡・日甲・11 背:子、寅、卯、巳、
酉、戌爲牡日

睡簡・日甲・119 背:辛巳

睡簡・日甲・119 背:乙丑、巳、酉

睡簡・日甲・113 背:丁巳

睡簡・日甲・113 背:丁巳

睡簡・日甲・113 背:癸巳

睡簡・日甲・113 背:巳、酉

睡簡・日甲・113 背:辛、巳

睡簡・日甲・113 背:辛巳

睡簡・日甲・113 背:乙巳

睡簡・日甲・115 背:戊、巳

睡簡・日乙・83:丑巳金

睡簡・日乙・殘 7:□丁巳丁未丁
丑□

睡簡・日乙・殘 5:□寅卯四月巳
午不可以殺□

睡簡・日乙・殘 1:□巳乙未□

睡簡・日乙・28:[餘(除)]巳

睡簡・日乙・225:乙巳

睡簡・日乙・29:建巳

睡簡・日乙・26:實巳

睡簡・日乙・27:吉巳

睡簡・日乙・238:巳巳生

睡簡・日乙・236:乙巳

睡簡・日乙・234:實〈寅〉、巳入官

睡簡・日乙・2：巳

睡簡・日乙・240：辛巳生

睡簡・日乙・242：癸巳生

睡簡・日乙・246：丁巳生

睡簡・日乙・247：凡己巳生

睡簡・日乙・250：巳失火

睡簡・日乙・214：四月巳

睡簡・日乙・9：巳

睡簡・日乙・68：丁巳、未

睡簡・日乙・66：甲戌、乙巳

睡簡・日乙・6：巳

睡簡・日乙・64：壬辰乙巳

睡簡・日乙・72：己巳

睡簡・日乙・72：辛巳

睡簡・日乙・76：辛巳

睡簡・日乙・76：乙巳

睡簡・日乙・7：巳

睡簡・日乙・74：己巳

睡簡・日乙・74：辛巳

睡簡・日乙・30：閈〈閉〉巳

睡簡・日乙・36：敍巳

睡簡・日乙・36：辛巳

睡簡・日乙・33：虚巳

睡簡・日乙・3：巳

睡簡・日乙・34：剽巳

睡簡・日乙・35：衝巳

睡簡・日乙・31：實巳

睡簡・日乙・48：巳敍

睡簡・日乙・42：凡五巳不可入寄者

睡簡・日乙・49：巳寅正陽

睡簡・日乙・46：乙巳及丑黍

睡簡・日乙・47：巳未陰

睡簡・日乙・4：巳

睡簡・日乙・50：巳結

睡簡・日乙・52：巳卯陰

睡簡・日乙・5：巳

睡簡・日乙・51：巳辰憂

睡簡・日乙・109：巳

睡簡・日乙・10:巳

睡簡・日乙・188:凡酉、午、巳、寅

睡簡・日乙・129:丁巳衣之

睡簡・日乙・123:丁、癸不□巳、未、卯、亥

睡簡・日乙・12:巳

睡簡・日乙・121:毋以戊辰、己巳入(納)寄者

睡簡・日乙・193:凡酉、午、巳、寅、辛亥、辛卯問病者

睡簡・日乙・167:巳以東吉

睡簡・日乙・133:八月上旬巳

睡簡・日乙・13:巳

睡簡・日乙・131:毋以戊辰、己巳入寄人

睡簡・日乙・142:西□巳

睡簡・日乙・156:莫(暮)食巳

岳山牘・M36:43 正:癸巳

岳山牘・M36:43 正:甲巳(子)

岳山牘・M36:43 正:癸巳

岳山牘・M36:43 正:乙巳

岳山牘・M36:43 正:己巳

里簡・J1(16)9 正:廿六年五月辛巳朔庚子

里簡・J1(9)2 正:卅四年八月癸巳朔[朔]日

里簡・J1(9)4 正:卅四年八月癸巳朔甲午

里簡・J1(9)5 正:卅四年八月癸巳朔[朔]日

里簡・J1(9)7 背:卅四年八月癸巳朔[朔]日

里簡・J1(9)8 正:卅四年八月癸巳朔[朔]日

里簡・J1(9)9 背:卅四年八月癸巳朔[朔]日

里簡・J1(9)11 正:卅四年八月癸巳朔[朔]日

里簡・J1(9)981 正:卅年九月丙辰朔己巳

關簡・290:巳

關簡・47:辛巳

關簡・43:辛巳

關簡・290:巳

關簡・47:辛巳

關簡・43:辛巳

關簡・290:巳

關簡・8:乙巳

關簡・20:丁巳守丞登、□史□之□

關簡・22:丁巳

關簡・276:巳

關簡·23:丁巳

關簡·24:丁巳

關簡·21:丁巳治競(竟)陵

關簡·96:己巳

關簡·9:乙巳

關簡·60:丁巳

關簡·60:癸巳

關簡·60:乙巳

關簡·79:辛巳

關簡·7:乙巳

關簡·305:巳

關簡·371:己巳、卯溉(墍)困垜(室)穴

關簡·33:己巳宿江陵

關簡·34:己巳

關簡·358:辰巳爲狐(孤)

關簡·35:己巳

關簡·355:辰巳爲虚

關簡·31:己巳

關簡·46:辛巳

關簡·45:辛巳賜

關簡·58:癸巳

關簡·57:癸巳

關簡·55:癸巳

關簡·55:癸巳宿區邑

關簡·10:乙巳

關簡·1:八月癸巳

關簡·12:乙巳

關簡·19:丁巳

關簡·164:巳

關簡·136:巳

關簡·115:乙巳

關簡·11:乙巳

帛書·病方·204:以辛巳日古(辜)曰

帛書·病方·183:以己巳晨

帛書·病方·204:賁辛巳日

秦印編281:郝巳

秦印編281:臣巳

秦印編281:趙巳

秦陶・472:巳

## 3248 已

帛書・病方・230:□積(癩)已〖編者按〗"已、巳"一字分化,今分列字頭。

帛書・病方・282:不痛已□

帛書・病方・321:三而已

帛書・病方・453:瘑已

帛書・病方・325:已

睡簡・答問・153:赦期已盡六月而得

睡簡・答問・115:獄已斷乃聽

睡簡・答問・27:必已置乃爲"具"

睡簡・答問・68:今甲病死已葬

睡簡・答問・60:已斷已令

睡簡・答問・30:抉籥(鑰)者已抉啟之乃爲抉

睡簡・答問・31:已啟乃爲抉

睡簡・答問・51:翏(戮)之已乃斬之之謂殹

睡簡・答問・182:其主已取錢

睡簡・答問・108:父已死

睡簡・答問・181:已復

睡簡・答問・125:已刑者處隱官

睡簡・答問・12:已去而偕得

睡簡・答問・166:已官,當論

睡簡・答問・164:吏、典已令之

睡簡・答問・164:已閲及敦(屯)車食若行到繇(徭)所乃亡

睡簡・答問・107:未獄而死若已葬

睡簡・答問・138:已論耐乙

睡簡・答問・132:去亡,已奔

睡簡・答問・104:告[者]辠已行

睡簡・答問・146:已坐以論

睡簡・答問・145:丞已免

睡簡・答問・157:已租者(諸)民

睡簡・封診・49:灋(廢)丘已傳

睡簡・封診・32:已診丁〖注〗已,隨即。

睡簡・封診・2:其辭已盡書而毋(無)解

睡簡・封診・74:人已穴房内

睡簡・秦律・197:吏已收臧(藏)

睡簡・秦律・159:已除之

睡簡・秦律・84:其已分而死

睡簡·秦律·80：已論

睡簡·秦律·201：必署其已稟年日月

睡簡·秦律·92：已稟衣

睡簡·秦律·35：已獲上數

睡簡·秦律·46：月食者已致稟而公使有傳食

睡簡·秦律·44：已稟者

睡簡·秦律·153：其已拜

睡簡·雜抄·34：宿者已上守除

睡簡·雜抄·35：辭曰日已備

睡簡·雜抄·41：已補

睡簡·日甲·44 正：久不已

睡簡·日甲·82 背：已名曰宜食成怪目

睡簡·日甲·87 背：已

睡簡·日甲·28 背：則已矣

睡簡·日甲·26 背：則已矣

睡簡·日甲·68 背：已乃痛（舖）〖注〗已乃，已而，此後。

睡簡·日甲·73 背：勿言已

睡簡·日甲·32 背：則已矣

睡簡·日甲·34 背：則已矣

睡簡·日甲·35 背：則已矣

睡簡·日甲·42 背：則已矣

睡簡·日甲·43 背·摹：則已矣

睡簡·日甲·45 背：則已矣

睡簡·日甲·52 背：則已矣

睡簡·日甲·59 背：亡（無）已

睡簡·日甲·30 背：則已矣

睡簡·日乙·240：已卯生

睡簡·日乙·258：其子已死矣

睡簡·日乙·159：已大翏（瘳）、死生

睡簡·語書·3：今灋律令已具矣

睡簡·語書·5：今灋律令已布

龍簡·19：追事已

龍崗牘·正：吏論失者已坐以論

龍簡·68·摹：事已

里簡·J1（8）157 背：已除成、匄爲啟陵郵人

里簡·J1（8）134 正：在復獄已卒史衰、義報（？）

里簡·J1（8）152 正：今書已到

里簡·J1（8）158 正：主令史下絡帚直（值）書已到

里簡・J1(9)1 正:已訾其家

里簡・J1(9)2 正:已訾責不獄家

里簡・J1(9)3 正:已訾責其家

里簡・J1(9)4 正:已訾責其家

里簡・J1(9)5 正:已訾責其家

里簡・J1(9)6 正:已訾其家

里簡・J1(9)7 正:已訾其家

里簡・J1(9)8 正:已訾其家

里簡・J1(9)9 正:已訾責額家

里簡・J1(9)10 正:已訾其家

里簡・J1(9)11 正:已訾責其家

里簡・J1(9)981 正:具志已前上

里簡・J1(8)134 正:[衰、義]事已

關簡・197:占病者,已

關簡・208:占[行]者,已發

關簡・202:占行者,已發

關簡・207:占病者,已

關簡・220:占病者,未已

關簡・225:占病者,已

關簡・262:已入月

關簡・239:占獄訟,已

關簡・235:占病者,已

關簡・240:占行者,已發

關簡・242:占病者,已

關簡・242:占行者,已發

關簡・210:占[行者],已發

關簡・213:占病者,已

關簡・309:不已

關簡・309:已腸辟〖注〗已,治癒。

關簡・329:已齲方

關簡・326:已齲方

關簡・326:笱(苟)令某齲已

關簡・327:乃禹步,已

關簡・370:十五日乃已

關簡・372:已鼠方

關簡・373:一月已

關簡・330:笱(苟)令某齲已

關簡・330:予若叔(菽)子而徹之齲已

關簡・332：已齲方

關簡・332：笱（苟）能令某齲已

關簡・350：卽已

關簡・50：丙戌後事已〖注〗已，完畢。

關簡・187：占病者，已

關簡・198：占行者，已發

關簡・196：〔占〕行者，已發

帛書・灸經甲・66：久（灸）幾息則病已矣

 帛書・病方・251：病已而已

帛書・病方・251：病已而已

 帛書・病方・26：已飲

帛書・病方・28：病已如故

帛書・病方・28：藥已冶

 帛書・病方・32：尉時及已尉四日內

帛書・病方・46：稍□手足而已

帛書・病方・49：三日已

帛書・病方・50：以此藥皆已

帛書・病方・53：爲若不已

 帛書・病方・56：已矣

帛書・病方・58：已飲

帛書・病方・62：傅傷而已

帛書・病方・64：已沃而□越之

帛書・病方・69：已

帛書・病方・74：已

帛書・病方・96：不已

帛書・病方・96：已

帛書・病方・98：徐去徐已

帛書・病方・101：已

帛書・病方・107：已靡（磨）

帛書・病方・110：除日已望

帛書・病方・113：□已

帛書・病方・113：三日而已

帛書・病方・116：不已

帛書・病方・116：再飲而已

帛書・病方・123：已灸□之而起

帛書・病方・125：病已如故

帛書・病方・125：已□卽用之

帛書・病方・126：此藥已成

帛書·病方·128:令藥已成而發之

帛書·病方·136:病已,止

帛書·病方·160:不已

帛書·病方·164:病已

帛書·病方·177:不過三飲而已

帛書·病方·177:不已

帛書·病方·180:瘙已

帛書·病方·183:不已

帛書·病方·186:不已

帛書·病方·186:已食飲之

帛書·病方·200:乖已

帛書·病方·204:已

帛書·病方·205:不已

帛書·病方·206:今日已

帛書·病方·207:已備

帛書·病方·207:子胡不已之有

帛書·病方·209:令闌(爛)而已

帛書·病方·218:已窡(剢)

帛書·病方·219:以盡二七枚而已

帛書·病方·220:須積(癪)已而止

帛書·病方·243:二日而已

帛書·病方·245:卽已

帛書·病方·247:不已

帛書·病方·272:須已□

帛書·病方·278:斗□已洒睢(疽)□

帛書·病方·285:服藥卅日□已

帛書·病方·287:一飲病未已

帛書·病方·288:病已

帛書·病方·291:已

帛書·病方·306:不已

帛書·病方·329:此皆已驗

帛書·病方·331:傷已

帛書·病方·334:朝已食而入湯中

帛書·病方·367:令癰種(腫)者皆已

帛書·病方·372:已冶五物□取牛脂□細布□

帛書·病方·375:已,面類□者

帛書·病方·377:□[癰]種(腫)盡去,已

帛書·病方·379:已矣

帛書·病方·412:而以［涂（塗）］之，已

帛書·病方·414:騷（瘙）卽已

帛書·病方·416:疥已

帛書·病方·417:飲熱酒,已

帛書·病方·419:三,疟已

帛書·病方·420:百疟盡已

帛書·病方·422:久疟不已

帛書·病方·422:潰以傅之,已

帛書·病方·428:已傅灰

帛書·病方·429:已捏

帛書·病方·440:盡藥,已

帛書·病方·448:復再三傅其處而已

帛書·病方·452:以豲膏已湔（煎）者膏之

帛書·病方·455:□面皰赤已

帛書·病方·459:更得□已解弱（溺）

帛書·病方·459:已飲此

帛書·病方·殘3:卽已

帛書·病方·殘5:已傅藥□

帛書·病方·殘5:其已治□

帛書·病方·殘5:□其已潰□

帛書·病方·殘14:□已破癰□

帛書·病方·無編號殘:已

## 3249　已　以

不其簋蓋（秦銅·3）:弗以我車宮（陷）于囏

不其簋蓋（秦銅·3）:女（汝）以我車宕伐嚴允（玁狁）于高陶（陶）

滕縣不其簋器（秦銅·4）:弗以我車宮（陷）于囏

滕縣不其簋器（秦銅·4）:女（汝）以我車宕伐嚴允（玁狁）于高陶（陶）

秦編鐘·甲鐘（秦銅·10.1）:以康奠協朕或（國）

秦編鐘·甲鐘（秦銅·10.1）:以受多福

秦編鐘·甲鐘（秦銅·10.1）:以虩事縊（蠻）方

秦編鐘·甲鐘鉦部·摹（秦銅·11.1）:以虩事縊（蠻）方

秦編鐘·甲鐘左鼓·摹（秦銅·11.2）:以受多福

秦編鐘·甲鐘左篆部·摹（秦銅·11.4）:以康奠協朕或（國）

秦編鐘·乙鐘（秦銅·10.2）:以受大福

秦編鐘·乙鐘（秦銅·10.2）:以匽（燕）皇公

秦編鐘·乙鐘鉦部·摹（秦銅·11.5）:以受大福

秦編鐘·乙鐘鉦部·摹（秦銅·11.5）:以匽（燕）皇公

秦編鐘・丙鐘（秦銅・10.3）：以虩
事縊（蠻）方

秦編鐘・丁鐘（秦銅・10.4）：以康
奠協朕或（國）

秦編鐘・丁鐘（秦銅・10.4）：以受
多福

秦編鐘・戊鐘（秦銅・10.5）：以受
大福

秦編鐘・戊鐘（秦銅・10.5）：以匽
（燕）皇公

秦鎛鐘・1號鎛（秦銅・12.1）：以
虩事縊（蠻）方

秦鎛鐘・1號鎛（秦銅・12.2）：以
受多福

秦鎛鐘・1號鎛（秦銅・12.3）：以
受大福

秦鎛鐘・1號鎛（秦銅・12.3）：以
匽（燕）皇公

秦鎛鐘・2號鎛（秦銅・12.4）：以
虩事縊（蠻）方

秦鎛鐘・2號鎛（秦銅・12.5）：以
康奠協朕或（國）

秦鎛鐘・2號鎛（秦銅・12.5）：以
受多福

秦鎛鐘・2號鎛（秦銅・12.6）：以
受大福

秦鎛鐘・2號鎛（秦銅・12.6）：以
匽（燕）皇公

秦鎛鐘・3號鎛（秦銅・12.7）：以
虩事縊（蠻）方

秦鎛鐘・3號鎛（秦銅・12.8）：以
康奠協朕或（國）

秦鎛鐘・3號鎛（秦銅・12.8）：以
受多福

秦鎛鐘・3號鎛（秦銅・12.9）：以
受大福

秦鎛鐘・3號鎛（秦銅・12.9）：以
匽（燕）皇公

秦公鎛鐘・摹（秦銅・16.2）：以受
多福

秦公鎛鐘・摹（秦銅・16.4）：以卲
（昭）霝（各）孝享

秦公鎛鐘・摹（秦銅・16.4）：以受
屯（純）魯多釐

秦公簋・蓋（秦銅・14.2）：以卲
（昭）皇且（祖）

秦公簋・蓋（秦銅・14.2）：以受屯
（純）魯多釐

杜虎符（秦銅・25）：用兵五十人以
上

新郪虎符（集證・38）：用兵五十人
以上

新郪虎符・摹（集證・37）：用兵五
十人以上

秦懷后磬・摹：以□辟公

秦懷后磬・摹：以虔夙夜才（在）立
（位）

大墓殘磬（集證・60）：四方以鼏
（宓）平

大墓殘磬（集證・62）：四方以鼏
（宓）平

大墓殘磬（集證・76）：左（佐）以靁
（靈）神

大墓殘磬（集證・79）：以靁（靈）神

大墓殘磬（集證・81）：□皇且（祖）
以□

石鼓文・而師（先鋒本）：□□□以
【注】以，讀爲“矣”。

石鼓文・霝雨（先鋒本）：极深以□

石鼓文・霝雨（先鋒本）：佳（惟）舟
以衍（行）

石鼓文・田車（先鋒本）：避以隋于
邍（原）

石鼓文·車工(先鋒本):弓兹(弦)以寺(持)

石鼓文·汧殴(先鋒本):可(何)以櫜之

詛楚文·亞駝(中吳本):袗以齋盟

詛楚文·亞駝(中吳本):以厎(祗)楚王熊相之多辠

詛楚文·巫咸(中吳本):袗以齋盟

詛楚文·亞駝(中吳本):絆(縫)以婚姻

詛楚文·亞駝(中吳本):將之以自救殹

詛楚文·亞駝(中吳本):以盟(明)大神之威神

詛楚文·湫淵(中吳本):絆(縫)以婚姻

詛楚文·湫淵(中吳本):將之以自救也

詛楚文·湫淵(中吳本):率者(諸)侯之兵以臨加我

詛楚文·湫淵(中吳本):以偪(逼)铻(吾)邊竟(境)

詛楚文·湫淵(中吳本):以厎(祗)楚王熊相之多辠

詛楚文·湫淵(中吳本):以盟(明)大神之威神

詛楚文·湫淵(中吳本):袗以齋盟

詛楚文·巫咸(中吳本):絆(縫)以婚姻

詛楚文·巫咸(中吳本):將之以自救殹

詛楚文·巫咸(中吳本):率者(諸)侯之兵以臨加我

詛楚文·巫咸(中吳本):以倍〈偪(逼)〉铻(吾)邊竟(境)

詛楚文·巫咸(中吳本):以厎(祗)楚王熊相之多辠

詛楚文·巫咸(中吳本):以盟(明)大神之威神

詛楚文·亞駝(中吳本):率者(諸)侯之兵以臨加我

詛楚文·亞駝(中吳本):以偪(逼)铻(吾)邊竟(境)

秦駰玉版·甲·摹:□(清?)可以爲正

秦駰玉版·乙·摹:以此爲尚(常)

秦駰玉版·乙·摹:以告於崋(華)大山

秦駰玉版·乙·摹:以余小子駰之病日復〖注〗以,李學勤釋"句",讀爲"苟"。

秦駰玉版·甲·摹:潔可以爲瀍(法)

秦駰玉版·甲·摹:小子駰敢以芥(介)圭、吉璧、吉叉(璨)

秦駰玉版·甲·摹:以此爲尚(常)

秦駰玉版·甲·摹:以告於崋(華)大山

秦駰玉版·乙·摹:□(清?)可以爲正

秦駰玉版·乙·摹:潔可以爲瀍(法)

秦駰玉版·乙·摹:虔心以下

秦駰玉版·乙·摹:小子駰敢以芥(介)圭、吉璧、吉叉(璨)

秦駰玉版·乙·摹:以□=咎=□

繹山刻石·宋刻本:以箸經紀

會稽刻石·宋刻本:以立恆常

會稽刻石·宋刻本:以事合從

 繹山刻石·宋刻本:以開爭理

 青川牘·摹:以秋八月修封捋(埒)

天簡35·乙:三以三倍之到三止

天簡35·乙:四以四倍之至於四

天簡22·甲:可以祝祠

天簡23·甲:死可以治

天簡24·乙:彼日毋可以有爲殹

天簡24·乙:盜以亡

天簡25·乙:丑牛殹以亡其盜從北方入

天簡25·乙:卽以鐘音之數矣

天簡27·乙:巳雞殹以是亡

 天簡28·乙:以視陰陽

天簡28·乙:比於宮聲以爲音尚

天簡30·乙:厔(厥)以少病

天簡31·乙:投其病日辰時以其所中之辰閒

天簡35·乙:自天以戒

天簡38·乙:曰是=大□以

 天簡38·乙:以子爲貞

睡簡·語書·14:以爲惡吏

睡簡·語書·10:毋(無)以佐上

睡簡·語書·11:是以善斥(訴)事

睡簡·秦律·61:其老當免老、小高五尺以下及隸妾欲以丁鄰者一人贖

睡簡·秦律·130·摹:以數分膠以之〖注〗以,用。

睡簡·日甲·2正:不成以祭

睡簡·日甲·36背:以棘椎桃秉(柄)以意(敲)其心

睡簡·日甲·121背:以西有(又)以東行

睡簡·答問·15:可(何)以論妻

睡簡·秦律·61:其老當免老、小高五尺以下及隸妾欲以丁鄰者一人贖

睡簡·秦律·130:以數分膠以之

睡簡·日甲·2正:以寄人

睡簡·日甲·36背:以棘椎桃秉(柄)以意(敲)其心

睡簡·日甲·51背:以廣灌爲載以燔之

睡簡·日甲·121背:以西有(又)以東行

睡簡·日甲·118背:以西有(又)以東行

睡簡·6號牘·背:以驚居反城中故

睡簡·11號牘·正:黑夫自以布此

睡簡·11號牘·正:可以爲襌裙襦者

睡簡・答問・82：智（知）以上爲"提"

睡簡・答問・89：各以其律論之

睡簡・答問・86：鬭以箴（針）、鈹、錐

睡簡・答問・2：不盈二百廿以下到一錢

睡簡・答問・202：視檢智（知）小大以論及以齎（資）負之

睡簡・答問・26：以律論

睡簡・答問・23：當以布及其它所買界甲

睡簡・答問・23：當以衣及布界不當

睡簡・答問・203：當以玉問王之謂殹

睡簡・答問・23：以買布衣而得

睡簡・答問・23：以買它物

睡簡・答問・25：當貲以下耐爲隸臣

睡簡・答問・96：以所辟皋皋之

睡簡・答問・97：且以所辟

睡簡・答問・91：木可以伐者爲"梃"

睡簡・答問・91：以梃賊傷人

睡簡・答問・90：以兵刃、投（殳）梃、拳指傷人

睡簡・答問・90：擊（揩）以布

睡簡・答問・69：直以多子故

睡簡・答問・63：以須其得

睡簡・答問・61：嗇夫不以官爲事

睡簡・答問・61：以奸爲事

睡簡・答問・74：子以肬死

睡簡・答問・71：其弟子以爲後

睡簡・答問・38：廷行事以不審論

睡簡・答問・37：或以赦前盜千錢

睡簡・答問・35：以得時直（值）臧（贓）

睡簡・答問・49：且行真皋、有（又）以誣人論

睡簡・答問・52：將軍材以錢若金賞

睡簡・答問・59：貲盾以上

睡簡・答問・56：廷行事以僞寫印

睡簡・答問・57：今當獨咸陽坐以貲

睡簡・答問・51：譽適（敵）以恐眾心者

睡簡・答問・181：可（何）以論之

睡簡・答問・181：以通錢

睡簡・答問・108：以當刑隸臣皋誣告人

睡簡・答問・12：當並臧（贓）以論

睡簡・答問・120：當黥城旦而以完城旦誣人

睡簡・答問・122：問甲可（何）以論

睡簡・答問・129：一以上

睡簡・答問・126：將盜戒（械）囚刑辠以上

睡簡・答問・126：以故辠論

睡簡・答問・102：免老告人以爲不孝

睡簡・答問・194：卜、史當耐者皆耐以爲卜、史隸

睡簡・答問・168：甲取（娶）人亡妻以爲妻

睡簡・答問・162：以錦縵履不爲

睡簡・答問・162：以絲雜織履

睡簡・答問・163：以將陽有（又）行治（笞）

睡簡・答問・16：以百一十爲盜

睡簡・答問・107：葆子以上

睡簡・答問・179：是以炎之

睡簡・答問・179：以火炎其衡厄（軛）

睡簡・答問・177：致耐辠以上

睡簡・答問・173：甲、乙以其故相刺傷

睡簡・答問・174：以爲非隸臣子殹

睡簡・答問・175：以乘馬駕私車而乘之

睡簡・答問・175：以其乘車載女子

睡簡・答問・171：妻有辠以收

睡簡・答問・138：告盜書丞印以亡

睡簡・答問・13：工盜以出

睡簡・答問・139：以畀乙

睡簡・答問・130：所捕耐辠以上得取

睡簡・答問・131：把其叚（假）以亡

睡簡・答問・131：以亡論

睡簡・答問・131：自出，以亡論

睡簡・答問・14：當以三百論爲盜

睡簡・答問・142：廷行事皆以“犯令”論

睡簡・答問・140：可（何）以購之

睡簡・答問・14：可（何）以論妻

睡簡・答問・146：已坐以論

睡簡・答問・147：耐以上

睡簡・答問・140：其耐辠以上

睡簡・答問・144：以小犯令論

睡簡・答問・152：二以下訐

睡簡・答問・152：廷行事鼠穴三以上貲一盾

睡簡・答問・15：可（何）以論妻

睡簡·答問·153：卽出禾以當叔（菽）、麥

睡簡·答問·151：薦下有稼一石以上

睡簡·答問·118：以司寇誣人

睡簡·答問·11：甲盜錢以買絲

睡簡·答問·119：吏論以爲鬬傷人

睡簡·答問·110：耐以爲鬼薪而鋈（夭）足

睡簡·答問·117：當耐司寇而以耐隸臣誣人

睡簡·答問·113：爵當上造以上

睡簡·答問·115：以乞鞫及爲人乞鞫者〔注〕以，讀爲“已”。

睡簡·答問·1：有（又）黥以爲城旦

睡簡·答問·1：臧（贓）一錢以上

睡簡·封診·88：其頭、身、臂、手指、股以下到足、足指類人

睡簡·封診·83：以此直（值）衣賈（價）

睡簡·封診·72：以合（答）其故

睡簡·封診·76：其所以坄者類旁鑿

睡簡·封診·32：直以劍伐痍丁

睡簡·封診·4：以某數更言

睡簡·封診·58：以刀夬（決）二所

睡簡·封診·52：以三歲時病疕

睡簡·封診·59：以履履男子

睡簡·封診·18：而捕以來自出

睡簡·封診·17：去亡以命

睡簡·秦律·88：凡糞其不可買（賣）而可以爲薪及蓋蘟〈蘪〉者

睡簡·秦律·8：芻自黃鰥（穌）及蘑束以上皆受之

睡簡·秦律·82：而坐其故官以貲賞（償）及有它責（債）

睡簡·秦律·82：貧窶毋（無）以賞（償）者

睡簡·秦律·82：稍減其秩、月食以賞（償）之

睡簡·秦律·86：其金及鐵器入以爲銅

睡簡·秦律·86：縣、都官以七月糞公器不可繕者

睡簡·秦律·87：糞其有物不可以須時

睡簡·秦律·87：以書時謁其狀內史

睡簡·秦律·83：吏坐官以負賞（償）

睡簡·秦律·83：令以律居之

睡簡·秦律·80：嗇夫卽以其直（值）錢分負其官長及冗吏

睡簡·秦律·80：少內以收責之

睡簡·秦律·84：及恆作官府以負責（債）

睡簡·秦律·84：及有辠以收

睡簡·秦律·80：縣、都官坐效、計以負賞（償）者

睡簡・秦律・81：皆以律論之

睡簡・秦律・8：以其受田之數

睡簡・秦律・80：以效少內

睡簡・秦律・20：不[盈]十牛以下

睡簡・秦律・22：而遺倉嗇夫及離邑倉佐主稟者各一戶以氣（餼）

睡簡・秦律・22：以隄（題）效之

睡簡・秦律・20：及受服牛者卒歲死牛三以上

睡簡・秦律・27：長吏相雜以入禾倉及發

睡簡・秦律・201：受者以律續食衣之

睡簡・秦律・21：縣嗇夫若丞及倉、鄉相雜以印之

睡簡・秦律・90：冬衣以九月盡十一月稟之

睡簡・秦律・93：以律稟衣

睡簡・秦律・90：夏衣以四月盡六月稟之

睡簡・秦律・91：爲褐以稟衣

睡簡・秦律・62：贖者皆以男子

睡簡・秦律・62：以其贖爲隸臣

睡簡・秦律・6：麛時毋敢將犬以之田

睡簡・秦律・67：其出入錢以當金、布

睡簡・秦律・67：以律

睡簡・秦律・64：以丞、令印印

睡簡・秦律・61：隸臣欲以人丁鄰者二人贖

睡簡・秦律・78：終歲衣食不踐以稍賞（償）

睡簡・秦律・77：其日踐以收責之

睡簡・秦律・77：以其日月減其衣食

睡簡・秦律・73：七人以上鼠（予）車牛、僕

睡簡・秦律・70：受者以入計之

睡簡・秦律・74：三人以上鼠（予）養一人

睡簡・秦律・74：以此鼠（予）僕、車牛

睡簡・秦律・75：別緒以叚（假）之

睡簡・秦律・71：皆深以其年計之

睡簡・秦律・37：都官以計時讎食者籍

睡簡・秦律・33：程禾、黍□以書言年

睡簡・秦律・33：以稟人

睡簡・秦律・34：棥（林）勿以稟人

睡簡・秦律・35：以給客

睡簡・秦律・46：而以其來日致其食

睡簡・秦律・43：以十斗爲石

睡簡・秦律・44：稟縣以減其稟

睡簡・秦律・45：毋以傳貣（貸）縣

睡簡・秦律・56：以律食之

睡簡・秦律・57：盡月而以其餘益爲後九月稟所

睡簡・秦律・54：以律稟食

睡簡・秦律・51：以二月月稟二石半石

睡簡・秦律・182：上造以下到官佐、史毋（無）爵者

睡簡・秦律・184：以輒相報殹

睡簡・秦律・181：不更以下到謀人

睡簡・秦律・128：官長及吏以公車牛稟其月食及公牛乘馬之稟

睡簡・秦律・122：欲以城旦舂益爲公舍官府及補繕之

睡簡・秦律・102：公甲兵各以其官名刻久（記）之

睡簡・秦律・129：以攻公大車

睡簡・秦律・124：而以其實爲繇（徭）徒計

睡簡・秦律・124：以律論度者

睡簡・秦律・121：以垣繕之

睡簡・秦律・102：以丹若髤書之

睡簡・秦律・120：至秋毋（無）雨時而以繇（徭）爲之

睡簡・秦律・10：復以薦蓋

睡簡・秦律・197：毋敢以火入臧（藏）府、書府中

睡簡・秦律・19：十牛以上而三分一死

睡簡・秦律・160：不得除其故官佐、吏以之新官

睡簡・秦律・169：縣嗇夫若丞及倉、鄉相雜以封印之

睡簡・秦律・169：以氣（餼）人

睡簡・秦律・16：令以其未敗直（值）賞（償）之

睡簡・秦律・167：度禾、芻槀而不備十分一以下

睡簡・秦律・167：而以律論其不備

睡簡・秦律・167：過十分以上

睡簡・秦律・167：先索以稟人

睡簡・秦律・164：百石以上到千石

睡簡・秦律・164：其不可食者不盈百石以下

睡簡・秦律・165：以其耗（耗）石數論負之

睡簡・秦律・172：必以廥籍度之

睡簡・秦律・176：必令長吏相雜以見之

睡簡・秦律・177：以齎律論及賞（償）

睡簡・秦律・173：而以律論不備者

睡簡・秦律・174：及者（諸）移贏以賞（償）不備

睡簡・秦律・174：羣它物當負賞（償）而僞出之以彼（貱）賞（償）

睡簡・秦律・175：以平皋人律論之

睡簡・秦律・171：以效之

睡簡・秦律・17：以其筋、革、角及其賈（價）錢效

睡簡・秦律・17：以其診書告官論之

睡簡・秦律・138：以日當刑而不能自衣食者

睡簡・秦律・132：各以其檮〈穛〉時多積之

睡簡・秦律・139：盡八月各以其作日及衣數告其計所官

睡簡・秦律・136：一室二人以上居貲贖責（債）而莫見其室者

睡簡・秦律・133・葊：以其令日問之

睡簡・秦律・133：有辠以貲贖及有責（債）於公

睡簡・秦律・135：葆子以上居贖刑以上到贖死

睡簡・秦律・131：方之以書

睡簡・秦律・103：以齎律責之

睡簡・秦律・13：以正月大課之

睡簡・秦律・146：免城旦勞三歲以上者

睡簡・秦律・14：其以牛田

睡簡・秦律・145：城旦司寇不足以將

睡簡・秦律・104：以纍久（記）之

睡簡・秦律・159：及相聽以遣之

睡簡・秦律・159：以律論之

睡簡・秦律・156：工隸臣斬首及人爲斬首以免者

睡簡・秦律・156・葊：免以爲庶人

睡簡・秦律・156：以爲隱官工

睡簡・秦律・157：以十二月朔日免除〖注〗以，從，自。

睡簡・秦律・153：從軍當以勞論及賜

睡簡・秦律・150：司寇勿以爲僕、養、守官府及除有爲殹

睡簡・秦律・155：欲歸爵二級以免親父母爲隸臣妾者一人

睡簡・秦律・151：以免一人爲庶人

睡簡・秦律・118：過三堵以上

睡簡・秦律・118：三堵以下

睡簡・秦律・112：上且有以賞之

睡簡・秦律・117：興徒以斬（塹）垣離（籬）散及補繕之

睡簡・秦律・117：輒以效苑吏

睡簡・秦律・113：隸臣有巧可以爲工者

睡簡・秦律・113：勿以爲人僕、養

睡簡・秦律・11：以其致到日禀之

睡簡・秦律・1：輒以書言澨〈澍〉稼、誘（秀）粟及狼（埌）田暘毋（無）稼者頃數

睡簡・雜抄・28：卒歲六匹以下到一匹

睡簡・雜抄・24：榦可用而久以爲不可用

睡簡・雜抄・9：駑馬五尺八寸以上

睡簡・雜抄・38：捕人相移以受爵者

睡簡・雜抄・38：以爲隸臣

睡簡・雜抄・39：縣嗇夫、尉及士吏行戍不以律

睡簡・雜抄・36：告曰戰圍以折亡

睡簡・雜抄・37：以爲隸臣

睡簡・雜抄・5：公士以下刑爲城旦

睡簡・雜抄・5：上造以上爲鬼薪

睡簡・雜抄・1：上造以上不從令

睡簡・雜抄・11：吏自佐、史以上負從馬、守書私卒

睡簡・日甲・80 正：以取妻，妻不寧

睡簡・日甲・82 正：以取妻

睡簡・日甲・89 正：以殺生（牲）

睡簡・日甲・89 正：以死，必五人死

睡簡・日甲・86 正：以死，必二人

睡簡・日甲・87 正：春三月庚辰可以筑（築）羊卷（圈）

睡簡・日甲・87 正：可以敽（徼）人攻讎

睡簡・日甲・83 正：以取妻，男子愛

睡簡・日甲・84 正：以取妻，妻愛

睡簡・日甲・85 正：以生子，喜斲（鬭）

睡簡・日甲・81 正：以生子，不完

睡簡・日甲・8 正：利以建野外

睡簡・日甲・28 背：操以咼（過）之

睡簡・日甲・28 背：見其神以投之

睡簡・日甲・2 背：必以子死

睡簡・日甲・2 背：禹以取梌（塗）山之女日也

睡簡・日甲・2 背：直參以出女

睡簡・日甲・22 正：辛卯不可以初穫禾

睡簡・日甲・29 背：以歌若哭

睡簡・日甲・27 背：以犬矢爲完（丸）

睡簡・日甲・27 正：啻（帝）以殺巫減（咸）

睡簡・日甲・24 背：爲弨矢以鳶（弋）之

睡簡・日甲・25 背：壐（爾）必以某（某）月日死

睡簡・日甲・90 正：可以送鬼

睡簡・日甲・90 正：以生子

睡簡・日甲・98 背：六壬不可以船行

睡簡・日甲・98 背：日中以行有五喜

睡簡・日甲・92 正：可以出入鷄

睡簡・日甲・92 正:勿以出入鷄

睡簡・日甲・99 背:六庚不可以行

睡簡・日甲・99 正:有以者大凶

睡簡・日甲・97 背:莫（暮）市以行有九喜

睡簡・日甲・93 正:以生子

睡簡・日甲・94 正:可以出

睡簡・日甲・91 正:可以寇〈冠〉

睡簡・日甲・91 正:母以己巳、壬寅殺犬

睡簡・日甲・91 正:以生子

睡簡・日甲・9 正:不可以行作

睡簡・日甲・60 正:若以[是]月殹南徙

睡簡・日甲・68 背:是遽鬼執人以自伐〈代〉也

睡簡・日甲・68 背:以望之日日始出而食之

睡簡・日甲・68 正:裹以桼（漆）器

睡簡・日甲・6 背:丁巳以出女

睡簡・日甲・6 背:凡參、翼、軫以出女

睡簡・日甲・6 背:以奎,夫愛妻

睡簡・日甲・6 背:以婁,妻愛夫

睡簡・日甲・62 背:凡鬼恆執匭以入人室

睡簡・日甲・62 背:以屨投之

睡簡・日甲・62 正:若以是月殹北徙

睡簡・日甲・66 背:刊之以茜

睡簡・日甲・66 背:熱（爇）以寺（待）之

睡簡・日甲・66 背:縣（懸）以茜

睡簡・日甲・66 正:以南大羊（祥）

睡簡・日甲・64 背:擇（釋）以投之

睡簡・日甲・64 正:以北大羊（祥）

睡簡・日甲・65 背:以莎蒂、牡棘枋（柄）

睡簡・日甲・65 正:以東大羊（祥）

睡簡・日甲・61 背:乃鬻（煮）桼（貴）屨以紙（抵）

睡簡・日甲・61 正:若以是月殹西徙

睡簡・日甲・6 正:利以家室

睡簡・日甲・6 正:以見君上

睡簡・日甲・70 背:多〈名〉徐善趫以未

睡簡・日甲・78 正:以結者,易擇（釋）

睡簡・日甲・78 正:以生子

睡簡・日甲・7 背:天以震高山

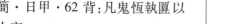睡簡・日甲・7 背:以取妻

睡簡・日甲・7 背:以己丑、酉、巳

睡簡・日甲・72 正:可以行水

睡簡・日甲・76 正:以結者,不擇（釋）

睡簡・日甲・76 正:以入［牛］,老一

睡簡・日甲・75 正:可以攻伐

睡簡・日甲・71 背:從以上辟（臂）臑梗

睡簡・日甲・7 正:利以行帥〈師〉出正（征）、見人

睡簡・日甲・7 正:以祭

睡簡・日甲・30 背:鳶（弋）以芻矢

睡簡・日甲・38 正:可以穿井、行水、蓋屋、飲樂、外除

睡簡・日甲・38 正:以生子

睡簡・日甲・3 背:牽牛以取織女而不果

睡簡・日甲・3 背:直營室以出女

睡簡・日甲・32 背:以桑心爲丈（杖）

睡簡・日甲・32 背:以水沃之

睡簡・日甲・32 正:以生子

睡簡・日甲・39 背:轂（繫）以葦

睡簡・日甲・39 正:正月以朔

睡簡・日甲・36 背:一室人皆毋（無）氣以息

睡簡・日甲・36 背:以牡棘之劍刺之

睡簡・日甲・36 正:以爲嗇夫

睡簡・日甲・37 正:以雨,半日

睡簡・日甲・37 正:正月以朔

睡簡・日甲・33 正:正月以朔

睡簡・日甲・34 背:以人鼓應之

睡簡・日甲・34 正:以祠,吉

睡簡・日甲・34 正:偌（佸）時以戰

睡簡・日甲・35 背:以良劍刺其頸

睡簡・日甲・35 正:正月以朔

睡簡・日甲・31 背:鬼來陽（揚）灰轂（擊）箕以梟（譟）之

睡簡・日甲・3 正:以蔡（祭）

睡簡・日甲・40 背:以鐵椎椯（段）之

睡簡・日甲・40 正:利以祠外

睡簡・日甲・40 正:以辭不合（答）

睡簡・日甲・40 正:以生子

睡簡・日甲・48 背:以桑皮爲□之

睡簡・日甲・4 背:囊婦以出

睡簡・日甲・42 正:以祠祀、飲食、哥（歌）樂

睡簡・日甲・42 正:以觳(繫),不免

睡簡・日甲・49 背:以犬矢投之

睡簡・日甲・46 背:不可以辭

睡簡・日甲・46 正:而可以葬貍(埋)

睡簡・日甲・47 背:歌以生商

睡簡・日甲・44 正:不可以見人、取婦、家(嫁)女

睡簡・日甲・44 正:利以戰伐

睡簡・日甲・44 正:以生子,子死

睡簡・日甲・45 背:以沙人(砂仁)一升控(實)其春臼

睡簡・日甲・45 背:以黍肉食宼人

睡簡・日甲・45 背:張傘以鄉(嚮)之

睡簡・日甲・41 正:正月以朔

睡簡・日甲・4 正:利以實事

睡簡・日甲・4 正:以祭門行、行水

睡簡・日甲・50 正:離日不可以家(嫁)女、取婦及入人民畜生

睡簡・日甲・5 背:敝毛之士以取妻

睡簡・日甲・5 背:以取妻,棄

睡簡・日甲・52 背:以庚日日始出時瀆門以灰

睡簡・日甲・52 正:利以分異

睡簡・日甲・59 正:若以是月殹東徙

睡簡・日甲・56 背:苞以白茅

睡簡・日甲・56 背:果(裹)以賁(奔)而遠去之

睡簡・日甲・56 正:丙申以就(僦)

睡簡・日甲・57 背:乃疾癰(𤻴)瓦以還□已矣

睡簡・日甲・57 背:乃投以屨

睡簡・日甲・57 正:毋以辛酉入寄者

睡簡・日甲・53 正:日不可以行

睡簡・日甲・51 背:以廣灌爲戴以燔之

睡簡・日甲・5 正:利以除凶厲(厲)

睡簡・日甲・5 正:以祭

睡簡・日甲・100 背:莫(暮)食以行有三喜

睡簡・日甲・100 正:不可以取婦、家(嫁)女、禱祠、出貨

睡簡・日甲・100 正:不可以筑(築)室

睡簡・日甲・100 正:勿以殺六畜

睡簡・日甲・108 背:是日在行不可以歸

睡簡・日甲・108 背:在室不可以行

睡簡・日甲・108 正:不可以垣

睡簡・日甲・102 背:不可以殺

睡簡·日甲·102 背:天所以張生時

睡簡·日甲·102 正:毋以丑徐（除）門戶

睡簡·日甲·102 正:勿以筑（築）室

睡簡·日甲·102 正:以之

睡簡·日甲·109 背:十二月甲子以以行〖編者按〗下"以"字衍。

睡簡·日甲·109 正:毋以木〈未〉斬大木

睡簡·日甲·103 背:天所以張生時

睡簡·日甲·103 正:鄗以細□

睡簡·日甲·103 正:毋以寅祭祀鑿井

睡簡·日甲·103 正:以用垣宇

睡簡·日甲·103 正:以筑（築）室,不居

睡簡·日甲·104 背:不可以殺

睡簡·日甲·104 背:天所以張生時

睡簡·日甲·104 正:毋以卯沐浴

睡簡·日甲·105 背:不可以殺

睡簡·日甲·105 背:天所以張生時

睡簡·日甲·101 背:旦以行有二喜

睡簡·日甲·101 正:不可以爲室、覆屋

睡簡·日甲·101 正:毋以子卜筮

睡簡·日甲·10 正:不可以之野外

睡簡·日甲·10 正:利以祭祀

睡簡·日甲·128 背:丁卯不可以船行

睡簡·日甲·128 背:六庚不可以行

睡簡·日甲·128 背:六壬不可以船行

睡簡·日甲·128 正:凡是日赤帝（帝）恆以開臨下民而降其英（殃）

睡簡·日甲·126 背:以甲子、寅、辰東徙

睡簡·日甲·127 背:毋以庚午入室

睡簡·日甲·127 背:毋以戌、亥遠去室

睡簡·日甲·127 正:毋以正月上旬午

睡簡·日甲·124 正:未不可以澍（樹）木

睡簡·日甲·125 正:必以煇（犀）死人

睡簡·日甲·125 正:戌不可以爲牀

睡簡·日甲·121 背:以坐而飲酉（酒）矢兵不入於身

睡簡·日甲·12 正:以生子

睡簡·日甲·19 正:以亡,必摯（執）而入公而止

睡簡·日甲·166 正:以見王公

睡簡·日甲·16 正:可以產

睡簡·日甲·16 正:可以築閈牢

睡簡・日甲・17 正:可以取妻、入人、起事

睡簡・日甲・138 背:神以毀宮

睡簡・日甲・138 正:利以漁邋（獵）、請謁、責人、摯（執）盜賊

睡簡・日甲・132 正:毋以丁庚東北行

睡簡・日甲・132 正:毋以癸甲西南行

睡簡・日甲・132 正:毋以乙丙西北行

睡簡・日甲・132 正:以行不吉

睡簡・日甲・139 背:以壞垣,凶

睡簡・日甲・139 背:以毀垣

睡簡・日甲・136 背:以起土攻（功）

睡簡・日甲・136 正:可以取婦、家（嫁）女

睡簡・日甲・137 正:不可以行

睡簡・日甲・133 正:凡此日以歸,死

睡簡・日甲・134 正:凡此日不可以行

睡簡・日甲・13 正:利以起大事

睡簡・日甲・140 背:以此起室

睡簡・日甲・142 背:勿以筑（築）室及波（破）地

睡簡・日甲・142 正:武以聖

睡簡・日甲・149 背:田亳主以乙巳死

睡簡・日甲・14 正:可以祠

睡簡・日甲・14 正:可以入人、始寇〈冠〉、乘車

睡簡・日甲・14 正:可以爲嗇夫

睡簡・日甲・150 正:女子以巳字

睡簡・日甲・156 正:女果以死

睡簡・日甲・156 正:毋以戊亥家（嫁）子、取婦

睡簡・日甲・156 正:以作女子事

睡簡・日甲・153 正:戊子以有求也

睡簡・日甲・154 正:丙寅以求人

睡簡・日甲・155 正:牽牛以取織女

睡簡・日甲・110 背:十二月甲子以以行〖編者按〗下"以"字衍。

睡簡・日甲・118 背:以西有（又）以東行

睡簡・日甲・118 背:以坐而飲酉（酒）

睡簡・日甲・11 背:牝日以葬

睡簡・日甲・112 正:毋以酉台（始）寇〈冠〉帶劍

睡簡・日甲・113 正:可以漬米爲酒,酒美

睡簡・日甲・113 正:以大生（牲）大凶

睡簡・日甲・113 正:以腊古（膌）吉

睡簡・日甲・113 正:以小生（牲）小凶

睡簡·日甲·115 背：不可以裁（製）新衣

睡簡·日甲·11 正：利以兑（說）明（盟）組（詛）、百不羊（祥）

睡簡·日甲·11 正：以生子,竆孤

睡簡·日乙·80：以取妻,不寧

睡簡·日乙·82：以取妻,女子愛

睡簡·日乙·89：可以爲土事

睡簡·日乙·86：以邋（獵）置冈（網）及爲門

睡簡·日乙·87：可以敀人攻讎

睡簡·日乙·83：以取妻,男子愛之

睡簡·日乙·84：以取妻,妻愛

睡簡·日乙·85：以生,喜斲（鬭）

睡簡·日乙·81：以生子,不完

睡簡·日乙·殘8：□可以出□

睡簡·日乙·殘5：□寅卯四月巳午不可以殺□

睡簡·日乙·20：利以祭、之四旁（方）野外,熱□

睡簡·日乙·22：利以小然〈祭〉

睡簡·日乙·23：利以裁（製）衣常（裳）、說孟（盟）詐（詛）

睡簡·日乙·237：利以臨官立（莅）政

睡簡·日乙·24：利以起大事、祭、家（嫁）子

睡簡·日乙·25：利以乘車、寇〈冠〉、帶劍、裁（製）衣常（裳）、祭、作大事、家（嫁）子

睡簡·日乙·21：不可以行

睡簡·日乙·90：可以從〈送〉鬼

睡簡·日乙·90：以生子

睡簡·日乙·92：利以垣

睡簡·日乙·99：可以爲室

睡簡·日乙·93：以生子,爲邑桀（傑）

睡簡·日乙·94：以祠,必有火起

睡簡·日乙·91：以[生]子

睡簡·日乙·62：不可以見人、取妻、嫁女

睡簡·日乙·62：以生子

睡簡·日乙·62：以穀（繫）,久

睡簡·日乙·62：正月以朔多雨歲善

睡簡·日乙·67：可以伐木

睡簡·日乙·64：亦勿以種

睡簡·日乙·61：正月以朔多雨

睡簡·日乙·70：可以出入牛、服之

睡簡·日乙·77：皆不可以大祠

睡簡·日乙·30：初田毋以丁亥、戊戊

睡簡・日乙・39:可以請謁

睡簡・日乙・48:不可以始種穫、始賞(嘗)

睡簡・日乙・42:可以入臣妾

睡簡・日乙・46:可以蓋臧(藏)及謀

睡簡・日乙・43:長行毋以戌亥遠去室

睡簡・日乙・43:久行毋以庚午入室

睡簡・日乙・43:可以攻軍、入城及行

睡簡・日乙・44:不可以使人及畜六畜

睡簡・日乙・44:丁卯不可以船行

睡簡・日乙・44:六庚不可以行

睡簡・日乙・44:六壬不可以船行

睡簡・日乙・45:不可以臧(藏)蓋

睡簡・日乙・41:可以入馬牛、臣[妾]□

睡簡・日乙・50:必以歲後

睡簡・日乙・59:正月以朔旱

睡簡・日乙・56:正月以朔多雨

睡簡・日乙・57:利以穿井、蓋屋

睡簡・日乙・57:正月以朔多雨

睡簡・日乙・53:正月以朔旱

睡簡・日乙・54:可□可以祠

睡簡・日乙・54:可以葬

睡簡・日乙・55:正月以朔

睡簡・日乙・51:必以歲前

睡簡・日乙・100:可以水

睡簡・日乙・108:死以葬

睡簡・日乙・108:以女子日病

睡簡・日乙・108:以女子日死

睡簡・日乙・106:以結者,易擇(釋)

睡簡・日乙・106:以生子,毋(無)它同生

睡簡・日乙・104:以桔(結)者,不懌(釋)

睡簡・日乙・104:以入牛,老一□生子

睡簡・日乙・101:以祠,必有敿(愍)

睡簡・日乙・188:以癸丑

睡簡・日乙・188:以問病者

睡簡・日乙・18:利以入(納)室

睡簡・日乙・120:勿以作事、大祠

睡簡・日乙・120:以大生(牲)兇(凶)

睡簡・日乙・120:以昔肉吉

睡簡·日乙·122：以與人言，有喜

睡簡·日乙·122：以責，得

睡簡·日乙·122：以責人，得

睡簡·日乙·129：不可以裁□

睡簡·日乙·129：利以裁（製）衣

睡簡·日乙·126：毋以子卜筮

睡簡·日乙·124：不可以入臣妾及寄者

睡簡·日乙·125：可以家（嫁）女、取婦、寇〈冠〉帶、祠

睡簡·日乙·121：毋以戊辰、己巳入（納）寄者

睡簡·日乙·19：利以行師徒、見人、入邦

睡簡·日乙·196：穿戶忌毋以丑穿門戶

睡簡·日乙·191：辰不可以哭、穿肂（殔）

睡簡·日乙·169：午以東先行

睡簡·日乙·169：以入，吉

睡簡·日乙·167：巳以東吉

睡簡·日乙·167：以入，吉

睡簡·日乙·167：以有疾

睡簡·日乙·163：卯以東吉

睡簡·日乙·163：以入，必有大亡

睡簡·日乙·163：以有疾

睡簡·日乙·165：辰以東吉

睡簡·日乙·165：以入，吉

睡簡·日乙·165：以有疾

睡簡·日乙·161：以入，吉

睡簡·日乙·161：以有疾

睡簡·日乙·161：寅以東北吉

睡簡·日乙·16：以風鑿井

睡簡·日乙·179：亥以東南得

睡簡·日乙·179：以入，小亡

睡簡·日乙·179：以有疾

睡簡·日乙·17：利以說盟（盟）詐（詛）、棄疾、鑿宇、葬

睡簡·日乙·177：戌以東得

睡簡·日乙·177：以入，藺（吝）

睡簡·日乙·177：以有疾

睡簡·日乙·173：申以東北得

睡簡·日乙·173：以入，吉

睡簡·日乙·175：以入，有□

睡簡·日乙·175：酉以東藺（吝）

睡簡・日乙・171：未以東得

睡簡・日乙・171：以入，吉

睡簡・日乙・171：以有疾

睡簡・日乙・130：必以五月庚午

睡簡・日乙・132：毋以正月上旬午

睡簡・日乙・139：以此行吉

睡簡・日乙・134：凡是日赤帝（帝）恆以開臨下民而降央（殃）

睡簡・日乙・134：節（即）以有爲也

睡簡・日乙・131：毋以戊辰、己巳入寄人

睡簡・日乙・140：以出，兇（凶）

睡簡・日乙・140：遠行者毋以壬戌、癸亥到室

睡簡・日乙・14：不可以作大事

睡簡・日乙・142：南毋以辰、申

睡簡・日乙・14：利以結言

睡簡・日乙・14：利以學書

睡簡・日乙・147：道踦（旁）以死

睡簡・日乙・147：伏者以死

睡簡・日乙・144：毋以丙、丁、戊、壬□

睡簡・日乙・141：久宦者毋以甲寅到室

睡簡・日乙・150：凡以此往亡必得

睡簡・日乙・159：丑以東吉

睡簡・日乙・159：以入，得

睡簡・日乙・15：利以見人、祭、作大事、取妻

睡簡・日乙・157：以入，見疾

睡簡・日乙・157：以有疾

睡簡・日乙・157：子以東吉

睡簡・日乙・116：以除室

睡簡・日乙・117：以出母〈女〉、取婦

睡簡・日乙・113：不可以蓋

睡簡・日乙・115：以除室

睡簡・日乙・111：屋以此日爲蓋屋

睡簡・日乙・111：勿以作事、復（覆）內、暴屋

睡簡・日乙・111：以此日暴屋

睡簡・爲吏・20：勞以衛（率）之

睡簡・爲吏・2：惠以聚之

睡簡・爲吏・27：將軍以埋豪（壕）

睡簡・爲吏・27：則以權衡求利

睡簡・爲吏・21：正以橋（矯）之

睡簡・爲吏・9：非以官祿尐助治

睡簡・爲吏・9：以賃（任）吏

睡簡・爲吏・38：以此爲人君則鬼（懷）

睡簡・爲吏・3：表以身

睡簡・爲吏・3：寬以治之

睡簡・爲吏・36：不蹻以貧（分）人

睡簡・爲吏・3：民將望表以戾真

睡簡・爲吏・37：而蹻以貧（分）人

睡簡・爲吏・33：夜以椄（接）日

睡簡・爲吏・46：瀘（廢）置以私

睡簡・爲吏・45：以其病病殹

睡簡・爲吏・18：自今以來

睡簡・爲吏・1：畫局陳臬（棋）以爲耤（籍）

睡簡・爲吏・14：一曰誇以迣〖注〗以，而。

睡簡・爲吏・15：二曰貴以大（泰）

睡簡・爲吏・11：毋以忿怒尐（決）

睡簡・爲吏・11：以毄（擊）畸

睡簡・效律・8：過二百廿錢以到千一百錢

睡簡・效律・8：直（值）百一十錢以到二百廿錢

睡簡・效律・28：縣嗇夫若丞及倉、鄉相雜以封印之

睡簡・效律・22：不盈百石以下

睡簡・效律・29：以氣（餼）人

睡簡・效律・26：而以律論其不備

睡簡・效律・23：百石以到千石

睡簡・效律・23：過千石以上

睡簡・效律・24：以其秏（耗）石數論贏（負）之

睡簡・效律・25：過十分以上

睡簡・效律・25：十分一以下

睡簡・效律・25：先索（索）以稟人

睡簡・效律・9：過千一百錢以到二千二百錢

睡簡・效律・60：人戶、馬牛一以上爲大誤

睡簡・效律・6：少半升以上

睡簡・效律・7：六分升一以上

睡簡・效律・7：廿分升一以上

睡簡・效律・32：必以廥籍度之

睡簡・效律・33：而以律論不備者

睡簡・效律・3：十六兩以上

睡簡・效律・34：及者（諸）移贏以賞（償）不備

睡簡・效律・34:羣它物當負賞（償）而偽出之以彼（貱）賞（償）

睡簡・效律・35:以平皋人律論之

睡簡・效律・30・摹:效者見其封及隄（題）以效之

睡簡・效律・4:二升以上

睡簡・效律・47:不盈百斗以下到十斗

睡簡・效律・47:不盈二百斗以下到百斗

睡簡・效律・47:不盈十斗以下及稟羕縣中而負者

睡簡・效律・5:八兩以上

睡簡・效律・5:半升以上

睡簡・效律・59:過六百六十錢以上

睡簡・效律・59:廿二錢以到六百六十錢

睡簡・效律・56:過二百廿錢以到二千二百錢

睡簡・效律・56:自二百廿錢以下

睡簡・效律・57:過二千二百錢以上

睡簡・效律・57:自二以上

睡簡・效律・51:其吏主者坐以貲、誶如官嗇夫

睡簡・效律・50:以效贏、不備之律貲之

睡簡・效律・12:十分一以到不盈五分一

睡簡・效律・12:縣料而不備其見（現）數五分一以上

睡簡・效律・10:過二千二百錢以上

睡簡・效律・17:官嗇夫坐效以貲

睡簡・效律・13:過千一百錢以到二千二百錢

睡簡・效律・13:直（值）過二百廿錢以到千一百錢

睡簡・效律・14:百分一以到不盈十分一

睡簡・效律・14:過二千二百錢以上

睡簡・效律・15:過二千二百錢以上

睡簡・效律・15:直（值）過千一百錢以到二千二百錢

睡簡・效律・1:以其賈（價）多者皋之

睡簡・語書・8:以次傳

睡簡・語書・8:以郵行

睡簡・語書・2:以矯端民心

睡簡・語書・2:以教道（導）民

睡簡・語書・9:以一曹事不足獨治殴

睡簡・語書・7:致以律

睡簡・語書・5:自從令、丞以下智（知）而弗舉論

睡簡・語書・12:阬閬強肮（伉）以視（示）強

睡簡・語書・12:誙訆醜言麃（標）斫以視（示）險（檢）

睡簡・語書・12:訏詢疾言以視（示）治

睡簡・語書・13：令、丞以爲不直

睡簡・語書・13：以告府

睡簡・語書・10：是以不爭書

睡簡・語書・1：是以聖王作爲灋度

岳山牘・M36：43 正：以五卯祠之必有得也

岳山牘・M36：44 正：壬戌、癸亥不可以之遠□及來歸入室

龍簡・150：租者且出以律

龍簡・116・摹：廿四年正月甲寅以來

龍崗牘・正・摹：吏論失者已坐以論〔注〕以，李學勤釋“而”。

龍簡・85：以皮、革、筋給用

龍簡・20：以盜入禁苑律論之

龍簡・235：□以上貨二□

龍簡・213：復以給假它人

龍簡・98・摹：廿五年四月乙亥以來□馬牛羊□

龍簡・37：盜死獸直（值）賈（價）以閒（關）□

龍簡・42：故罪當完城旦舂以上者

龍簡・5・摹：及以傳書闌入之

龍簡・54：其騎及以乘車、軺車□

龍簡・189・摹：以□

龍簡・186・摹：失廿石以□

龍簡・187：□以上

龍簡・184：□［二］［甲］而以□

龍簡・185・摹：□其程盡以□

龍簡・12：及以它詐（詐）僞入□

龍簡・123・摹：盜賊以田時殺□

龍簡・125：不以敗程租上□

龍簡・164：□田以其半□

龍簡・178：諸以錢財它勿（物）假田□

龍簡・175・摹：以爲盜田

龍簡・137：分以上

龍簡・133：程田以爲臧（贓）

龍簡・140・摹：租筭索不平一尺以上

龍簡・142・摹：各以其□

龍簡・142：皆以匿租者

里簡・J1（9）9 背：以洞庭司馬印行事

里簡・J1（9）9 背：其以律令從事

里簡・J1（6）1 背：以以郵行行守敢以以

里簡・J1（6）1 背：以以郵行行守敢以以

里簡·J1(6)1 背:<u>以</u>以郵行行守敢以以

里簡·J1(6)1 背:以<u>以</u>郵行行守敢以以

里簡·J1(6)2:遷陵以郵行洞庭

里簡·J1(9)1 正:以受(授)陽陵司空

里簡·J1(9)2 背:以律令從事

里簡·J1(9)2 正:以受(授)陽陵司空

里簡·J1(9)3 背:以律令從事

里簡·J1(9)3 正:以環書道遠

里簡·J1(9)3 正:以受(授)陽陵司空

里簡·J1(9)4 背:以洞庭司馬印行事

里簡·J1(9)4 背:以律令從事

里簡·J1(9)4 正:以受(授)陽陵司空

里簡·J1(9)5 背:以洞庭司馬印行事

里簡·J1(9)5 背:以律令從事

里簡·J1(9)5 正:以受(授)陽陵司空

里簡·J1(9)6 背:以洞庭司馬印行事

里簡·J1(9)6 背:以律令從事

里簡·J1(9)6 正:以受(授)陽陵司空

里簡·J1(9)7 背:以洞庭司馬印行事

里簡·J1(9)7 背:其以律令從事

里簡·J1(9)7 正:以受(授)陽陵司空

里簡·J1(9)8 背:以洞庭司馬印行事

里簡·J1(9)8 正:以受(授)陽陵司空

里簡·J1(9)9 正:以受(授)陽陵司空

里簡·J1(9)10 背:以洞庭司馬印行事

里簡·J1(9)10 背:其以律令從事

里簡·J1(9)10 正:以受(授)陽陵司空

里簡·J1(9)11 背:以洞庭司馬印行事

里簡·J1(9)11 背:其以律令從事

里簡·J1(9)11 正:以受(授)陽陵司空

里簡·J1(9)12 背:以洞庭司馬印行事

里簡·J1(9)12 背:其以律令從事

里簡·J1(9)981 背:佐壬以來

里簡·J1(9)981 正:此以未定

里簡·J1(9)984 背:隸妾以來

里簡·J1(16)5 背:求盜簪裹(嫋)陽成辰以來

里簡·J1(8)134 正:以求故荊積瓦

里簡·J1(8)154 正:恆以朔日上所買徒隸數

里簡・J1（8）157 背：其以律令

里簡・J1（8）157 正：謁令、尉以從事

里簡・J1（12）10 正：越人以城邑反

里簡・J1（9）1 背：以洞庭司馬印行事

里簡・J1（9）1 背：其以律令從事

關簡・311：以淳（醇）酒漬布

關簡・139：利以遠行

關簡・140：利以舉大事

關沮牘・背・1：以十二月戊戌嘉平

關簡・223：以期約結者

關簡・263：毄（數）朔日以到六日

關簡・263：七日以到十二日

關簡・263：十九日以到廿四日

關簡・263：十三日以到十八日

關簡・264：廿五日以到卅日

關簡・265：以此見人及戰斲（鬭）皆可

關簡・242：以有求，不得

關簡・243：毄（數）東方平旦以雜之

關簡・243：以廷子爲平旦而左行

關簡・320：以羽漬

關簡・328：乃以所操瓦蓋之

關簡・329：以叔（菽）七

關簡・323：男子七以歓（飲）之

關簡・324：以羊矢（屎）三斗

關簡・321：上橐莫以丸礜

關簡・368：以脩（滫）清一栝（杯）

關簡・369：浴瞀（蠱）必以日毚（纔）始出時浴之

關簡・372：以肥牛

關簡・373：而歓（沫）以餗

關簡・374：以給、顛首、沐浥歓

關簡・371：以壬辰

關簡・331：女子以米二七

關簡・331：以米亦可

關簡・340：以左手亥［牽］繑

關簡・348：某以壺露、牛胙

關簡・348：以酒沃

關簡・346：以靡（摩）其鼻中

關簡・347：以臘日

關簡・344：卽以左手撟杯水歓（飲）女子

關簡・341：以一杯盛米

關簡・352：與朕以并涂困廥下

關簡・354：以穀種

關簡・351：卽取朕以歸

關簡・310：鬻（粥）足以入之腸

關簡・318：卽以傅黑子

關簡・312：以三指竄（撮）

關簡・319：卽以并傅

關簡・319：令人孰（熟）以靡（摩）之

關簡・316：燔以爲炭火

關簡・316：以靡（摩）之

關簡・313：以正月取桃橐（蠹）矢（屎）少半升

關簡・314：取一匕以穀沐

帛書・病方・44：卽以螱膏財足以煎之

帛書・病方・284：以螱膏未湔（煎）者灸銷（消）以和□傅之

帛書・病方・350：以頭脂□布灸以熨

帛書・病方・368：而以善截六斗□如此□醫以此教惠□

帛書・病方・44：卽以螱膏財足以煎之

帛書・病方・284：以螱膏未湔（煎）者灸銷（消）以和□傅之

帛書・病方・350：以頭脂□布灸以熨

帛書・病方・368：而以善截六斗□如此□醫以此教惠□

帛書・病方・2：以□其□

帛書・病方・3：卽以赤苔一斗并□

帛書・病方・10：以刃傷

帛書・病方・11：以安（按）其痏

帛書・病方・15：以男子泪傅之

帛書・病方・16：以方（肪）膏、烏豕（喙）□

帛書・病方・17：以續［蓝（斷）］根一把

帛書・病方・18：以布捉取

帛書・病方・18：以陳緼□［傅之］

帛書・病方・19：卽以布捉［取］

帛書・病方・21：以職（膱）膏弁

帛書・病方・22：以洒癰

帛書・病方・28：裹以繒臧（藏）

帛書・病方・30：裹以布

帛書・病方・31：蔽以市

帛書・病方・31：更燗（熬）鹽以熨

帛書・病方・31：以熨頭

帛書・病方・34：以水財煮李實

帛書・病方・34：以飲病者

帛書・病方・34：飲以□故

帛書・病方・37：治以枲絮爲獨□傷

帛書・病方・38：以歐（驅）寒氣

帛書・病方・41：以□并盛

帛書・病方・42：和以溫酒一音（杯）

帛書・病方・42：以三指一撮

帛書・病方・43：以敦（淳）酒半斗者（煮）潰（沸）

帛書・病方・44：卽以布足（捉）之

帛書・病方・46：以扁（遍）熨直宵（肎）攣筋所

帛書・病方・48：大者以一斗

帛書・病方・48：小嬰兒以水［半］斗

帛書・病方・48：以豬煎膏和之

帛書・病方・49：以浴之

帛書・病方・50：以此藥皆已

帛書・病方・52：盛以栖（杯）

帛書・病方・53：因以匕周揹

帛書・病方・55：復唾匕桼（漿）以揹

帛書・病方・56：以傅犬所齧者

帛書・病方・56：以相靡（磨）殹

帛書・病方・58：以飲病者

帛書・病方・61：而以美［醯］□之

帛書・病方・61：以井上罋甀（斷）處土與等

帛書・病方・62：以熨其傷

帛書・病方・63：以汁洒之

帛書・病方・67：［熏］以□病

帛書・病方・68：以黃枔（芩）

帛書・病方・69：卽以汁□淒夕［下］

帛書・病方・69：乃以脂□所冶藥傅之

帛書・病方・71：而以水飲□

帛書・病方・72：以三指大捽（撮）飲之

帛書・病方・73：煮以酒□

帛書・病方・74：以□汁粲（餐）叔（菽）若苦

帛書・病方・78：□以財餘雍□

帛書・病方・80：以鹽傅之

帛書・病方・81：以疾（蒺）黎（藜）、白蒿封之

帛書・病方・87:以酒沃

 帛書・病方・87:以熏□

 帛書・病方・87:以宰（滓）封其痏

 帛書・病方・88:以薊印其中顛

 帛書・病方・89:以產豚豙（蘸）麻（磨）之

 帛書・病方・90:以堇一陽筑（築）封之

 帛書・病方・90:以弱（溺）飲之

 帛書・病方・92:冥（冪）口以布三□

 帛書・病方・92:以青粱米爲鬻（粥）

 帛書・病方・94:以食□逆䖟下

 帛書・病方・95:稍沃以汁

 帛書・病方・100:以汁□之

 帛書・病方・101:以還（環）封其傷

帛書・病方・102:以久（灸）尤（疣）末

帛書・病方・104:以敝帚騷（掃）尤（疣）二七

帛書・病方・104:以月晦日之丘井有水者

帛書・病方・105:以月晦日日下鋪（晡）時

帛書・病方・106:以晦往之凷（塊）所

 帛書・病方・108:以月晦日之內後

帛書・病方・109:靡（磨）又（疣）以葵戟

帛書・病方・109:以朔日

帛書・病方・109:有（又）以殺本若道旁蔚（蒯）根二七

帛書・病方・111:以月晦日之室北

帛書・病方・112:卽以刀剝其頭

帛書・病方・112:卽以犬矢［濕］之

帛書・病方・113:冒其所以犬矢濕者

帛書・病方・114:湮汲以飲之

帛書・病方・118:以□

帛書・病方・119:冥（冪）甕以布四□三□

帛書・病方・123:以旦未食傅藥

帛書・病方・127:不可以涂（塗）身

帛書・病方・127:以美醯□之於瓦鬲中

帛書・病方・127:足以涂（塗）施者

帛書・病方・129:蓋以鯿,縣（懸）之陰燥所

帛書・病方・129:冥（冪）以布

帛書・病方・129:十歲以前藥乃乾

帛書・病方・131:以□之

 帛書・病方・131:以蚤挈（契）虛令赤

帛書・病方・133：以清煮膠

帛書・病方・133：以涂（塗）之

帛書・病方・135：□而以鹽財和之

帛書・病方・135：以傅蟲所齧□之

帛書・病方・135：治之以鮮產魚

帛書・病方・141：以淳酒□

帛書・病方・142：以湯沃□

帛書・病方・145：□以浴病者

帛書・病方・146：男子□即以女子初有布

帛書・病方・148：□飲以布□

帛書・病方・152：以封隋（脽）及少［腹］□

帛書・病方・154：以龍須（鬚）一束并者（煮）□

帛書・病方・158：以醇酒入□

帛書・病方・159：以酒飲病［者］

帛書・病方・161：以美醯三□煮

帛書・病方・164：以夏日至到□毒菫

帛書・病方・165：裹以韋臧（藏）

帛書・病方・168：以其汁煮膠一廷（梃）半

帛書・病方・168：以水一斗煮葵種一斗

帛書・病方・169：有（又）以涂（塗）隋（脽）□下及其上

帛書・病方・170：沃以□

帛書・病方・171：以多爲故

帛書・病方・172：以酒一音（杯）

帛書・病方・173：以水一斗半［煮一］分

帛書・病方・174：如此以盡三分

帛書・病方・174：以畾（蜜）和

帛書・病方・176：分以爲三

帛書・病方・176：以淳酒半斗

帛書・病方・178：薄洒之以美酒

帛書・病方・179：以隧下

帛書・病方・181：以水一斗煮膠一參、米一升

帛書・病方・182：并以酒煮而飲之

帛書・病方・183：以己巳晨

帛書・病方・189：以醯、酉（酒）三乃（汋）煮黍稷而飲其汁

帛書・病方・190：以衣中衽（紝）緇〈繢〉約左手大指一

帛書・病方・192：以水與弱（溺）煮陳葵種而飲之

帛書・病方・193：洎以酸漿□斗

帛書・病方・193：沃以水

帛書・病方・196：若以柏杵七

帛書・病方・198：以箭踆之二七

帛書・病方・199：以月十六日始毀

帛書・病方・200：卽以鐵椎改段之二七

帛書・病方・200：以日出爲之

帛書・病方・201：以汁亨（烹）肉

帛書・病方・204：以辛巳日古（辠）曰

帛書・病方・206：以日出時

帛書・病方・207：以築衝積（癪）二七

帛書・病方・208：以辛卯日

帛書・病方・209：以艾裹

帛書・病方・209：以久（灸）積（癪）者中顚

帛書・病方・211：以囊□前行□

帛書・病方・212：以布裹□

帛書・病方・214：以□羽□

帛書・病方・214：以稈爲弓

帛書・病方・214：以葛爲矢

帛書・病方・214：以甂衣爲弦

帛書・病方・215：以冥蠶種方尺

帛書・病方・216：并以醯二升和

帛書・病方・216：以先食飲之

帛書・病方・216：嬰以一升

帛書・病方・218：而以采爲四寸杙二七

帛書・病方・218：卽以采木椎窲（劉）之

帛書・病方・219：爲之恆以星出時爲之

帛書・病方・219：以盡二七杙而已

帛書・病方・221：撓以醇□

帛書・病方・221：以砒（砭）穿其［隋（脽）］旁

帛書・病方・224：足以醉

帛書・病方・225：以奎蠡蓋其堅（腎）

帛書・病方・225：以爲弧

帛書・病方・226：壹射以三矢

帛書・病方・230：敬以豚塞

帛書・病方・230：以白□

帛書・病方・230：以爲不仁

帛書・病方・231：以爲□

帛書・病方・237：以溫酒一杯和

帛書・病方・240：以臟膏濡

帛書・病方・241：分以爲二

帛書・病方・241：以□

帛書・病方・241：有（又）以脩（滫）之

帛書・病方・242：卽以厚布裹

帛書・病方・242：以傅痔空（孔）

帛書・病方・244：絜以小繩

帛書・病方・244：以小角角之

帛書・病方・245：剖以刀

帛書・病方・247：以傅之

帛書・病方・247：以熨

帛書・病方・248：以煮青蒿大把二、鮒魚如手者七

帛書・病方・249：以熏痔

帛書・病方・251：取著（署）芐（薢）汁二斗以漬之

帛書・病方・251：以爲漿

帛書・病方・253：以熏痔

帛書・病方・254：先道（導）以滑夏鋌

帛書・病方・255：坐以熏下竅

帛書・病方・258：以菅裹

帛書・病方・258：以醬灌黃雌鷄

帛書・病方・258：以羽熏纂

帛書・病方・259：漬以淳酒而烷（丸）之

帛書・病方・261：以爲四斗汁

帛書・病方・262：徐以刀［剝］去其巢

帛書・病方・262：以穿籥

帛書・病方・263：以膏膏出者

帛書・病方・263：以寒水戔（濺）其心腹

帛書・病方・264：以氣熨

帛書・病方・264：以弱（溺）孰（熟）煮一牡鼠

帛書・病方・266：治之以柳蕈一挼、艾二

帛書・病方・267：以復（覆）之

帛書・病方・267：以土雍（甕）盍

帛書・病方・268：卽被盍以衣

帛書・病方・272：并以三指大最（撮）一入桮（杯）酒中

帛書・病方・273：以洒睢（疽）癰

帛書・病方・274：以熨其種（腫）處

帛書・病方・275：以白薟、黃菅（耆）、芍藥、甘草四物者（煮）

帛書・病方・281：令如□炙手以靡（磨）□傅□之

帛書・病方・281：以餘藥封而裹□

帛書·病方·285：[傅]樂（藥）前
酒以溫水

帛書·病方·289：佟（儵）佟（儵）
以熱

帛書·病方·292：涓涓以痹

帛書·病方·293：以酒沃

帛書·病方·304：以汁洒之

帛書·病方·306：復以□

帛書·病方·306：以犬毛若羊毛封
之

帛書·病方·306：以人泥塗之

帛書·病方·309：以汁弁之

帛書·病方·310：以鷄卵弁兔毛

帛書·病方·311：以乳汁和

帛書·病方·312：以其灰傅之

帛書·病方·313：布以傅之

帛書·病方·314：以汁傅之

帛書·病方·315：裹以熨之

帛書·病方·316：漬以盬（醢）

帛書·病方·317：以酒挲

帛書·病方·317：以湯大熱者熬巂
矢

帛書·病方·318：以水銀二

帛書·病方·323：以□

帛書·病方·326：以犬膽和

帛書·病方·326：以傅

帛書·病方·327：和，以傅

帛書·病方·327：貘膏以糒〖注〗
以，已。

帛書·病方·328：以豬膏和[傅]

帛書·病方·329：皆以甘〈口〉沮
（咀）而封之

帛書·病方·330：旦以苦酒□

帛書·病方·330：以泥[傅]傷

帛書·病方·337：以傅之

帛書·病方·337：以少（小）嬰兒
弱（溺）漬殺羊矢

帛書·病方·338：[先]孰酒加
（痂）以湯

帛書·病方·338：少骰以醢

帛書·病方·338：以傅之

帛書·病方·338：以巂膏脩（滫）

帛書·病方·339：以攻（釭）脂饍
而傅

帛書·病方·340：以血涂（塗）之

帛書·病方·341：[先]以酒洒

帛書·病方·341：以牡□膏、鱣血
饍

帛書・病方・342：以久脂涂（塗）其上

帛書・病方・345：以水銀傅

帛書・病方・346：饍以醢

帛書・病方・347：并以截□斗煮之

帛書・病方・347：汔，以傅之

帛書・病方・347：以烏豪（喙）五果（顆）

帛書・病方・348：以蓋而約之

帛書・病方・349：以善截饍而封之

帛書・病方・351：以布蓋

帛書・病方・351：以瓦器盛

帛書・病方・351：以小童弱（溺）漬陵（菱）哉（芰）

帛書・病方・352：并以彘職（臟）膏弁

帛書・病方・352：以布裹［而］約之

帛書・病方・353：撓，以傅之

帛書・病方・353：以南（男）潼（童）弱（溺）一斗半并□

帛書・病方・355：以［傅］疕

帛書・病方・355：以彘職（臟）膏骰弁

帛書・病方・356：以肥滿剺貗膏□夷□善以水洒加（痂）

帛書・病方・357：以識（臟）膏□

帛書・病方・358：先善以水洒

帛書・病方・360：以牡蟲膏饍

帛書・病方・361：先以淯脩（滫）□傅

帛書・病方・361：以水銀、穀汁和而傅之

帛書・病方・362：以蠭（蜂）駘弁和之

帛書・病方・365：以澤（釋）泔煮□

帛書・病方・366：以熨種（腫）所

帛書・病方・370：桯若以虎蚤

帛書・病方・373：并以金銚熄桑炭

帛書・病方・374：以和藥

帛書・病方・377：稍取以塗身膿（體）種（腫）者而炙之

帛書・病方・378：并以鼎□如

帛書・病方・378：以傅

帛書・病方・379：而以湯洒去藥

帛書・病方・380：以履下靡（磨）抵之

帛書・病方・380：以桼（漆）弓矢

帛書・病方・386：□以朝未食時傅

帛書・病方・388：□以木薪炊五斗米

帛書・病方・391：卽以傅

帛書・病方・391：以羽靡（磨）□

帛書・病方・394：卽以螶□

帛書・病方・398：以杜（牡）豬膏□

帛書・病方・399：燔，以熏其疛

帛書・病方・399：煮以水

帛書・病方・402：以羽取□

帛書・病方・406：以□

帛書・病方・407：以榆皮、白□、美桂

帛書・病方・408：以雄黃二兩

帛書・病方・409：撫以布

帛書・病方・409：先執洒騷（瘙）以湯

帛書・病方・410：以淳酒半斗煮之

帛書・病方・411：壽（擣）之以牽（舂）

帛書・病方・411：以般服零

帛書・病方・411：以爲大丸

帛書・病方・412：而以［涂（塗）］之

帛書・病方・412：以酒漬之

帛書・病方・413：并和以車故脂

帛書・病方・414：以靡（磨）其騷（瘙）

帛書・病方・415：以戴、沐相半洎之

帛書・病方・416：以傅疥而炙之

帛書・病方・417：以爲湯

帛書・病方・419：以傅之

帛書・病方・419：以犬膽和

帛書・病方・420：以傅之

帛書・病方・420：漬以水

帛書・病方・421：以黎（藜）盧二

帛書・病方・422：漬以傅之

帛書・病方・424：以久膏和傅

帛書・病方・426：以槐東鄉（嚮）本、枝、葉

帛書・病方・428：先以黍潘執洒涿（瘃）

帛書・病方・429：摹以捼去之

帛書・病方・431：以熨之

帛書・病方・432：以兔產甾（腦）塗之

帛書・病方・433：以封之

帛書・病方・435：燔扁（蝙）輻（蝠）以荊薪

帛書・病方・435：卽以食邪者

帛書・病方・436：以飲

帛書・病方・437：以下湯敦（淳）符灰

帛書・病方・438：卽蓋以□

帛書・病方・438：以烏雄雞一、蛇一

帛書・病方・439：令病者每旦以三指三最（撮）藥入一栝（杯）酒若鬻（粥）中而飲之

帛書・病方・444：以敝箕爲輿

帛書・病方・444：以采蠡爲車

帛書・病方・447：以鍑煮

帛書・病方・452：而以冶馬［頰骨］□傅布□膏□更裹

帛書・病方・452：以彘膏已湔（煎）者膏之

帛書・病方・453：而洒以叔（菽）汁

帛書・病方・454：以豬織（臟）膏和

帛書・病方・454：治以丹□爲一合

帛書・病方・456：以傅癰空（孔）中

帛書・病方・殘1：卽以□

帛書・病方・殘1：以鉛裹□

帛書・病方・殘4：□之以□

帛書・病方・殘7：之以束

帛書・病方・殘11：以□

帛書・病方・殘14：以寸□

帛書・病方・無編號殘：以

帛書・灸經甲・40：［不］可以反稷（側）

帛書・灸經甲・48：不可以顧

帛書・灸經甲・49：肩以（似）脫

帛書・灸經甲・49：臑以（似）折

帛書・灸經甲・60：不可以印（仰）

帛書・足臂・10：以上之鼻

帛書・足臂・15：牧牧耆（嗜）臥以欹〖注〗以，而。

帛書・足臂・19：以上出胻內兼（廉）

帛書・足臂・23：三陰病雜以陽病

秦印編281：王以

秦印編281：武以

瓦書・郭子直摹：自桑障之封以東

瓦書・郭子直摹：額以四年冬十壹月癸酉封之

瓦書・郭子直摹：以爲右庶長歜宗邑

瓦書・郭子直摹：以爲宗邑

瓦書（秦陶・1610）：以爲宗邑

瓦書（秦陶・1610）：額以四年冬十壹月癸酉封之

瓦書（秦陶・1610）：以爲右庶長歜宗邑

## 3250　午　午

寺工矛一・摹（秦銅・95）：戊午
〖注〗戊午，編號。

天簡22・甲：午

天簡26・乙：午馬毆

睡簡・日乙・11：午

睡簡・日乙・13：午

睡簡・日乙・156：日中午

睡簡・日乙・157：午大翏（瘳）

睡簡・爲吏・22：廿五年閏再十二
月丙午朔辛亥

睡簡・日甲・94 正：庚午

睡簡・日乙・230：壬午

睡簡・日乙・153：五月甲午、庚午

睡簡・日甲・94 正：甲午

睡簡・日乙・230：甲午

睡簡・日乙・153：五月甲午、庚午

睡簡・日乙・153：正月甲午、庚午、
甲戌

睡簡・日乙・230：丙午

睡簡・日乙・230：戊午

睡簡・日甲・8 背：甲子午、庚辰、
丁巳

睡簡・日甲・89 背：午，室四隅也

睡簡・日甲・87 背：午

睡簡・日甲・83 正：丙午

睡簡・日甲・84 正：庚午

睡簡・日甲・8 正：午

睡簡・日甲・20 正：開午

睡簡・日甲・2 背：戊午

睡簡・日甲・26 正：午徹

睡簡・日甲・27 正：午戌萬

睡簡・日甲・24 正：柀（破）午

睡簡・日甲・24 正：甲午

睡簡・日甲・25 正：摯（執）午

睡簡・日甲・21 正：收午

睡簡・日甲・2 正：午

睡簡・日甲・90 正：甲午

睡簡・日甲・98 背：丙午

睡簡・日甲・98 正：其日乙未、甲
午、甲辰垣之

睡簡・日甲・92 正：丙午

睡簡・日甲・99 背：壬午

睡簡·日甲·97 正:剟午

 睡簡·日甲·97 正:其日辛酉、庚午、庚辰垣之

 睡簡·日甲·94 正:庚午

 睡簡·日甲·95 正:其日丙午、丁酉、丙申垣之

 睡簡·日甲·9 正:午

 睡簡·日甲·69 背:多〈名〉鼠鼷孔午郚

 睡簡·日甲·75 背:午,鹿也

 睡簡·日甲·3 正:午

 睡簡·日甲·4 正:午

 睡簡·日甲·59 正:入客戊辰、己巳、辛酉、辛卯、己未、庚午

 睡簡·日甲·100 背:戊午

 睡簡·日甲·108 正:毋以午出入臣妾、馬[牛]

 睡簡·日甲·101 背:庚午

 睡簡·日甲·10 正:午

 睡簡·日甲·18 正:建午

 睡簡·日甲·127 背:毋以庚午入室

 睡簡·日甲·127 背:子、卯、午、酉不可入寄者及臣妾

 睡簡·日甲·127 正:毋以正月上旬午

 睡簡·日甲·16 正:盈午

 睡簡·日甲·17 正:除午

 睡簡·日甲·132 背:十一月午

 睡簡·日甲·139 背:四月丙午

 睡簡·日甲·137 背:四月丙午

 睡簡·日甲·131 背:六月午

 睡簡·日甲·142 正:丙午生子

 睡簡·日甲·146 背:十一月居午

 睡簡·日甲·146 正:庚午生子

 睡簡·日甲·144 正:戊午生子

 睡簡·日甲·145 背:七月居午

 睡簡·日甲·145 背:三月居午

 睡簡·日甲·14 正:定午

 睡簡·日甲·150 正:午

 睡簡·日甲·151 正:午

 睡簡·日甲·11 背:丑、辰、申、午、未、亥爲牝

 睡簡·日乙·8:午

 睡簡·日乙·殘5:□寅卯四月巳午不可以殺□

 睡簡·日乙·28:吉午

 睡簡·日乙·29:徐(除)午

睡簡・日乙・26：窖午

睡簡・日乙・27：實午

睡簡・日乙・239：庚午生

睡簡・日乙・235：未、辰、午入官、辱而去

睡簡・日乙・242：甲午生

睡簡・日乙・246：戊午生

睡簡・日乙・244：丙午

睡簡・日乙・241：壬午生

睡簡・日乙・251：午失火

睡簡・日乙・2：午

睡簡・日乙・217：五月午

睡簡・日乙・9：午

睡簡・日乙・68：甲寅、午

睡簡・日乙・6：午

睡簡・日乙・70：庚午、寅

睡簡・日乙・70：甲午、寅

睡簡・日乙・70：戊午

睡簡・日乙・76：丙午

睡簡・日乙・73：庚寅、辰、午

睡簡・日乙・73：壬午

睡簡・日乙・73：戊午、戌，丁□

睡簡・日乙・7：午

睡簡・日乙・71：壬午

睡簡・日乙・30：建午

睡簡・日乙・32：實午

睡簡・日乙・36：衝午

睡簡・日乙・37：徹午

睡簡・日乙・33：吉午

睡簡・日乙・34：虛午

睡簡・日乙・35：剝午

睡簡・日乙・3：午

睡簡・日乙・31：閛〈閉〉午

睡簡・日乙・48：午戌憂

睡簡・日乙・49：午丑危陽

睡簡・日乙・47：午徹

睡簡・日乙・43：久行毋以庚午入室

睡簡・日乙・4：午

睡簡・日乙・41：午在七星

睡簡・日乙・50:午采(穗)

睡簡・日乙・5:午

睡簡・日乙・108:午、未、申、丑、亥
女子日

睡簡・日乙・109:午

睡簡・日乙・10:午

睡簡・日乙・188:凡酉、午、巳、寅

睡簡・日乙・12:午

睡簡・日乙・192:辛卯壬午不可寧
人

睡簡・日乙・169:午以東先行

睡簡・日乙・161:午少翏(瘳)

睡簡・日乙・130:必以五月庚午

睡簡・日乙・132:毋以正月上旬午

睡簡・日乙・153:十月壬午

睡簡・日乙・153:正月甲午、庚午、
甲戌

岳山牘・M36:43 正:丙辰、乙巳、丙
午

里簡・J1(9)5 正:卅三年四月辛丑
朔丙午

里簡・J1(9)8 正:卅三年四月辛丑
朔丙午

里簡・J1(9)10 背:卅四年六月甲
午朔壬戌

里簡・J1(8)133 正:廿六年三月甲
午

里簡・J1(8)152 正:卅二年四月丙
午朔甲寅

里簡・J1(8)156:四月丙午朔癸丑

里簡・J1(8)158 正:卅二年四月丙
午朔甲寅

里簡・J1(9)1 正:卅三年四月辛丑
朔丙午

里簡・J1(9)4 正:卅四年八月癸巳
朔甲午

里簡・J1(9)10 正:卅三年四月辛
丑朔丙午

里簡・J1(9)981 背:九月庚午旦

關簡・136:午

關簡・13:丙午

關簡・164:午

關簡・1:六月甲午

關簡・11:丙午

關簡・287:午

關簡・36:庚午

關簡・48:壬午

關簡・44:壬午

關簡・287:午

關簡・36:庚午

關簡・48:壬午

關簡・44：壬午

 關簡・287：午

 關沮牘・正・2：八月庚午小

 關簡・8：丙午

 關簡・20：戊午

 關簡・22：戊午治競（竟）陵

 關簡・2：甲午

 關簡・273：午

 關簡・23：戊午

 關簡・24：戊午

 關簡・25：戊午

 關簡・9：丙午

 關簡・61：丙午

 關簡・61：甲午

 關簡・61：戊午

 關簡・78：壬午

 關簡・302：午

 關簡・368：今日庚午利浴曹（簪）

 關簡・361：甲午旬

 關簡・34：庚午到江陵

 關簡・345：卽午畫地〖注〗午，縱橫相交。

 關簡・46：壬午

 關簡・47：壬午

 關簡・58：甲午併左曹

 關簡・56：甲午

 關簡・10：丙午

 關簡・12：丙午

 秦印編282：左午

 秦印編282：左午

 秦印編282：張午

 秦印編282：王午

 秦印編282：焦午

 秦印編282：張午

 秦印編282：病午

 秦印編282：李午

 秦印編282：趙午

 秦印編282：丁午

 秦陶・321：咸陽午〖注〗午，人名。

秦陶・352:咸午

秦陶・354:午

秦陶・545:左午

秦陶・546:左午

秦陶・548:左午

秦陶・1500・摹:午

集證・215.209・摹:午(？)

南郊 325・135.1:午

### 3251　　悟　　悟

秦印編 282:駱悟

秦印編 282:唐悟

### 3252　　未　　未

天簡 27・乙:未羊

睡簡・效律・20:新吏居之未盈歲

睡簡・日乙・154:十二月癸未

睡簡・日乙・11:未

睡簡・日乙・235:癸未

睡簡・答問・27:置豆俎鬼前未徹
乃爲"未闌"

睡簡・日乙・235:丁未

睡簡・答問・27:置豆俎鬼前未徹
乃爲"未闌"

睡簡・日乙・235:己未

睡簡・日乙・235:辛未

睡簡・11 號牘・正:報必言相家爵
來未來

睡簡・11 號牘・正:告黑夫其未來
狀

睡簡・11 號牘・正:傷未可智(知)
也

睡簡・答問・85:未有傷殹

睡簡・答問・208:支(肢)或未斷

睡簡・答問・27:可(何)謂"祠未
闌"

睡簡・答問・27:置豆俎鬼前未徹
乃爲"未闌"

睡簡・答問・67:問乙高未盈六尺

睡簡・答問・60:未行而死若亡

睡簡・答問・65:人未蝕奸而得

睡簡・答問・76:未殺而得

睡簡・答問・30:且未啟亦爲抉

睡簡・答問・31:若未啟而得

睡簡・答問・31:未啟當貲二甲

睡簡・答問・48:未出徼闌亡

睡簡・答問・49：未斷

 睡簡・答問・4：未到

 睡簡・答問・184：客未布吏而與賈

 睡簡・答問・122：未斷

 睡簡・答問・166：未官

 睡簡・答問・166：小未盈六尺

 睡簡・答問・163：未盈卒歲得

 睡簡・答問・163：未卒歲而得

 睡簡・答問・107：未獄而死若已葬

 睡簡・答問・132：未論而自出

 睡簡・答問・158：甲小未盈六尺

 睡簡・答問・157：未租

 睡簡・答問・153：當出未出

 睡簡・答問・153：會赦未論

 睡簡・答問・116：子小未可別

 睡簡・答問・115：且未斷猶聽殹

 睡簡・答問・111：當耐爲鬼薪未斷

 睡簡・秦律・83：未而死

 睡簡・秦律・84：未賞（償）及居之未備而死

 睡簡・秦律・29：出之未索（索）而已備者

 睡簡・語書・2：灋律未足

 睡簡・秦律・201：受衣未受

 睡簡・秦律・76：公有責（債）百姓未賞（償）

 睡簡・秦律・77：百姓叚（假）公器及有責（債）未賞（償）

 睡簡・秦律・48：妾未使而衣食公

 睡簡・秦律・49：未能作者

 睡簡・秦律・50：未能作者

 睡簡・秦律・16：令以其未敗直（值）賞（償）之

 睡簡・秦律・163：新吏居之未盈歲

 睡簡・秦律・138：其日未備而被入錢者

 睡簡・秦律・142：日未備而死者

 睡簡・秦律・154：賜未受而死及灋耐瞏（遷）者

 睡簡・秦律・105：遷其未靡

 睡簡・秦律・119：及雖未盈卒歲而或盜陜（決）道出入

 睡簡・秦律・116：未卒堵壞

 睡簡・秦律・117：未卒歲或壞陜（決）

 睡簡・雜抄・22：未取省而亡之

睡簡・雜抄・36:尚有棲未到戰所

 睡簡・雜抄・35:致未來

 睡簡・日甲・80 正:丁未

 睡簡・日甲・88 正:乙未

 睡簡・日甲・89 背:未

 睡簡・日甲・83 正:丁未

 睡簡・日甲・85 正:己未

 睡簡・日甲・28 正:未敫

 睡簡・日甲・22 正:成未

 睡簡・日甲・26 正:巳未陰

 睡簡・日甲・26 正:毋以楚九月己未台(始)被新衣

 睡簡・日甲・27 正:未酉陰

 睡簡・日甲・24 正:危未

 睡簡・日甲・98 背:丁未

 睡簡・日甲・98 正:其日乙未、甲午、甲辰垣之

 睡簡・日甲・92 正:辛未、庚寅、辛巳

 睡簡・日甲・99 背:癸未

 睡簡・日甲・97 背:乙未

 睡簡・日甲・97 正:殺未

 睡簡・日甲・9 正:未

 睡簡・日甲・70 背:多〈名〉徐善趨以未

 睡簡・日甲・76 背:未,馬也

 睡簡・日甲・7 正:未

 睡簡・日甲・32 背:男女未入宮者毄(擊)鼓奮鐸㬼(譟)之

 睡簡・日甲・47 正:㕚(招)榣(搖)毄(繫)未

 睡簡・日甲・59 正:入客戊辰、己巳、辛酉、辛卯、己未、庚午

 睡簡・日甲・105 正:七月未

 睡簡・日甲・105 正:三月未

 睡簡・日甲・105 正:十一月未

 睡簡・日甲・101 背:辛未

 睡簡・日甲・10 正:未

 睡簡・日甲・18 正:除未

 睡簡・日甲・128 正:十月上旬未

 睡簡・日甲・126 正:庚辰、壬辰、癸未

 睡簡・日甲・124 正:未不可以澍(樹)木

 睡簡・日甲・16 正:平未

 睡簡・日甲・17 正:盈未

 睡簡・日甲・134 正:七月未

睡簡・日甲・134 正:十一月未

 睡簡・日甲・131 背:十月未

 睡簡・日甲・131 正:秋三月己未
不可西

 睡簡・日甲・13 正:未

 睡簡・日甲・147 正:辛未生子

 睡簡・日甲・143 背:入月七日及
冬未、春戌、夏丑、秋辰

 睡簡・日甲・143 正:丁未生子

 睡簡・日甲・145 正:己未生子

 睡簡・日甲・14 正:摯(執)未

 睡簡・日甲・155 正:及春之未戌

 睡簡・日甲・151 正:未

 睡簡・日甲・11 背:丑、辰、申、午、
未、亥爲牝

 睡簡・日甲・113 背:丁未

 睡簡・日甲・113 背:辛未

 睡簡・日甲・115 背:六月己未

 睡簡・日甲・2 背:癸丑、戊午、己
未

 睡簡・日甲・132 背:三月未

 睡簡・日甲・134 背:夏三月戊申、
己未

 睡簡・日甲・1·15 背:己未

 睡簡・日甲・11 正:未

 睡簡・日甲・1 正:冬三月未

 睡簡・日乙・8:未

 睡簡・日乙・85:未亥[卯木]

 睡簡・日乙・殘 7:□丁巳、丁未、
丁丑□

 睡簡・日乙・殘 4:□酉、乙亥未辛
酉可□

 睡簡・日乙・28:實未

 睡簡・日乙・225:乙未

 睡簡・日乙・29:吉未

 睡簡・日乙・26:徹未

 睡簡・日乙・27:窨未

 睡簡・日乙・239:辛未生

 睡簡・日乙・235:未、辰、午入官、
辱而去

 睡簡・日乙・246:己未生

 睡簡・日乙・243:乙未生

 睡簡・日乙・244:丁未生

 睡簡・日乙・241:癸未生

 睡簡・日乙・2:未

睡簡・日乙・251:未失火

睡簡·日乙·217:六月未

睡簡·日乙·9:未

睡簡·日乙·68:未□乘之

睡簡·日乙·68:未

睡簡·日乙·69:丁巳、未

睡簡·日乙·66:丁未

睡簡·日乙·6:未

睡簡·日乙·70:丁酉、未

睡簡·日乙·72:癸未

睡簡·日乙·72:辛巳、未

睡簡·日乙·76:丁未

睡簡·日乙·77:秋三月辰、冬未

睡簡·日乙·73:癸未

睡簡·日乙·74:丁未

睡簡·日乙·74:癸未

睡簡·日乙·7:未

睡簡·日乙·75:丁未

睡簡·日乙·75:癸未

睡簡·日乙·71:□未

睡簡·日乙·32:閒〈閉〉未

睡簡·日乙·36:剽未

睡簡·日乙·37:衝未

睡簡·日乙·33:實未

睡簡·日乙·34:吉未

睡簡·日乙·3:未

睡簡·日乙·35:虛未

睡簡·日乙·31:建未

睡簡·日乙·48:未酉陰

睡簡·日乙·49:未敫

睡簡·日乙·47:巳未陰

睡簡·日乙·4:未

睡簡·日乙·50:[申]未危陽

睡簡·日乙·50:未辰正陽

睡簡·日乙·5:未

睡簡·日乙·108:午、未、申、丑、亥女子日

睡簡·日乙·109:未

睡簡·日乙·10:未

睡簡·日乙·120:三月、七月之未

睡簡・日乙・123：未

 睡簡・日乙・12：未

 睡簡・日乙・163：未少罶(瘳)

 睡簡・日乙・176：死生在未

 睡簡・日乙・171：未以東得

 睡簡・日乙・133：十月上旬未

 睡簡・日乙・13：未

 睡簡・日乙・156：暴未〘注〙暴未，應爲"日失未"之誤。

 龍簡・196・摹：未葬□

 龍簡・119：其未能祧〈逃〉

 龍簡・202・摹：□未央(決)而言者

 龍簡・204・摹：□罪者獄未央(決)□

 龍簡・105・摹：□雖未有

 岳山牘・M36：43 正：癸未

 岳山牘・M36：43 正：丁未

 里簡・J1(16)6 背：己未旦

 里簡・J1(8)134 正：未歸船

 里簡・J1(16)9 正：啟陵鄉未有葉(牒)

 里簡・J1(9)1 背：卅五年四月己未朔乙丑

 里簡・J1(9)1 背：未報

 里簡・J1(9)2 背：卅五年四月己未朔乙丑

 里簡・J1(9)2 正：至今未報

 里簡・J1(9)3 背：卅五年四月己未朔乙丑

 里簡・J1(9)3 背：未得報

 里簡・J1(9)3 正：卅三年三月辛未朔戊戌

 里簡・J1(9)4 正：至今未報

 里簡・J1(9)5 背：四月己未朔乙丑

 里簡・J1(9)5 正：至今未報

 里簡・J1(9)6 背：卅五年四月己未朔乙丑

 里簡・J1(9)6 正：至今未報

 里簡・J1(9)7 背：卅五年四月己未朔乙丑

 里簡・J1(9)7 背：至今未報

 里簡・J1(9)8 背：卅五年四月己未朔乙丑

 里簡・J1(9)8 正：至今未報

 里簡・J1(9)9 背：卅五年四月己未朔乙丑

 里簡・J1(9)9 背：至今未報

 里簡・J1(9)9 正：卅三年三月辛未朔戊戌

里簡・J1(9)10 背：卅五年四月己未朔乙丑

里簡・J1(9)10 背:未報

里簡・J1(9)11 背:卅五年四月己未朔乙丑

里簡・J1(9)11 正:卅三年三月辛未朔丁酉

里簡・J1(9)11 正:至今未報

里簡・J1(9)12 背:卅五年四月己未朔乙丑

里簡・J1(9)12 背:未得報

里簡・J1(9)981 正:此以未定

里簡・J1(9)981 正:求未得

關簡・284:未

關簡・33:辛未

關簡・49:癸未

關簡・45:癸未

關簡・284:未

關簡・33:辛未

關簡・49:癸未

關簡・45:癸未

關簡・284:未

關沮牘・背・3:癸未

關沮牘・背・4:乙未

關沮牘・正・2:六月辛未小

關簡・88:六月丁未小

關簡・208:占來者,未至

關簡・202:占來者,未至

關簡・206:占來者,未來

關簡・204:占來者,未至

關簡・220:占病者,未已

關簡・220:占來者,未至

關簡・220:占行者,未發

關簡・228:[占行者],未發

關簡・228:占來者,未至

關簡・22:己未

關簡・299:未

關簡・26:己未

關簡・270:未

關簡・23:己未治競(竟)陵

關簡・234:占行者,未發

關簡・24:己未

關簡・212:占來者,未發

關簡・21:己未

 關簡・213:占行者,未發

 關簡・214:[占來者],未至

 關簡・2:乙未

 關簡・62:丁未

 關簡・62:己未

 關簡・62:乙未

 關簡・364:乙未去宛

 關簡・36:辛未

 關簡・357:午未爲㺜(孤)

 關簡・35:辛未治後府

 關簡・3:乙未

 關簡・48:癸未

 關簡・47:癸未奏上

 關簡・57:乙未

 關簡・57:乙未宿尋平

 關簡・10:丁未

 關簡・105:乙未

關簡・187:占行者,未發

 關簡・12:丁未

 關簡・194:[占來]者,未至

 關簡・164:未

 關簡・161:日未中

 關簡・175:雞未鳴

 關簡・175:夜未半

 關簡・13:丁未去左曹

 關簡・136:未

 關簡・14:丁未

 關簡・1:四月乙未

 關簡・11:丁未起江陵

 帛書・病方・123:以旦未食傅藥

 帛書・病方・223:傴攣而未大者[方]

 帛書・病方・261:未有巢者

 帛書・病方・280:疽(疽)未□烏豙(喙)十四果(顆)

 帛書・病方・284:以彘膏未湔(煎)者灸銷(消)以和□傅之

 帛書・病方・287:一飲病未已

 帛書・病方・371:朝日未□

 帛書・病方・396:未傅□

帛書・病方・441：漬女子未嘗丈夫
者［布］□音（杯）

帛書・病方・殘6：□而癰堅未□

秦印編282：未

秦印編282：安未

秦印編282：高未央

秦印編282：靳未

秦印編282：王未

秦陶・1085：未

瓦書（秦陶・1610）：大田佐敖童曰
未

秦陶・1045：未

秦陶・1046：安未

秦陶・1067・摹：安未

秦陶・1070：安未

秦陶・1077：未

秦陶・1078・摹：安未

秦陶・1080：未

秦陶・1082：未

瓦書・郭子直摹：大田佐敖童曰未
〖注〗未，人名。

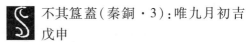秦陶・423：丁未

### 3253　甲 申 申　申 申

不其簋蓋（秦銅・3）：唯九月初吉
戊申

滕縣不其簋器（秦銅・4）：唯九月
初吉戊申

廿五年上郡守厝戈・摹（秦銅・
43）：高奴工師窰丞申〖注〗申，人
名。

廿五年上郡守周戈（登封・4.1）：
丞申

三年上郡戈・摹（秦銅・59附圖）：
丞申

三年相邦呂不韋矛一・摹（秦銅・
59）：高工□丞申

四年相邦呂不韋矛・摹（秦銅・
66）：丞申

廿四年上郡守戟（潛山・19）：丞申
工隸臣渠

大墓殘磬（集證・67）：隹（惟）四年
八月初吉甲申

石鼓文・吾水（先鋒本）：曰隹（惟）
丙申

天簡34・乙：庚申不可垣

天簡34・乙：甲辰旬申酉虛寅卯孤
失虛在正西

天簡32・乙：甲寅甲申乙卯

天簡39・乙：申

天簡21・甲：申旦吉

天簡25・乙：申石殹

睡簡・日乙・11：申

睡簡・日乙・114:垣墻日凡申、酉□

睡簡・日乙・115:庚申

睡簡・爲吏・11:申之義

睡簡・日乙・224:申

睡簡・日乙・144:甲申

睡簡・日甲・84 正:庚申

睡簡・日乙・224:壬申

睡簡・日乙・144:庚申

睡簡・日乙・224:丙申

睡簡・日乙・144:壬申

睡簡・日乙・224:戊申

睡簡・日甲・88 正:庚申

睡簡・日甲・89 背:申

睡簡・日甲・84 正:壬申

睡簡・日甲・8 正:申

睡簡・日甲・28 正:申子禼

睡簡・日甲・22 正:開申

睡簡・日甲・26 正:辰申禼

睡簡・日甲・27 正:申徹

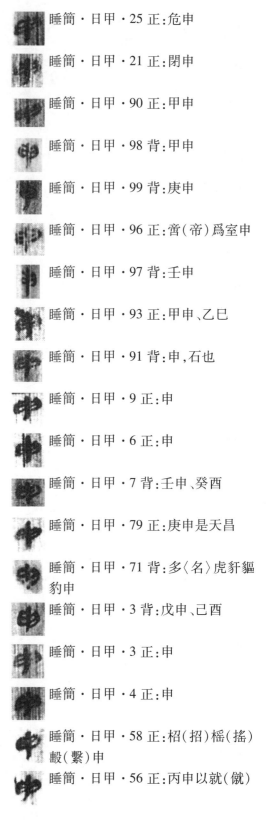

睡簡・日甲・25 正:危申

睡簡・日甲・21 正:閉申

睡簡・日甲・90 正:甲申

睡簡・日甲・98 背:甲申

睡簡・日甲・99 背:庚申

睡簡・日甲・96 正:啻（帝）爲室申

睡簡・日甲・97 背:壬申

睡簡・日甲・93 正:甲申、乙巳

睡簡・日甲・91 背:申,石也

睡簡・日甲・9 正:申

睡簡・日甲・6 正:申

睡簡・日甲・7 背:壬申、癸酉

睡簡・日甲・79 正:庚申是天昌

睡簡・日甲・71 背:多〈名〉虎豻貙豹申

睡簡・日甲・3 背:戊申、己酉

睡簡・日甲・3 正:申

睡簡・日甲・4 正:申

睡簡・日甲・58 正:招（招）榣（搖）毄（繫）申

睡簡・日甲・56 正:丙申以就（僦）

睡簡·日甲·5 正:申

睡簡·日甲·100 背:丙申

睡簡·日甲·101 背:戊申

睡簡·日甲·10 正:申

睡簡·日甲·18 正:盈申

睡簡·日甲·120 背:申

睡簡·日甲·120 背:丙申

睡簡·日甲·127 正:三月上旬申

睡簡·日甲·12 正:申

睡簡·日甲·162 正:申入官

睡簡·日甲·16 正:定申

睡簡·日甲·17 正:平申

睡簡·日甲·138 背:正月申

睡簡·日甲·132 背:十月申

睡簡·日甲·136 正:申

睡簡·日甲·134 背:夏三月戊申、
己未

睡簡·日甲·13 正:申

睡簡·日甲·148 正:壬申生子

睡簡·日甲·142 正:丙申生子

睡簡·日甲·146 正:庚申生子

睡簡·日甲·147 背:壬申會癸酉

睡簡·日甲·144 正:戊申生子

睡簡·日甲·14 正:柀(破)申

睡簡·日甲·155 正:戊申、己酉

睡簡·日甲·151 正:申

睡簡·日甲·15 正:執申

睡簡·日甲·11 背:丑、辰、申、午、
未、亥爲牝

睡簡·日甲·116 背:丙申、丁亥

睡簡·日甲·116 背:申

睡簡·日甲·115 背:申

睡簡·日甲·115 背:申

睡簡·日甲·115 背:壬申

睡簡·日甲·115 背:戊申

睡簡·日乙·87:辰申子水

睡簡·日乙·8:申

睡簡·日乙·28:窨申

睡簡·日乙·226:壬申

睡簡·日乙·227:庚申

睡簡·日乙·225：甲申

睡簡·日乙·29：實申

睡簡·日乙·26：衝申

睡簡·日乙·27：徹申

睡簡·日乙·239：壬申生

睡簡·日乙·231：申入官

睡簡·日乙·2：申

睡簡·日乙·246：庚申生

睡簡·日乙·243：丙申生

睡簡·日乙·244：戊申生

睡簡·日乙·241：甲申生

睡簡·日乙·251：申失火

睡簡·日乙·211：七月申

睡簡·日乙·9：申

睡簡·日乙·68：庚辰、申

睡簡·日乙·68：甲申

睡簡·日乙·6：申

睡簡·日乙·65：申戌叔（菽）

睡簡·日乙·78：甲子、申

睡簡·日乙·72：庚寅、申、辰

睡簡·日乙·7：申

睡簡·日乙·75：丙申

睡簡·日乙·30：吉申

睡簡·日乙·38：壬申

睡簡·日乙·38：戊申

睡簡·日乙·32：建申

睡簡·日乙·32：壬辰、申

睡簡·日乙·36：虛申

睡簡·日乙·37：丙申

睡簡·日乙·37：甲申

睡簡·日乙·37：剽申

睡簡·日乙·33：閑〈閉〉申

睡簡·日乙·33：壬申

睡簡·日乙·3：申

睡簡·日乙·34：實申

睡簡·日乙·35：吉申

睡簡·日乙·35：甲申、辰

睡簡·日乙·31：徐（除）申

睡簡・日乙・48：申徹

睡簡・日乙・49：申子憂

睡簡・日乙・47：［辰］申憂

睡簡・日乙・4：申

睡簡・日乙・5：申

睡簡・日乙・51：申采（穗）

睡簡・日乙・108：申

睡簡・日乙・109：申

睡簡・日乙・10：申

睡簡・日乙・189：戊申

睡簡・日乙・122：庚申、辛酉

睡簡・日乙・12：申

睡簡・日乙・124：庚申

睡簡・日乙・167：申少翏（瘳）

睡簡・日乙・163：申大翏（瘳）

睡簡・日乙・161：申大翏（瘳）

睡簡・日乙・173：申以東北得

睡簡・日乙・130：凡製車及寇〈冠〉□申

睡簡・日乙・13：申

睡簡・日乙・142：南毋以辰、申

睡簡・日乙・156：下市申

睡簡・日乙・157：死生在申

睡簡・日乙・116：庚申

龍崗牘・正：九月丙申

岳山牘・M36：43 正：甲申

岳山牘・M36：43 正：庚申

岳山牘・M36：43 正：甲申

里簡・J1（9）7 正：卅三年四月辛丑朔戊申

里簡・J1（9）8 正：四月戊申

里簡・J1（9）6 正：卅三年四月辛丑朔戊申

里簡・J1（9）7 正：令申署所縣責

關簡・13：戊申

關簡・14：戊申

關簡・46：甲申

關簡・50：甲申

關簡・46：甲申

關簡・50：甲申

關沮牘・背・3：甲申

關沮牘·正·1:四月壬申小

 關簡·86:四月戊申小

 關簡·281:申

 關簡·2:丙申

 關簡·22·摹:庚申

 關簡·296:申

 關簡·26:庚申

 關簡·267:申

 關簡·27:庚申

 關簡·23:庚申

 關簡·24:庚申治競(竟)陵

 關簡·244:此正月平旦轂(繫)申者

 關簡·25:庚申

 關簡·63:丙申

 關簡·63:庚申

 關簡·38:壬申

 關簡·36:壬申治

 關簡·361:甲申旬

 關簡·37:壬申

 關簡·34:壬申

 關簡·48:甲申史鬵(徹)行

 關簡·49:甲申

 關簡·58:丙申

 關簡·106:丙申

 關簡·10:戊申

 關簡·12:戊申宿黃郵

 關簡·1:二月丙申宿競(竟)陵

 關簡·165:申

 關簡·135:申

 關簡·11:戊申

 集證·164.496:申晐〖注〗申晐,人名。

 秦印編282:殷申

 秦印編282:申晐

 秦印編282:鄭申

 秦印編282:楊申

 秦印編282:咸原少申〖注〗少申,人名。

 秦陶·387:申

 秦陶·389:申

秦陶·391:申

3254　　臾

睡簡·日甲·97 背:禹須臾

睡簡·日甲·135 正:禹須臾〖注〗
須臾,《後漢書》注:"陰陽吉凶立成
之法也。"

帛書·病方·179:豕(蘜)之朱
(茱)臾(萸)、椒

帛書·病方·271:朱(茱)臾(萸)

3255　　酉　　　酉

銅弩機刻文·摹:秦銅·156.8:酉

商鞅方升(秦銅·21):冬十二月乙
酉

青川牘·摹:二年十一月己酉朔二
日

天簡 32·乙:乙酉

天簡 38·乙:秋三月啻(帝)爲室巳
利酉

天簡 39·乙:酉雞殹

睡簡·日乙·115:丁酉

睡簡·日乙·11:酉

睡簡·日甲·86 正:乙酉

睡簡·日甲·84 正:辛酉

睡簡·日甲·155 正:辛酉

睡簡·日乙·殘 4:□酉乙亥未辛
酉可□

睡簡·日乙·225:辛酉

睡簡·日甲·80 正:乙酉

睡簡·日甲·82 正:乙酉

睡簡·日甲·86 正:己酉

睡簡·日甲·84 正:癸酉

睡簡·日甲·155 正:乙酉

睡簡·日甲·114 背:入十月十日
乙酉、十一月丁酉材(裁)衣

睡簡·日乙·225:癸酉

睡簡·日乙·243:丁酉生

睡簡·日甲·80 正:己酉

睡簡·日甲·82 正:己酉

睡簡·日乙·225:乙酉

睡簡·日甲·80 正:辛酉

睡簡·日乙·225:丁酉

睡簡·日乙·225:己酉

睡簡·秦律·12:百姓居田舍者毋
敢酤(酤)酉(酒)〖注〗酤酒,賣酒。

睡簡·秦律·13:賜田嗇夫壺酉
(酒)束脯

睡簡·日甲·80 正:癸酉

睡簡・日甲・88 正:己酉

睡簡・日甲・82 正:癸酉

睡簡・日甲・89 背:酉

睡簡・日甲・87 正:癸酉

睡簡・日甲・20 正:除酉

睡簡・日甲・28 正:酉亥陰

睡簡・日甲・22 正:閉酉

睡簡・日甲・26 正:寅酉危陽

睡簡・日甲・27 正:未酉陰

睡簡・日甲・25 正:成酉

睡簡・日甲・2 正:酉

睡簡・日甲・98 背:乙酉

睡簡・日甲・98 正:剽酉

睡簡・日甲・99 背:辛酉

睡簡・日甲・96 正:其日癸酉、壬辰、壬午垣之

睡簡・日甲・97 正:其日辛酉、庚午、庚辰垣之

睡簡・日甲・94 正:五丑、五酉、庚午

睡簡・日甲・95 正:其日丙午、丁酉、丙申垣之

睡簡・日甲・9 正:酉

睡簡・日甲・6 正:酉

睡簡・日甲・70 正・摹:得之赤肉、雄鷄、酉(酒)

睡簡・日甲・78 背:名多酉起嬰

睡簡・日甲・78 背:酉,水也

睡簡・日甲・7 背:壬申、癸酉

睡簡・日甲・7 背:以己丑、酉、巳

睡簡・日甲・72 背:多〈名〉兔寵陘突垣義酉

睡簡・日甲・72 正:得之於黃色索魚、堇酉(酒)

睡簡・日甲・76 正:得之於酉(酒)脯脩節(鼈)肉

睡簡・日甲・7 正:酉

睡簡・日甲・3 背:戊申、己酉

睡簡・日甲・31 正:酉結

睡簡・日甲・3 正:酉

睡簡・日甲・4 正:酉

睡簡・日甲・59 正:入客戊辰、己巳、辛酉、辛卯、己未、庚午

睡簡・日甲・57 正:柖(招)榣(搖)掔(繫)酉

睡簡・日甲・57 正:毋以辛酉入寄者

睡簡・日甲・5 正・摹:酉

睡簡・日甲・100 背:丁酉

睡簡·日甲·101 背:己酉

睡簡·日甲·10 正:酉

睡簡·日甲·18 正:平酉

睡簡·日甲·128 正:十二月上旬酉

睡簡·日甲·127 背:子、卯、午、酉不可入寄者及臣妾

睡簡·日甲·121 背:丁酉材(裁)衣常(裳)

睡簡·日甲·121 背:以坐而飲酉(酒)矢兵不入於身

睡簡·日甲·19 正:盈酉

睡簡·日甲·163 正:酉入官

睡簡·日甲·17 正:定酉

睡簡·日甲·17 正:五酉

睡簡·日甲·132 背:二月酉

睡簡·日甲·139 背:四月酉

睡簡·日甲·137 背:七月辛酉

睡簡·日甲·137 正:酉,酉南吉

睡簡·日甲·134 正:己酉從遠行入

睡簡·日甲·131 背:七月酉

睡簡·日甲·13 正·𦮼:酉

睡簡·日甲·142 正:耆(嗜)酉(酒)而疾

睡簡·日甲·147 正:辛酉生子

睡簡·日甲·143 正:丁酉生子

睡簡·日甲·144 正:耆(嗜)酉(酒)及田邋(獵)

睡簡·日甲·145 背:八月居酉

睡簡·日甲·145 正:己酉生子

睡簡·日甲·14 正:危酉

睡簡·日甲·152 正:酉

睡簡·日甲·155 正:戊申、己酉

睡簡·日甲·118 背:丁酉裝(製)衣常(裳)

睡簡·日甲·118 背:以坐而飲酉(酒)

睡簡·日甲·11 背:子、寅、卯、巳、酉、戌爲牡日

睡簡·日甲·112 正:毋以酉台(始)寇〈冠〉帶劍

睡簡·日甲·119 背:入七月七日日乙酉

睡簡·日甲·119 背:十一月丁酉材(裁)衣

睡簡·日甲·119 背:十月丁酉材(裁)衣

睡簡·日甲·119 背:辛巳、丑、酉

睡簡·日甲·119 背:乙丑、巳、酉

睡簡·日甲·113 背:癸酉

睡簡·日甲·113 背:巳、酉

睡簡·日甲·113 背:辛、巳、丑、酉

睡簡·日甲·113 背:乙酉

睡簡·日甲·114 背:入十月十日乙酉、十一月丁酉材(裁)衣

睡簡·日甲·114 背:十月丁酉材(裁)衣

睡簡·日乙·8:酉

睡簡·日乙·殘 8:□乙酉不可家□

睡簡·日乙·殘 4:□酉吉□

睡簡·日乙·殘 4:□酉乙亥未辛酉可□

睡簡·日乙·208:八月酉

睡簡·日乙·28:敫酉

睡簡·日乙·29:窨酉

睡簡·日乙·26:剽酉

睡簡·日乙·27:衝酉

睡簡·日乙·232:酉入官

睡簡·日乙·239:癸酉生

睡簡·日乙·239:利酉(酒)醴

睡簡·日乙·246:辛酉生

睡簡·日乙·243:旨(嗜)酉(酒)

睡簡·日乙·241:乙酉生

睡簡·日乙·251:酉失火

睡簡·日乙·2:酉

睡簡·日乙·91:酉(柳),百事吉

睡簡·日乙·9:酉

睡簡·日乙·68:酉

睡簡·日乙·66:癸酉

睡簡·日乙·6:酉

睡簡·日乙·70:丁酉、未

睡簡·日乙·72:丁酉

睡簡·日乙·72:乙亥、酉

睡簡·日乙·7:酉

睡簡·日乙·30:實酉

睡簡·日乙·32:己酉

睡簡·日乙·32:徐(除)酉

睡簡·日乙·36:酉

睡簡·日乙·37:虛酉

睡簡·日乙·33:丁酉

睡簡·日乙·33:建酉

睡簡·日乙·34:閑〈閉〉酉

睡簡・日乙・35：實酉

睡簡・日乙・31：吉酉

睡簡・日乙・31：乙酉

睡簡・日乙・3：酉

睡簡・日乙・48：未酉陰

睡簡・日乙・49：酉亥陰

睡簡・日乙・47：寅酉危陽

睡簡・日乙・41：酉在卯（昴）

睡簡・日乙・50：酉敫

睡簡・日乙・52：酉結

睡簡・日乙・5：酉

睡簡・日乙・108：酉

睡簡・日乙・109：酉

睡簡・日乙・10：酉

睡簡・日乙・188：凡酉、午、巳、寅

睡簡・日乙・187：得於酉（酒）、脯脩節（齏）肉

睡簡・日乙・122：辛酉

睡簡・日乙・12：酉

睡簡・日乙・165：酉少翏（瘳）

睡簡・日乙・178：死生在酉

睡簡・日乙・179：酉大翏（瘳）

睡簡・日乙・175：酉以東薾（齊）

睡簡・日乙・131：辛酉

睡簡・日乙・13：酉

睡簡・日乙・156：春日酉

睡簡・日乙・153：三月己酉

睡簡・日乙・116：丁酉

睡簡・日乙・113：五酉

睡簡・日乙・114：垣墻日凡申、酉
□

岳山牘・M36：43 正：酉

岳山牘・M36：43 正：癸酉

岳山牘・M36：43 正：丁酉

岳山牘・M36：43 正：癸酉

里簡・J1（9）11 正：卅三年三月辛
未朔丁酉

里簡・J1（9）984 正：酉陽守丞□敢
告遷陵丞

里簡・J1（8）157 背：正月戊寅朔丁
酉

里簡・J1（8）158 正：遷陵守丞色敢
告酉陽丞

里簡・J1（9）1 正：四月己酉

里簡·J1(9)4 正:四月己酉

 里簡·J1(9)5 正:四月己酉

 里簡·J1(9)7 正:四月己酉

 里簡·J1(9)10 正:四月乙酉

 關簡·14:己酉

 關簡·15:己酉

 關簡·35:癸酉

 關簡·47:乙酉

 關簡·51:乙酉

 關簡·35:癸酉

 關簡·47:乙酉

 關簡·51:乙酉

 關沮牘·正·1:二月癸酉小

 關簡·84:二月己酉小

 關簡·281:酉

 關簡·2:丁酉宿井韓鄉

 關簡·296:酉

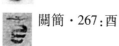 關簡·267:酉

 關簡·23:辛酉

 關簡·24:辛酉嘉平

 關簡·25:辛酉治競(竟)陵

 關簡·64:丁酉

 關簡·64:己酉

 關簡·64:辛酉

 關簡·38:癸酉

 關簡·3:丁酉

 關簡·39:癸酉

 關簡·37:癸酉治

 關簡·4:丁酉

 關簡·49:乙酉

 關簡·107:丁酉

 關簡·12:己酉

 關簡·168:酉

 關簡·16:己酉

 關簡·13:己酉宿競(竟)陵

 關簡·135:酉

 關簡·11:己酉

 帛書·病方·189:以醯、酉(酒)三乃(汌)煮黍稷而飲其汁

秦印編 282：王酉

瓦書・郭子直摹：冬十壹月辛酉

瓦書・郭子直摹：顝以四年冬十壹月癸酉封之

 瓦書（秦陶・1610）：冬十壹月辛酉

瓦書（秦陶・1610）：顝以四年冬十壹月癸酉封之

## 3256　酒

睡簡・日甲・143 正：耆（嗜）酒

睡簡・日甲・157 背：肥豚清酒美白粱

睡簡・日甲・113 正：可以漬米爲酒

睡簡・日乙・183：得赤肉、雄鷄、酒

關簡・320：卽以酒賁（噴）

關簡・323：卒（淬）之醇酒中

關簡・348：以酒沃

關簡・347：令女子之市買牛胙、市酒

關簡・312：入酒若鬻（粥）中

關簡・313：置淳（醇）酒中

關簡・311：以淳（醇）酒漬布

帛書・病方・殘 3：□以酒而□

帛書・病方・2：□毀一垸音（杯）酒中

帛書・病方・5：□淳酒漬而餅之

帛書・病方・8：溫酒一音（杯）中□

帛書・病方・24：入溫酒一音（杯）中而飲之

帛書・病方・26：醇酒盈一衷栖（杯）

帛書・病方・26：酒半栖（杯）

帛書・病方・30：卒（淬）醇酒中

帛書・病方・42：和以溫酒一音（杯）

帛書・病方・43：以敦（淳）酒半斗者（煮）潰（沸）

帛書・病方・64：而令人以酒財沃其傷

帛書・病方・73：煮以酒□

帛書・病方・87：以酒沃

帛書・病方・100：入酒中

帛書・病方・123：卽飲善酒

帛書・病方・141：以淳酒□

帛書・病方・149：□酒中飲□

帛書・病方・158：以醇酒入□

帛書・病方・159：火而焠酒中

帛書・病方・159：以酒飲病［者］

帛書・病方・172：以酒一音（杯）

帛書・病方・176：以淳酒半斗

帛書・病方・178：薄洒之以美酒

帛書・病方・182：并以酒煮而飲之

帛書・病方・185：三溫煮石韋若酒而飲之

帛書・病方・203：入半音（杯）酒中飲之

帛書・病方・223：皆燔□酒飲

帛書・病方・259：漬以淳酒而垸之

帛書・病方・272：并以三指大最（撮）一入桮（杯）酒中

帛書・病方・287：醇酒一斗淳之

帛書・病方・293：以酒沃

帛書・病方・300：□淳酒半斗

帛書・病方・301：淳酒一斗□

帛書・病方・317：以酒挐

帛書・病方・341：[先]以酒洒

帛書・病方・412：以酒漬之

帛書・病方・417：飲熱酒

帛書・病方・417：有（又）飲熱酒其中

帛書・病方・439：令病者每旦以三指三最（撮）藥入一桮（杯）酒若鬻（粥）中而飲之

3257　醴　　醴

睡簡・日乙・240・摹：利酉（酒）醴

3258　醇　　醇

關簡・323：卒（淬）之醇酒中

帛書・病方・30：卒（淬）醇酒中

帛書・病方・158：以醇酒入□

帛書・病方・287：醇酒一斗淳之

帛書・病方・26：醇酒盈一衷桮（杯）

3259　配　　配

秦懷后磬・摹：□之配〖注〗配，李學勤說與“妃”通。

大墓殘磬（集證・71）：乍（作）寔配天〖注〗配天，指祭天時以先祖配享。

3260　醉　　醉

帛書・病方・224：足以醉

3261　醫　　醫

睡簡・日甲・148 正：女爲醫

睡簡・日乙・242・摹：必善醫

睡簡・日乙・244・摹:女子爲醫

帛書・病方・368・摹:而以善畞六斗□如此□醫以此教惠□

秦印編283:醫活

秦印編283:醫疕

秦印編283:醫縱

秦印編283:醫銜

秦印編283:大醫丞印

秦印編283:大醫丞印

封泥集111・2:泰醫丞印〖注〗泰醫,太醫,官名。

封泥集111・6:泰醫丞印

集證・133.8:泰醫丞印

集證・133.9:泰醫丞印

封泥印2:泰醫丞印

封泥印2:泰醫左府

新封泥D・4:泰醫左府

集證・183.730:醫從〖注〗醫從,人名。

### 3262　茜　　茜

二年寺工壺(集證・32):茜府〖注〗茜府,王輝說或爲《周禮・天官》之酒府,官署名。茜,本義爲濾酒使清。黄盛

璋讀爲"糟"。

二年寺工壺・摹(秦銅・52):茜府

雍工敊壺・摹(秦銅・53):茜府

帛書・病方・179:□茜莢一〖注〗蒩莢,卽皂莢。

封泥印・待考169:□茜□印

麗山茜府陶盤・摹(秦銅・52附圖):麗山茜府

### 3263　酸畞　　酸畞

帛書・病方・193:洎以酸漿□斗〖注〗酸漿,指酸漿汁。

帛書・病方・252:其葉可亨(烹)而酸

帛書・病方・殘1:[治以]酸棗根三□〖注〗酸棗,植物名。

### 3264　畞　　畞

五年相邦呂不韋戈一(集證・33):丞畞〖注〗畞,人名。

五年相邦呂不韋戈二・摹(秦銅・68.1):丞畞

八年相邦呂不韋戈・摹(秦銅・71):丞畞

十四年屬邦戈・摹(秦銅・74):十四年屬邦工□畞

帛書・病方・13:女子畞

帛書・病方・347:并以畞□斗煮之〖注〗畞,醋的古稱。

帛書・病方・349:以善畞膳而封之

帛書・病方・368:而以善畞六斗□如此□醫以此教惠□

帛書・病方・415：以戠、沐相半泊之

帛書・病方・242：卽取裘(鉛)末、菽醬之宰(滓)半

## 3265　酢　酢

睡簡・日乙・187：己酢(作)

睡簡・日乙・187：不酢(作)

睡簡・雜抄・32：敢爲酢(詐)僞者

睡簡・日甲・68 正：辛酢〖注〗酢，報祭。

睡簡・日甲・77 正：己酢

睡簡・日甲・77 正：若不酢

睡簡・日甲・73 正：乙酢

睡簡・日乙・183：壬聞，癸酢(作)〖注〗作，起床。

睡簡・日乙・185：丁酢(作)

瓦書・郭子直摹：周天子使卿夫=(大夫)辰來致文武之酢(胙)〖注〗酢，讀爲"胙"。《說文》："胙，祭福肉也。"

瓦書(秦陶・1610)：周天子使卿夫=(大夫)辰來致文武之酢(胙)

## 3266　醬牆䀉　醬牆䀉

睡簡・秦律・181：醬半升

睡簡・秦律・179：醬駟(四)分升一

睡簡・日甲・26 背：入人醢、醬、潃、將(漿)中

帛書・病方・258：以醬灌黃雌鷄

## 3267　尊(尊陣)

 商鞅方升(秦銅・21)：大良造鞅爰積十六尊(寸)五分尊(寸)壹爲升〖注〗尊，卽尺寸之"寸"。

 商鞅方升(秦銅・21)：大良造鞅爰積十六尊(寸)五分尊(寸)壹爲升

睡簡・爲吏・27：尊賢養孽

 秦印編 283：陽尊

 秦印編 283：敦祭尊印

 秦印編 283：臣尊

 新封泥 A・5.5：尊

 不其簋蓋(秦銅・3)：用乍(作)朕皇且(祖)公白(伯)、孟姬陣段〖注〗陣，同"尊"。陣，从阜，表奉獻登祭之義。

 滕縣不其簋器(秦銅・4)：用乍(作)朕皇且(祖)公白(伯)、孟姬陣段

秦公壺(集證・9)：秦公乍(作)鑄陣壺

秦公壺(集證・9)：秦公乍(作)鑄陣壺

## 3268　戌　戌

 青川牘・摹：戌一日

 天簡 23・甲：戌旦凶安食凶

 天簡 30・乙：盈戌平亥定子

天簡 38・乙：冬三月戊戌不可北行百里大兌

 睡簡・日乙・236：戊戌

 睡簡・日乙・236：庚戌

 睡簡・日乙・236：壬戌

 睡簡・日乙・236：甲戌

 睡簡・日乙・236：丙戌

 睡簡・日甲・80 正：戊戌

 睡簡・日甲・89 正：戊寅、戊辰、戊申戌

 睡簡・日甲・87 正：壬戌

 睡簡・日甲・83 正：戊戌

 睡簡・日甲・84 正：壬戌

 睡簡・日甲・85 背：戌

 睡簡・日甲・85 正：戊戌

 睡簡・日甲・28 正：戌徹

 睡簡・日甲・22 正：建戌

 睡簡・日甲・26 正：丑戌正陽

 睡簡・日甲・27 正：午戌萬

 睡簡・日甲・25 正：收戌

 睡簡・日甲・2 正：戌

 睡簡・日甲・98 背：壬戌

 睡簡・日甲・98 正：殺戌

 睡簡・日甲・99 背：戊戌

 睡簡・日甲・97 背：庚戌

 睡簡・日甲・91 正：戊戌

 睡簡・日甲・9 正：戌

 睡簡・日甲・6 正：戌

 睡簡・日甲・79 背：名馬童犇思（勇）辰戌

 睡簡・日甲・79 背：戌，老羊也

 睡簡・日甲・73 背：多〈名〉竈不圖射亥戌

 睡簡・日甲・7 正：戌

 睡簡・日甲・3 正：戌

 睡簡・日甲・4 正：戌

 睡簡・日甲・56 正：招（招）榣（搖）瑕（繫）戌

 睡簡・日甲・5 正：戌

 睡簡・日甲・100 背：甲戌

 睡簡・日甲・107 正：凡入月七日及夏丑、秋辰、冬未、春戌

 睡簡・日甲・105 正：六月戌

 睡簡・日甲・105 正：十月戌

睡簡·日甲·101 背:丙戌

 睡簡·日甲·10 正:戌

 睡簡·日甲·18 正:定戌

 睡簡·日甲·129 背:甲戌

 睡簡·日甲·127 背:毋以戌、亥遠去室

 睡簡·日甲·127 正:五月上旬戌

 睡簡·日甲·160 正:戌入官

 睡簡·日甲·17 正:摯(執)戌

 睡簡·日甲·138 正:戌,東南、西吉

 睡簡·日甲·132 背:六月戌

 睡簡·日甲·134 背:秋三月戊戌、己亥

 睡簡·日甲·134 正:六月戌

 睡簡·日甲·134 正:十月戌、丑

 睡簡·日甲·131 背:十一月戌

 睡簡·日甲·131 正:冬三月戊戌不可北

 睡簡·日甲·13 正:戌

 睡簡·日甲·148 正:壬戌生子

 睡簡·日甲·142 正:丙戌生子

 睡簡·日甲·146 正:庚戌生子

 睡簡·日甲·143 背:入月七日及冬未、春戌、夏丑、秋辰

 睡簡·日甲·144 正:戊戌生子

 睡簡·日甲·14 正:成戌

 睡簡·日甲·156 正:毋以戌亥家(嫁)子、取婦

 睡簡·日甲·153 正:戌

 睡簡·日甲·154 背:戌亥朔

 睡簡·日甲·155 正:冬戌亥

 睡簡·日甲·155 正:及春之未戌

 睡簡·日甲·151 正:戌

 睡簡·日甲·11 背:戌

 睡簡·日甲·1 正:春三月戌

 睡簡·日乙·8:戌

 睡簡·日乙·208:九月戌

 睡簡·日乙·229:戌入官

 睡簡·日乙·29:敦戌

 睡簡·日乙·26:虛戌

 睡簡·日乙·239:甲戌生

 睡簡·日乙·246:壬戌生

 睡簡·日乙·243:戊戌生

睡簡・日乙・245：庚戌生

睡簡・日乙・241：丙戌生

睡簡・日乙・2：戌

睡簡・日乙・9：戌

睡簡・日乙・66：甲戌

睡簡・日乙・65：申戌叔（菽）

睡簡・日乙・6：戌

睡簡・日乙・77：春三月戌、夏丑

睡簡・日乙・73：戌午、戌

睡簡・日乙・74：壬戌

睡簡・日乙・75：□戌

睡簡・日乙・7：戌

睡簡・日乙・30：初田毋以丁亥、戌戌

睡簡・日乙・30：窘戌

睡簡・日乙・32：吉戌

睡簡・日乙・36：實戌

睡簡・日乙・33：徐（除）戌

睡簡・日乙・34：建戌

睡簡・日乙・35：闢〈閉〉戌

睡簡・日乙・3：戌

睡簡・日乙・31：實戌

睡簡・日乙・48：午戌憂

睡簡・日乙・49：戌徹

睡簡・日乙・47：辰卯及戌叔（菽）

睡簡・日乙・43：長行毋以戌亥遠去室

睡簡・日乙・4：戌

睡簡・日乙・50：戌寅憂

睡簡・日乙・52：戌采（穗）

睡簡・日乙・5：戌

睡簡・日乙・109：戌

睡簡・日乙・10：戌

睡簡・日乙・189：戊戌

睡簡・日乙・120：二月、六月、十月之戌

睡簡・日乙・124：壬戌

睡簡・日乙・12：戌

睡簡・日乙・165：戌大蓼（瘳）

睡簡・日乙・177：戌以東得

睡簡・日乙・175：戌少蓼（瘳）

睡簡・日乙・133：五月上旬戌

睡簡・日乙・13：戌

睡簡・日乙・140：遠行者毋以壬戌、癸亥到室

睡簡・日乙・156：牛羊入戌

睡簡・日乙・153：正月甲午、庚午、甲戌

睡簡・日乙・11：戌

睡簡・語書・1：廿年四月丙戌朔丁亥

岳山牘・M36：43 正：戊戌

岳山牘・M36：43 正：甲戌

里簡・J1(8)157 背：正月戊戌日中

里簡・J1(9)3 正：卅三年三月辛未朔戊戌

里簡・J1(9)9 正：卅三年三月辛未朔戊戌

里簡・J1(9)10 背：卅四年六月甲午朔壬戌

里簡・J1(16)6 背：三月庚戌

里簡・J1(8)134 正：廿六年八月庚戌朔丙子

關簡・14：庚戌宿都鄉

關簡・15：庚戌

關簡・135：戌

關簡・36：甲戌

關簡・40：甲戌

關簡・48：丙戌

關簡・52：丙戌

關簡・36：甲戌

關簡・40：甲戌

關簡・48：丙戌

關簡・52：丙戌

關沮牘・背・1：以十二月戊戌嘉平

關沮牘・正・1：十二月甲戌小

關簡・82：十二月庚戌小

關簡・281：戌

關簡・296：戌

關簡・267：戌

關簡・26：壬戌治競(竟)陵

關簡・27：壬戌

關簡・24：壬戌

關簡・25：壬戌

關簡・2：戊戌

關簡・70：十一月丙戌小

關簡・38：甲戌

關簡・356：甲戌旬

關簡・3：戊戌宿江陵

關簡・4：戊戌

關簡・50：丙戌後事已

關簡・59：庚戌

關簡・59：戊戌

關簡・5：戊戌

關簡・51：丙戌

關簡・108：戊戌

關簡・12：庚戌

關簡・16：庚戌

關簡・17：庚戌

關簡・179：戌

關簡・13：庚戌

集證・167.545：李戌〖注〗李戌，人名。

秦印編283：戌

秦陶・1121：戌

集證・193.19：戌

## 3269  亥布

天簡22・甲：平亥定子

天簡30・乙：盈戌平亥定子

天簡31・乙：九月建戌除亥

天簡32・乙：壬戌癸巳癸亥

天簡32・乙：盈亥平子定丑

天簡32・乙：十月建亥除子

睡簡・爲吏・22：廿五年閏再十二月丙午朔辛亥

睡簡・語書・1：廿年四月丙戌朔丁亥

睡簡・日甲・78 正：乙亥

睡簡・日乙・231：癸亥

睡簡・日乙・68：亥

睡簡・日甲・82 正：乙亥

睡簡・日甲・78 正：丁丑亥

睡簡・日乙・231：乙亥

睡簡・日乙・68：亥

睡簡・日甲・78 正：癸亥

睡簡・日乙・231：辛亥

睡簡・日甲・80 背：亥，豕也

睡簡・日甲・80 背:名豚孤夏穀□亥

 睡簡・日甲・88 正:乙亥

 睡簡・日甲・82 正:己亥

 睡簡・日甲・87 正:癸亥

 睡簡・日甲・83 背:亥

 睡簡・日甲・28 正:酉亥陰

 睡簡・日甲・22 正:除亥

 睡簡・日甲・29 正:亥丑陰

 睡簡・日甲・26 正:亥結

 睡簡・日甲・27 正:辰亥危陽

 睡簡・日甲・24 正:閉亥

 睡簡・日甲・2 正:亥

 睡簡・日甲・98 背:癸亥

 睡簡・日甲・97 背:辛亥

 睡簡・日甲・9 正:亥

 睡簡・日甲・6 正:亥

 睡簡・日甲・73 背:多〈名〉不圖射亥戌

 睡簡・日甲・74 背:名西苣亥旦

 睡簡・日甲・7 正:亥

 睡簡・日甲・3 正:亥

 睡簡・日甲・4 正:亥

 睡簡・日甲・55 正:柖(招)榣(搖)毄(繫)亥

 睡簡・日甲・100 背:乙亥

 睡簡・日甲・10 背・摹:戌興〈與〉亥是胃(謂)分離日

 睡簡・日甲・106 正:冬三月亥

 睡簡・日甲・101 背:丁亥

 睡簡・日甲・10 正:亥

 睡簡・日甲・18 正:摯(執)亥

 睡簡・日甲・120 背:亥

 睡簡・日甲・120 背:丁亥

 睡簡・日甲・127 背:毋以戌、亥遠去室

 睡簡・日甲・127 正:二月上旬亥

 睡簡・日甲・19 正:稻亥

 睡簡・日甲・19 正:定亥

 睡簡・日甲・161 正:亥入官

 睡簡・日甲・17 正:柀(破)亥

 睡簡・日甲・17 正:己亥

 睡簡・日甲・138 背:十月亥

睡簡·日甲·139 正:毋以亥行

睡簡·日甲·136 背:春之乙亥

睡簡·日甲·136 背:冬之癸亥

睡簡·日甲·136 背:秋之辛亥

睡簡·日甲·134 背:秋三月戊戌、己亥

睡簡·日甲·131 背:四月亥

睡簡·日甲·13 正:亥

睡簡·日甲·147 正:辛亥生子

睡簡·日甲·143 正:丁亥生子

睡簡·日甲·145 正:己亥生子

睡簡·日甲·141 正:乙亥生子

睡簡·日甲·14 正:收亥

睡簡·日甲·150 背:丁亥、戊戌

睡簡·日甲·152 正:亥

睡簡·日甲·156 正:毋以戌亥家（嫁）子、取婦

睡簡·日甲·153 正:亥

睡簡·日甲·155 正:辛亥

睡簡·日甲·155 正:冬戌亥

睡簡·日甲·11 背:丑、辰、申、午、未、亥爲牝

睡簡·日甲·116 背:亥

睡簡·日甲·113 背:丁亥

睡簡·日甲·115 背:丁亥

睡簡·日甲·115 背:亥

睡簡·日甲·115 背:癸亥

睡簡·日甲·11 正:亥

睡簡·日甲·1 正:夏三月亥

睡簡·日乙·8:亥

睡簡·日乙·85:未亥［卯木］

睡簡·日乙·殘4:□酉乙亥未辛酉可□

睡簡·日乙·208:十月亥

睡簡·日乙·28:剽亥

睡簡·日乙·2:亥

睡簡·日乙·26:吉亥

睡簡·日乙·230:亥入官

睡簡·日乙·239:乙亥生

睡簡·日乙·236:甲子到乙亥是右〈君〉也

睡簡·日乙·246:癸亥

睡簡·日乙·243:己亥生

睡簡・日乙・245：辛亥生

睡簡・日乙・241：丁亥生

睡簡・日乙・252：亥失火

睡簡・日乙・6：亥

睡簡・日乙・72：乙亥、酉

睡簡・日乙・7：亥

睡簡・日乙・73：己亥

睡簡・日乙・74：己亥

睡簡・日乙・30：初田毋以丁亥、戊戌

睡簡・日乙・30：敫亥

睡簡・日乙・38：乙亥

睡簡・日乙・32：實亥

睡簡・日乙・3：亥

睡簡・日乙・39：己亥

睡簡・日乙・39：乙亥

睡簡・日乙・36：閈〈閉〉亥

睡簡・日乙・37：吉［戌、實］亥

睡簡・日乙・33：吉亥

睡簡・日乙・34：亥，吉

睡簡・日乙・34：徐（除）亥

睡簡・日乙・35：建亥

睡簡・日乙・35：乙亥

睡簡・日乙・31：窨亥

睡簡・日乙・31：癸亥

睡簡・日乙・4：亥

睡簡・日乙・49：酉亥陰

睡簡・日乙・47：亥稻

睡簡・日乙・43：長行毋以戌亥遠去室

睡簡・日乙・50：亥丑陰

睡簡・日乙・5：亥

睡簡・日乙・51：亥敫

睡簡・日乙・108：午、未、申、丑、亥女子日

睡簡・日乙・10：亥

睡簡・日乙・109：亥

睡簡・日乙・12：亥

睡簡・日乙・127：□亥不可伐室中尌（樹）木

睡簡・日乙・123：亥

睡簡・日乙・124：己亥

睡簡・日乙・193：凡酉、午、巳、寅、辛亥、辛卯間病者

睡簡・日乙・167：亥大翏（瘳）

睡簡・日乙・164：死生在亥

睡簡・日乙・179：亥以東南得

睡簡・日乙・132：二月上旬亥

睡簡・日乙・13：亥

睡簡・日乙・140：遠行者毋以壬戌、癸亥到室

睡簡・日乙・156：黃昏亥

睡簡・日乙・11：亥

睡簡・日乙・116：丁亥

睡簡・日乙・115：丁亥

岳山牘・M36：43 正：癸亥

龍簡・98・摹：廿五年四月乙亥以來

關簡・14：辛亥

關簡・15：辛亥宿鐵官

關簡・116：癸亥

關簡・284：亥

關簡・37：乙亥

關簡・53：丁亥

關簡・284：亥

關簡・37：乙亥

關簡・53：丁亥

關沮牘・正・2：九月己亥大

關沮牘・正・1：十月乙亥小

關簡・80 正：辛亥小

關簡・28：癸亥

關簡・299：亥

關簡・29：七月癸亥

關簡・26：癸亥

關簡・270：亥

關簡・27：癸亥治競（竟）陵

關簡・246：亥

關簡・25：癸亥

關簡・98：丁亥

關簡・91：九月乙亥大

關簡・60：己亥

關簡・60：辛亥

關簡・6：己亥

關簡・39：乙亥

關簡・355：戌亥爲姁（孤）

關簡・4：己亥

關簡・49：丁亥

關簡・49：丁亥史除

關簡・52：丁亥

關簡・5：己亥

關簡・51：丁亥治競（竟）陵

關簡・109：己亥

關簡・18：辛亥

關簡・16：辛亥

關簡・17：辛亥就建□陵

關簡・135：亥

關簡・13：辛亥

秦印編283：趙亥

秦印編283：亥衛

# 待釋字

001

工字形零件（集證·44.3）：○

咸陽帶扣·摹（類編·附1）：○

002

工字形零件（集證·44.3）：○

003

始皇詔十六斤銅權三（秦銅·129）：○

004

始皇詔十六斤銅權三（秦銅·129）：○

005

始皇詔十六斤銅權三（秦銅·129）：○

006

始皇詔十六斤銅權三（秦銅·129）：○

007

高陵君鼎·摹（集證·22）：工○一斗五升大半

008

仲滋鼎·摹（集證·14）：不○

009

仲滋鼎·摹（集證·14）：中（仲）滋○（正?）衍（行）

010

私官鼎（秦銅·193）：厶（私）官○

私官鼎·摹（類編·附1）：厶（私）官○

011

卅三年銀盤·摹（齊王·18.3）：卅三年左工○

012

銅車馬轡繩末端朱書文字·摹（秦銅·158）：○車第一

013

二年上郡守冰戈·摹（秦銅·55）：高工丞沐○

014

廿五年上郡守厝戈·摹（秦銅·43）：高奴工師○丞申〖編者按〗或釋"窑"。

015

二年上郡守戈（集證·18）：二年上郡守○造

016

 二年上郡守戈(集證・18):髹工〇

017

 二年上郡守戈（集證・18）:丞〇
〖編者按〗或釋"囷"。

018

 二年上郡守戈(集證・18):[工]隸
臣〇

019

 集證・218.243:咸重成〇

020

 六年漢中守戈(集證・19):六年莫
(漢)中守〇造〖編者按〗或釋"運"。

 六年漢中守戈・摹(集證・19):六
年莫(漢)中守〇造

021

 六年漢中守戈(集證・19):丞〇

 六年漢中守戈・摹(集證・19):丞
〇

022

 廿四年丞□戈・摹(集證・26.2):
〇

023

 廿四年丞□戈・摹(集證・26.2):
〇

024

 廿四年丞□戈・摹(集證・26.2):
〇〖編者按〗或釋"半"。

025

 廿四年丞□戈・摹(集證・26.2):
〇

026

 王八年内史操戈(珍金・56):内史
操〇

 王八年内史操戈・摹(珍金・56):
内史操〇

027

 王八年内史操戈(珍金・56):〇

 王八年内史操戈・摹(珍金・56):
〇

028

 大良造鞅殳鐓(集證・16):雍驕〇

 大良造鞅殳鐓・摹(集證・16):雍
驕〇

029

廿六年戈・王輝摹(珍金179):工
〇

030

廿六年戈・王輝摹(珍金179):廿
六年丞相守〇之造

031

廿六年蜀守武戈(集證・36.2):工
〇

廿六年蜀守武戈・摹（集證・36.2）：工○

032

 廿一年相邦冉戈・摹（類編・附1）：○

033

 廿年上郡戈・摹（集成 11548.1）：工○

034

 廿年上郡戈・摹（集成 11548.1）：廿年漆工帀（師）攻（?）丞○造

035

 廿年相邦冉戈（集證・25.1）：西工師○

廿年相邦冉戈・摹（秦銅・42）：西工師○

036

 廿年相邦冉戈・摹（秦銅・42）：隸臣○

037

廿年相邦冉戈・摹（秦銅・42）：丞○（旻?）

038

廿七年上郡守趞戈・故宮藏・摹（秦銅・46）：○陽

039

卅七年上郡守慶戈・摹（精粹 19）：泰（漆）工○

040

 三年上郡守冰戈・摹（秦銅・57）：工城旦○

041

 十四年相邦冉戈・摹（秦銅・38）：樂（櫟）工帀（師）○

042

 卅年上郡守起戈二・摹（集證・30）：漆工師（?）○

043

 卅年上郡守起戈一・摹（秦銅・50）：○工帀（師）糒（?）

044

 卅年上郡守起戈一・摹（秦銅・50）：○陽

045

 十年寺工戈・摹（俑坑・3.1）：丞楊工○

046

 方形石礎・摹（始皇陵・2）：○

047

方形石礎・摹（始皇陵・2）：○

048

方形石礎・摹（始皇陵・2）：○

049

 秦駰玉版・乙・摹：○

050

 秦駰玉版・乙・摹：玉○既精

051

 秦駰玉版・乙・摹：○

052

 秦駰玉版・乙・摹：○

053

 玉瑎刻文・摹（集證・243.2）：左百○一

054

 秦懷后磬・摹：唯敏○

055

 石鼓文・田車（先鋒本）：○

056

 石鼓文・馬薦（先鋒本）：心其一○

057

 石鼓文・霝雨（先鋒本）：○于水一方

058

 封泥集369・1：朱○

059

 封泥印152：潘○

060

 集證・161.450：上官○

061

 集證・168.547：杜○臣〖編者按〗游國慶釋“佪”。

062

 集證・173.602：徐○

063

 集證・176.646：○獀

064

 集證・177.661：賈○

065

 秦印編300：狐○印

066

 秦印編301：○多

067

 秦印編302：王〇

068

 秦印編303：〇舍

069

 秦印編305：〇

070

 秦印編306：〇印

071

 秦印編307：〇

072

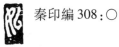 秦印編308：〇

073

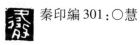 秦印編301：〇慧

074

 秦印編302：歐〇解

075

 秦印編303：任〇

076

 秦印編304：〇欨

077

 秦印編305：幣〇

078

 秦印編306：〇

079

 秦印編307：〇

080

 秦印編308：張〇

081

 秦印編309：〇枯

082

 秦印編300：秦〇

083

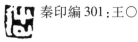 秦印編301：王〇

084

 秦印編302：〇

085

 秦印編 304：季○

086

 秦印編 305：○

087

 秦印編 306：○

088

 秦印編 307：章○

089

 秦印編 308：享○

090

 秦印編 309：○章

091

 秦印編 300：將○

092

 秦印編 301：○

093

 秦印編 302：王○

094

 秦印編 303：范○

095

 秦印編 304：李○

096

 秦印編 305：成○

097

 秦印編 306：印○

098

 秦印編 307：董○

099

 秦印編 308：妾○

100

 秦印編 309：姜○私印

101

 秦印編 300：公○籍

102

 秦印編 301：○仁〚編者按〛或釋"栖"，即棲字。

103

秦印編 302：○

104

秦印編 303：○毗〖編者按〗或釋“笆（范）”。

105

秦印編 304：○

106

秦印編 305：○

107

秦印編 306：翟○

108

秦印編 307：范○

109

秦印編 308：賈○

110

秦印編 300：莫○

111

秦印編 301：王○

112

秦印編 302：○

113

秦印編 303：玉○

114

秦印編 304：趙○

115

秦印編 305：示○

116

秦印編 306：李○

117

秦印編 307：○

118

秦印編 308：賈○

119

秦陶·1276：○

120

秦陶·1276：○

121

秦陶・1296:咸陽○○

122

秦陶・1296:咸陽○○

123

秦陶・1396:咸○里○〖編者按〗袁仲一釋"直"。

秦陶・1397:咸○里○

124

秦陶・1396:咸○里○〖編者按〗袁仲一釋"績"。

秦陶・1397:咸○里○

125

集證・193.18:○○

126

集證・193.18:○○

127

秦陶・457:○○

俑・摹(類編・附1):○○

128

秦陶・457:○○

俑・摹(類編・附1):○○

129

任家嘴240・183.13:○○

130

任家嘴240・183.13:○○

131

任家嘴240・183.9:○○

132

任家嘴240・183.9:○○

133

任家嘴240・183.7:王○

134

秦陶・283:宮○

135

秦陶・308:右○

136

秦陶・368:臨晉○〖編者按〗袁仲一釋"菲"。

137

秦陶・399:○遬

138

 秦陶·425：○示

 臨潼罐·摹（類編·附1）：○示

139

 秦陶·446：○□

140

 秦陶·468：○

141

 秦陶·474：○〖編者按〗袁仲一釋
"止（？）"。

142

 秦陶·596：左○

143

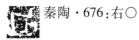 秦陶·676：右○

144

 秦陶·677：右○

145

 秦陶·687：○

146

 秦陶·910：宮○

 秦陶·912：宮○

147

 秦陶·977：宮○

 秦陶·980：宮○

148

 秦陶·982：○

149

 秦陶·1031：○

150

 秦陶·1048：○

秦陶·1049：○

秦陶·1090：○

秦陶·1092：○

151

 秦陶·1069：○

152

 秦陶·1126：○

153

 秦陶·1128：○

154

 秦陶·1129:○

 秦陶·1187:○

155

 秦陶·1130:咸故倉○

156

 秦陶·1143:○

 秦陶·1144:○

 秦陶·1154:○

 秦陶·1168:○

 秦陶·1155:○

 秦陶·1156:○

157

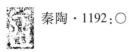 秦陶·1192:○

158

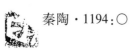 秦陶·1194:○

159

 秦陶·1204:安邑○

160

 秦陶·1215:○

161

 秦陶·1450:○

162

 秦陶·1451:○

163

 集證·203.74:大○

164

 集證·222.270:○樂

165

 秦瓦當·2.7:○

166

 瓦·摹(類編·附1):○

167

 咸陽盆·摹(類編·附1):○

168

 咸陽盆·摹(類編·附1):○

169

咸陽空心磚·摹(類編·附1):○

170

咸陽罐·摹(類編·附1):○

171

咸陽罐·摹(類編·附1):○

172

咸陽罐·摹(類編·附1):○

173

始皇陵瓦·摹(類編·附1):○

174

鳳翔秦墓豆·摹(類編·附1):○

175

陶墊·摹(類編·附1):○

176

罐·摹(類編·附1):○

177

罐·摹(類編·附1):○

178

器片·摹(類編·附1):○

179

瓦·摹(類編·附1):○

180

咸陽器片·摹(類編·附1):○

181

俑·摹(類編·附1):○

182

咸陽瓦·摹(類編·附1):○

183

咸陽瓦·摹(類編·附1):○

184

瓦·摹(類編·附1):○

185

瓦·摹(類編·附1):○

186

瓦·摹(類編·附1):○

187

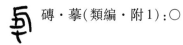 磚·摹(類編·附1)：○

188

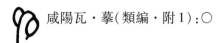 磚·摹(類編·附1)：○

189

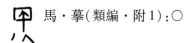 咸陽瓦·摹(類編·附1)：○

190

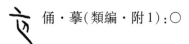 馬·摹(類編·附1)：○

191

 俑·摹(類編·附1)：○

192

俑·摹(類編·附1)：○

193

咸陽瓦·摹(類編·附1)：○

194

咸陽瓦·摹(類編·附1)：○

195

咸陽罐·摹(類編·附1)：○

196

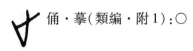 俑·摹(類編·附1)：○

197

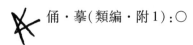 俑·摹(類編·附1)：○

198

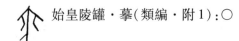 始皇陵罐·摹(類編·附1)：○

199

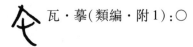 瓦·摹(類編·附1)：○

200

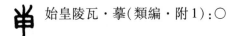 始皇陵瓦·摹(類編·附1)：○

201

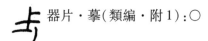 器片·摹(類編·附1)：○

202

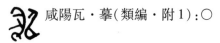 咸陽瓦·摹(類編·附1)：○

203

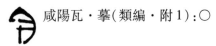 咸陽瓦·摹(類編·附1)：○

204

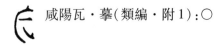 咸陽瓦·摹(類編·附1)：○

205

咸陽瓦・摹(類編・附1):○

206

咸陽瓦・摹(類編・附1):○

207

咸陽瓦・摹(類編・附1):○

208

廿五年瓿・摹(類編・附1):○

陜博・3・摹:○

209

廿五年瓿・摹(類編・附1):○

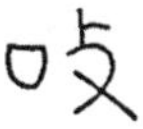陜博・3・摹:○

210

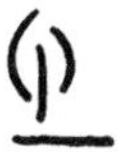高莊墓鼎・摹(類編・附1):○

211

寺工初壺・摹(類編・附1):○

212

咸陽殘戈・摹(類編・附1):○

213

咸陽帶扣・摹(類編・附1):○

214

咸陽銅條・摹(類編・附1):○

215

青川墓鼎・摹(類編・附1):○

216

青川墓鼎・摹(類編・附1):○

217

放馬灘墓木版地圖・摹(類編・附2):○

218

放馬灘墓木版地圖・摹(類編・附2):○

219

放馬灘墓木版地圖・摹(類編・附2):○

220

十七年漆盒・摹(漆盒・3):十七年大(太)后詹事丞○

221

秦公一號墓殉奴棺木朱書・摹(類編・附2):○

222

秦公一號墓殉奴棺木朱書·摹（類編·附2）:○

223

秦公一號墓殉奴棺木朱書·摹（類編·附2）:○

224

秦公一號墓殉奴棺木朱書·摹（類編·附2）:○

225

秦公一號墓殉奴棺木朱書·摹（類編·附2）:○〖編者按〗此與上字或當合爲一字。

226

秦公一號墓殉奴棺木朱書·摹（類編·附2）:○

227

漆器（青川牘·15）:○

228

漆器（青川牘·15）:○

229

漆器（青川牘·15）:○

230

漆器（青川牘·15）:○

231

漆器（青川牘·15）:○

232

漆器（青川牘·15）:○

233

漆器（青川牘·15）:○

234

漆器 M6·9（雲夢·附2）:○

235

漆器 M6·22（雲夢·附2）:○廿

236

漆器 M9·6（雲夢·附2）:武○來

237

漆器 M9·39（雲夢·附2）:○媱

238

漆器 M11·1（雲夢·附2）:○

239

漆器 M11·47（雲夢·附2）:男○

240

 漆器 M6·9(雲夢·附2):○

241

 漆器 M6·22(雲夢·附2):○廿

242

 漆器 M8·11(雲夢·附2):○馮居

243

漆器 M9·39(雲夢·附2):○媱

244

 漆器 M11·1(雲夢·附2):○

245

 漆器 M11·47(雲夢·附2):男○

246

漆器 M13·12(雲夢·附2):○

247

 漆器 M6·9(雲夢·附2):○

248

漆器 M8·10(雲夢·附2):○馮居

249

 漆器 M11·47(雲夢·附2):男○

250

漆器 M8·9(雲夢·附2):○馮居

251

漆器 M8·12(雲夢·附2):漆士○

252

漆器 M9·51(雲夢·附2):咸亭○

253

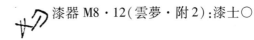 漆器 M11·16(雲夢·附2):上造○

254

漆器 M13·5(雲夢·附2):○里一八

255

漆器 M13·22(雲夢·附2):左里○昃

256

漆器 M13·30(雲夢·附2):蕁嬰○

257

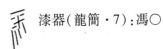 漆器(龍簡·7):馮○

258

 帛書・病方・427:○遠

259

 帛書・病方・殘1:與○

260

 帛書・病方・無編號殘:○

261

 帛書・病方・無編號殘:○

262

 秦陶・1073:○○

 秦陶・1075:○○

263

 秦陶・1073:○○

264

 秦陶・577:左○〖編者按〗袁仲一釋"宗"。

 秦陶・580:左○

 秦陶・598:左○

 秦陶・599:左○

 秦陶・600:左○

265

 秦陶・653:右○〖編者按〗袁仲一釋"豙"。

 秦陶・654:右○

266

 秦陶・1157:○

267

 秦陶・1474:〔麗山〕食官○反一斗

268

 秦陶・1496:○

269

 睡簡・日甲・80背:○

270

 天簡38・乙:○

271

 里簡・J1(9)984正:○

272

 龍簡・75・摹:○

273

 關簡・31:丁卯宿○上

274

 秦陶・915:宮○

 秦陶・916:宮□

 秦陶・920:宮□

 秦陶・921:宮□

 秦陶・922:宮○

 秦陶・923:宮○

 秦陶・924:宮○

 秦陶・925:宮○

 秦陶・930:宮○

 秦陶・931:宮○

 秦陶・970:宮○

 瓦・摹(類編・附1):○

275

 廿年上郡戈・摹(集成11548.2):○郡武庫〖編者按〗或釋"上",或釋"巫"。

276

 秦陶A・4.4:○□〖編者按〗或釋"莓",或釋"苐"。

277

 集證・218.243:咸重成○

278

 石鼓文・吾水(先鋒本):○□康=〖編者按〗或釋"敹、敕、敖、敊、敩"等。

279

 秦公簋・蓋(秦銅・14.2):乍(作)○宗彝

280

 天簡39・乙:○

281

 天簡39・乙:○〖編者按〗或釋爲"口、舌"二字。

282

 天簡33・乙:○

283

 集證・181.715:箕○〖編者按〗或釋"曨"。

284

 岳山牘・M36:44正:○

285

 集證・167.535:李○〖編者按〗袁仲一釋"羛",施謝捷釋"羥"。

 秦印編303:李○

286

秦陶·796:大〇

秦陶·800:大〇

秦陶·813:大〇

秦陶·811:大〇

287

秦駰玉版·乙·夢:至於足〇之病

288

秦駰玉版·乙·夢:〇

289

秦印編 78:姚〇〖編者按〗或釋"魼"。

290

秦印編139:〇〖編者按〗或釋"宇"。

秦印編139:〇

秦印編139:王〇

秦印編139:呂〇

秦陶·1394:咸直里〇

秦印編139:蘇〇

秦印編139:魏〇

集證·166.523:任〇

291

秦陶·1061:〇〇

292

秦陶·1062:〇〖編者按〗袁仲一釋"頌"。

秦陶·1064:〇

秦陶·1065:〇

秦陶·1066:〇

秦陶·1063:〇

293

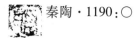秦陶·1190:〇

294

秦陶·601:左〇

295

集證·220.255:咸里綵磏〖編者按〗此條是否屬於秦陶文,待考。岳起以爲是秦陶文。王輝以爲是漢以後陶文而誤入者。

296

秦陶·662:右〇〖編者按〗袁仲一釋"烽"。

秦陶·663:右〇

秦陶・646：右○

秦陶・647：右○

297

秦陶・1445：蘇○

298

龍簡・15・摹：○

299

龍簡・15・摹：○

300

龍簡・47・摹：○

301

睡簡・日乙・殘1：○

302

睡簡・日乙・殘1：○

303

睡簡・日甲・24背：○〔編者按〕似召字，惟下部填實。或疑爲一種標記，表示至此卽向左閱讀。

睡簡・日甲・24背：告如詰之，○

304

帛書・病方・427：○

305

帛書・病方・殘1：○

306

封泥集369・1：朱○

307

王廿三年家丞戈・摹（珍金・68）：王廿三年家丞○造

308

元年上郡假守暨戈・摹（珍金・92）：工隸臣○

# 刻劃符號

漆器(青川牘·15)

漆器(青川牘·15)

漆器(青川牘·15)

漆器(青川牘·15)

漆器(青川牘·15)

漆器(青川牘·15)

漆器(青川牘·15)

漆器(青川牘·15)

漆器(關簡149)

漆器(關簡148)

漆器(關簡149)

漆器(關簡149)

漆器(關簡148)

漆器 M13·20(雲夢·附2)

漆器 M11·31(雲夢·附2)

漆器 M13·12(雲夢·附2)

漆器 M3·22(雲夢·附2)

漆器 M9·5(雲夢·附2)

漆器 M3·22(雲夢·附2)

漆器 M9·5(雲夢·附2)

漆器 M9·11(雲夢·附2)

漆器 M9·48(雲夢·附2)

漆器 M9·51(雲夢·附2)

漆器 M10·3(雲夢·附2)

漆器 M10·7(雲夢·附2)

漆器 M11·1(雲夢·附2)

漆器 M11·4(雲夢·附2)

漆器 M11·29(雲夢·附2)

漆器 M11·36(雲夢·附2)

漆器 M11·52(雲夢·附2)

漆器 M13·13(雲夢·附2)

漆器 M9·11(雲夢·附2)

漆器 M9·48(雲夢·附2)

漆器 M9·51(雲夢·附2)

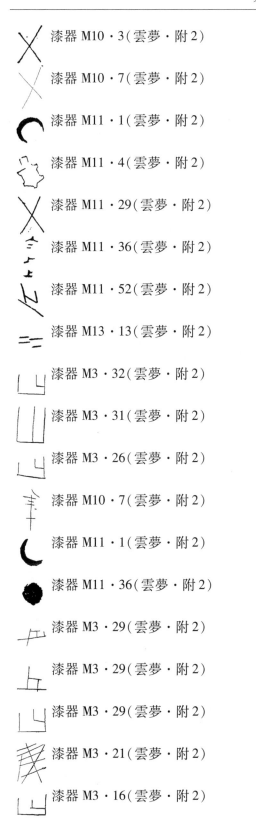

漆器 M10・3(雲夢・附2)

漆器 M10・7(雲夢・附2)

漆器 M11・1(雲夢・附2)

漆器 M11・4(雲夢・附2)

漆器 M11・29(雲夢・附2)

漆器 M11・36(雲夢・附2)

漆器 M11・52(雲夢・附2)

漆器 M13・13(雲夢・附2)

漆器 M3・32(雲夢・附2)

漆器 M3・31(雲夢・附2)

漆器 M3・26(雲夢・附2)

漆器 M10・7(雲夢・附2)

漆器 M11・1(雲夢・附2)

漆器 M11・36(雲夢・附2)

漆器 M3・29(雲夢・附2)

漆器 M3・29(雲夢・附2)

漆器 M3・29(雲夢・附2)

漆器 M3・21(雲夢・附2)

漆器 M3・16(雲夢・附2)

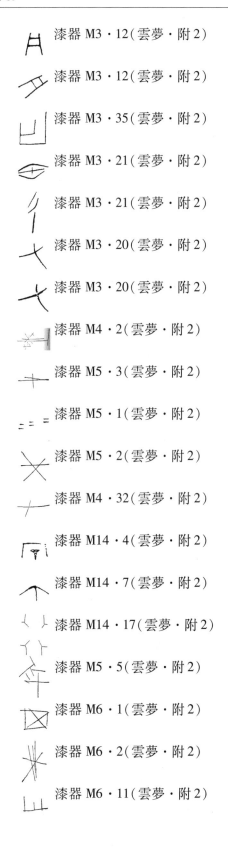

漆器 M3・12(雲夢・附2)

漆器 M3・12(雲夢・附2)

漆器 M3・35(雲夢・附2)

漆器 M3・21(雲夢・附2)

漆器 M3・21(雲夢・附2)

漆器 M3・20(雲夢・附2)

漆器 M3・20(雲夢・附2)

漆器 M4・2(雲夢・附2)

漆器 M5・3(雲夢・附2)

漆器 M5・1(雲夢・附2)

漆器 M5・2(雲夢・附2)

漆器 M4・32(雲夢・附2)

漆器 M14・4(雲夢・附2)

漆器 M14・7(雲夢・附2)

漆器 M14・17(雲夢・附2)

漆器 M5・5(雲夢・附2)

漆器 M6・1(雲夢・附2)

漆器 M6・2(雲夢・附2)

漆器 M6・11(雲夢・附2)

漆器 M7 · 14（雲夢 · 附 2）

漆器 M7 · 26（雲夢 · 附 2）

漆器 M7 · 36（雲夢 · 附 2）

漆器 M7 · 39（雲夢 · 附 2）

漆器 M8 · 7（雲夢 · 附 2）

漆器 M8 · 11（雲夢 · 附 2）

漆器 M9 · 2（雲夢 · 附 2）

漆器 M9 · 4（雲夢 · 附 2）

漆器 M9 · 6（雲夢 · 附 2）

漆器 M9 · 7（雲夢 · 附 2）

漆器 M9 · 8（雲夢 · 附 2）

漆器 M9 · 9（雲夢 · 附 2）

漆器 M9 · 13（雲夢 · 附 2）

漆器 M9 · 14（雲夢 · 附 2）

漆器 M9 · 16（雲夢 · 附 2）

漆器 M9 · 17（雲夢 · 附 2）

漆器 M9 · 19（雲夢 · 附 2）

漆器 M9 · 22（雲夢 · 附 2）

漆器 M9 · 26（雲夢 · 附 2）

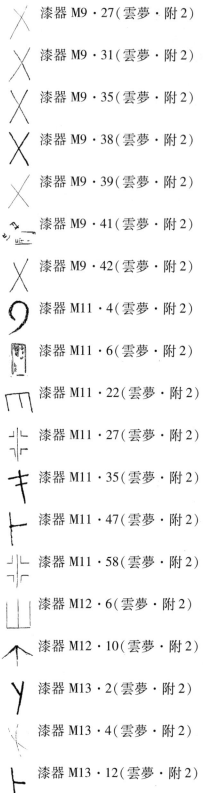

漆器 M9 · 27（雲夢 · 附 2）

漆器 M9 · 31（雲夢 · 附 2）

漆器 M9 · 35（雲夢 · 附 2）

漆器 M9 · 38（雲夢 · 附 2）

漆器 M9 · 39（雲夢 · 附 2）

漆器 M9 · 41（雲夢 · 附 2）

漆器 M9 · 42（雲夢 · 附 2）

漆器 M11 · 4（雲夢 · 附 2）

漆器 M11 · 6（雲夢 · 附 2）

漆器 M11 · 22（雲夢 · 附 2）

漆器 M11 · 27（雲夢 · 附 2）

漆器 M11 · 35（雲夢 · 附 2）

漆器 M11 · 47（雲夢 · 附 2）

漆器 M11 · 58（雲夢 · 附 2）

漆器 M12 · 6（雲夢 · 附 2）

漆器 M12 · 10（雲夢 · 附 2）

漆器 M13 · 2（雲夢 · 附 2）

漆器 M13 · 4（雲夢 · 附 2）

漆器 M13 · 12（雲夢 · 附 2）

漆器 M13・14（雲夢・附2）

 漆器 M13・16（雲夢・附2）

 漆器 M5・1（雲夢・附2）

 漆器 M4・32（雲夢・附2）

 秦陶・1506.3

 秦陶・1513.2

 秦陶・1514

 秦陶・1055

 秦陶・1459

 秦陶・1497.1

 秦陶・1497.2

 秦陶・1505.1

 秦陶・1505.2

 秦陶・1505.3

 秦陶・1506.1

 秦陶・1506.2

 秦陶・1545

 秦陶・1546

 秦陶・1515

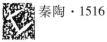 秦陶・1516

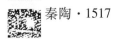 秦陶・1517

 秦陶・1518

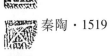 秦陶・1519

 秦陶・1520

 秦陶・1521

 秦陶・1522

 秦陶・1523

 秦陶・1524

 秦陶・1525

 秦陶・1526

 秦陶・1527

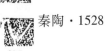 秦陶・1528

 秦陶・1529

 秦陶・1530

 秦陶・1531

 秦陶・1532

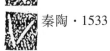 秦陶・1533

 秦陶・1534

秦陶・1535

 秦陶・1536

 秦陶・1537

 秦陶・1538

 秦陶・1539

 秦陶・1540

 秦陶・1541

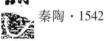 秦陶・1542

 秦陶・1543

 秦陶・1544

 集證・196.41

 集證・196.41

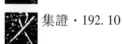 集證・192.10

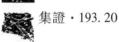 集證・193.20

 集證・193.22

 集證・193.23

 集證・193.24

 集證・193.25

 集證・193.27

 集證・196.46

 集證・198.52

 集證・214.205

 任家嘴241・184.1

 任家嘴241・184.2

 任家嘴241・184.3

 任家嘴241・184.4

 南郊138・126.4

 南郊139・127.1

 南郊707・194.13

 南郊715・213

 南郊716・215

 南郊716・216

 南郊716・218

 南郊716・219

 南郊717・222

 瓦・摹(類編・附3)

 瓦・摹(類編・附3)

 瓦・摹(類編・附3)

瓦・摹（類編・附 3）

瓦・摹（類編・附 3）

瓦・摹（類編・附 3）

瓦・摹（類編・附 3）

瓦・摹（類編・附 3）

瓦・摹（類編・附 3）

瓦・摹（類編・附 3）

瓦・摹（類編・附 3）

瓦・摹（類編・附 3）

瓦・摹（類編・附 3）

瓦・摹（類編・附 3）

瓦・摹（類編・附 3）

瓦・摹（類編・附 3）

瓦・摹（類編・附 3）

瓦・摹（類編・附 3）

瓦・摹（類編・附 3）

瓦・摹（類編・附 3）

瓦・摹（類編・附 3）

瓦・摹（類編・附 3）

陶墊・摹（類編・附 3）

瓦・摹（類編・附 3）

瓦・摹（類編・附 3）

瓦・摹（類編・附 3）

瓦・摹（類編・附 3）〖編者按〗或釋
"小"。

罐・摹（類編・附 3）

罐・摹（類編・附 3）

罐・摹（類編・附 3）

罐・摹（類編・附 3）

罐・摹（類編・附 3）

罐・摹（類編・附 3）

雍城瓦・摹（類編・附 3）

雍城瓦・摹（類編・附 3）

雍城瓦・摹（類編・附 3）

雍城瓦・摹（類編・附 3）

雍城瓦・摹（類編・附 3）

雍城瓦・摹（類編・附 3）

雍城瓦・摹（類編・附3）

雍城瓦・摹（類編・附3）

雍城瓦・摹（類編・附3）

雍城瓦・摹（類編・附3）

雍城瓦・摹（類編・附3）

雍城瓦・摹（類編・附3）

雍城瓦・摹（類編・附3）

雍城瓦・摹（類編・附3）

雍城瓦・摹（類編・附3）

雍城瓦・摹（類編・附3）

雍城瓦・摹（類編・附3）

雍城瓦・摹（類編・附3）

雍城瓦・摹（類編・附3）

雍城瓦・摹（類編・附3）

雍城瓦・摹（類編・附3）

雍城瓦・摹（類編・附3）

雍城瓦・摹（類編・附3）

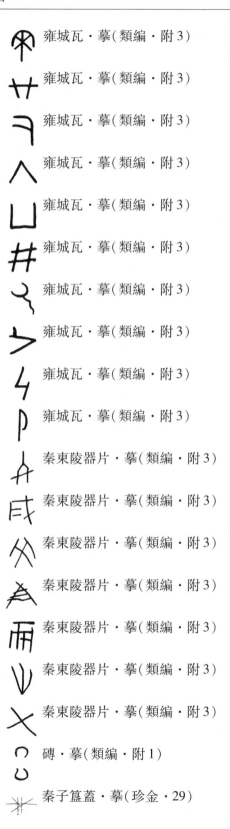

雍城瓦・摹（類編・附3）

雍城瓦・摹（類編・附3）

雍城瓦・摹（類編・附3）

雍城瓦・摹（類編・附3）

雍城瓦・摹（類編・附3）

雍城瓦・摹（類編・附3）

雍城瓦・摹（類編・附3）

雍城瓦・摹（類編・附3）

雍城瓦・摹（類編・附3）

秦東陵器片・摹（類編・附3）

秦東陵器片・摹（類編・附3）

秦東陵器片・摹（類編・附3）

秦東陵器片・摹（類編・附3）

秦東陵器片・摹（類編・附3）

秦東陵器片・摹（類編・附3）

秦東陵器片・摹（類編・附3）

磚・摹（類編・附1）

秦子簋蓋・摹（珍金・29）

秦子簋蓋（珍金·29）

石礎·摹（始皇陵·2）

金銀泡（9）·摹（集證·228～237）

金銀泡（10）·摹（集證·228～237）

金銀泡（26）·摹（集證·228～237）

金銀泡（14）·摹（集證·228～237）

金銀泡（33）·摹（集證·228～237）

金銀泡（29）·摹（集證·228～237）

金銀泡（70）·摹（集證·228～237）

金銀泡（69）·摹（集證·228～237）

金銀泡（71）·摹（集證·228～237）

金銀泡（73）·摹（集證·228～237）

金銀泡（72）·摹（集證·228～237）

金銀泡（74）·摹（集證·228～237）

金銀泡（75）·摹（集證·228～237）

金銀泡（117）·摹（集證·228～237）

金銀泡（76）·摹（集證·228～237）

金銀泡（78）·摹（集證·228～237）

金銀泡（116）·摹（集證·228～237）

卅三年銀盤·摹（齊王·19.4）

金銀泡（2）·摹（集證·228～237）

金銀泡（3）·摹（集證·228～237）

金銀泡（6）·摹（集證·228～237）

金銀泡（37）·摹（集證·228～237）

金銀泡（54）·摹（集證·228～237）

金銀泡（58）·摹（集證·228～237）

金銀泡（59）·摹（集證·228～237）

金銀泡（61）·摹（集證·228～237）

金銀泡（62）·摹（集證·228～237）

金銀泡（63）·摹（集證·228～237）

金銀泡（64）·摹（集證·228～237）

金銀泡（65）·摹（集證·228～237）

金銀泡（66）·摹（集證·228～237）

金銀泡（67）·摹（集證·228～237）

金銀泡（68）·摹（集證·228～237）

金銀泡（139）·摹（集證·228～237）

金銀泡（140）·摹（集證·228～237）

金銀泡（141）·摹（集證·228～237）

一號兵馬俑坑俑・摹(類編・附1)

 一號兵馬俑坑俑・摹(類編・附1)

 瓦・摹(類編・附1)

 陶墊・摹(類編・附1)

 俑・摹(類編・附1)

 銅弩機刻文・摹(秦銅・156.4)

 銅弩機刻文・摹(秦銅・156.4)

 秦陶・1438

 秦陶・311

 秦陶・1099

 秦陶・309

 秦陶・567

 秦陶・1054

 秦陶・432

 秦陶・1501.3

 秦陶・431

秦陶・1439

秦陶・1501.1

 秦陶・1501.2

 關簡・261

 關簡・261

 關簡・131

 關簡・131

 關簡・131

 關簡・131

 關簡・131

 關簡・261

 關簡・261

 關簡・261

 關簡・261

 關簡・261

 關簡・261

 關簡・133

 關簡・261

 關簡・261

# 附　錄

## 一、引器時代索引*

### A　秦銅器(含詔版、量器、金銀等雜器)

| 器　名 | 年　代 | 存　字 | 圖版著錄 | 備　注 |
|---|---|---|---|---|
| 滕縣出土不其簋器 | 秦莊公未即位前,即周宣王六年(前822)前數年內 | 傳世與出土蓋銘同,13行152字(重文2,合文1);新出器銘行款略異,第6行漏1字 | 秦銅①圖版1~4 | |
| 不其簋蓋 | | | | |
| 上博新獲秦公鼎三 | 約秦襄公(前777~前766)時 | 2行6字 | 集證②圖版1頁 | |
| 上博新獲秦公鼎四 | | 3行6字 | 集證圖版2頁 | |
| 上博新獲秦公簋一 | | 2行5字 | 集證圖版3頁 | |
| 上博新獲秦公簋二 | | 2行5字 | 集證圖版4頁 | |
| 秦公壺 | 約秦文公(前765~前716)時 | 2行6字 | 集證圖版9頁 | |
| 上博新獲秦公鼎一 | | 2行6字 | 集證圖版5頁 | |
| 上博新獲秦公鼎二 | | 2行6字 | 集證圖版6頁 | |
| 禮縣繳獲秦公鼎一 | | 2行6字 | 集證圖版8.1頁 | |
| 禮縣繳獲秦公鼎二 | | 2行6字 | 集證圖版8.2頁 | |
| 禮縣繳獲秦公簋 | | 2行6字 | 集證圖版8.3頁 | |
| 永用鼎 | 約春秋早期(上限約文公元年,前765) | 8字 | 圖版未公布③ | 本書暫未收 |
| 寶用鼎 | | 約7~8字 | | |
| 秦子盉(乙器) | 約春秋早期 | 2行14字 | 圖版未公布④ | 本書暫未收 |
| 秦子編鐘 | 約春秋早期 | 一套8字;另一套21字 | 圖版未公布⑤ | 本書暫未收 |

---

* 本索引著錄《秦文字編》所引秦銅器(含詔版、量器、金銀等雜器)、兵器、玉石、簡牘、帛書、錢幣、陶器(含磚瓦)、封泥、璽印、漆器(含木器)等文字材料截止於2007年7月,共2900餘條。編寫時主要參考了王輝《秦出土文獻編年》(臺灣新文豐出版公司2000年)《〈秦出土文獻編年〉續補(一)》(《秦文化論叢》第9輯,西北大學出版社2002年),王輝、王偉《〈秦出土文獻編年〉續補(二)》(《秦文化論叢》第13輯,西北大學出版社2006年),王輝、楊宗兵《〈秦出土文獻編年〉續補(三)》(《秦文化論叢》第14輯,西北大學出版社2007年)等論著。引器材料大體上按照年代先後順序排列。

① 王輝《秦銅器銘文編年集釋》,三秦出版社1990年。
② 王輝、程學華《秦文字集證》,臺灣藝文印書館1999年。
③ 史黨社《美國博物館展藏的兩件秦鼎》,《秦陵秦俑研究動態》2000年第4期。
④ 張光裕《新見〈秦子戈〉二器跋》,屈萬里先生百歲誕辰國際學術研討會論文,臺灣2006年。
⑤ 祝中熹、李永平《遙望星宿——甘肅文化考古叢書·青銅器》,敦煌文藝出版社2004年。

| 器　名 | 年　代 | 存　字 | 圖版著錄 | 備　注 |
|---|---|---|---|---|
| 秦子簋蓋 | 春秋早期(約秦憲公時,前715～前703) | 8行40字 | 珍金①圖版2 | |
| 秦公及王姬編鐘(五枚)、鎛鐘(三枚) | 秦武公初即位時,前697年之後不久 | 五鐘銘文中,甲、乙兩鐘連讀成一組,135字(重文4,合文1);丙、丁、戊三鐘爲另一組,尚缺一鐘(19字)。三件鎛銘文與甲、乙兩鐘同 | 秦銅圖版8～12 | |
| 秦公簋 | 秦景公即位初作,前576年之後不久 | 器、蓋共105字(合文1,重文4),另刻款18字 | 秦銅圖版14.1～2 | |
| 秦公鎛鐘[“盄(淑)和鐘”] | | 27行142字(合文2,重文6) | 秦銅圖版16.1～4 | |
| 仲滋鼎 | 約春秋中期 | 5行13字 | 集證圖版14頁 | |
| 商鞅方升 | 秦孝公十八年(前344) | 左壁32字(合文1),前壁2字,底部補刻始皇詔書 | 秦銅圖版21 | |
| 銅容器 | 戰國中期 | 9字 | 《介紹陝西省博物館收藏的幾件戰國時期的秦器》文②圖3 | |
| 虎豕咬斗紋金飾牌 | 戰國晚期(約前234～前221) | 2件,16字 | 未見圖版③ | 本書暫未收 |
| 杜虎符 | 秦惠文君元至十三年間(前337～前325) | 9行40字 | 秦銅圖版25 | |
| 青川銅鼎 | 秦武王二年(前309)之後數年內 | 2字 | 《青川縣出土更修田律木牘》文④圖11 | |
| 宜工銅權 | 秦武王三年(前308)之後,秦統一(前221)之前 | 3行5字 | 《尋覓散落的瑰寶》⑤103頁圖版 | |

①　蕭春源《珍秦齋藏金·秦銅器篇》,澳門基金會2006年。

②　朱捷元《介紹陝西省博物館收藏的幾件戰國時的秦器》,《文物》1966年第1期。

③　黄盛璋《新出戰國金銀器銘文研究(三題)》,《古文字研究》(12),中華書局1985年。

④　四川省博物館、青川縣文化館《青川縣出土秦更修田律木牘——四川青川縣戰國墓發掘簡報》,《文物》1982年第1期。

⑤　陝西歷史博物館《尋覓散落的瑰寶——陝西歷史博物館徵集文物精粹》,三秦出版社2001年。

續表

| 器 名 | 年 代 | 存 字 | 圖版著錄 | 備 注 |
|---|---|---|---|---|
| 秦宜陽鼎 | 秦武王四年(前307)之後 | 4行9字;另腹部2字 | 《戰國銅鼎回歸記——捐贈實錄》①6頁上圖、10頁圖 | |
| 高奴禾石銅權 | 秦昭襄王三年(前304) | 正面鑄陽文6行16字,背面刻始皇詔書及"高奴石"3字,後加刻秦二世詔書 | 秦銅圖版32.1~2 | |
| 高陵君鼎 | 秦昭襄王十五年(前292) | 5行19字 | 集證圖版22頁 | |
| 卅四年工師文罍 | 秦昭襄王三十四年(前273) | 1行17字 | 集證圖版28頁 | |
| 卅六年私官鼎 | 秦昭襄王三十六年(前271) | 口沿刻1行20字,蓋刻2字 | 秦銅圖版49 | |
| 卅六年邦工師扁壺 | 秦昭襄王三十六年(前271) | 3行14字 | 《湖北隨州市發現秦國銅器》文②圖4 | |
| 邵宮私官盉 | 約秦昭襄王三十六年(前271)之後 | 中間3行9字,左刻3字,右刻7字 | 秦銅圖版194 | |
| 卅七年銀器足 | 秦昭襄王三十七年(前270) | 13字 | 《新出戰國金銀器銘文研究》③344頁 | |
| 私官鼎 | 約秦昭襄王時(前306~前251) | 蓋銘磨損,腹鑄3字 | 秦銅圖版193 | |
| 卌年銀器足 | 秦昭襄王四十年(前267) | 殘刻12字 | 《新出戰國金銀器銘文研究》④344頁 | |
| 卌年銀耳杯 | 秦昭襄王四十年(前267) | 16字 | 《臨淄商王墓地》⑤173頁圖1 | |

① 吳永琪主編《戰國銅鼎回歸記——捐贈實錄》,秦始皇兵馬俑博物館編印本,2007年。
② 左得田《湖北隨州市發現秦國銅器》,《文物》1986年第4期。
③④ 黃盛璋《新出戰國金銀器銘文研究(三題)》,《古文字研究》(12),中華書局1985年。
⑤ 淄博市博物館、齐故城博物館《臨淄商王墓地》,齊魯出版社1997年。

| 器　名 | 年　代 | 存　字 | 圖版著錄 | 備　注 |
|---|---|---|---|---|
| 卅一年銀耳杯 | 秦昭襄王四十一年（前266） | 15 字 | 《臨淄商王墓地》①173 頁圖 2 | |
| 太后車專 | 秦昭襄王四十二年（前265）前 | 鑄 1 字，刻 2 字 | 秦銅圖版 51 | |
| 虎形轄 | 秦昭襄王四十六年（前261） | 2 行 8 字 | 《西安文物精華——青銅器》②圖版 168 | |
| 二年寺工壺 | 秦莊襄王二年（前248） | 腹部刻 5 行 15 字，圈足 2 字 | 秦銅圖版 52；集證圖版 32 頁 | |
| 雍工敀壺 | 約秦莊襄王二年（前248） | 腹部刻 3 行 7 字，圈足 2 字 | 秦銅圖版 53 | |
| 工敀鼎 | 約秦莊襄王二年（前248） | 唇一側刻 4 字，另一側刻 2 字 | 秦銅圖版 54 | |
| 三年詔事鼎 | 秦王政三年或秦莊襄王三年（前247 或前244） | 1 行 20 字 | 秦銅圖版 62 | |
| 新郪虎符 | 秦統一前不久（約前251 ~ 前221） | 4 行 40 字 | 秦銅圖版 92；集證圖版 37 ~ 41 頁 | |
| 廿一年寺工車專 | 秦王政二十一年（前226） | 3 行 10 字 | 秦銅圖版 93 | |
| 雍庫鐓 | 約秦王政時期（年代待定） | 11 字 | 秦銅圖版 93 附圖 | |
| 廿一年寺工庫鐓 | 秦王政二十一年（前226） | 5 字 | 不知散落何處③ | 本書暫未收 |
| 陽陵虎符 | 秦統一後（前221 ~ 前206） | 脊兩側刻 4 行 24 字，左右刻文同 | 秦銅圖版 97 | |
| 始皇詔銅方升一 | 秦始皇二十六至三十七年（前221 ~ 前210） | 3 行 40 字 | 秦銅圖版 98 | |
| 始皇詔銅方升二 | 秦始皇二十六至三十七年（前221 ~ 前210） | 20 行 39 字 | 秦銅圖版 99 | |

①　淄博市博物館、齊故城博物館《臨淄商王墓地》，齊魯出版社 1997 年。
②　西安市文物保護考古所《西安文物精華——青銅器》，世界圖書出版西安公司 2005 年。
③　黃盛璋《寺工新考》，《考古》1983 年第 9 期。

| 器　名 | 年　代 | 存　字 | 圖版著錄 | 備　注 |
|---|---|---|---|---|
| 始皇詔銅方升三 | 秦始皇二十六至三十七年（前 221 ~ 前 210） | 40 字,詔書前刻 2 字 | 秦銅圖版 100 | |
| 始皇詔銅方升四 | 秦始皇二十六至三十七年（前 221 ~ 前 210） | 21 行 40 字 | 秦銅圖版 101 | |
| 始皇詔銅橢量一 | 秦始皇二十六至三十七年（前 221 ~ 前 210） | 11 行 40 字 | 秦銅圖版 102 | |
| 始皇詔銅橢量二 | 秦始皇二十六至三十七年（前 221 ~ 前 210） | 10 行 40 字 | 秦銅圖版 103 | |
| 始皇詔銅橢量三 | 秦始皇二十六至三十七年（前 221 ~ 前 210） | 11 行 40 字 | 秦銅圖版 104 | |
| 始皇詔銅橢量四 | 秦始皇二十六至三十七年（前 221 ~ 前 210） | 7 行 40 字 | 秦銅圖版 105 | |
| 始皇詔銅橢量五 | 秦始皇二十六至三十七年（前 221 ~ 前 210） | 5 行 40 字 | 秦銅圖版 106 | |
| 始皇詔銅橢量六 | 秦始皇二十六至三十七年（前 221 ~ 前 210） | 5 行 46 字（首行有 6 字複出） | 秦銅圖版 107 | |
| 始皇詔銅橢量七 | 秦始皇二十六至三十七年（前 221 ~ 前 210） | 殘泐莫辨 | 秦銅圖版 108 | 本書暫未收 |
| 武城銅橢量 | 秦始皇二十六至三十七年（前 221 ~ 前 210） | 4 行 40 字,另柄上淺刻 2 字 | 秦銅圖版 109 | |
| 始皇詔銅權一 | 秦始皇二十六至三十七年（前 221 ~ 前 210） | 13 行 40 字 | 秦銅圖版 110 | |
| 始皇詔銅權二 | 秦始皇二十六至三十七年（前 221 ~ 前 210） | 13 行 40 字（中有 9 字模糊） | 秦銅圖版 111 | |
| 始皇詔銅權三 | 秦始皇二十六至三十七年（前 221 ~ 前 210） | 12 行 40 字 | 秦銅圖版 112 | |
| 始皇詔銅權四 | 秦始皇二十六至三十七年（前 221 ~ 前 210） | 14 行 40 字 | 秦銅圖版 113 | |
| 始皇詔銅權五 | 秦始皇二十六至三十七年（前 221 ~ 前 210） | 14 行 40 字 | 秦銅圖版 114 | |
| 始皇詔銅權六 | 秦始皇二十六至三十七年（前 221 ~ 前 210） | 11 行 40 字 | 秦銅圖版 115 | |

| 器　名 | 年　代 | 存　字 | 圖版著錄 | 備　注 |
|---|---|---|---|---|
| 始皇詔銅權七 | 秦始皇二十六至三十七年（前 221 ~ 前 210） | 14 行 40 字 | 秦銅圖版 116 | |
| 始皇詔銅權八 | 秦始皇二十六至三十七年（前 221 ~ 前 210） | 14 行 40 字 | 秦銅圖版 117 | |
| 始皇詔銅權九 | 秦始皇二十六至三十七年（前 221 ~ 前 210） | 14 行 40 字 | 秦銅圖版 118 | |
| 始皇詔銅權十 | 秦始皇二十六至三十七年（前 221 ~ 前 210） | 14 行 40 字 | 秦銅圖版 119 | |
| 始皇詔銅權十一 | 秦始皇二十六至三十七年（前 221 ~ 前 210） | 14 行 40 字 | 珍金圖版 124 | |
| 始皇詔鐵石權一 | 秦始皇二十六至三十七年（前 221 ~ 前 210） | 文字模糊 | 秦銅圖版 120 | |
| 始皇詔鐵石權二 | 秦始皇二十六至三十七年（前 221 ~ 前 210） | 7 行, 字殘 | 秦銅圖版 121 | |
| 始皇詔鐵石權三 | 秦始皇二十六至三十七年（前 221 ~ 前 210） | 8 行 40 字 | 秦銅圖版 122 | |
| 始皇詔鐵石權四 | 秦始皇二十六至三十七年（前 221 ~ 前 210） | 9 行 39 字 | 秦銅圖版 123 | |
| 始皇詔鐵石權五 | 秦始皇二十六至三十七年（前 221 ~ 前 210） | 21 行 40 字 | 秦銅圖版 124 | |
| 始皇詔鐵石權六 | 秦始皇二十六至三十七年（前 221 ~ 前 210） | 圖、文未刊布① | | 本書暫未收 |
| 始皇詔鐵石權七 | 秦始皇二十六至三十七年（前 221 ~ 前 210） | 12 行 40 字 | 秦銅圖版 125 | |
| 始皇詔銅石權 | 秦始皇二十六至三十七年（前 221 ~ 前 210） | 6 行, 字多殘 | 秦銅圖版 126 | |
| 始皇詔十六斤銅權一 | 秦始皇二十六至三十七年（前 221 ~ 前 210） | 14 行 40 字; 鈕下刻 3 字 | 秦銅圖版 127 | |
| 始皇詔十六斤銅權二 | 秦始皇二十六至三十七年（前 221 ~ 前 210） | 10 行 40 字, 並鑄陽文 3 字 | 秦銅圖版 128 | |

① 王輝《秦出土文獻編年》127 頁, 臺灣新文豐出版公司 2000 年。

續表

| 器　名 | 年　代 | 存　字 | 圖版著錄 | 備　注 |
|---|---|---|---|---|
| 始皇詔十六斤銅權三 | 秦始皇二十六至三十七年（前 221 ~ 前 210） | 11 行 40 字；底刻 2 字，另 4 字不清 | 秦銅圖版 129 | |
| 始皇詔十六斤銅權四 | 秦始皇二十六至三十七年（前 221 ~ 前 210） | 13 行 40 字，底有 3 字 | 秦銅圖版 130.1 ~ 2 | |
| 大駽銅權① | 秦始皇二十六至三十七年（前 221 ~ 前 210） | 始皇詔 4 面/2 行，二世詔 4 面/3 行；頂梁左右刻 2 字 | 秦銅圖版 131 | |
| 旬邑銅權② | 秦始皇二十六至三十七年（前 221 ~ 前 210） | 始皇詔 4 面/2 行，二世詔 4 面/3 行；頂梁左右刻 2 字 | 秦銅圖版 133 | |
| 始皇詔八斤銅權一 | 秦始皇二十六至三十七年（前 221 ~ 前 210） | 12 行 40 字；又鑄陽文 2 字 | 秦銅圖版 134 | |
| 始皇詔八斤銅權二 | 秦始皇二十六至三十七年（前 221 ~ 前 210） | 14 行 40 字；又鑄陽文 2 字 | 秦銅圖版 135 | |
| 僅存銘始皇詔銅權（17 種） | 秦始皇二十六至三十七年（前 221 ~ 前 210） | 略 | 秦銅 134 ~ 144 頁 共 17 圖 | |
| 僅存銘兩詔銅權 | 秦始皇二十六至三十七年（前 221 ~ 前 210） | 始皇詔 2 處：一爲 12 行；另殘存 5 行 28 字；二世詔 10 行 60 字 | 秦銅圖版 18.1、18.2 | |
| 始皇詔版一 | 秦始皇二十六至三十七年（前 221 ~ 前 210） | 6 行 40 字 | 秦銅圖版 136 | |
| 始皇詔版二 | 秦始皇二十六至三十七年（前 221 ~ 前 210） | 6 行 40 字 | 秦銅圖版 137 | |
| 始皇詔版三 | 秦始皇二十六至三十七年（前 221 ~ 前 210） | 8 行 40 字。背面又有大字 | 秦銅圖版 138、139 | |
| 始皇詔版四（殘） | 秦始皇二十六至三十七年（前 221 ~ 前 210） | 殘存末 3 行 11 字 | 秦銅圖版 140 | |
| 始皇詔版五（殘） | 秦始皇二十六至三十七年（前 221 ~ 前 210） | 殘存末 4 行 12 字 | 秦銅圖版 141 | |
| 始皇詔版六（殘） | 秦始皇二十六至三十七年（前 221 ~ 前 210） | 殘存末尾 5 字，另左下角 2 字模糊 | 秦銅圖版 142 | |

①② 學者或疑爲僞器。

續表

| 器　名 | 年　代 | 存　字 | 圖版著錄 | 備　注 |
|---|---|---|---|---|
| 始皇詔版七 | 秦始皇二十六至三十七年（前 221～前 210） | 5 行 40 字 | 秦銅圖版 143 | |
| 始皇詔版八 | 秦始皇二十六至三十七年（前 221～前 210） | 6 行 40 字 | 秦銅圖版 144 | |
| 始皇詔版九（殘） | 秦始皇二十六年（前 221）之後 | 殘存 22 字 | 集證圖版 44.2 頁 | |
| 秦箕斂 | 秦始皇二十六至三十七年（前 221～前 210） | 4 行 40 字 | 《說"箕斂"》文①封三 | |
| 卅三年銀盤 | 秦王政三十三年（前 214） | 3 行 30 字（殘缺 1 字） | 《西漢齊王墓隨葬器物坑》文②圖 18～19 | |
| 北私府橢量 | 約始皇末年 | 左右二壁刻始皇詔各 4 行 40 字；外底補刻二世詔 5 行 60 字；柄面刻 3 行 6 字，柄左側刻 1 字 | 秦銅圖版 145～147 | |
| 銅車馬當顱 | 約始皇末年 | 9 字 | 秦銅圖版 157 | |
| 彎繩朱書 | 約始皇末年 | 7 字 | 秦銅圖版 158 | |
| 銅車馬右轡刻文 | 約始皇末年 | 1 字 | 未見圖版③ | 本書暫未收 |
| 銅車馬禦官俑右臂鑄文 | 約始皇末年 | 2 字 | | |
| 銅車馬後室方壺鑄文 | 約始皇末年 | 1 字 | | |
| 一號兵馬俑坑車馬器刻文 | 約始皇末年 | 16 件,23 字 | 秦銅圖版 159.1～9 | 本書暫未收 |
| 左服馬後左蹄刻文 | 約始皇末年,即前 210 年之前數年內 | 2 字 | 集證圖版 47.1 頁 | |
| 銅絡飾管 | 約始皇末至二世三年（前 207） | 300 餘件,少數有編號文字 | 《秦始皇陵兵馬俑坑——一號坑發掘報告》④235 頁圖 140.3 | 本書暫未收 |

①　孫機《說"箕斂"》,《中國歷史文物》2003 年第 1 期。
②　山東省淄博市博物館《西漢齊王墓隨葬器物坑》,《考古學報》1985 年第 2 期。
③　秦俑考古隊《秦始皇陵二號銅車馬初探》,《文物》1983 年第 7 期。
④　陝西省考古研究所秦俑坑考古發掘隊《秦始皇陵兵馬俑坑——一號坑發掘報告》,文物出版社 1988 年。

續表

| 器　名 | 年　代 | 存　字 | 圖版著錄 | 備　注 |
|---|---|---|---|---|
| 兩詔橢量一 | 約始皇末至二世三年（前207） | 始皇詔4行40字,二世詔7行60字 | 秦銅圖版148 | |
| 兩詔橢量二 | 約始皇末至二世三年（前207） | 大字始皇詔4行,小字二世詔3行60字 | 秦銅圖版149 | |
| 兩詔橢量三 | 約始皇末至二世三年（前207） | 始皇詔5行40字,二世詔7行60字 | 秦銅圖版150～151 | |
| 左樂兩詔鈞權 | 始皇二十六年（前221）之後 | 始皇詔7行40字,二世詔8行60字 | 集證圖版42～43頁 | |
| 二世元年詔版一 | 秦二世元至三年（前209～前207） | 6行59字,第3行漏刻一"號"字 | 秦銅圖版161 | |
| 二世元年詔版二 | 秦二世元至三年（前209～前207） | 7行,殘存49字 | 秦銅圖版162 | |
| 二世元年詔版三 | 秦二世元至三年（前209～前207） | 10行60字 | 秦銅圖版163 | |
| 二世元年詔版四 | 秦二世元至三年（前209～前207） | 6行60字 | 秦銅圖版164 | |
| 二世元年詔版五 | 秦二世元至三年（前209～前207） | 10行60字 | 秦銅圖版165 | |
| 二世元年詔版六 | 秦二世元至三年（前209～前207） | 6行60字 | 秦銅圖版166 | |
| 二世元年詔版七 | 秦二世元至三年（前209～前207） | 9行,字多殘損 | 秦銅圖版167 | |
| 二世元年詔版八 | 秦二世元至三年（前209～前207） | 10行60字 | 秦銅圖版168 | |
| 二世元年詔版九 | 秦二世元至三年（前209～前207） | 10行60字 | 秦銅圖版169 | |
| 二世元年詔版十 | 秦二世元至三年（前209～前207） | 6行,殘存約40字 | 秦銅圖版170 | |
| 二世元年詔版十一 | 秦二世元至三年（前209～前207） | 6行,殘存57字 | 秦銅圖版171 | |
| 二世元年詔版十二 | 秦二世元至三年（前209～前207） | 殘存6行46字 | 秦銅圖版172 | |

續表

| 器　名 | 年　代 | 存　字 | 圖版著錄 | 備　注 |
|---|---|---|---|---|
| 二世元年詔版十三 | 秦二世元至三年（前209～前207） | 7行60字 | 秦銅圖版173；集證圖版50頁 | |
| 兩詔版 | 秦二世元至三年（前209～前207） | 15行96字，殘4字，背有大字始皇詔殘文 | 秦銅圖版174.1～2 | |
| 兩詔銅權一 | 秦二世元至三年（前209～前207） | 兩詔間又夾刻一不完整"始皇詔" | 秦銅圖版175 | |
| 兩詔銅權二 | 秦二世元至三年（前209～前207） | 始皇詔7行40字，二世詔9行60字 | 秦銅圖版176 | |
| 兩詔銅權三 | 秦二世元至三年（前209～前207） | 始皇詔6行40字，二世詔11行60字 | 秦銅圖版178 | |
| 兩詔銅權四 | 秦二世元至三年（前209～前207） | 二世詔爲後來加刻 | 秦銅圖版179.1～2 | |
| 兩詔銅權五 | 秦二世元至三年（前209～前207） | 始皇詔7行；二世詔10行，字多磨損 | 秦銅圖版180 | |
| 兩詔銅權六 | 秦二世元至三年（前209～前207） | 始皇詔爲刻文，二世詔鑄陽文，又有一"右"字 | 拓本未刊布① | 本書暫未收 |
| 兩詔斤權一 | 秦二世元年（前209）後 | 17行100字，權肩刻一"左"字 | 集證圖版45～46頁 | |
| 兩詔斤權二 | 秦二世元年（前209）後 | 17行100字，權肩刻一"右"字 | 集證圖版47.2、48～49頁 | |
| 平陽銅權 | 秦二世元至三年（前209～前207） | 始皇詔6行40字，二世詔9行60字；兩詔之間刻3字 | 秦銅圖版182 | |
| 美陽銅權 | 秦二世元至三年（前209～前207） | 始皇詔7行40字，二世詔10行60字；鈕左右刻2字 | 秦銅圖版183 | |
| 咸陽亭半兩銅權 | 約秦二世元至三年（前209～前207） | 一面刻3字，另面刻2字 | 秦銅圖版184 | |
| 麗山園鐘 | 秦二世元至三年（前209～前207） | 2行17字 | 秦銅圖版185 | |

---

① 張占民《秦始皇陵園發現一枚銅權》,《考古與文物》1985年第4期。

續表

| 器　名 | 年　代 | 存　字 | 圖版著錄 | 備　注 |
|---|---|---|---|---|
| 樂府鐘 | 秦二世元至三年（前 209 ~ 前 207） | 2 字 | 秦銅圖版 186 | |
| 木車馬銀環文字 | 約秦二世時（前 209 ~ 前 207） | 1 字 | 集證圖版 239 頁 | |
| 金銀泡 | 約秦二世時（前 209 ~ 前 207） | 469 件 | 集證圖版 228 ~ 237 頁 | |
| 巂鍫量 | 戰國末至秦代（前 206 年前約 50 年內） | 腹刻 5 字，口沿 2 字模糊 | 未見圖版① | 本書暫未收 |
| 修武府耳杯 | 戰國末至秦代（前 206 年前約 50 年內） | 3 字 | 秦銅圖版 197 | |
| 北庫鋪首 | 戰國末至秦代（前 206 年前約 50 年內） | 2 字 | 圖、文未刊布② | 本書暫未收 |
| 高奴簋 | 戰國末至秦代（前 206 年前約 50 年內） | 6 字 | 秦銅圖版 198 | |
| 筒鼎 | 戰國末至秦代（前 206 年前約 50 年內） | 2 字 | 秦銅圖版 199 | |
| 平鼎 | 戰國末至秦代（前 206 年前約 50 年內） | 1 字 | 秦銅圖版 204 | |
| 大官盉 | 戰國末至秦代（前 206 年前約 40 年內） | 8 字 | 秦銅圖版 209 | |
| 咸陽鼎 | 約戰國晚期至秦代 | 1 行 6 字 | 集證圖版 51 頁 | |
| 雕陰鼎 | 戰國晚期至秦代 | 2 字 | 集證圖版 52 頁 | |
| 軌簋 | 約戰國晚期 | 2 字 | 秦銅圖版 203 | |
| 半斗鼎 | 約戰國末 | 2 行 3 字 | 秦銅圖版 205 | |
| 咸陽四斗方壺 | 戰國末期至秦代（約前 249 ~ 前 206） | 2 行 12 字 | 珍金圖版 119 | |
| 工字形零件 | 約秦代 | 2 字 | 集證圖版 44.3 頁 | |
| 銅條 | 約秦代 | 2 字 | 集證圖版 44.1 頁 | |
| 旬陽壺 | 秦漢之際 | 5 字 | 集證圖版 57 頁 | |

---

① 張國維《山西運城發現秦巂鍫量》，《考古與文物》1986 年第 1 期。

② 陝西省博物館、文管會勘查小組《秦都咸陽故城遺址發現的窰址和銅器》，《考古》1974 年第 1 期。

續表

| 器　　名 | 年　　代 | 存　字 | 圖版著錄 | 備　注 |
|---|---|---|---|---|
| 蕢陽鼎 | 約秦漢之際 | 48 字,分 6 段 | 集證圖版 53 ~ 56 頁 | |
| 厄蓋鈕刻文 | 約秦漢之際 | 1 字 | 未見圖版① | 本書暫未收 |
| 信宮罍 | 約秦始皇二十七年（前 220）至西漢早期 | 肩部 3 行 13 字;底部 2 行 6 字 | 珍金圖版 131 | |
| 附 錄　安邑銅鍾 | 魏襄王七年（前 312）或魏昭王七年（前 289）（魏國器,後被秦國所得） | 器脣 5 字爲器入秦國後加刻 | 《戰國秦"王氏"陶罐和魏"安邑"銅鍾》文②圖 3 | |
| 鳳翔中山鼎 | 戰國晚期（中山國器,後被秦國所得） | 蓋上 2 字爲器入秦國後加刻 | 《鳳翔高莊野狐溝一號墓發掘簡報》文③圖 7 | |

## B　秦兵器

| 器　　名 | 年　　代 | 存　字 | 圖版著錄 | 備　注 |
|---|---|---|---|---|
| 秦政伯喪戈④ | 春秋前期（約前 715 ~ 前 695） | 2 件,3 行 23 字 | 珍金圖版 42、43 | |
| 有司伯喪矛 | 春秋前期（約前 715 ~ 前 695） | 2 件,1 行 7 字 | 珍金圖版 46 | |
| 卜淦□高戈 | 約春秋早期早段 | 3 行 11 字 | 秦銅圖版 188 | |
| 傳世秦子戈 | 秦出子（或稱出公,前 703 ~ 前 698）時;一說"秦子"爲秦文公太子靜公（未即位）,則在秦文公後期 | 2 行 15 字 | 秦銅圖版 5;集證圖版 11 頁 | |
| 故宮藏秦子戈 | | 2 行 15 字 | 秦銅圖版 7;集證圖版 10 頁 | |
| 秦子矛 | | 2 行 15 字 | 秦銅圖版 6;集證圖版 12 頁 | |
| 西安繳獲秦子戈 | | 1 行 4 字 | 集證圖版 13 頁 | |

---

①　甘肅省文物考古研究所《甘肅秦安上袁家秦漢墓葬發掘》,《考古學報》1997 年第 1 期。
②　王丕忠《戰國秦"王氏"陶罐和魏"安邑"銅鍾——介紹咸陽出土的兩件珍貴文物》,《光明日報》1974 年 7 月 6 日。
③　雍城考古隊尚志儒《鳳翔高莊野狐溝一號墓發掘簡報》,《文物》1980 年第 9 期。
④　"伯喪戈"共 4 件:珍秦齋藏 2 件,另北京某氏藏 2 件。

續表

| 器　名 | 年　代 | 存　字 | 圖版著錄 | 備　注 |
|---|---|---|---|---|
| 珍秦齋秦子戈 | 春秋早期（約秦出子時,前703～前697）;一說"秦子"爲秦文公太子靜公（未即位）,則在秦文公後期 | 2行15字 | 珍金圖版38 | |
| 香港新見秦子戈一 | 春秋早期（約秦出子時,前703～前697）;一說"秦子"爲秦文公太子靜公（未即位）,則在秦文公後期 | 2行15字 | 《新見〈秦子戈〉二器跋》文①附圖一（圖版模糊） | 本書暫未收 |
| 香港新見秦子戈二 | | 2行14字,缺一"用"字 | 《新見〈秦子戈〉二器跋》文②附圖二 | |
| 元用戈 | 約春秋早期 | 1行4字 | 秦銅圖版187 | |
| 元用戈二 | 約春秋早期 | 僅知2字 | 拓本未見③ | 本書暫未收 |
| 公字戈 | 約春秋早期 | 1字 | 器形未見④ | 本書暫未收 |
| 吉爲作元用劍 | 約戰國早期 | 5字 | 秦銅圖版189 | |
| 大良造鞅戟 | 秦孝公十至二十四年（前352～前338） | 殘存2行8字 | 秦銅圖版22～24 | |
| 大良造鞅殳鐏 | 秦孝公十至二十四年（前352～前338） | 殘存3行9字 | 集證圖版16頁 | |
| 十六年大良造鞅戈鐓 | 秦孝公十六年（前346） | 4行13字 | 秦銅圖版17、18 | |
| 十九年大良造鞅殳鐏 | 秦孝公十九年（前343） | 4行14字 | 集證圖版15頁 | |
| 四年相邦樛斿戈 | 秦惠文君四年（前334）⑤ | 內正面3行14字,背面1字 | 秦銅圖版26 | |
| 王四年相邦張儀戈 | 秦惠文王後元四年（前321） | 正面殘存3行22字,背面1字 | 集證圖版17頁 | |
| 王五年上郡疾戈 | 秦惠文王後元五年（前320） | 3行11字 | 秦銅圖版27 | |
| 王六年上郡守疾戈 | 秦惠文王後元六年（前319） | 殘存2行9字 | 秦銅圖版28.2 | |

————————

①②　張光裕《新見〈秦子戈〉二器跋》,屈萬里先生百歲誕辰國際學術研討會論文,臺灣2006年。

③　陳平《試論戰國型秦兵的年代及有關問題》,《中國考古學研究論集》,三秦出版社1987年。

④　吳鎮烽《秦兵新發現》,《容庚先生百年誕辰紀念文集》,廣東人民出版社1998年。

⑤　關於"四年相邦樛斿戈",王輝《秦銅器銘文編年集釋》原定爲惠文王後元四年（前321）器,後在其《秦兵三戈考》（《陝西歷史博物館館刊》第4輯,西北大學出版社1997年）一文中改定爲惠文王前元四年（前334）。

續表

| 器　名 | 年　代 | 存　字 | 圖版著録 | 備　注 |
| --- | --- | --- | --- | --- |
| 王七年上郡守疾(?)戈 | 秦惠文王後元七年(前318) | 殘存2行8字 | 秦銅圖版29 | |
| 王八年内史操戈 | 秦惠文王後元八年(前317) | 3行14字,記號字1 | 珍金圖版56 | |
| 十三年相邦義戈 | 秦惠文王前元十三年或後元十三年(前325或前312) | 殘存3行19字 | 秦銅圖版30 | |
| 吾宜戈 | 約秦惠文王時(前337~前311) | 鑄1字,刻1字 | 秦銅圖版190 | |
| 十四年□平匽氏戟 | 秦惠文王後元十四年(前311) | 正面刻2行9字,背面刻2字 | 珍金圖版60 | |
| 六年漢中守戈 | 秦昭襄王六年(前301) | 正面鑄1字,背面2行15字 | 集證圖版19頁 | |
| 六年相邦疾戈 | 秦昭襄王六年(前301) | 17字 | 圖版未見① | 本書暫未收 |
| 六年上郡守閒戈 | 秦昭襄王六年(前301) | 25字 | 《河南登封縣八方村出土五件銅戈》文②圖版 | |
| 七年上郡守閒戈 | 秦昭襄王七年(前300) | 内正面刻3行16字,背面4字,胡部刻2字 | 秦銅圖版33~34 | |
| 十二年上郡守壽戈 | 秦昭襄王十二年(前295) | 内正面刻3行17字,背面2字,胡殘刻2字 | 秦銅圖版35 | |
| 十三年上郡守壽戈 | 秦昭襄王十三年(前294) | 3行17字 | 集證圖版21頁 | |
| □□年上郡守戈 | 秦昭襄王十三年(前294)左右 | 内正面刻3行14字,背面2字 | 秦銅圖版36;集證圖版20頁 | |
| 廣衍矛 | 秦昭襄王十三年(前294)左右 | 一面刻4字,另殘刻2字 | 秦銅圖版37 | |
| 十四年相邦冉戈 | 秦昭襄王十四年(前293) | 3行13字 | 秦銅圖版38 | |

① 董珊《戰國題銘與工官制度》,北京大學博士論文2002年。
② 河南省文物研究所《河南登封縣八方村出土五件銅戈》,《華夏考古》1991年第3期。

續表

| 器 名 | 年 代 | 存 字 | 圖版著錄 | 備 注 |
|---|---|---|---|---|
| 十五年上郡守壽戈 | 秦昭襄王十五年（前 292） | 內正面刻 3 行 21 字，背面 4 字 | 集證圖版 23～24頁 | |
| □□年丞相觸戈 | 秦昭襄王十五年或十六年（前 292 或前 291） | 正面殘存 2 行 9 字，背面 1 字 | 秦銅圖版 39 | |
| 十七年丞相啟狀戈 | 秦昭襄王十七年（前 290） | 內正面刻 3 行 17 字，背面 2 字 | 秦銅圖版 40 | |
| 十八年上郡戈 | 秦昭襄王十八年（前 289） | 內正面刻 2 行 11 字，背面 4 字 | 秦銅圖版 41 | |
| 廿年相邦冉戈 | 秦昭襄王二十年（前 287） | 殘刻 3 行 14 字 | 秦銅圖版 42；集證圖版 25.1 | |
| 廿一年相邦冉戈一 | 秦昭襄王二十一年（前 286） | 內正面 2 行 11 字，背面 3 字 | 秦銅圖版 47.1 | |
| 廿一年相邦冉戈二 | 秦昭襄王二十一年（前 286） | 內正面刻 2 行 13 字，背面刻 1 字，胡正面刻 2 字 | 珍金圖版 64 | |
| 王廿三年家丞戈 | 秦昭襄王二十三年（前 284） | 2 行 14 字 | 珍金圖版 68 | |
| 廿四年上郡守戟 | 秦昭襄王二十四年（前 283） | 22 字 | 《安徽潛山公山崗戰國墓發掘報告》文①圖 19 | |
| 廿五年上郡守厝戈 | 秦昭襄王二十五年（前 282） | 內正面刻 6 字，背面 3 行 19 字 | 秦銅圖版 43 | |
| 廿五年上郡守周戈 | 秦昭襄王二十五年（前 282） | 27 字 | 《河南登封縣八方村出土五件銅戈》②文圖版 | |
| 廿六年戈 | 秦昭襄王二十六年（前 281） | 內正面刻 2 字，背面 2 行 15 字 | 秦銅圖版 44③ | |
| 丞廣弩機 | 秦昭襄王二十六年（前 281）左右 | 2 字 | 秦銅圖版 45 | |

① 安徽省文物考古研究所等《安徽潛山公山崗戰國墓發掘報告》，《考古學報》2002 年第 1 期。
② 河南省文物研究所《河南登封縣八方村出土五件銅戈》，《華夏考古》1991 年第 3 期。
③ 王輝、蕭春源《珍秦齋藏王二十三年秦戈考》（《故宮博物院院刊》2004 年第 4 期）有最新摹本，戈背面清晰者 2 行 12 字。

續表

| 器　名 | 年　代 | 存　字 | 圖版著錄 | 備　注 |
|---|---|---|---|---|
| 廿七年上郡守趞戈 | 秦昭襄王二十七年（前280） | 內正面刻 3 行 17 字,背面 2 字 | 秦銅圖版 46；集證圖版 25.2 頁 | |
| 廿七年蜀守若戈 | 秦昭襄王二十七年（前280） | 殘存 12 字 | 圖版未公布① | 本書暫未收 |
| 卅年詔事戈 | 秦昭襄王三十年或始皇三十年（前 277 或前 217） | 正面刻 3 行 5 字,背面刻 3 行 5 字,胡正面刻 2 字 | 珍金圖版 74 | |
| 卅二年相邦冉戈 | 秦昭襄王三十二年（前275） | 內正面刻 3 行 13 字,內背面刻 3 字,胡背面刻 4 字 | 珍金圖版 80 | |
| 卅三年詔事戈 | 秦昭襄王三十三年（前274） | 內正面刻 2 行 5 字,胡背面 1 字 | 秦銅圖版 48 | |
| 卅三年相邦冉戈 | 秦昭襄王三十三年（前274） | 14 字 | 《河南省博物館藏青銅器選》②148 | 本書暫未收 |
| 卅四年蜀守戈 | 秦昭襄王三十四年（前273） | 內正面刻 4 字,背面殘刻 2 行 11 字 | 集證圖版 29 頁 | |
| 卅七年上郡守慶戈 | 秦昭襄王三十七年（前270） | 3 行 17 字 | 《尋覓散落的瑰寶》③圖版 19 | |
| 卅八年上郡守慶戈 | 秦昭襄王三十八年（前269） | 3 行 17 字 | 《長平古戰場出土三十八年上郡戈及相關問題》④文圖版 | |
| 卌年上郡守起戈一 | 秦昭襄王四十年（前267） | 內正面刻 3 行 16 字,背面 2 字 | 秦銅圖版 50 | |
| 卌年上郡守起戈二 | 秦昭襄王四十年（前267） | 內正面刻 3 行 16 字,背面 3 字 | 集證圖版 30 頁 | |
| 卌八年上郡守敳戈 | 秦昭襄王四十八年（前259） | 正面刻 3 行 17 字,背面刻 2 行 6 字 | 珍金圖版 88 | |

---

①　湖南省文物考古研究所、湖南省考古學會《湖南考古輯刊》(五),1989 年。
②　《河南省博物館藏青銅器選》,香港攝影藝術出版社 1999 年。
③　陝西歷史博物館《尋覓散落的瑰寶——陝西歷史博物館徵集文物精粹》,三秦出版社 2000 年。
④　郎保利《長平古戰場出土三十八年上郡戈及相關問題》,《文物》1998 年第 10 期。

續表

| 器 名 | 年 代 | 存 字 | 圖版著錄 | 備 注 |
|---|---|---|---|---|
| 五十年詔事戈 | 秦昭襄王五十年(前 257) | 内正面刻 2 行 10 字,背面 1 字 | 集證圖版 31 頁 | |
| 廪丘戈 | 約秦昭襄王時(前 306～前 251) | 内一面刻 1 字,另面刻 2 字,胡面刻 4 字 | 秦銅圖版 191 | |
| 廣衍戈 | 約秦昭襄王時(前 306～前 251) | 内刻 2 字,胡刻 2 字 | 秦銅圖版 192 | |
| 元年上郡假守暨戈 | 秦莊襄王元年(前 249) | 内正面刻銘 3 行 17 字,内背面刻 2 字,胡正面刻 1 字 | 珍金圖版 92 | |
| 二年上郡守冰戈 | 秦莊襄王二年(前 248) | 内正面 3 行 16 字,背面 4 字 | 秦銅圖版 55 | |
| 二年上郡守戈 | 秦莊襄王二年(前 248)① | 3 行 15 字 | 集證圖版 18 頁 | |
| 二年少府戈 | 秦莊襄王二年(前 248) | 5 字(極潦草) | 秦銅圖版 56 | |
| 三年上郡守冰戈 | 秦莊襄王三年(前 247) | 殘存 3 行 15 字 | 秦銅圖版 57 | |
| 櫟陽戈 | 戰國晚期,下限秦莊襄王三年(前 247) | 兩面共刻 4 字 | 《西安文物精華——青銅器》②圖版 117 | |
| □年相邦吕不韋戈 | 秦王政元年至六年(前 246～前 241) | 正面殘刻 2 行 11 字,背鑄 2 字 | 珍金圖版 98 | |
| 二年寺工鲁戈 | 秦王政二年(前 245) | 正面刻 2 行 7 字,背面鑄 2 字 | 秦銅圖版 58 | |
| □年寺工鲁戈 | 約秦王政二至五年(前 245～前 242) | 正面殘刻 2 行 6 字,背面鑄 2 字 | 集成③ 11197 | |
| 三年相邦吕不韋矛一 | 秦王政三年(前 244) | 3 行約 15 字 | 秦銅圖版 59 | |
| 三年相邦吕不韋矛二 | 秦王政三年(前 244) | 正面刻 3 行 20 字,背面刻 2 字 | 《遼寧撫順市發現戰國青銅兵器》文④圖版 | |

① 王輝《秦文字集證》原定此戈年代爲昭襄王二年(前 305),後《秦出土文獻編年》新定年代爲秦莊襄王二年(前 248)。

② 西安市文物保護考古所《西安文物精華——青銅器》,世界圖書出版西安公司 2005 年。

③ 中國社科院考古所《殷周金文集成》,中華書局 1984～1994 年。

④ 徐家國、劉兵《遼寧撫順市發現戰國青銅兵器》,《考古》1996 年第 3 期。

續表

| 器　名 | 年　代 | 存　字 | 圖版著錄 | 備　注 |
|---|---|---|---|---|
| 三年上郡戈 | 秦王政三年(前244) | 殘刻3行7字 | 秦銅圖版59附圖 | |
| 三年相邦呂不韋戈 | 秦王政三年(前244) | 正面殘刻2行7字,背鑄2字 | 秦銅圖版60 | |
| 三年相邦呂不韋戟 | 秦王政三年(前244) | 正面刻2行15字,背面3字,矛骹刻2字 | 秦銅圖版61 | |
| 四年相邦呂不韋戈 | 秦王政四年(前243) | 正面殘刻3行10字,背面1字 | 秦銅圖版63 | |
| 四年相邦呂不韋戟 | 秦王政四年(前243) | 正面刻2行16字,背刻1字,鑄2字。矛骹刻2字 | 秦銅圖版65 | |
| 四年相邦呂不韋矛 | 秦王政四年(前243) | 3行15字 | 秦銅圖版66 | |
| 五年相邦呂不韋戈一 | 秦王政五年(前242) | 正刻2行15字,背鑄、刻各2字 | 秦銅圖版67;集證圖版33頁 | |
| 五年相邦呂不韋戈二 | 秦王政五年(前242) | 正面刻2行15字,背面鑄2字 | 秦銅圖版68.1－2 | |
| 五年相邦呂不韋戈三 | 秦王政五年(前242) | 正面刻2行19字,背面2字 | 秦銅圖版69 | |
| 五年相邦呂不韋戟 | 秦王政五年(前242) | 正面刻2行15字,背鑄2字、刻1字。矛骹刻2字 | 照片模糊① | 本書暫未收 |
| 七年相邦呂不韋戟一 | 秦王政七年(前240) | 正面刻2行15字,背鑄2字、刻1字。矛骹刻2字 | 秦銅圖版70 | |
| 七年相邦呂不韋戟二 | 秦王政七年(前240) | 正面刻2行15字,背面刻1字,鑄2字 | 《秦俑坑新出土銅戈、戟研究》文②圖版 | |
| 八年相邦呂不韋戈 | 秦王政八年(前239) | 正面刻3行15字,背鑄2字、刻2字 | 秦銅圖版71 | |
| 八年丞甬戈 | 秦王政八年(前239) | 正面殘存2行6字,反面存1字 | 集證圖版34頁 | |
| 九年相邦呂不韋戟 | 秦王政九年(前238) | 正面刻3行20字,背面鑄3字 | 集證圖版35頁 | |

①　王學理《秦俑兵器芻論》,《考古與文物》1983年第4期。
②　蔣文孝、劉占成《秦俑坑新出土銅戈、戟研究》,《文物》2006年第3期。

續表

| 器　名 | 年　代 | 存　字 | 圖版著錄 | 備　注 |
|---|---|---|---|---|
| 十年寺工戈 | 秦王政十年(前237) | 正面豎刻2行8字,背面鑄2字,刻1字 | 《秦俑坑新出土銅戈、戟研究》文①圖版 | |
| 十三年少府矛 | 秦王政十三年(前234) | 2行12字 | 秦銅圖版73 | |
| 少府矛 | 約秦王政十三年(前234) | 正刻2字,背5字 | 秦銅圖版72 | |
| 十四年屬邦戈 | 秦王政十四年(前233) | 正面殘刻2行8字,背刻2字 | 秦銅圖版74 | |
| 十五年寺工鈹 | 秦王政十五年(前232) | 3件,共約44字 | 秦銅圖版75~77 | |
| 十六年寺工鈹 | 秦王政十六年(前231) | 16字 | 秦銅圖版78 | |
| 十六年少府戈 | 秦王政十六年(前231) | 正面殘刻3行12字 | 珍金圖版102 | |
| 十七年寺工鈹 | 秦王政十七年(前230) | 6件,共約86字 | 秦銅圖版79~84 | |
| 十八年寺工鈹 | 秦王政十八年(前229) | 12字 | 秦銅圖版85 | |
| 十九年寺工鈹 | 秦王政十九年(前228) | 5件,共約64字 | 秦銅圖版86~90 | |
| 廿年上郡戈 | 秦王政二十年(前227) | 正面刻2行11字,背面刻1行4字 | 集成11548 | |
| 廿二年臨汾守戈 | 秦王政二十二年(前225) | 2行12字 | 秦銅圖版94;集證圖版36.1頁 | |
| 廿三年少府戈 | 秦王政二十三年(前224) | 2行8字 | 珍金圖版106 | |
| 廿四年葭萌戈② | 秦王政二十四年(前223) | 正面3行13或14字,背面2字 | 《武陵新見古兵三十六器集錄》圖35;集證圖版26.2頁 | |
| 廿四年莒傷(陽)銅斧 | 秦王政二十四年(前223) | 12字 | 《山東沂南陽都故城出土秦代銅斧》文③圖2 | |
| 盧氏戈 | 戰國時期 | 2字 | 《新收殷周青銅器銘文暨器影彙編》④1330 | |

① 蔣文孝、劉占成《秦俑坑新出土銅戈、戟研究》,《文物》2006年第3期。
② 卽王輝《秦文字集證》之"二十四年丞□戈"。
③ 趙文俊《山東沂南陽都故城出土秦代銅斧》,《文物》1998年第12期。
④ 鍾柏生、陳昭容等《新收殷周青銅器銘文暨器影彙編》1330頁,器號2001,臺北藝文印書館2006年。

| 器　名 | 年　代 | 存　字 | 圖版著錄 | 備　注 |
|---|---|---|---|---|
| 廿六年蜀守武戈 | 秦始皇二十六年（前221） | 內正刻3行16字 | 秦銅圖版96；集證圖版36.2頁 | |
| 武都矛 | 戰國末至秦代（前206年前約40年內） | 2字 | 秦銅圖版208 | |
| 詔事矛 | 戰國末至秦代（前206年前約40年內） | 2字 | 圖版模糊① | 本書暫未收 |
| 漆垣戈 | 戰國末至秦代（約前246～前206） | 2字 | 集成10935；集證圖版26.1頁 | |
| 少府戈一 | 約戰國末至秦代（約前249～前206） | 2字 | 珍金圖版20 | |
| 少府戈二 | 約戰國末至秦代（約前249～前206） | 5字 | 集成11106 | |
| 洛陽少府戈 | 約戰國晚期 | 4字 | 珍金圖版220.1 | |
| 襄陽少府鐓 | 約戰國晚期 | 3字 | 珍金圖版220.2 | |
| 襄陽少府戈 | 約戰國晚期 | 8字 | 珍金圖版220.2 | |
| 上郡矛 | 戰國末至秦代（前206年前約50年內） | 4字 | 秦銅圖版196 | |
| 高奴矛 | 戰國末至秦代（前206年前約50年內） | 2字 | 秦銅圖版201 | |
| 高奴戈 | 戰國末至秦代（前206年前約50年內） | 2字 | 珍金圖版21 | |
| 枸矛 | 戰國末至秦代（前206年前約50年內） | 1字 | 秦銅圖版202 | |
| 屬邦矛 | 戰國末至秦代（前206年前約50年內） | 2字 | 未見圖版② | 本書暫未收 |
| 蜀西工戈一 | 戰國末至秦代（前206年前約50年內） | 3字 | 秦銅圖版206 | |
| 蜀西工戈二 | 約秦始皇時（前246～前210） | 3字 | 拓本未見③ | 本書暫未收 |

---

① 王輝《秦銅器銘文編年集釋》圖版207，三秦出版社1990年。
② 袁仲一《秦中央督造的兵器刻辭綜述》表一，《考古與文物》1984年第5期。
③ 吳鎮烽《秦兵新發現》，《容庚先生百年誕辰紀念文集》，廣東人民出版社1998年。

續表

| 器　名 | | 年　代 | 存　字 | 圖版著錄 | 備　注 |
|---|---|---|---|---|---|
| 成固戈 | | 約秦始皇時(前 246～前 210) | 2字 | 集成 17.10938 | |
| 詔使矛 | | 約秦始皇時(前 246～前 210) | 2字 | 集成 11472 | |
| 寺工矛一 | | 約秦王政時期(前 246～前 222) | 11字 | 秦銅圖版 95 | |
| 寺工矛二 | | 約秦始皇末年 | 2字 | 秦銅圖版 152 | |
| 寺工矛三 | | 約秦始皇末年 | 2字 | 秦銅圖版 153 | |
| 寺工矛四 | | 約秦始皇末年 | 2字 | 未見照片① | 本書暫未收 |
| 銅弩機刻文 | | 約秦始皇末年 | 46件,110字 | 秦銅圖版 156 | |
| 上黨武庫戈 | | 秦代(前 221～前 206) | 4字 | 集成 11054 | |
| 屯留戈 | | 秦代(前 221～前 206) | 2字 | 集成 10927 | |
| 闕興戈 | | 秦代(前 221～前 206) | 2字 | 集成 10929 | |
| 涉戈 | | 秦代(前 221～前 206) | 1字 | 集成 10827 | |
| 魯陽戈 | | 秦代(前 221～前 206) | 2字 | 《陝西出土商周青銅器》②32 | 本書暫未收 |
| 元年丞相斯戈 | | 秦二世元年(前 209) | 内正刻 3 行 14 字,背面 2 字,闌下 2 字 | 秦銅圖版 160 | |
| 附錄 | 廿一年啟封戈 | 魏襄王廿一年(前 298)或魏安釐王廿一年(前 256)(魏國戈,後被秦國奪取並使用) | 有 2 字屬戰國秦 | 《遼寧新金縣後元台發現銅器》文③圖 1.4 | |
| | 廿一年舌或戈 | 魏國戈,後被秦國奪取並使用 | 有 4 字屬戰國秦 | 珍金圖版 25 | |
| | 卅一年鄭令戈 | 韓國戈,後被秦國獲取並使用 | 有 1 字屬戰國秦 | 珍金圖版 26 | |

① 陝西省考古研究所秦俑坑考古發掘隊《秦始皇陵兵馬俑坑———一號坑發掘報告》,文物出版社 1988 年。
② 陝西省考古研究所、陝西省博物館、陝西省文物管理委員會《陝西出土商周青銅器》,文物出版社 1979 年。
③ 許明綱、于臨祥《遼寧新金縣後元台發現銅器》,《考古》1980 年第 5 期。

## C 秦玉石

| 器　名 | 年　代 | 存　字 | 圖版著錄 | 備　注 |
|---|---|---|---|---|
| 秦懷后磬 | 約春秋中晚期(約秦穆公元至秦悼公十四年,前 659 ~ 前 477) | 64 字(殘缺 4 字) | 宋薛尚功《歷代鐘鼎彝器款識法帖》卷八；宋呂大臨《考古圖》卷七 | |
| 秦公一號大墓殘磬 | 秦景公四年(前 573) | 26 條,共 206 字(重文 6) | 集證圖版 59 ~ 85 頁 | |
| 石鼓文·先鋒本 | 約秦景公五年(前 572)後數年內,或景公三十二年(前 545)後數年內 | 先鋒本補得 501 字① | 集證圖版 86 ~ 132 頁 | |
| 詛楚文·中吳本 | 秦惠文王後元十三年(前 312) | 《湫淵》318 字,《亞駝》325 字,《巫咸》323 字 | 吳公望影印元至正間中吳刊本《秦詛楚文》；《詛楚文考釋》②附"中吳本" | |
| 秦駰玉版③ | 秦惠文王(前 337 ~ 前 311)早期 | 甲、乙二簡互補共殘存 299 字(其中重文 7、合文 5) | 《秦駰禱病玉版的研究》文④圖版 1 | |
| 明瓊 | 約秦代(前 221 ~ 前 206) | 16 字 | 集證圖版 241 ~ 242 頁 | |
| 秦刻石 | 秦始皇至二世時期 | 嶧山、泰山、琅邪台、會稽 4 種 | 《秦泰山刻石》⑤；《秦銘刻文字選》⑥等 | |
| 二號坑馬飾文 | 約秦二世時(前 209 ~ 前 207) | 4 枚,約 10 餘字 | 集證圖版 240.1 ~ 4 頁 | |
| 石礎 | 約秦二世時(前 209 ~ 前 207) | 約 6 字 | 《秦始皇帝陵出土方形深銎書文石礎》文⑦圖 2 | |
| 石板 | 約秦二世時(前 209 ~ 前 207) | 3 字 | 集證圖版 227 頁 | |
| 秦安上袁家墓玉璜刻文 | 約秦漢之際 | 1 行 4 字 | 集證圖版 243 頁 | |

① 另有石鼓文中權本殘存 500 字,後勁本殘存 497 字。
② 郭沫若《詛楚文考釋》,《郭沫若全集·考古編》第九卷,科學出版社 1982 年。
③ 即"曾孫駰告華大山明神文"。
④ 李零《秦駰禱病玉版的研究》,《國學研究》第 6 卷,北京大學出版社 1999 年。
⑤ 《歷代碑帖法書選》編輯組《秦泰山刻石》,文物出版社 2000 年。
⑥ 《秦銘刻文字選》,上海書畫出版社 1976 年。
⑦ 林泊《秦始皇帝陵出土方形深銎書文石礎》。

## D 秦簡牘

| 名　稱 | 年　代 | 存　字 | 圖版著錄 | 備　注 |
|---|---|---|---|---|
| 青川木牘① | 秦武王二年（前 309）之後數年內 | 1 件。正面 3 行 122 字，背面殘存 4 行 33 字 | 《青川縣出土更修田律木牘》文②附圖 | |
| 王家臺秦簡 | 約戰國晚期（前 278 ~ 前 221） | 800 餘枚 | 圖版未完全公布③ | 本書僅收錄 7 字 |
| 王家臺竹牘 | 約戰國晚期（前 278 ~ 前 221） | 1 件 | | |
| 揚家山秦簡 | 上限不超過前 278 年，下限在西漢以前 | 75 枚 | 圖版未完全公布④ | 本書暫未收 |
| 天水秦簡 | 戰國末至秦王政元年（前 246）約 30 年間 | 共 460 枚 | 圖版未完全公布⑤ | 本書僅收錄《書法》所刊秦簡 83 枚約 1100 餘字 |
| 睡虎地秦簡·語書 | 秦王政二十年（前 227） | 14 枚 | 《睡虎地秦墓竹簡》⑥圖版 | |
| 睡虎地秦簡·編年記 | 秦始皇三十年（前 217）左右 | 53 枚 | | |
| 睡虎地秦簡·秦律十八種 | 約秦昭襄王五十一年（前 256）至秦始皇三十年（前 217）之四十年間 | 202 枚 | | |
| 睡虎地秦簡·效律 | 約秦昭襄王五十一年（前 256）至秦始皇三十年（前 217）之四十年間 | 61 枚 | | |
| 睡虎地秦簡·秦律雜抄 | 約秦昭襄王五十一年（前 256）至秦始皇三十年（前 217）之四十年間 | 42 枚 | | |

① 即“更修田律木牘”。

② 四川省博物館、青川縣文化館《青川縣出土更修田律木牘——四川青川縣戰國墓發掘簡報》，《文物》1982 年第 1 期。

③ 荊州地區博物館《江陵王家臺 15 號秦墓》，《文物》1995 年第 1 期。

④ 湖北省荊州地區博物館《江陵揚家山 135 號秦墓發掘簡報》，《文物》1993 年第 8 期。

⑤ 何雙全《天水放馬灘秦簡綜述》文（《文物》1989 年 2 期）附載 58 枚竹簡圖版，內容爲《墓主記》和部分甲、乙種《日書》；《書法》1990 年第 4 期刊載甲、乙種《日書》片段竹簡，照片經放大處理，字跡較爲清晰。另參楊宗兵《天水秦簡釋文校訂》，2007 年中國文字學第四屆年會會議論文，西安。

⑥ 睡虎地秦墓竹簡整理小組《睡虎地秦墓竹簡》，文物出版社 1990 年。

| 名　　稱 | 年　　代 | 存　　字 | 圖版著錄 | 備　注 |
|---|---|---|---|---|
| 睡虎地秦簡・法律答問 | 約秦昭襄王五十一年（前256）至秦始皇三十年（前217）之四十年間 | 210 枚 | | |
| 睡虎地秦簡・封診式 | 約秦昭襄王五十一年（前256）至秦始皇三十年（前217）之四十年間 | 98 枚 | | |
| 睡虎地秦簡・爲吏之道 | 約秦昭襄王五十一年（前256）至秦始皇三十年（前217）之四十年間 | 51 枚 | | |
| 睡虎地秦簡・日書甲種 | 約秦昭襄王五十一年（前256）至秦始皇三十年（前217）之四十年間 | 166 枚 | | |
| 睡虎地秦簡・日書乙種 | 約秦昭襄王五十一年（前256）至秦始皇三十年（前217）之四十年間 | 257 枚 | | |
| 睡虎地 11 號木牘 | 秦昭襄王五十一年（前256）至秦統一（前221） | 正面 5 行 249 字,背面 6 行,殘存約 110 字 | 《雲夢睡虎地秦墓》①圖版 | |
| 睡虎地 6 號木牘 | 秦昭襄王五十一年（前256）至秦統一（前221） | 正面殘存 5 行 87 字,背面殘存 5 行 81 字 | | |
| 岳山木牘 | 約秦昭襄王晚年至秦末（前206）,與睡虎地秦簡《日書》甲、乙時代略同或稍晚 | 2 件,共 579 字 | 《江陵岳山秦漢墓》文②圖版 | |
| 龍崗秦簡 | 秦王政二十四年（前 223）至秦二世三年（前 207）間 | 283 枚 | 《龍崗秦簡》③圖版 | |
| 龍崗木牘 | 秦王政二十四年（前 223）至秦二世三年（前 207）間 | 1 件,正面 2 行 35 字,背面 1 行 3 字 | | |

①　雲夢睡虎地秦墓編寫組《雲夢睡虎地秦墓》,文物出版社 1981 年。
②　湖北省江陵縣文物局《江陵岳山秦漢墓》,《考古學報》2000 年第 4 期。
③　中國文物研究所、湖北省文物考古研究所《龍崗秦簡》,中華書局 2001 年。

續表

| 名　稱 | 年　代 | 存　字 | 圖版著錄 | 備　注 |
|---|---|---|---|---|
| 里耶秦簡 | 秦王政二十五年（前 222）至秦二世二年（前 208） | 36000 餘枚,現僅公布 38 枚 | 《湖南龍山里耶戰國——秦代古城一號井發掘簡報》、《湘西里耶秦代簡牘選釋》、《里耶發掘報告》①附圖 | 本書僅收錄現已公布的部份里耶簡文字 |
| 關沮秦簡 | 秦代末年（約前 215 ~ 前 206） | 389 枚,共 5302 字 | 《關沮秦漢墓簡牘》②圖版 | |
| 關沮木牘③ | 秦二世元年（前 209） | 149 字 | | |

## E 秦帛書

| 器　名 | 年　代 | 存　字 | 圖版著錄 | 備　注 |
|---|---|---|---|---|
| 帛書·五十二病方 | 皆馬王堆醫書帛書,約戰國晚期至秦始皇時（前 279 ~ 前 210） | 462 行 | 《馬王堆漢墓帛書》(四)④圖版 | |
| 帛書·足臂十一脈灸經 | | 34 行 | | |
| 帛書·陰陽十一脈灸經甲本 | | 35 行（殘缺 2 行） | | |
| 帛書·脈法 | | 13 行 | | |
| 帛書·陰陽脈死候 | | 4 行 | | |

## F 秦　錢

| 名　稱 | 年　代 | 存　字 | 圖版著錄 | 備　注 |
|---|---|---|---|---|
| 先秦、秦半兩錢 | 先秦至秦代 | 1589 字 | 《半兩錢研究與發現》⑤圖版 | |
| 秦國圜錢 | 先秦至秦代 | 略 | 《先秦貨幣通論》⑥圖版 | |

---

① 湖南省文物考古所等《湖南龍山里耶戰國——秦代古城一號井發掘簡報》,《文物》2003 年第 1 期;湖南省文物考古所等《湘西里耶秦代簡牘選釋》,《中國歷史文物》2003 年第 1 期。另參《里耶發掘報告》,嶽麓書社 2007 年。

② 湖北省荆州市周梁玉橋遺址博物館《關沮秦漢墓簡牘》,中華書局 2001 年。

③ 即"秦二世元年曆譜木牘"。

④ 馬王堆漢墓帛書整理小組《馬王堆漢墓帛書》(四),文物出版社 1985 年。

⑤ 王雪農、劉建民《半兩錢研究與發現》,中華書局 2005 年。按:此書收集先秦、秦半兩錢約截止於 2002 年。

⑥ 黃錫全《先秦貨幣通論》第六章第三節,紫禁城出版社 2002 年。

| 名　　稱 | 年　　代 | 存　　字 | 圖版著録 | 備　　注 |
|---|---|---|---|---|
| 西安茅坡光華膠鞋廠秦墓出土半兩錢 | 秦昭襄王至始皇時期 | 共 6 枚 | 圖版未公布① | 本書暫未收 |
| 西安潘家莊世家星城秦墓出土半兩錢 | 約戰國末至西漢初期 | 共 8 枚 | 《西安南郊秦墓·第 三 編》② 圖 185；15—22 | |
| 秦國封君鑄錢 | 戰國晚期 | 略 | 《戰國晚期秦國的封君鑄錢》文③圖 1 | |
| 秦金餅 | 戰國晚期至秦代 | 略 | 未見圖版④ | 本書暫未收 |

## G　秦陶(含磚瓦)⑤

| 器　　名 | 年　　代 | 存　　字 | 圖版著録 | 備　　注 |
|---|---|---|---|---|
| 瓦書 | 秦惠文君四年(前 334) | 正、背面 9 行 121 字(重文 2，合文 3) | 《秦代陶文》⑥圖版 | |
| 秦陶量 | 秦始皇時期(前 246～前 210) | 略 | | |
| 秦始皇陵西趙背戶村修陵工人墓誌瓦文 | 約秦王政十四年(前 233)至秦二世三年(前 207)間 | 18 條 | | |
| 秦陶 | 秦孝公以後至秦代 | 略 | | |
| 岐山王家嘴土壕出土陶文⑦ | 約秦孝公十二年(前 350)至秦二世三年(前 207)間 | 4 字 | 集證圖版 191～225 頁 | |
| 咸陽塔兒坡秦墓出土陶文 | 約秦孝公十二年(前 350)至秦二世三年(前 207)，而多數約爲秦孝公(下限前 338)時 | 45 條 | | |

---

① ② 　西安市文物保護考古所《西安南郊秦墓》，陝西人民出版社 2004 年。

③ 　何清谷《戰國晚期秦國的封君鑄錢》，《考古與文物增刊·先秦考古》，2002 年。

④ 　朱捷元、黑光《陝西省興平縣念流寨和臨潼縣武家屯出土古代金餅》，《文物》1964 年第 7 期。

⑤ 　《秦代陶文》主要收録秦孝公以後至秦代時期的陶文拓片 1610 件 600 餘種，原書附有詳細的《秦代陶文登録表》；《秦文字集證》第五章又收録、考釋 14 處秦墓(遺址)新出陶文。

⑥ 　袁仲一《秦代陶文》，三秦出版社 1987 年。

⑦ 　卽"周原發現秦陶印文"。

續表

| 器　名 | 年　代 | 存　字 | 圖版著錄 | 備　注 |
|---|---|---|---|---|
| 丹鳳秦商邑遺址出土"商"字瓦當 | 約秦孝公二十二年（前340）至秦二世三年（前207）間 | 1 字 | | |
| 黃龍採集"雕陰"陶罐 | 約惠文王後元十一年（前314）至秦二世三年（前207）間 | 2 字 | | |
| 清澗李家崖出土陶文 | 約戰國晚期至秦二世三年（前207）間 | 2 字 | | |
| 鄜縣白家遺址陶文陶罐 | 約戰國晚期至秦二世三年（前207）間 | 1 字 | | |
| 秦東陵出土陶文 | 約秦昭襄王四十年（前267）至秦二世三年（前207）間 | 25 條 | | |
| 臨潼劉莊秦墓出土陶文 | 約秦莊襄王元年（前249）至秦二世三年（前207）間 | 7 條 | | |
| 臨潼縣城東街秦墓出土陶文 | 約秦王政元年（前246）至秦二世三年（前207）間 | 7 條 | | |
| 臨潼劉寨村秦遺址出土陶文 | 約秦王政十六年（前231）至秦二世三年（前207）間 | 21 條 | | |
| 鳳翔南指揮秦墓陶文 | 秦景公四年（前573） | 4 條 | | |
| 秦芷陽陶窰出土陶文 | 未詳。 | 6 條 | | |
| 任家嘴秦墓出土陶文（符） | 約秦孝公十二年（前350）至秦二世三年（前207）間 | 陶文 14 條、陶符 7 條 | 《任家嘴秦墓》①圖 183、圖 184 | |

---

① 咸陽市文物考古研究所《任家嘴秦墓》，科學出版社 2005 年。

| 器　名 | 年　代 | 存　字 | 圖版著錄 | 備　注 |
|---|---|---|---|---|
| 青川陶釜 | 秦武王二年（前 309）之後數年內 | 2 字 | 《青川縣出土更修田律木牘》文①圖11 | |
| 雲夢睡虎地 M11：41陶甕 | 秦昭襄王五十一年（前256）至秦統一（前 221） | 4 字 | 《雲夢睡虎地秦墓》②圖 69 | |
| 臨潼南杜村遺址出土陶文 | 約秦王政十六年（前 231）至秦二世三年（前 207）間 | 49 條 | 《西安臨潼新豐南杜秦遺址陶文》文③圖 1～4 | |
| 始皇詔陶印 | 秦始皇二十六至三十七年（前 221～前 209） | 40 字 | 《秦系文字研究》④附圖 | |
| 赤峰秦瓦量·殘 | 秦始皇二十六至三十七年（前 221～前 209） | 15 字 | 《秦銘刻文字選》⑤43 頁圖 | |
| 龍崗秦墓陶甕 | 秦始皇二十七年（前 220）至秦二世三年（前 207）間 | 4 字（“安陸市亭”） | 圖版未公布⑥ | 本書暫未收 |
| 龍崗秦墓陶釜 | | 4 字（“安陸市亭”） | | |
| 麗山茜府陶盤 | 秦二世元至三年（前209～前 207） | 8 字 | 秦銅·52 附圖 | |
| 相家巷遺址出土陶文 | 約戰國晚期至秦代（下限前206） | 4 字 | 《西安相家巷遺址秦封泥的發掘》文⑦圖 15 | |
| “王氏”陶罐 | 戰國末年 | 4 字 | 拓本未見⑧ | 本書暫未收 |
| 西安茅坡光華膠鞋廠秦墓出土陶文（符） | 約秦昭襄王至始皇時期 | 共 26 條 | 《西安南郊秦墓·第一編》⑨圖 124～128 | |

①　四川省博物館、青川縣文化館《青川縣出土更修田律木牘——四川青川縣戰國墓發掘簡報》，《文物》1982 年第 1期。

②　《雲夢睡虎地秦墓》，文物出版社 1981 年。

③　王望生《西安臨潼新豐南杜秦遺址陶文》，《考古與文物》2000 年第 1 期。

④　陳昭容《秦系文字研究——從漢字史的角度考察》，《史語所專刊》103，2003 年。

⑤　《秦銘刻文字選》，上海書畫出版社 1976 年。

⑥　劉信芳、梁柱《雲夢龍崗秦簡》，科學出版社 1997 年。

⑦　中國社科院考古所長安城工作隊《西安相家巷遺址秦封泥的發掘》，《考古學報》2001 年第 4 期。

⑧　王丕忠《戰國秦“王氏”陶罐和魏“安邑”銅鍾——介紹咸陽出土的兩件珍貴文物》，《光明日報》1974 年 7 月 6日。

⑨　西安市文物保護考古所《西安南郊秦墓》，陝西人民出版社 2004 年。

續表

| 器　名 | 年　代 | 存　字 | 圖版著錄 | 備　注 |
|---|---|---|---|---|
| 西安茅坡郵電學院秦墓出土陶文(符) | 約戰國晚期至秦統一 | 共4條 | 《西安南郊秦墓·第二編》①圖134～135 | |
| 西安潘家莊世家星城秦墓出土陶文(符) | 約戰國末至西漢初期 | 陶文120條、陶符13條 | 《西安南郊秦墓·第三編》②圖189～223 | |
| 秦文字瓦當 | 戰國中晚期至秦統一後 | 略 | 《秦文字瓦當的確認和研究》文③部分圖版 | |

### H　秦封泥、秦印

| 名　稱 | 年　代 | 存　字 | 圖版著錄 | 備　注 |
|---|---|---|---|---|
| 里耶秦墓出土封泥 | 約秦王政二十五年(前227)至二世二年(前208) | 10餘品 | 圖版未公布④ | 本書暫未收 |
| 秦封泥 | | | 《秦封泥集》⑤圖版 | |
| 相家巷遺址秦封泥 | 約戰國晚期至秦代(下限前206) | 略 | 《西安相家巷遺址秦封泥的發掘》文⑥圖版 | |
| 京陝新見相家巷秦封泥 | | | 詳見注釋⑦ | |
| 西安中國書法藝術博物館藏秦封泥⑧ | 約戰國晚期至秦代(下限前206) | 432品,附錄57品 | 《新出土秦代封泥印集》⑨圖版 | |

---

①②　西安市文物保護考古所《西安南郊秦墓》,陝西人民出版社2004年。

③　焦南峰等《秦文字瓦當的確認和研究》,《考古與文物》2000年第3期。按:此文部分瓦當歸屬秦可商。

④　湖南省文物考古所等《湖南龍山里耶戰國——秦代古城一號井發掘簡報》,《文物》2003年第1期。另可參《里耶發掘報告》,嶽麓書社2007年。

⑤　周曉陸、路東之《秦封泥集》,三秦出版社2000年。

⑥　中國社科院考古研究所長安城工作隊《西安相家巷遺址秦封泥的發掘》,《考古學報》2001年第4期。

⑦　周曉陸、路東之等《秦封泥再讀》,《考古與文物》2002年第5期。周曉陸、陳曉捷《在京新見秦封泥中的中央職官內容——紀念相家巷秦封泥發現十周年》,《考古與文物》2005年第5期。周曉陸、陳曉捷《新見秦封泥中的中央職官印》,《秦文化論叢》第9輯,西北大學出版社2002年(按:此文內容與《秦封泥再讀》有重複)。馬驥《西安新見秦封泥及其斷代探討》,《中國文物報》2005年12月7日。

⑧　據該書"凡例":均爲西安市北郊相家巷遺址出土的秦封泥。

⑨　傅嘉儀《新出土秦代封泥印集》,西泠印社2002年。

續表

| 名　稱 | 年　代 | 存　字 | 圖版著錄 | 備　注 |
|---|---|---|---|---|
| 秦官印 |  | 444 品 | 集證圖版 133 ~ 160 頁 |  |
| 秦私印 | 約戰國晚期至秦代（下限前 206） | 295 品 | 集證圖版 161 ~ 183 頁 |  |
| 秦成語印 |  | 43 品 | 集證圖版 184 ~ 186 頁 |  |
| 秦印（含部分封泥等） | 上延戰國秦系印章，下限至西漢初期秦式印章 | 1400 餘品 | 《秦印文字彙編》①圖版 |  |

## Ⅰ 秦漆器（含木器）

| 名　稱 | 年　代 | 存　字 | 圖版著錄 | 備　注 |
|---|---|---|---|---|
| 秦公一號大墓漆筒墨書 | 秦景公（前 576 ~ 前 537）時 | 4 字 | 集證圖版 226.1 頁 |  |
| 青川秦墓漆器 | 秦武王二年（前 309）之後數年内 | 略 | 《青川縣出土更修田律木牘》文②圖 15 |  |
| 十七年太后漆盒 | 秦昭襄王十七年（前 290） | 4 行 14 字 | 《湖南常德出土"秦十七年太后"扣器漆盒及相關問題探討》文③圖 3 |  |
| 二十九年漆奩 | 秦昭襄王二十九年（前 278） | 4 行 17 字 | 集證圖版 27 頁 |  |
| 揚家山秦墓漆器 | 上限不超過前 278 年，下限在西漢以前 | 略 | 《江陵揚家山 135 號秦墓發掘簡報》文④圖 16 |  |
| 榮經漆器 | 戰國時期 | 2 件,4 字 | 《四川榮經古城坪秦漢墓葬》文⑤圖八 |  |

---

　　① 許雄志《秦印文字彙編》，河南美術出版社 2001 年。按:《秦印文字彙編》所收錄除了印章，還包括封泥、印陶等文字，惜未能一一具體標明，本《字編》暫統稱爲"秦印"。
　　② 四川省博物館、青川縣文化館《青川縣出土更修田律木牘——四川青川縣戰國墓發掘簡報》，《文物》1982 年第 1 期。
　　③ 龍朝彬《湖南常德出土"秦十七年太后"扣器漆盒及相關問題探討》，《考古與文物》2002 年第 5 期。
　　④ 湖北省荆州地區博物館《江陵揚家山 135 號秦墓發掘簡報》，《文物》1993 年第 8 期。
　　⑤ 榮經古墓發掘小組《四川榮經古城坪秦漢墓葬》，《文物資料叢刊》第 4 輯，文物出版社 1981 年。

續表

| 名 稱 | 年 代 | 存 字 | 圖版著錄 | 備 注 |
|---|---|---|---|---|
| 王家臺秦墓出土木式盤 | 約戰國晚期（前 278 ～ 前 221） | 1 件。約 50 字 | 圖版未公布① | 本書暫未收 |
| 木骰子 | 約戰國晚期（前 278 ～ 前 221） | 23 件。約 16 字 | 《江陵王家臺 15 號秦墓》文②圖 14 | |
| 睡虎地秦墓漆器 | 約秦昭襄王二十九年（前 277）至秦始皇三十年（前 217）間 | 477 個 | 《雲夢睡虎地秦墓》③附錄二 | |
| 睡虎地七號墓槨室門楣刻字 | 秦昭襄王五十一年（前 256） | 1 件。1 行 9 字 | 集證圖版 226.2 頁 | |
| 放馬灘地圖文字注記 | 戰國末至秦王政元年（前 246）約 30 年間 | 4 塊。共約 206 字 | 《天水放馬灘秦墓出土地圖初探》文④附圖 | |
| 里耶秦墓出土木笥牌⑤ | 約秦王政二十五年（前 227）至二世二年（前 208） | 12 字 | | 本書暫未收 |
| 里耶秦墓出土木封泥匣⑥ | 約秦王政二十五年（前 227）至二世二年（前 208） | 200 餘枚 | | 本書暫未收 |
| 龍崗秦墓漆器 | 秦始皇二十七年（前 220）至秦二世三年（前 207）間 | 2 件。10 字 | 《雲夢龍崗秦簡》⑦圖 7 | |
| 關沮秦墓漆器 | 秦始皇三十四年（前 213） | 11 處 | 《關沮秦漢墓簡牘》⑧148 ～ 149 頁 | |
| 漆、木器 | 約秦統一至漢景帝時（前 221 ～ 前 141） | 6 字 | 《廣州秦漢造船工廠遺址試掘》文⑨圖版 | |
| 秦陵木車馬金銀泡 | 約秦二世時（前 209 ～ 前 207） | 142 件上有刻劃文字或符號 | 集證圖版 228 ～ 237 頁 | |

---

①② 荆州地區博物館《江陵王家臺 15 號秦墓》，《文物》1995 年第 1 期。

③ 《雲夢睡虎地秦墓》，文物出版社 1981 年。

④ 何雙全《天水放馬灘秦墓出土地圖初探》，《文物》1989 年第 2 期。

⑤⑥ 湖南省文物考古所等《湖南龍山里耶戰國——秦代古城一號井發掘簡報》，《文物》2003 年第 1 期。另圖版可參《里耶發掘報告》，嶽麓書社 2007 年。

⑦ 劉信芳、梁柱《雲夢龍崗秦簡》，科學出版社 1997 年。

⑧ 湖北省荆州市周梁玉橋遺址博物館《關沮秦漢墓簡牘》，中華書局 2001 年。

⑨ 廣州市文物管理處、中山大學考古專業 77 屆工農兵學員《廣州秦漢造船工廠遺址試掘》，《文物》1977 年第 4 期。

# 二、引用文獻簡稱

安邑銅鍾：王丕忠《戰國秦"王氏"陶罐和魏"安邑"銅鍾——介紹咸陽出土的兩件珍貴文物》,《光明日報》1974 年 7 月 6 日

半兩：王雪農、劉建民《半兩錢研究與發現》,中華書局 2005 年

帛書：馬王堆漢墓帛書整理小組《馬王堆漢墓帛書》(四),文物出版社 1985 年

      病方：五十二病方

      足臂：足臂十一脈灸經

      灸經甲：陰陽十一脈灸經甲本

      死候：陰陽脈死候

      脈法：脈法

長平：《長平古戰場出土三十八年上郡戈及相關問題》,《文物》1998 年第 10 期

大墓殘磬：王輝等《秦公大墓石磬殘銘考釋》,《史語所集刊》67 本 2 分,1996 年

登封：河南省文物研究所《河南登封縣八方村出土五件銅戈》,《華夏考古》1991 年第 3 期

地圖：何雙全《天水放馬灘秦墓出土地圖初探》,《文物》1989 年第 2 期

地圖注記：放馬灘地圖文字注記

鼎跋：王輝《新見秦宜陽鼎跋》,《秦陵秦俑研究動態》2007 年第 1 期；又,《收藏》2007 年第 9 期

封泥集：周曉陸、路東之《秦封泥集》,三秦出版社 2000 年

封泥印：傅嘉儀《新出土秦代封泥印集》,西泠印社 2002 年

鳳翔：雍城考古隊尚志儒《鳳翔高莊野狐溝一號墓發掘簡報》,《文物》1980 年第 9 期

撫順：徐家國、劉兵《遼寧撫順市發現戰國青銅兵器》,《考古》1996 年第 3 期

關簡：湖北省荊州市周梁玉橋遺址博物館《關沮秦漢墓簡牘》,中華書局 2001 年

關沮牘：關沮木牘,同上

彙編：鍾柏生、陳昭容等《新收殷周青銅器銘文暨器影彙編》,臺北藝文印書館 2006 年

集成：中國社科院考古所《殷周金文集成》,中華書局 1984～1994 年

集證：王輝、程學華《秦文字集證》,臺灣藝文印書館 1999 年

箕敂：孫機《說"箕敂"》,《中國歷史文物》2003 年第 1 期

金銀器：黃盛璋《新出戰國金銀器銘文研究(三題)》,《古文字研究》(12),中華書局 1985 年

精粹：陝西歷史博物館《尋覓散落的瑰寶——陝西歷史博物館徵集文物精粹》,三秦出版社 2000 年

精華：西安市文物保護考古所《西安文物精華——青銅器》,世界圖書出版西安公司 2005 年

類編：袁仲一、劉鈺《秦文字類編》,陝西人民教育社 1993 年

里簡：湖南省文物考古所等《湖南龍山里耶戰國—秦代古城一號井發掘簡報》,《文物》2003

年第 1 期（另參湖南省文物考古所等《湘西里耶秦代簡牘選釋》,《中國歷史文物》2003 年
　第 1 期;編委會《里耶發掘報告》,嶽麓書社 2007 年）

臨淄:淄博市博物館、齊故城博物館《臨淄商王墓地》,齊魯書社 1997 年

龍簡:中國文物研究所、湖北省文物考古研究所編《龍崗秦簡》,中華書局 2001 年

龍崗牘:龍崗木牘,同上

銘刻選:《秦銘刻文字選》,上海書畫出版社 1976 年

南郊:西安市文物保護考古所《西安南郊秦墓》,陝西人民出版社 2004 年

漆盒:龍朝彬《湖南常德出土"秦十七年太后"扣器漆盒及相關問題探討》,《考古與文物》
　2002 年第 5 期

漆筒墨書:秦公一號大墓漆筒墨書

齊王:山東省淄博市博物館《西漢齊王墓隨葬器物坑》,《考古學報》1985 年第 2 期

潛山:安徽省文物考古研究所等《安徽潛山公山崗戰國墓發掘報告》,《考古學報》2002 年第
　1 期

秦編鐘:秦公及王姬編鐘

秦鎛鐘:秦公及王姬鎛鐘

秦陶:袁仲一《秦代陶文》,三秦出版社 1987 年

秦陶 A:王望生《西安臨潼新豐南杜秦遺址陶文》,《考古與文物》2000 年第 1 期

秦銅:王輝《秦銅器銘文編年集釋》,三秦出版社 1990 年

秦駰玉版:李零《秦駰禱病玉版的研究》,《國學研究》第 6 卷,北京大學出版社 1999 年

秦印編:許雄志《秦印文字彙編》,河南美術出版社 2001 年

青川牘:四川省博物館、青川縣文化館《青川縣出土秦更修田律木牘——四川青川縣戰國墓
　發掘簡報》,《文物》1982 年第 1 期

任家嘴:咸陽市文物考古研究所《任家嘴秦墓》,科學出版社 2005 年

陝博:朱捷元《介紹陝西省博物館收藏的幾件戰國時的秦器》,《文物》1966 年第 1 期

實錄:吳永琪主編《戰國銅鼎回歸記——捐贈實錄》,秦始皇兵馬俑博物館編印本 2007 年

始皇陵:林洎《秦始皇帝陵出土方形深剷書文石礎》

睡簡:睡虎地秦墓竹簡整理小組《睡虎地秦墓竹簡》,文物出版社 1990 年

　　　編年:編年記

　　　秦律:秦律十八種

　　　雜抄:秦律雜抄

　　　封診:封診式

　　　答問:法律答問

　　　爲吏:爲吏之道

　　　日甲:日書甲種

　　　日乙:日書乙種

　　　語書:語書

　　　　效律:效律

　　　　11 號牘:睡虎地 11 號木牘

　　　　6 號牘:睡虎地 6 號木牘

　　　　槨室門楣刻字:睡虎地 7 號墓槨室門楣刻字

《說文》:東漢・許慎《說文解字》,中華書局影印本 1963 年

隨州:左得田《湖北隨州市發現秦國銅器》,《文物》1986 年第 4 期

陶罐:王丕忠《戰國秦"王氏"陶罐和魏"安邑"銅鍾——介紹咸陽出土的兩件珍貴文物》,《光
　　明日報》1974 年 7 月 6 日

天簡:《天水秦簡(部分)圖版》,《書法》1990 年第 4 期

瓦當:焦南峰等《秦文字瓦當的確認和研究》,《考古與文物》2000 年第 3 期

瓦書:郭子直《戰國秦封宗邑瓦書銘文新釋》,古文字研究(14),中華書局 1986 年

王家臺:荊州地區博物館《江陵王家臺 15 號秦墓》,《文物》1995 年第 1 期

先秦幣:黃錫全《先秦貨幣通論》第六章第三節,紫禁城出版社 2002 年

新封泥 A:周曉陸、陳曉捷《在京新見秦封泥中的中央職官內容——紀念相家巷秦封泥發現
　　十周年》,《考古與文物》2005 年第 5 期

新封泥 B:周曉陸、路東之等《秦封泥再讀》,《考古與文物》2002 年第 5 期

新封泥 C:中國社科院考古所長安城工作隊《西安相家巷遺址秦封泥的發掘》,《考古學報》
　　2001 年第 4 期

新封泥 D:周曉陸、陳曉捷《新見秦封泥中的中央職官印》,《秦文化論叢》第 9 輯,西北大學出
　　版社 2002 年

新封泥 E:馬驥《西安新見秦封泥及其斷代探討》,《中國文物報》2005 年 12 月 7 日

新戈:張光裕《新見〈秦子戈〉二器跋》,屈萬里先生百歲誕辰國際學術研討會論文,臺灣
　　2006 年

新見秦宜陽鼎:吳永琪主編《戰國銅鼎回歸記——捐贈實錄》,秦始皇兵馬俑博物館編印本,
　　2007 年

新金:許明綱、于臨祥《遼寧新金縣後元台發現銅器》,《考古》1980 年第 5 期

《研究》:陳昭容《秦系文字研究——從漢字史的角度考察》,《史語所專刊》103,2003 年

揚家山:湖北省荊州地區博物館《江陵揚家山 135 號秦墓發掘簡報》,《文物》1993 年第 8 期

沂南:趙文俊《山東沂南陽都故城出土秦代銅斧》,《文物》1998 年第 12 期

遺址:廣州市文物管理處、中山大學考古專業 77 屆工農兵學員《廣州秦漢造船工廠遺址試
　　掘》,《文物》1977 年第 4 期

榮經:榮經古墓發掘小組《四川榮經古城坪秦漢墓葬》,《文物資料叢刊》第 4 輯,文物出版社
　　1981 年

俑坑:蔣文孝、劉占成《秦俑坑新出土銅戈、戟研究》,《文物》2006 年第 3 期

玉璜刻文:秦安上袁家墓玉璜刻文

岳山牘:湖北省江陵縣文物局《江陵岳山秦漢墓》,《考古學報》2000 年第 4 期

雲夢：雲夢睡虎地秦墓編寫組《雲夢睡虎地秦墓》，文物出版社 1981 年

珍金：蕭春源《珍秦齋藏金・秦銅器篇》，澳門基金會 2006 年

鑄錢：何清谷《戰國晚期秦國的封君鑄錢》，《考古與文物增刊・先秦考古》，2002 年

詛楚文・中吳本：郭沫若《詛楚文考釋》，《郭沫若全集・考古編》第九卷，科學出版社
　　1982 年

# 跋

上世紀 80 年代初,我開始走上學習和研究秦文字的道路,二十多年來沉潛其間,撰有《秦銅器銘文編年集釋》《秦文字集證》《秦出土文獻編年》三本書。在工作中,我經常使用幾種出版已久的秦文字工具書,如袁仲一《秦文字類編》、劉信芳《睡虎地秦簡文字編》、張守中《睡虎地秦簡文字編》、許雄志《秦印文字彙編》;也使用幾種典範的戰國文字工具書,如湯餘惠《戰國文字編》、何琳儀《戰國古文字典》等。這些書有很多優點:或用複印剪貼,或摹寫較精,多附有辭例,有的還有簡單而必要的訓釋。但無可諱言,這些書也有某些不足:限於體例,戰國文字工具書收秦文字較少;秦簡、秦印文字編祇收某一門類、甚或某一門類中一部分的秦文字,看不出秦文字的全貌;出版時間較早,很多新見字漏收;摹本或有失真;有的沒有辭例,有的辭例較少。鑒於這種情況,我曾有一個宏願,想自己動手新編一本《秦文字編》,以圖反映秦文字的全貌,同時附較多辭例及必要的訓釋,以方便讀者。但因爲總是忙,荏苒數年,這個願望一直未能實現。楊宗兵同學原在北京師範大學隨秦永龍教授讀博士,2005 年春,他的博士論文《秦文字字體研究》送我審閱,論文後附有《秦文字字表》近 500 頁,引起了我的興趣。當年秋,宗兵提出想到陝西師範大學文學院隨我做博士後,我卽建議他以編纂《秦文字編》爲課題,希望自己多年的願望由他而得以實現。後來這個課題得以確立,並獲得了國家博士後基金的贊助。

在《秦文字編》編纂之初,我曾給宗兵定下了 4 條原則:

1. 字形儘量掃描,以存其真;

2. 摹本準確者,也可適當選用;

3. 每個字形下皆附以辭例;

4. 有簡明扼要的注釋。

按這幾條原則,兩年來,宗兵的工作可以說是日夜兼程。因爲他在站做博士後期間,原單位仍有工作任務,《秦文字編》大多是利用業餘時間:雙休日不休息,晚上經常幹到凌晨兩點。經過近兩年緊張的工作,字編終於在今年 5 月拿出了初稿。從 5 月末到 7 月中旬,我用一個半月時間作了大量修改。應該說,本書基本上達到了以上 4 條要求,但也不可能做到盡善盡美,仍然存在一些不盡人意之處:

1. 字形用掃描的初衷是好的,但簡牘之類有些字影印本原質量較差,掃描後雖作了技術處理,仍不很清晰;

2. 摹本輾轉迻錄,最初的摹寫者有的見過實物,有的僅據照片,仍有走形。研究戰國文字特別是兵器、簡牘的人都知道,最好目驗實物,但這不是一般人都能做到的。我自己見過不少實物,但大多數仍祇能看照片、拓本,宗兵就見得更少了。兵器上很多字細如髮絲,是拓不出來的,早先的技術也很難照清楚。因此,本書摹本僅供參考;

3. 因爲辭例求多求全，使書的部頭較大。權、衡、詔版之類銘文雷同，數字、干支、常用字出現頻率極高，封泥、璽印、陶文同一職官印或私印有的有數枚，或不同書重複著錄，這就使得有的字項有數十頁。我雖稍有刪削，但一則封泥之類核對查重絕非短時間所能完成；二則又想到資料求全也能起到秦文字引得的作用，可統計某些字詞的使用頻率，對讀者仍有某種利用價值，故未盡刪。好在各辭例皆標明出處，讀者在使用中可根據需要加以選擇；

4. 簡牘特別是天水放馬灘《日書》乙、龍崗簡多殘缺，斷句較困難。我自己多年來研究、整理秦文字，自以爲對材料很熟悉，但對某些句子該如何斷，仍猶豫再三。

應該說，有些不足是因我的指導思想而造成的，責任應由我承擔。不過，祇要本書比先前的幾種秦文字工具書收字更全、辭例更多、解說更詳細，就自有其價值。

《秦文字編》的時間斷限，上起秦莊公未卽位前數年內，下迄秦漢之際，大體包括春秋、戰國時的秦國和秦王朝兩段。部分傳世秦印字畫細勁，方中寓圓，與西安北郊相家巷村出土秦封泥風格一致，而與典型的漢印有別，我們將之看作秦印。馬王堆帛書中的《五十二病方》《足臂十一脈灸經》《陰陽十一脈灸經》甲、《脈法》《陰陽脈死侯》等書法秀麗，字體近篆，用"殹"不用"也"，竹字作艸，與楚文字同，學者多以爲"寫於秦始皇稱皇帝期間"，本書也加以收錄。但時代明確的漢初文字，如張家山漢簡抄寫於呂后二年（前186）前後，雖然文字風格與秦文字相同，我們不加收錄。

本書所收文字的分部及編排順序，仍依《說文》。先前的秦文字工具書或重新分部編序，有得有失。嚴格說來，秦文字屬古文字的範疇，研究古文字的學者對《說文》部首及其歸字較爲熟悉。裘錫圭說（《文字學概要》第62頁）："《說文》收集了九千多個小篆，這是最豐富最系統的一份秦系文字資料。但是《說文》成書於東漢中期，當時人們所寫的小篆的字形，有些已有訛誤。"《說文》篆文雖有訛誤，然而它最接近秦篆，而迥異於六國文字，則是不爭的事實。《秦文字編》據《說文》分部，應是較好的選擇。

不過，根據秦文字的實際，我們對《說文》分部、歸字也略有變通，如：

《說文》晨、曟（晨）二字，"晨"爲"早昧爽"，"曟"爲"房星"，秦文字皆作"晨"，今卷三、卷七皆收入。

肕，《說文》在十四卷丑部，云："食肉也。从丑，从肉。"徐鍇繫傳："从肉、丑，丑亦聲。"今改置四卷肉（月）部。

鳳、朋、鵬，《說文》一字，我們將鳳鳥之"鳳"與朋友之"朋"看作兩字。

亯、享、亨，《說文》一字，我們將"享、亨"看作兩字。

《說文》改、攺二字，音、義亦不同，但秦文字中"攺"或讀"改"，如詛楚文"外之則冒攺㐆心"，"冒攺"卽"昧改"，此猶侯馬盟書"而敢或（有）敚（變）攺（改）"，今隸作"改"，注明用同"改"。

《說文》六卷有無字，十二卷有橆字，二者本一字，後者爲前者的注音形聲字，《說文》分爲二字，"橆"又有異體"无"。從秦文字看，有無之字皆作"無"，下不加"亡"。今有無字皆置六卷，而將"无"附十二卷"橆"下。

卿、鄉，本爲一字，秦時已分化爲二字，《說文》分置於卷六、卷九。秦時雖已分化，但二字或分用(如卿大夫,西鄉),或同用(如"民各有卿俗""西卿門"之卿仍同"鄉"或"嚮")。本書將讀同"鄉"的"卿"置於卷六。

　　穜、種,《說文》分爲二字,秦文字有"穜"無"種",今在穜字後括注種字。

　　《說文》五卷有鬱字,六卷有鬱字,二者實爲一字。秦文字有鬱無鬱,今二卷皆收入。

　　《說文》十二卷聞字从耳,門聲,秦戰國文字同。春秋時秦懷后磬"聞于四方"聞字突出人耳聽聞之狀,乃其本字,即《說文》婚字籀文"憂",《說文》"聞"讀爲"婚"。今將磬文置於聞字下。

　　《說文》"顚"訓"顛頂","愿"訓"謹","願"訓"大頭"。秦文字有"顚、愿"而無"願"。段玉裁云:"《篇》(按指《玉篇》)、《韻》(按指《廣韻》)皆云顚、願二同。"又云:"按毛詩願字首見於《終風》'願言思鮞'而無傳,則毛意謂與今人語同耳。《釋詁》曰:'願,思也。'"欲思義典籍多用"願",而秦文字用"顚",今仍隸作"顚",而注明用同"願"。秦吉語印"慎言敬愿","愿"爲恭謹義,與"願"義異,仍另立一字頭。

　　《說文》"雲、云"一字,但後世用法有別。秦文字"云"用爲助詞,"雲"爲雲氣,我們列爲兩個字頭。

　　巳、已,一字分化,《說文》作一字看,但秦文字中二者各有用例,我們仍看作兩個字。

　　有些字如兵字,《說文》篆文作"叝",籀文作"兵",今通用"兵",今字頭仍標作"叝",而在其後括注兵字。又如攀字,《說文》篆文作"丼",攀爲其異文,秦文字作"攀",今在"丼"後括注攀字。

　　當然,這種選擇也不是沒有缺點。比如殷字置竹部篦字下而不置於殳部,疣字置頁部而不置广部,就未必合理。任何選擇都有利有弊,我們衹是選擇利大而弊小的處理方式。

　　注釋力求簡略,凡有爭議的詞語衹列有代表性的看法。對不同看法的取捨力求公允,不全以我自己先前的說法爲標準。秦公及王姬編鐘、鎛鐘"匍有四方"之"匍"我讀爲"溥",同時指出有學者讀"撫"。馬王堆帛書《足臂十一脈灸經》之"溫"我原隸作"溫",讀"筋",本書仍從眾讀"脈"。當然,對學者的說法我們是有抉擇的,並非一概採用。詛楚文有地名"旐",於、烏,《說文》一字,學者或說"旐"即"鄔",但《說文》:"鄔,太原縣。"旐則在河南、陝西界上,我們仍隸作"旐",看做《說文》所無字。

　　近幾年秦文字不斷有新資料出土或刊布,爲《秦文字編》的編纂提供了有利的條件。但放馬灘秦簡《日書》乙、王家臺秦簡、里耶秦簡都衹發表了零星資料,我們未能完整利用,又有些許遺憾。若干年後,我們期許能對本書加以訂補。兩年以來,我們做了很多努力,但時間畢竟短,加上其他原因,本書肯定還有種種不足乃至錯誤,誠懇歡迎同行批評指正。

　　蒙李學勤先生賜序,饒宗頤先生、秦永龍先生題寫書名,至爲感謝。

2007 年 7 月 18 日於陝西省考古研究所

　　校改附記:因爲種種原因,本書印行從 2007 年拖延至今。李學勤先生的序和拙跋幾年前已經發表,所以常有朋友問書出版沒有,我皆無言以對。2012 年末,書稿正式發排,今年 6

月排出初樣。六、七月份,我又仔細校改一過,包括有些文字、辭例的改動、增刪、挪移,有些《說文》篆文、古籀文的添補、隸定,有些體例的前後統一等。時值酷暑,近五十天間,每天工作十個鐘頭,極感疲憊,但想到書終於可以印出,又是很高興的。有幾點需要說明:

　　1. 六年來,又有若干秦文字資料刊布。如《天水放馬灘秦簡》完整刊布了天水放馬灘秦簡《日書》甲、乙及木版地圖;《嶽麓書院藏秦簡》(壹、貳、叁)刊布了三種《質日》、《爲吏治官及黔首》《占夢書》《數》《爲獄等狀四種》;《里耶秦簡》(壹)、《里耶秦簡校釋(第一卷)》刊布了數百枚里耶簡;秦金文、陶文、封泥也有一些新發現。我本想對《秦文字編》加以增補,但一則考慮到不久仍會有大宗資料刊布(如里耶、嶽麓書院簡、北大藏秦簡),不如索性再等一等,二則短期內時間和精力也不允許,故書仍大體保持 2006 年的舊貌,祇對放馬灘簡引到的辭例根據新資料略有訂正、增刪。全面的訂補,俟諸異日。

　　2. 有些掃描文字排版公司已經作了一些技術上的處理,但效果仍不甚理想。對不清晰的字例我本想刪去,或用摹本、符號代替。但字既不清晰,摹本不可能準確;用符號代替,則原字是否應如此隸定易致讀者懷疑。我想,有些字雖祇有模糊的輪廓,但原始資料刊布者對其隸定絕大多數是可信的(因爲有上下文、辭例),祇有極個別字已是漆黑一片,才用○代替。《秦文字編》對 2006 年以前資料的收錄較爲完整,又有簡單訓釋,在某種程度上具備字典及引得的功能,所以不忍割捨,希望得到讀者的諒解。

　　後期工作中得到秦陵博物院曹瑋院長和研究室朱學文主任的很多幫助,很是感謝。彭文、蔣文孝也參加了部分工作,於此說明。

　　　　　　　　　　　　　　　　　　　　　　　　　　　　　　王　輝
　　　　　　　　　　　　　　　　　　　　　　　　　　　2013 年 7 月 28 日

# 後　記

窗外正值金秋重陽，那香山的紅葉秋霜浸染，早已"紅於二月花"了吧，無暇登高望遠，聊吟杜甫詩句"無邊落木蕭蕭下，不盡長江滾滾來"，漸有人生白駒過隙之慨，日光從指間悄悄流淌，"你聰明的，請告訴我，我們的日子爲什麽一去不復返呢?"記得 1994 年、2002 年自己曾兩度入學北京師範大學，師從書法家、文字學家秦永龍教授，啟蒙開竅，初識甲、金，在恩師指導下，碩、博論文分別以秦石鼓文、秦文字字體爲選題，漸漸以"點"擴"面"、癡迷上了秦文字。2005 年又有幸拜古文字學家、秦文字專家王輝教授爲師，入先生門下，得先生精心指導、教誨。如此幾度春秋，倘徉其中，癡心不改，衣帶漸寬終不悔，板凳甘坐十年冷，或許此生精神依託的卽是這秦文字吧。

學海無涯，學無止境。我真誠感激問學路上指導、幫助和支持我的各位先生、老師、同學：秦永龍、王輝、王寧、趙誠、黨懷興、趙學清、杜敏、李洪智、王偉、姜燕……，我更感謝家人（妻陸勤、子楊陸銘）的默默支持和無私奉獻！

《秦文字編》作爲博士後出站報告，曾請秦始皇兵馬俑博物館研究員袁仲一、四川大學教授彭裕商、北京師範大學教授秦永龍審閱，出站報告會上還有幸得到了陝西省考古所研究員吳鎮烽，陝西師範大學教授胡安順、郭芹納、張懋鎔、黨懷興等先生的評議，諸位專家都給予了積極的鼓勵和評價，並對出站報告提出了一些很好的建議和意見，本書已根據專家的建議作了一些調整和修改，但由於時間較緊、個人學識淺陋，本書內容方面可能存在收字疏漏等遺憾或錯誤，連同專家們的建議，待日後有條件修訂再版時加以完善。

本課題的研究和出版得到了中國博士後科學基金和陝西師範大學博士後基金的資助，陝西師範大學研究生處楊祖培教授、中華書局秦淑華先生爲《秦文字編》的編輯出版給予了熱情支持和真誠幫助，本书承蒙李學勤先生賜序，饒宗頤先生、秦永龍先生題寫書名，在此一併致以诚挚的謝意！

楊宗兵

2006 年 11 月 5 日

# 筆畫檢字表

| | | | | | | | | | | | |
|---|---|---|---|---|---|---|---|---|---|---|---|
| 必 | 153 | 芒 | 113 | 囚 | 978 | 匈 | 1461 | 羽 | 605 | 述 | 259 |
| 永 | 1671 | 芎 | 125 | 网 | 1249 | 名 | 197 | 牟 | 187 | 极 | 895 |
| 司 | 1401 | （朽） | 633 | 肉 | 641 | 各 | 229 | **七畫** | | 杞 | 879 |
| 尻 | 1347 | 朴 | 885 | 朱 | 883 | 多 | 1102 | 弄 | 427 | 李 | 867 |
| 尼 | 1347 | （杬） | 681 | 缶 | 824 | 恌 | 1757 | 匭 | 1824 | （求） | 1336 |
| 民 | 1792 | 枊 | 887 | 牝 | 187 | 色 | 1457 | 戒 | 427 | 車 | 1956 |
| 弗 | 1794 | 互 | 1877 | 年 | 1118 | 冰 | 1673 | 吞 | 196 | 更 | 534 |
| 弘 | 1834 | 臣 | 502 | 先 | 1362 | 亦 | 1589 | 扶 | 1746 | 束 | 972 |
| 出 | 950 | 吏 | 25 | 廷 | 301 | 交 | 1591 | （扡） | 1748 | 吾 | 199 |
| 阤 | 1992 | 再 | 623 | 延 | 304 | 次 | 1376 | 扪 | 1757 | 豆 | 767 |
| 奴 | 1770 | 西 | 1722 | 舌 | 322 | 衣 | 1326 | （折） | 124 | 酉 | 2207 |
| 外 | 1100 | 邨 | 1010 | 竹 | 677 | 亥 | 2221 | 投 | 1750 | 辰 | 2135 |
| 加 | 1924 | 戌 | 2216 | 迄 | 279 | 羊 | 612 | 抉 | 1751 | 邴 | 1015 |
| 召 | 201 | 在 | 1884 | 休 | 898 | 并 | 1305 | 把 | 1748 | 否 | 1717 |
| 皮 | 525 | 百 | 600 | 伍 | 1284 | 米 | 1140 | 抒 | 1754 | 砒 | 1493 |
| 孕 | 2113 | 有 | 1077 | 伏 | 1295 | 州 | 1670 | 坏 | 1896 | 底 | 1487 |
| （弁） | 1361 | 存 | 2115 | 臼 | 1144 | 汗 | 1665 | 坎 | 1894 | 夾 | 1588 |
| 台 | 205 | 而 | 1499 | 伐 | 1297 | 汙 | 1655 | 均 | 1881 | 豕 | 1514 |
| 癶 | 430 | 匠 | 1825 | 仲 | 1277 | 江 | 1635 | 坥 | 1897 | 豝 | 634 |
| 矛 | 1956 | 夸 | 1588 | 任 | 1287 | 汲 | 1661 | 走 | 233 | 弎 | 1813 |
| 母 | 1768 | 灰 | 1557 | 仮 | 1298 | 汔 | 1655 | 赤 | 1573 | 步 | 243 |
| 幼 | 624 | 戍 | 1806 | 伀 | 1277 | 氾 | 1651 | 孝 | 1339 | 肖 | 649 |
| **六畫** | | 歹 | 633 | 自 | 564 | （池） | 1636 | 志 | 1614 | 旱 | 1045 |
| 耒 | 673 | 列 | 669 | 伊 | 1277 | 宇 | 1159 | （却） | 1422 | 吳 | 1047 |
| 邦 | 999 | 死 | 634 | 血 | 784 | 守 | 1175 | 攻 | 539 | 貝 | 978 |
| 式 | 729 | 成 | 2068 | 向 | 1158 | 宅 | 1152 | 邯 | 1013 | 見 | 1365 |
| 迂 | 275 | 夷 | 1589 | 后 | 1401 | 字 | 2113 | 芫 | 111 | 助 | 1921 |
| 刑 | 791 | 邪 | 1016 | 行 | 304 | 安 | 1161 | 苊 | 128 | 吳 | 1590 |
| （邢） | 1013 | 至 | 1717 | 舟 | 1352 | 肎 | 654 | 芙 | 130 | 吻 | 196 |
| 邠 | 1013 | 毕 | 243 | （全） | 824 | 艮 | 1301 | 芮 | 113 | 吹 | 1369 |
| 戎 | 1805 | 此 | 247 | 合 | 803 | 阱 | 790 | 芥 | 124 | 吠 | 232 |
| 圭 | 1896 | 光 | 1563 | 企 | 1277 | 阮 | 1993 | 芩 | 111 | 足 | 316 |
| 寺 | 518 | 早 | 1043 | 兇 | 1147 | 收 | 538 | 臣 | 1742 | 呂 | 1197 |
| 吉 | 219 | 吁 | 229 | （兆） | 549 | 阪 | 1991 | 克 | 1108 | 邑 | 998 |
| 弌 | 1810 | 呈 | 232 | 刖 | 670 | 阬 | 1992 | 杜 | 871 | 別 | 640 |
| 考 | 1339 | 吸 | 197 | 朵 | 886 | 院 | 1992 | 材 | 887 | 里 | 1897 |
| 老 | 1337 | 虫 | 1855 | 危 | 1488 | 防 | 1992 | 杕 | 875 | 町 | 1907 |
| 地 | 1880 | 曲 | 1826 | 乒 | 1803 | 丞 | 396 | 杏 | 867 | 男 | 1918 |
| 耳 | 1739 | 同 | 1224 | 夙 | 1102 | 陝 | 1996 | 巫 | 730 | 兕 | 1519 |
| 共 | 430 | 因 | 976 | 旬 | 1459 | 奸 | 1781 | 杓 | 891 | 困 | 977 |
| 芍 | 111 | 回 | 974 | 旨 | 763 | 如 | 1775 | 好 | 1774 | 岑 | 1469 |

| | | | | | | | | | | | |
|---|---|---|---|---|---|---|---|---|---|---|---|
| (岐) | 1010 | 狄 | 1547 | (罕) | 1249 | 長 | 1493 | 奈 | 867 | (乖) | 612 |
| 杏 | 1667 | 角 | 674 | 初 | 660 | 亞 | 2006 | 奔 | 1591 | 忨 | 191 |
| 牡 | 186 | 狃 | 1544 | 社 | 60 | 取 | 474 | 奇 | 755 | 牧 | 541 |
| 告 | 191 | 彤 | 788 | 祀 | 56 | 苦 | 108 | 奄 | 1588 | 物 | 189 |
| 我 | 1813 | 卵 | 1864 | 君 | 199 | 苯 | 130 | 來 | 852 | 和 | 204 |
| 利 | 657 | 夅 | 427 | 屄 | 892 | 昔 | 1047 | 迚 | 242 | 季 | 2114 |
| 秀 | 1110 | 迎 | 266 | 尾 | 1349 | (其) | 683 | 妻 | 1765 | 委 | 1774 |
| 私 | 1112 | 欥 | 1376 | 局 | 232 | 苟 | 114 | 戔 | 1813 | 笓 | 683 |
| 每 | 104 | 言 | 349 | 改 | 541 | 若 | 119 | 到 | 1719 | 秉 | 472 |
| 伺 | 1300 | 亨 | 847 | 忌 | 1621 | 迣 | 274 | 邪 | 1016 | 侍 | 1283 |
| (兵) | 427 | 庵 | 1477 | 陆 | 1996 | 苴 | 122 | 逑 | 280 | 侢 | 1283 |
| 邱 | 1017 | 疕 | 1216 | 阿 | 1991 | 苗 | 114 | 非 | 1683 | 使 | 1289 |
| 何 | 1278 | 疔 | 1216 | 壯 | 90 | 英 | 113 | 叔 | 473 | 佰 | 1284 |
| 佐 | 1299 | 吝 | 229 | 迀 | 280 | 苂 | 111 | 岠 | 241 | 兒 | 1359 |
| 攸 | 536 | 序 | 1483 | 陕 | 1997 | 苑 | 115 | (肯) | 654 | 臾 | 2207 |
| 但 | 1297 | 辛 | 2081 | 陉 | 1996 | 苞 | 110 | 卥 | 742 | 版 | 1107 |
| 作 | 1284 | 冶 | 1674 | 姊 | 1770 | 范 | 125 | 虎 | 768 | 佟 | 1300 |
| 伯 | 1277 | 忘 | 1620 | 卲 | 1421 | 直 | 1816 | 尚 | 146 | 佩 | 1277 |
| 佝 | 1293 | 羌 | 616 | 忍 | 1626 | 莆 | 117 | 盱 | 554 | 侈 | 1292 |
| 佗 | 1278 | (妣) | 1566 | 甫 | 1105 | 茅 | 108 | 具 | 429 | 佳 | 607 |
| 身 | 1324 | 弟 | 860 | 矣 | 829 | 林 | 905 | (明) | 1092 | 依 | 1283 |
| 皃 | 1361 | 汪 | 1646 | **八畫** | | 枝 | 885 | 果 | 884 | 帛 | 1259 |
| (皂) | 126 | 汧 | 1638 | 奉 | 393 | (杯) | 890 | 昆 | 1047 | 卑 | 486 |
| 囱 | 1571 | 沐 | 1659 | 武 | 1811 | 柜 | 878 | 昌 | 1045 | 自 | 1974 |
| 近 | 273 | 沔 | 1638 | 青 | 789 | 杵 | 890 | 易 | 1519 | 卹 | 784 |
| 余 | 158 | 沙 | 1650 | 表 | 1328 | 枚 | 885 | 味 | 196 | 邸 | 785 |
| 兑 | 1360 | (沃) | 1652 | 孟 | 770 | 析 | 897 | 咀 | 196 | 欣 | 1370 |
| 希 | 1258 | 汾 | 1640 | 坯 | 1896 | 松 | 880 | 迪 | 279 | 戻 | 427 |
| 谷 | 1672 | 泛 | 1653 | 坡 | 1881 | 枠 | 899 | 畀 | 704 | 往 | 284 |
| 孚 | 2115 | 没 | 1653 | 卦 | 543 | 枋 | 875 | 忠 | 1616 | 彼 | 284 |
| (坐) | 1887 | 沈 | 1654 | 邽 | 1012 | 東 | 899 | 典 | 703 | 所 | 1942 |
| 妥 | 1782 | 決 | 1652 | (幸) | 1591 | 更 | 624 | 固 | 977 | 舍 | 807 |
| 豸 | 1517 | 忕 | 1627 | 者 | 573 | 或 | 1809 | 門 | 1730 | 金 | 1927 |
| 肝 | 643 | 快 | 1617 | 迖 | 279 | 臥 | 1322 | 岸 | 1470 | 命 | 200 |
| 肟 | 655 | 完 | 1167 | 拑 | 1747 | 事 | 489 | 罗 | 474 | 邰 | 1012 |
| 肘 | 647 | 宋 | 1185 | 拓 | 1754 | 刺 | 672 | 困 | 974 | 肴 | 651 |
| 邧 | 1009 | 宏 | 1160 | 拔 | 1755 | 兩 | 1226 | (罔) | 249 | 籵 | 549 |
| 免 | 1360 | 牢 | 188 | 抵 | 1746 | 雨 | 1676 | 尙 | 231 | 斧 | 1941 |
| 甸 | 1908 | 宎 | 1178 | (抱) | 1750 | 協 | 1926 | 制 | 671 | 采 | 897 |
| 狂 | 1547 | 究 | 1206 | 拘 | 324 | 邶 | 1018 | 知 | 829 | 受 | 627 |
| 犹 | 1545 | 良 | 847 | 招 | 1750 | 郁 | 1011 | (拜) | 1746 | 爭 | 629 |

| | | | | | | | | | | | |
|---|---|---|---|---|---|---|---|---|---|---|---|
| 乳 | 1686 | 卷 | 1422 | 居 | 1341 | 垢 | 1896 | 枥 | 887 | 盼 | 554 |
| 欵 | 1372 | 炊 | 1588 | 屆 | 1347 | 垌 | 1897 | 柢 | 883 | 則 | 661 |
| 念 | 1617 | 炎 | 1566 | (届) | 1347 | 封 | 1888 | 柱 | 889 | 昧 | 1043 |
| 忿 | 1622 | (法) | 1533 | 戾 | 1348 | 奊 | 1590 | 柲 | 892 | 昩 | 554 |
| 胠 | 656 | 沫 | 1660 | 屈 | 1351 | 壴 | 765 | 柁 | 899 | 昫 | 1043 |
| 胖 | 339 | 㳒 | 1668 | 弧 | 1830 | 郝 | 1011 | 柖 | 886 | 昭 | 1043 |
| 股 | 648 | 泔 | 1657 | 弦 | 1837 | 耈 | 1338 | 柀 | 874 | 是 | 253 |
| 肮 | 656 | 泄 | 1641 | 承 | 1750 | 政 | 531 | 枱 | 890 | 易 | 1498 |
| 胆 | 656 | 沽 | 1645 | 孟 | 2114 | (巷) | 313、1025 | 柳 | 877 | 冒 | 1226 |
| 肥 | 654 | 河 | 1635 | 牀 | 889 | 某 | 881 | 勃 | 1925 | (星) | 1055 |
| 朋 | 616 | 沮 | 1638 | 狀 | 1542 | 甚 | 731 | 軌 | 1963 | 昱 | 1046 |
| 服 | 1354 | 洗 | 1650 | 孤 | 2115 | 葉 | 897 | 匽 | 1824 | 郢 | 1014 |
| 周 | 227 | 沭 | 1668 | 函 | 1875 | 荓 | 128 | 刺 | 973 | 哆 | 196 |
| 昏 | 1044 | 泠 | 1640 | (陋) | 1824 | 荊 | 112 | 部 | 1016 | 禺 | 1467 |
| 兔 | 1539 | 注 | 1652 | 降 | 1992 | 茸 | 126 | 畐 | 847 | 畏 | 1466 |
| 望 | 1887 | 沱 | 1636 | 姑 | 1770 | 芘 | 110 | (酒) | 742 | 毗 | 1916 |
| 匋 | 824 | 泥 | 1645 | 妞 | 1782 | 草 | 126 | 柬 | 972 | 界 | 1908 |
| 狐 | 1548 | 沸 | 1651 | 姓 | 1763 | 莒 | 106 | 咸 | 205 | 思 | 1610 |
| 狗 | 1541 | 波 | 1647 | 始 | 1771 | 荅 | 105 | 威 | 1770 | 胃 | 643 |
| 臽 | 1145 | 治 | 1641 | 弩 | 1834 | 皆 | 129 | 厚 | 847 | 眈 | 1916 |
| 咎 | 1298 | 怦 | 1626 | 契 | 1770 | 荞 | 132 | 砍 | 1653 | 虹 | 1858 |
| 枭 | 1667 | 怢 | 1626 | 叕 | 2005 | 茹 | 123 | 斫 | 1941 | 罔 | 975 |
| 炙 | 1571 | 怐 | 1626 | 娄 | 1783 | 荔 | 125 | 砭 | 1493 | 囷 | 978 |
| 㜺 | 1774 | 怪 | 1620 | 糾 | 325 | 茲 | 113 | 面 | 1390 | 炭 | 1557 |
| 京 | 846 | 宗 | 1185 | 甾 | 1826 | 故 | 529 | 奘 | 1601 | 哭 | 1549 |
| (享) | 846 | 定 | 1160 | **九畫** | | 胡 | 651 | (耐) | 1513 | 罘 | 1249 |
| 夜 | 1098 | 宕 | 1185 | 契 | 1589 | 剋 | 673 | 形 | 1513 | 骨 | 640 |
| 府 | 1470 | (宜) | 1178 | 奏 | 1600 | 革 | 437 | 奎 | 1588 | 幽 | 624 |
| 卒 | 1334 | 官 | 1965 | (春) | 127 | 要 | 436 | 盈 | 784 | 叚 | 517 |
| (郏) | 1011 | 空 | 1200 | 珍 | 86 | 南 | 958 | 旭 | 1856 | 牷 | 187 |
| 庚 | 2076 | 宛 | 1159 | 毒 | 104 | 奈 | 867 | 映 | 634 | 牲 | 188 |
| 音 | 787 | 宋 | 1199 | 医 | 1826 | 枯 | 887 | 殄 | 634 | 牴 | 188 |
| 姜 | 391 | 郎 | 1014 | 抹 | 1757 | 林 | 899 | 皆 | 566 | 毒 | 1145 |
| 瓶 | 1829 | 戾 | 1545 | 扞 | 1757 | 柄 | 892 | 勁 | 1921 | 耗 | 1115 |
| 放 | 625 | 攽 | 542 | 括 | 1755 | 柘 | 879 | 韭 | 1149 | 秫 | 1136 |
| 刻 | 666 | (肩) | 646 | 拾 | 1754 | 相 | 555 | 貞 | 543 | 秋 | 1130 |
| 劾 | 1926 | 房 | 1730 | 指 | 1745 | 枳 | 878 | 虐 | 768 | 重 | 1319 |
| (於) | 617 | 㭉 | 62 | 挌 | 1756 | 柍 | 874 | 虛 | 770 | 段 | 514 |
| 育 | 2118 | 祁 | 1013 | 垣 | 1882 | 柞 | 875 | 省 | 562 | 侲 | 427 |
| (並) | 1610 | 建 | 302 | 城 | 1891 | 树 | 895 | 削 | 657 | 叟 | 463 |
| 券 | 672 | 帚 | 1255 | 垤 | 1896 | 柏 | 880 | 昤 | 562 | 便 | 1287 |

| | | | | | | | | | |
|---|---|---|---|---|---|---|---|---|---|
| 保 | 1276 | 負 | 984 | 首 | 1391 | 袜 | 62 | 紅 | 1849 | 荚 | 113 |
| 俉 | 1300 | 奐 | 427 | 𤣥 | 147 | 祖 | 57 | 約 | 1843 | 拳 | 1756 |
| 俗 | 1289 | 勉 | 1921 | 逆 | 265 | 神 | 54 | 級 | 1843 | 莽 | 131 |
| 係 | 1295 | 風 | 1860 | 炪 | 1565 | 祝 | 59 | 紀 | 1842 | 莖 | 112 |
| 信 | 369 | 狥 | 1549 | 炮 | 1559 | 袗 | 1336 | **十畫** | | 莫 | 130 |
| 敆 | 541 | 狟 | 1549 | 迋 | 1667 | 祠 | 57 | 著 | 1879 | 莪 | 111 |
| 皇 | 77 | 狡 | 1541 | 洒 | 1659 | 袘 | 62 | 曹 | 737 | 莠 | 105 |
| 泉 | 1670 | 訇 | 382 | 溟 | 1667 | 㐽 | 243 | 挈 | 1746 | 荼 | 125 |
| 卽 | 791 | 怨 | 1623 | 洞 | 1647 | 冠 | 1223 | 泰 | 1662 | 莎 | 124 |
| 鬼 | 1464 | 急 | 1619 | 洇 | 1646 | 既 | 796 | 秦 | 1131 | 郳 | 1743 |
| 帛 | 427 | 胤 | 649 | 洌 | 1668 | 叚 | 481 | 珥 | 85 | 莊 | 104 |
| 禹 | 2033 | 計 | 375 | 洙 | 1641 | 屋 | 1347 | 珠 | 86 | 菲 | 612 |
| 帥 | 1254 | 訓 | 385 | 洗 | 1661 | 眉 | 1347 | 班 | 87 | 桂 | 870 |
| (侯) | 827 | 㝬 | 846 | 活 | 1646 | 肩 | 1347 | 敖 | 626 | (埶) | 458 |
| 侵 | 1286 | 哀 | 231 | 洦 | 1656 | 屏 | 1348 | 素 | 1854 | 桔 | 875 |
| 追 | 271 | 亭 | 836 | 洐 | 1646 | 殥 | 1837 | 匿 | 1823 | 桓 | 889 |
| 俊 | 1277 | 厓 | 1487 | 洛 | 1639 | 啟 | 527 | (盍) | 784 | 栖 | 899 |
| 盾 | 563 | 度 | 482 | 洠 | 1667 | 盋 | 772 | 捕 | 1755 | 栚 | 899 |
| 律 | 296 | 迹 | 257 | 洋 | 1641 | 牪 | 971 | 振 | 1752 | 桐 | 880 |
| 很 | 288 | 庭 | 1476 | 津 | 1652 | 韋 | 859 | 挾 | 1748 | 梃 | 886 |
| 後 | 286 | 疘 | 1223 | 恆 | 1876 | 胥 | 653 | 捉 | 1749 | 桃 | 870 |
| 俞 | 1352 | (疣) | 1388 | 恢 | 1618 | 陝 | 1991 | 捐 | 1756 | (栒) | 875 |
| 弇 | 427 | 疥 | 1218 | 恬 | 1618 | 陜 | 1993 | 捓 | 1757 | 根 | 884 |
| 逃 | 271 | 疫 | 1221 | (㤴) | 784 | 陞 | 1996 | 挌 | 1749 | 栩 | 875 |
| 俎 | 1940 | 疾 | 1220 | 郠 | 1018 | 陘 | 1992 | 捊 | 1750 | 栔 | 672 |
| 卻 | 1422 | 屏 | 1485 | 宣 | 1158 | 除 | 1994 | 垸 | 1891 | 索 | 958 |
| 郤 | 1012 | 瘠 | 1487 | 宧 | 1186 | 院 | 1996 | 恚 | 1623 | 軒 | 1959 |
| 采 | 1116 | 派 | 1676 | 宦 | 1172 | 婄 | 1780 | 奉 | 1600 | 軐 | 1961 |
| 爰 | 626 | 部 | 1012 | 宥 | 1178 | 姻 | 1765 | 都 | 1005 | 連 | 269 |
| 禺 | 623 | 音 | 388 | 室 | 1152 | 姡 | 1782 | 耆 | 1338 | 專 | 524 |
| 食 | 797 | 帝 | 38 | 宛 | 1187 | 姚 | 1764 | 起 | 235 | 通 | 270 |
| 盆 | 772 | 斿 | 1054 | (穿) | 790 | 怒 | 1623 | 栽 | 888 | 哥 | 755 |
| 胘 | 646 | 施 | 1052 | 突 | 1206 | 盈 | 773 | 恐 | 1625 | 豹 | 973 |
| 胐 | 656 | 差 | 718 | 穿 | 1199 | 枲 | 1148 | 馬 | 1520 | 速 | 265 |
| 胅 | 650 | 垈 | 729 | 客 | 1181 | 勇 | 1925 | 耿 | 1740 | 鬲 | 438 |
| 胙 | 650 | 美 | 614 | 衺 | 1187 | 食 | 1566 | 郚 | 1019 | 栗 | 1105 |
| 胸 | 652 | 姜 | 1764 | 窆 | 463 | (癸) | 2093 | 華 | 971 | 逨 | 280 |
| 脂 | 1610 | 希 | 1255 | 軍 | 1962 | 癹 | 243 | 茝 | 106 | 郰 | 1743 |
| 胐 | 1076 | 前 | 241 | 扁 | 320 | 柔 | 887 | 茜 | 128、2215 | 配 | 2214 |
| 思 | 1627 | 迸 | 279 | 肩 | 646 | 盄 | 1148 | 莝 | 129 | 辱 | 2141 |
| 矦 | 827 | 送 | 268 | 衽 | 1329 | 敄 | 528 | 蒙 | 130 | 唇 | 229 |

| | | | | | | | | | | | |
|---|---|---|---|---|---|---|---|---|---|---|---|
| (脣) | 643 | 牧 | 541 | 郤 | 1017 | 席 | 1256 | 浦 | 1651 | 衿 | 1328 |
| 厝 | 1488 | 氣 | 1143 | 殺 | 515 | 庫 | 1478 | 酒 | 2213 | 袑 | 1330 |
| 威 | 1565 | 牪 | 831 | 冢 | 1148 | 唐 | 228 | 涇 | 1638 | 被 | 1331 |
| 夏 | 857 | 特 | 186 | 豻 | 1518 | 病 | 1211 | (涉) | 1669 | 書 | 497 |
| 真 | 1300 | 牰 | 191 | 豺 | 1518 | 疽 | 1217 | 消 | 1655 | 帬 | 1255 |
| 破 | 1492 | 郵 | 1010 | 豹 | 1517 | 痕 | 1219 | 洍 | 1668 | 辰 | 1347 |
| 逐 | 272 | 造 | 261 | 奚 | 1601 | 疾 | 1207 | 海 | 1646 | (屑) | 1347 |
| 烈 | 1557 | 秥 | 1136 | 倉 | 809 | 症 | 1223 | 涂 | 1638 | 郞 | 1017 |
| 殀 | 634 | 秫 | 1114 | 飤 | 802 | 痂 | 1218 | 浴 | 1660 | 弱 | 1398 |
| 郪 | 1014 | 租 | 1129 | 飢 | 803 | 脊 | 1758 | 浮 | 1647 | 陸 | 1990 |
| 匽 | 1826 | 秩 | 1116 | 翁 | 606 | 效 | 528 | 洺 | 1666 | 陵 | 1974 |
| 致 | 855 | 㸂 | 1591 | 眣 | 656 | 胥 | 655 | (流) | 1669 | 陳 | 1993 |
| 貞 | 981 | 乘 | 863 | 胹 | 649 | 竞 | 391 | 沇 | 1657 | 娶 | 1781 |
| 晉 | 1043 | 笅 | 681 | (脈) | 1672 | 离 | 2032 | (浸) | 1644 | 牂 | 613 |
| 肢 | 1148 | 笆 | 683 | 脂 | 653 | 恣 | 1620 | 湣 | 1667 | 孫 | 1838 |
| (逈) | 742 | 倚 | 1283 | 胸 | 655 | 立 | 1610 | 涌 | 1648 | 祟 | 60 |
| 鹵 | 742 | 傂 | 1298 | 胲 | 649 | 剖 | 669 | 浚 | 1657 | 陲 | 1996 |
| 虒 | 768 | 脩 | 652 | 朕 | 1353 | 旁 | 45 | 珇 | 1493 | 陰 | 1978 |
| 覍 | 1361 | 傷 | 1293 | 匍 | 1459 | 旄 | 1053 | (悖) | 380 | 蚚 | 124 |
| 晌 | 562 | 候 | 1286 | 留 | 1914 | 旅 | 1053 | 悍 | 1620 | 陶 | 1994 |
| 財 | 978 | 倕 | 1298 | 畚 | 1859 | 旆 | 1052 | 悝 | 1620 | 陷 | 1991 |
| 時 | 1041 | 俾 | 1289 | 狼 | 1548 | 郂 | 1017 | 悄 | 1622 | 障 | 1997 |
| 晈 | 1047 | 隻 | 607 | 卿 | 1458 | 欬 | 1374 | 悔 | 1624 | 烝 | 1557 |
| 晏 | 1044 | 倍 | 1292 | 逢 | 266 | 衮 | 1335 | 害 | 1184 | 姬 | 1764 |
| 員 | 978 | (躬) | 1198 | 桀 | 863 | 畜 | 1915 | 家 | 1149 | 㩗 | 1756 |
| 哭 | 232 | 臬 | 1 | 畚 | 824 | 兹 | 625 | 宧 | 1171 | 脅 | 646 |
| 蚘 | 1856 | 臭 | 1546 | 奻 | 122 | 殺 | 613 | 宵 | 1180 | (蚤) | 1859 |
| 晙 | 1908 | 晜 | 566 | 訏 | 382 | 羞 | 2124 | 宭 | 554 | 畚 | (1827)、1916 |
| 畔 | 1908 | 皋 | 1600 | 討 | 385 | 羔 | 613 | 宩 | 159 | 通 | 266 |
| 奊 | 858 | 息 | 1613 | 訊 | 386 | 羌 | 1625 | 宨 | 1206 | 能 | 1551 |
| 盍 | 772 | (射) | 826 | 訓 | 364 | 拳 | 1746 | 容 | 1171 | 函 | 1105 |
| 圂 | 977 | 烏 | 617 | 訊 | 368 | 斨 | 1144 | 窏 | 1206 | 羚 | 1956 |
| 畢 | 622 | 倨 | 1278 | 記 | 378 | 粉 | 1143 | 宰 | 1174 | 務 | 1921 |
| 豈 | 767 | 師 | 949 | 訒 | 386 | 料 | 1954 | 案 | 891 | 桑 | 908 |
| 罟 | 1250 | 厫 | 769 | 凍 | 1673 | 益 | 773 | 窓 | 1627 | 剝 | 670 |
| 罝 | 1250 | 徎 | 300 | 衰 | 1334 | 兼 | 1137 | 冢 | 1225 | 絆 | 1853 |
| 敊 | 1284 | 徒 | 258 | 衷 | 1331 | 朔 | 1074 | 冡 | 1461 | 純 | 1841 |
| 剛 | 666 | 徐 | 285 | (欨) | 1907 | (烟) | 1563 | 冥 | 1054 | 紋 | 1853 |
| 盇 | 779 | 殷 | 1325 | 高 | 831 | 剡 | 660 | 冣 | 1223 | 紒 | 1853 |
| 眚 | 562 | 般 | 1353 | 亳 | 841 | 浙 | 1637 | 扇 | 1730 | 紙 | 1852 |
| 缺 | 824 | 舫 | 1353 | 郭 | 1016 | 浂 | 1652 | (袖) | 1330 | 紡 | 1842 |

| | | | | | | | | | | | |
|---|---|---|---|---|---|---|---|---|---|---|---|
| ※ | 2093 | 菾 | 128 | 堂 | 1884 | 秸 | 1136 | (豚) | 1517 | 旋 | 1053 |
| **十一畫** | | 菅 | 109 | 常 | 1254 | 移 | 1115 | 脛 | 649 | (望) | 1318 |
| 春 | 1144 | 菕 | 119 | 削 | 673 | 秵 | 1136 | (脗) | 646 | 率 | 1854 |
| 理 | 86 | 菑 | 117 | 郖 | 562 | 犂 | 190 | 脞 | 656 | 牽 | 188 |
| 琅 | 86 | 莫 | 346 | 脈 | 554 | 動 | 1924 | 脬 | 644 | 羞 | 1467 |
| 責 | 986 | 曹 | 737 | 眯 | 562 | 笴 | 683 | 脫 | 650 | 羐 | 1136 |
| 逳 | 279 | 勒 | 438 | 敗 | 537 | 符 | 680 | 魚 | 1679 | 袋 | 1666 |
| 掩 | 1755 | 乾 | 2051 | 販 | 989 | 筍 | 324 | 象 | 1519 | 兼 | 1672 |
| 掓 | 1757 | 梗 | 880 | 晦 | 1044 | 笵 | 679 | 逸 | 1540 | 粝 | 1144 |
| 捼 | 1755 | 梧 | 879 | (晨) | 436、1056 | 第 | 683 | 猗 | 1542 | 敝 | 1261 |
| 捨 | 1748 | 桓 | 890 | 曼 | 463 | 敏 | 527 | 猛 | 1545 | 烰 | 1557 |
| 掄 | 1749 | 桯 | 889 | 唬 | 231 | 偪 | 1298 | 馗 | 2032 | 剭 | 673 |
| 揩 | 1750 | 樗 | 867 | 唾 | 197 | 偐 | 1293 | 祭 | 55 | 清 | 1648 |
| 掐 | 1756 | 梣 | 899 | 唯 | 203 | 偕 | 1280 | 訝 | 378 | 渚 | 1645 |
| 掖 | 1756 | 棶 | 972 | 啜 | 196 | 傷 | 1298 | 詠 | 385 | 淩 | 1641 |
| 捽 | 1750 | 麥 | 855 | 距 | 318 | 貨 | 979 | 許 | 360 | 潜 | 1652 |
| 掊 | 1746 | 梓 | 874 | 圉 | 1597 | 偑 | 1298 | 訴 | 375 | 渫 | 1667 |
| 掇 | 1754 | 救 | 536 | 蛇 | 1863 | 進 | 261 | 訟 | 382 | 涿 | 1654 |
| (逪) | 2032 | 斬 | 1964 | 時 | 1908 | 偏 | 1292 | 設 | 378 | 淒 | 1653 |
| 堵 | 1884 | 舫 | 1964 | 異 | 431 | 郵 | 1017 | (埶) | 458 | 渠 | 1651 |
| 埱 | 1894 | 敕 | 536 | 野 | 1903 | 鳥 | 616 | 庶 | 1485 | 淺 | 1650 |
| 堉 | 1896 | 副 | 669 | 略 | 1908 | 假 | 1285 | 麻 | 1148 | 淖 | 1650 |
| 坤 | 1894 | 區 | 1823 | (累) | 1997 | (殷) | 681 | 廆 | 1487 | 淄 | 1645 |
| 赦 | 536 | 敔 | 541 | 罔 | 1519 | 恩 | 1571 | 雁 | 1486 | 淮 | 1640 |
| 執 | 458 | 堅 | 502 | 婁 | 1781 | 崜 | 1301 | 產 | 970 | 淦 | 1653 |
| 執 | 1597 | (敊) | 1148 | 閈 | 1733 | 術 | 312 | 痔 | 1218 | 淫 | 1650 |
| 教 | 542 | 票 | 1562 | 閉 | 1736 | 徙 | 266 | 痕 | 1219 | 淨 | 1641 |
| 馬 | 1525 | 殹 | 510 | 問 | 201 | 得 | 288 | 痍 | 1220 | 淳 | 1661 |
| 焉 | 620 | 悪 | 1626 | 閆 | 1739 | 從 | 1301 | 疵 | 1216 | 淬 | 1659 |
| 聊 | 1740 | 脣 | 643 | 國 | 974 | 船 | 1352 | (瘁) | 1221 | 深 | 1640 |
| 菫 | 1897 | 戚 | 1813 | 崔 | 1469 | 欸 | 1376 | 痒 | 1222 | 淼 | 1668 |
| 菋 | 108 | 帶 | 1254 | 逽 | 279 | 釦 | 1931 | 庸 | 552 | 梁 | 896 |
| 蓄 | 130 | 盒 | 770 | 帷 | 1255 | 悉 | 159 | (康) | 1117 | 情 | 1614 |
| 萋 | 113 | (原) | 1671 | 眾 | 1317 | 欲 | 1371 | 鹿 | 1537 | 惕 | 1626 |
| 菩 | 127 | 瓠 | 1149 | 眀 | 1092 | 敠 | 630 | 章 | 389 | 寇 | 537 |
| 菽 | 129 | 奢 | 1599 | 圈 | 975 | 狄 | 1519 | (豙) | 1516 | 寅 | 2125 |
| 萌 | 112 | 猂 | 1515 | 過 | 260 | 豵 | 1519 | 商 | 323 | 寄 | 1182 |
| 菌 | 112 | 盛 | 770 | 掣 | 525 | 貪 | 991 | 剃 | 673 | 宿 | 1180 |
| 萉 | 105 | 頃 | 1301 | 唔 | 2193 | 貧 | 991 | 旆 | 1054 | 窒 | 1199 |
| 蓉 | 129 | 虖 | 768 | 牾 | 190 | (脚) | 648 | 旌 | 1052 | 窒 | 1206 |
| 萃 | 114 | (處) | 1938 | 牸 | 190 | 脯 | 652 | 族 | 1054 | 密 | 1469 |

| | | | | | | | | | | | |
|---|---|---|---|---|---|---|---|---|---|---|---|
| 啟 | 525 | 巢 | 972 | 斯 | 1947 | 軫 | 1961 | 閑 | 1738 | 雋 | 611 |
| 袴 | 1336 | **十二畫** | | 期 | 1076 | 惠 | 624 | 閒 | 1734 | (焦) | 1563 |
| 桃 | 1336 | 貳 | 985 | 欺 | 1376 | 惑 | 1621 | 閔 | 1738 | 剰 | 671 |
| 袳 | 1330 | 絜 | 1852 | 黃 | 1917 | 腎 | 643 | 閡 | 1557 | 躰 | 826 |
| 視 | 1368 | 琴 | 1815 | 葉 | 112 | (罨) | 432 | 蛭 | 1856 | 憂 | 859 |
| 晝 | 499 | 琦 | 87 | 散 | 653 | 粟 | 1106 | 蚰 | 1859 | 徨 | 301 |
| 逮 | 269 | 珊 | 87 | 萁 | 128 | 棗 | 1107 | 蜆 | 1858 | 街 | 312 |
| 逯 | 269 | 勞 | 1925 | 葢 | 118 | 棘 | 1107 | 晦 | 1907 | 衕 | 313 |
| (尉) | 1559 | 提 | 1749 | 葬 | 131 | 欹 | 1376 | 睃 | 1914 | 御 | 299 |
| (敢) | 630 | 揚 | 1751 | 葌 | 128 | 酢 | 2216 | 貴 | 997 | 復 | 281 |
| 屠 | 1347 | 揖 | 1746 | 募 | 1925 | 雁 | 610 | 遇 | 266 | 循 | 285 |
| 扆 | 1678 | 搜 | 1756 | 萬 | 2032 | 厥 | 1488 | 貥 | 1566 | 徥 | 301 |
| (疊) | 1738 | 揹 | 1749 | 喪 | 232 | 殖 | 634 | 買 | 989 | 鮖 | 1672 |
| 張 | 1830 | 揄 | 1752 | 葭 | 128 | 裂 | 1333 | 幅 | 1254 | 須 | 1398 |
| 隋 | 650 | 援 | 1754 | 葆 | 126 | 雄 | 611 | 圌 | 1095 | 舒 | 625 |
| 將 | 522 | 控 | 1758 | 葡 | 129 | 雲 | 1679 | 黑 | 1566 | 鈇 | 1937 |
| 隄 | 1992 | 掾 | 1749 | 貰 | 109 | 猗 | 315 | 圍 | 977 | 鉅 | 1937 |
| 陽 | 1980 | 堪 | 1884 | 敬 | 1462 | 雅 | 607 | 骭 | 641 | 釿 | 1942 |
| 隅 | 1991 | 埵 | 1896 | 葰 | 130 | 悲 | 1625 | 無 | 905 | 欽 | 1369 |
| 隗 | 1991 | 堤 | 1888 | 菫 | 106 | 犇 | 614 | 鈤 | 824 | 鈞 | 1935 |
| 隊 | 1992 | (塊) | 1882 | 葭 | 125 | 虛 | 1316 | 短 | 829 | 殽 | 515 |
| 媛 | 1783 | 墍 | 1884 | 葦 | 125 | 敝 | 534 | (智) | 598 | 禽 | 2032 |
| 媆 | 1782 | 壻 | 90 | 葵 | 105 | 棠 | 871 | 稍 | 1130 | 爲 | 441 |
| 媟 | 1775 | 喜 | 763 | 辜 | 2087 | 掌 | 1745 | 稈 | 1117 | 禼 | 627 |
| 媤 | 1782 | (煮) | 440 | (戟) | 1806 | 睅 | 554 | 程 | 1135 | 餂 | 803 |
| 婗 | 1782 | 壹 | 1592 | 朝 | 1050 | 眼 | 562 | 稍 | 1118 | 飣 | 1925 |
| 婚 | 1765 | 壺 | 1592 | 楮 | 879 | 鼎 | 1107 | 稀 | 1112 | (飲) | 1376 |
| 婌 | 1782 | 款 | 1370 | (焚) | 1562 | 暑 | 1046 | 稀 | 1136 | 飯 | 802 |
| 婦 | 1767 | 尌 | 765 | 械 | 874 | 最 | 1226 | 黍 | 1140 | (腊) | 1047 |
| (參) | 1055 | 彭 | 765 | 棧 | 891 | 量 | 1320 | 稅 | 1130 | 腜 | 656 |
| 習 | 605 | 報 | 1598 | 椒 | 898 | 景 | 1044 | 喬 | 1591 | 腄 | 650 |
| 翏 | 606 | 達 | 269 | 椎 | 891 | 晜 | 891 | 等 | 679 | 腄 | 648 |
| 貫 | 1105 | 項 | 1387 | 椑 | 891 | 喘 | 197 | 筑 | 682 | 脾 | 643 |
| 鄉 | 1019 | 越 | 234 | 椆 | 874 | (喉) | 655 | 笘 | 681 | 腪 | 656 |
| 紿 | 1853 | 趄 | 238 | 楛 | 874 | 喫 | 229 | 筋 | 657 | 腋 | 656 |
| 組 | 1850 | 超 | 234 | 椱 | 892 | 喙 | 196 | 筍 | 677 | 脺 | 655 |
| 細 | 1843 | 博 | 339 | 棺 | 898 | 單 | 232 | 頌 | 1388 | 腤 | 653 |
| 終 | 1846 | 晉 | 2006 | 棣 | 878 | 鄆 | 1014 | 備 | 1279 | 勝 | 1922 |
| 紬 | 1847 | 惡 | 1624 | 極 | 889 | 閏 | 77 | 傅 | 1280 | 腔 | 655 |
| 紹 | 1843 | 賁 | 980 | 軲 | 1964 | (開) | 1734 | 烏 | 620 | 腏 | 654 |
| 給 | 1842 | 貰 | 985 | 軹 | 1962 | 閔 | 1738 | 順 | 1388 | 猲 | 1541 |

| | | | | | | | | | | | |
|---|---|---|---|---|---|---|---|---|---|---|---|
| 牒 | 1107 | 腠 | 655 | （獻） | 1547 | 骰 | 541 | 戠 | 1813 | 睪 | 233 |
| 傾 | 1283 | 腳 | 648 | 煎 | 1559 | 摯 | 1757 | 榑 | 888 | 斬 | 1941 |
| 腧 | 1107 | 腤 | 656 | 煴 | 1565 | 裝 | 1333 | 榣 | 886 | 蜴 | 1858 |
| 搴 | 616 | （腦） | 1301 | 煙 | 1563 | 媲 | 1768 | 槍 | 889 | 暘 | 1916 |
| 僂 | 1298 | 遝 | 280 | 煉 | 1562 | 媱 | 1774 | 榜 | 878 | 夆 | 1469 |
| 備 | 1299 | 劍 | 672 | 煩 | 1389 | 嫋 | 1768 | 壹 | 625 | 罰 | 671 |
| 賃 | 992 | 鮋 | 1681 | 煌 | 1563 | 嫁 | 1765 | 輒 | 1961 | 圖 | 974 |
| 傷 | 1293 | 解 | 675 | 煖 | 1565 | 畚 | 1827 | 輔 | 1964 | 製 | 1335 |
| 躰 | 1198 | 試 | 374 | 溝 | 1651 | 勠 | 1923 | 輕 | 1960 | 暍 | 323 |
| 皋 | 2085 | 詰 | 384 | 溥 | 1646 | 槑 | 895 | 輓 | 1964 | （種） | 1111 |
| 魃 | 1466 | 誠 | 370 | 溫 | 1637 | 經 | 1841 | 穀 | 508 | 稱 | 1133 |
| 魆 | 542 | 詮 | 385 | 滅 | 1666 | 絹 | 1847 | 敲 | 439 | 稑 | 1136 |
| 魁 | 1954 | 詷 | 377 | 溍 | 1666 | **十四畫** | | 歌 | 1372 | 熏 | 104 |
| 敫 | 626 | 誅 | 385 | 涇 | 1655 | 粗 | 674 | 監 | 1323 | 箸 | 681 |
| 椣 | 1136 | 詵 | 357 | 滇 | 1641 | 甕 | 253 | 望 | 1318 | 箕 | 683 |
| 衙 | 313 | 詬 | 385 | 溫 | 1666 | 瑣 | 86 | 蜜 | 1858 | 箬 | 677 |
| 徬 | 301 | 誂 | 382 | 滫 | 1657 | 熬 | 1559 | 酸 | 2215 | 算 | 682 |
| 徬 | 1019 | 詣 | 378 | 塗 | 1896 | 馼 | 1532 | （遨） | 265 | 筮 | 682 |
| 微 | 285 | 詢 | 385 | 滔 | 1646 | 嘉 | 765 | 遨 | 280 | 管 | 682 |
| 頎 | 1390 | 詨 | 386 | 滂 | 1646 | 臺 | 1721 | 遊 | 279 | （毓） | 2118 |
| 鄅 | 1019 | 翊 | 377 | 滑 | 1668 | 穀 | 1548 | 厲 | 1488 | 債 | 1293 |
| 鈺 | 1937 | 裏 | 1328 | 滓 | 1657 | 愬 | 1616 | 厭 | 1488 | 僕 | 393 |
| 鉥 | 1931 | 亶 | 850 | 溺 | 1638 | 壽 | 1338 | 碩 | 1387 | 債 | 1277 |
| 鉈 | 1936 | 稟 | 848 | 粱 | 1141 | 疇 | 606 | 碭 | 1491 | 僑 | 1278 |
| 鉚 | 1938 | 雁 | 1487 | 慷 | 1626 | 赫 | 1574 | 皰 | 1391 | 偽 | 1292 |
| 鈹 | 1931 | 庳 | 1486 | 慎 | 1615 | 趙 | 236 | 願 | 1617 | 鼻 | 604 |
| 僉 | 804 | 痿 | 1219 | 遣 | 279 | 聚 | 1318 | 奪 | 611 | 歊 | 1372 |
| 會 | 809 | 廉 | 1485 | 意 | 1627 | （綦） | 1850 | 臧 | 506 | 銜 | 1936 |
| 愛 | 857 | 麀 | 1539 | 塞 | 1894 | 鞅 | 438 | 霁 | 1678 | 銍 | 1935 |
| 貅 | 1518 | 資 | 979 | 索 | 1184 | 董 | 124 | 雌 | 611 | 銅 | 1929 |
| 貉 | 1518 | 豢 | 1516 | 寅 | 1186 | 蒡 | 132 | 嘗 | 763 | 鉏 | 1938 |
| 貄 | 1519 | 猗 | 1609 | 遣 | 1186 | 暮 | 132 | （裳） | 1254 | 鋌 | 1930 |
| 亂 | 2052 | 新 | 1948 | 窨 | 1205 | 摹 | 1755 | 睽 | 554 | 銚 | 1931 |
| 餗 | 803 | 鄣 | 1016 | 竅 | 1206 | 蒐 | 612 | 熄 | 1565 | 銘 | 1937 |
| 飾 | 1255 | 意 | 1615 | 寢 | 1644 | 蔥 | 124 | 嘷 | 205 | 銀 | 1929 |
| 腜 | 655 | （雍） | 609、1668 | 禖 | 60 | 蔡 | 115 | 鳴 | 617 | 貍 | 1518 |
| 腜 | 1517 | 羥 | 613 | 福 | 53 | 蓑 | 128 | 聞 | 1742 | （貌） | 1361 |
| 腸 | 644 | 義 | 1814 | 肅 | 497 | 蔽 | 115 | 閶 | 1733 | （蝕） | 1858 |
| 膈 | 655 | 羨 | 1379 | 罿 | 614 | 蔜 | 106 | 開 | 1734 | 餅 | 801 |
| 腨 | 649 | 程 | 1144 | 殿 | 510 | 戩 | 1806 | 閭 | 607 | 領 | 1387 |
| 腹 | 647 | 豢 | 1516 | 辟 | 1458 | 斡 | 888 | 鄲 | 1014 | 縢 | 655 |

| | | | | | | | | | |
|---|---|---|---|---|---|---|---|---|---|
| 鳳 | 616 | 齊 | 1106 | 褐 | 1334 | 播 | 1755 | 齒 | 314 | 徵 | 1318 |
| 壘 | 1470 | 養 | 801 | 複 | 1330 | 鞏 | 437 | 勯 | 1924 | 德 | 301 |
| 疐 | 1539 | 精 | 1142 | 褪 | 62 | （撤） | 1923 | 慮 | 1611 | 徹 | 526 |
| 疑 | 2115 | 粺 | 1142 | 盡 | 775 | 增 | 1894 | 賞 | 981 | 衛 | 313 |
| 獄 | 1549 | 鄰 | 1008 | （載） | 1258 | 頡 | 1388 | 瞋 | 561 | 嫛 | 1771 |
| 獠 | 1542 | 鄴 | 1670 | 隤 | 1992 | 熱 | 1564 | 瞙 | 562 | 瞀 | 554 |
| 夤 | 1100 | 劘 | 671 | 隨 | 1996 | 摯 | 1747 | 賦 | 990 | 鋪 | 1937 |
| 誣 | 380 | 鄭 | 1011 | （隉） | 2216 | 穀 | 1129 | 賤 | 990 | 銷 | 1930 |
| 誖 | 380 | 歎 | 1373 | 隧 | 1996 | 嬰 | 703 | 賜 | 983 | 銳 | 1935 |
| 誧 | 378 | 熅 | 1563 | 嫚 | 1781 | 軜 | 438 | （暴） | 769、 | （劍） | 673 |
| 語 | 354 | 熄 | 1558 | 頗 | 1388 | 蕈 | 112 | | 1046、1600 | 舖 | 802 |
| 誤 | 381 | 熇 | 1565 | 翟 | 605 | 邁 | 258 | 嘵 | 229 | 餓 | 803 |
| 誘 | 385、（1467） | 榮 | 879 | 熊 | 1552 | 瞢 | 612 | 噴 | 229 | 餘 | 802 |
| 誨 | 364 | 熒 | 1571 | 鄧 | 1014 | 蕪 | 115 | 踦 | 317 | 歐 | 1376 |
| 誹 | 379 | 漬 | 1654 | 肄 | 497 | 奭 | 110 | 踐 | 317 | （滕） | 1422 |
| 諄 | 386 | 滿 | 1649 | 綼 | 1850 | 蕃 | 126 | 踝 | 317 | 膊 | 653 |
| 說 | 375 | 漆 | 1639 | （網） | 1649 | 董 | 110 | 蝠 | 1858 | 滕 | 1647 |
| 誦 | 364 | 漚 | 1655 | 維 | 1851 | 蕩 | 1640 | 數 | 532 | 膠 | 654 |
| 戩 | 1813 | 漱 | 1669 | 綰 | 1847 | 槽 | 898 | 遺 | 270 | （頡） | 1394 |
| 裹 | 1333 | 漩 | 1669 | 緇 | 1850 | 樐 | 874 | 閱 | 1734 | 瞌 | 1394 |
| 辜 | 1757 | 漏 | 1667 | | | 樓 | 889 | 閭 | 1734 | 鮄 | 1681 |
| 歊 | 1372 | 漦 | 1668 | **十五畫** | | 樊 | 430 | 罷 | 1252 | 魯 | 572 |
| 意 | 1627 | （漁） | 1682 | 黐 | 1854 | 樛 | 886 | 墨 | 1890 | 獠 | 1547 |
| 膏 | 645 | （漏） | 1678 | 慧 | 1617 | （號） | 769 | 智 | 598 | 觭 | 675 |
| （豪） | 1516 | 憾 | 1625 | 頓 | 1388 | 輗 | 1965 | 編 | 825 | 請 | 357 |
| 廑 | 1486 | 寬 | 1181 | 耦 | 673 | 輪 | 1764 | 稽 | 971 | 諸 | 361 |
| 廣 | 1483 | 賓 | 985 | 蠢 | 1858 | 甌 | 1830 | 稷 | 1114 | 譜 | 379 |
| 腐 | 654 | 寂 | 1187 | 犇 | 1620 | 歐 | 1372 | 稻 | 1115 | 課 | 374 |
| （廎） | 1479 | 寡 | 1181 | 犛 | 191 | 毆 | 510 | 黎 | 1140 | 諈 | 377 |
| 廏 | 1479 | 寠 | 1183 | 髮 | 1401 | 豎 | 502 | 稼 | 1111 | 諉 | 377 |
| 瘝 | 1223 | 窬 | 1205 | 駔 | 1531 | 賢 | 979 | 穉 | 1112 | 誰 | 384 |
| 瘙 | 1218 | 察 | 1167 | 馴 | 1528 | 遷 | 267 | 憗 | 1823 | 論 | 364 |
| 瘛 | 1223 | 庯 | 1187 | 駒 | 1525 | 醇 | 2214 | （篋） | 1826 | 諤 | 386 |
| 瘣 | 1215 | 寧 | 742 | 駝 | 1532 | 醉 | 2214 | 箴 | 682 | 誜 | 384 |
| 瘦 | 1220 | （蜜） | 1859 | 駘 | 1531 | 憂 | 856、（1625） | 節 | 677 | 章 | 845 |
| 竭 | 1609 | （寢） | 1181 | 趣 | 234 | 磔 | 863 | 牖 | 1107 | 鄣 | 847 |
| 端 | 1609 | 實 | 1169 | 趙 | 235 | 奭 | 605 | 鋻 | 1930 | 槀 | 1117 |
| 適 | 259 | 肇 | 527 | 撓 | 1751 | 豬 | 1515 | 儋 | 1279 | 廚 | 1478 |
| 犖 | 622 | 肇 | 1805 | 撮 | 1750 | （豵） | 1515 | 劉 | 673 | 廟 | 1487 |
| 旗 | 1051 | 鼏 | 1108 | 撫 | 1750 | 殤 | 633 | 質 | 985 | 褒 | 1330 |
| 旖 | 1052 | 褆 | 1330 | 撟 | 1757 | 震 | 1677 | 德 | 280 | 裹 | 1330 |

| 廡 | 1477 | 險 | 1991 | 賚 | 113 | 戰 | 1807 | 鮭 | 1680 | 寴 | 1186 |
|---|---|---|---|---|---|---|---|---|---|---|---|
| 廢 | 1486 | (嬮) | 1997 | 薪 | 123 | 噫 | 196 | 鮒 | 1681 | (窻) | 1571 |
| 瘝 | 1221 | 駕 | 1527 | 薄 | 115 | 閶 | 1737 | 鮑 | 1681 | 壁 | (1483)、 |
| 瘑 | 1217 | 歖 | 1376 | 薫 | 128 | 閽 | 1733 | 獲 | 1546 | | 1884 |
| 瘨 | 1216 | 毅 | 1810 | 薜 | 1051 | 閼 | 1736 | 穎 | 1115 | 避 | 269 |
| 瘢 | 1220 | 豫 | 1519 | 翰 | 605 | 屬 | 1253 | 獨 | 1545 | 彊 | 1833 |
| 瘭 | 1222 | 盤 | 779 | 樹 | 883 | 還 | 268 | 頯 | 1386 | (辥) | 108 |
| 廞 | 1538 | 樂 | 892 | 横 | 897 | 圜 | 974 | 謀 | 364 | 辥 | 2087 |
| 慶 | 1618 | 樹 | 1852 | 樸 | 887 | 懻 | 191 | 諜 | 385 | 隱 | 1993 |
| 鋬 | 1149 | 緹 | 1849 | 橋 | 895 | 積 | 1116 | 謁 | 358 | 嬭 | 1774 |
| 毅 | 515 | 緱 | 1851 | 播 | 880 | 穆 | 1112 | 謂 | 354 | 蟲 | 1859 |
| 頠 | 1389 | 繪 | 1852 | 樊 | 1562 | 穄 | 1117 | 諰 | 378 | 聱 | 1965 |
| 鄳 | 1016 | (緩) | 1854 | 橘 | 867 | (頹) | 1364 | 諓 | 382 | 綃 | 1853 |
| 糓 | 1143 | 編 | 1851 | 機 | 891 | 篤 | 1528 | 裹 | 1335 | 縛 | 1846 |
| 遵 | 259 | 緝 | 1853 | 輻 | 1962 | 築 | 888 | 磨 | 1492 | 繼 | 1853 |
| 翦 | 606 | 緣 | 1850 | 輯 | 1960 | 篡 | 1467 | 廥 | 1484 | 緯 | 1853 |
| 導 | 524 | **十六畫** | | 輸 | 1963 | 興 | 435 | 瘞 | 1222 | **十七畫** | |
| 潔 | 1666 | 靜 | 789 | 賴 | 984 | 舁 | 432 | 瘲 | 1221 | 環 | 85 |
| 潰 | 1651 | 髻 | 1401 | 橐 | 973 | (學) | 542 | 瘳 | 1222 | 贅 | 985 |
| 澍 | 1653 | 駬 | 1526 | (頤) | 1742 | (舉) | 1752 | 廦 | 1483 | 黿 | 1863 |
| (澫) | 1653 | 駰 | 1533 | 頭 | 1385 | 曁 | 1050 | 麋 | 1538 | 鬏 | 1401 |
| 潦 | 1653 | 駿 | 1533 | 醜 | 1466 | (劓) | 671 | 親 | 1369 | 騁 | 1530 |
| 潰 | 1650 | 駱 | 1526 | 飪 | 459 | 鐖 | 301 | 辨 | 669 | 駴 | 1529 |
| 鏊 | 1929 | 駭 | 1530 | 奮 | 611 | 澤 | 301 | 龍 | 1682 | 擣 | 1755 |
| 潘 | 1657 | 騑 | 1528 | 頰 | 1386 | 徽 | 284 | 劑 | 670 | 擥 | 1758 |
| 潼 | 1635 | 騨 | 1533 | 獝 | 1515 | 衡 | 675 | 義 | 755 | 擢 | 1755 |
| 澁 | 779 | 觑 | 769 | 匱 | 1826 | 錯 | 1931 | 甋 | 1829 | 趨 | 239 |
| 澀 | 1668 | 歔 | 1369 | (霍) | 616 | 錡 | 1931 | 燒 | 1557 | 蠚 | 779 |
| 潰 | 1668 | 憙 | 764 | 頸 | 1386 | 錢 | 1932 | 燋 | 1557 | 趦 | 238 |
| 澐 | 1647 | 據 | 1748 | 冀 | 1315 | 錫 | 1929 | 燔 | 1555 | 趮 | 234 |
| 憍 | 1626 | 操 | 1747 | 幢 | 243 | 錕 | 1938 | (燧) | 1997 | 戴 | 432 |
| 憐 | 1626 | 擇 | 1749 | 璽 | 1149 | 錘 | 1935 | 營 | 1196 | 螫 | 1858 |
| 寫 | 1179 | 擅 | 1752 | 虧 | 439 | 錐 | 1935 | 濩 | 1654 | 鼇 | 1598 |
| (窮) | 1206 | 磬 | 1492 | 遽 | 278 | 錦 | 1259 | 濔 | 1667 | 蟄 | 1858 |
| 窠 | 1198 | (誰) | 620 | 盧 | 770 | 劍 | 673 | 澡 | 1661 | 觳 | 1962 |
| 審 | 159 | 燕 | 1682 | 鴞 | 561 | 歕 | 1375 | 澤 | 1649 | 聲 | 1741 |
| 盡 | 859 | 薙 | 129 | 暴 | 1046 | 餲 | 1858 | 濁 | 1641 | 膒 | 1742 |
| 履 | 1351 | 薟 | 111 | 縣 | 1394 | 膋 | 652 | 澮 | 1640 | 聯 | 1740 |
| 隨 | 259 | 薔 | 114 | 蹊 | 318 | 膲 | 655 | 懍 | 1620 | 蔵 | 617 |
| 獎 | 1548 | 薛 | 108 | 齰 | 1859 | 臓 | 656 | 憲 | 1617 | 艱 | 1897 |
| 漿 | 1658 | 薦 | 128、1533 | 器 | 321 | 雕 | 609 | 窺 | 1186 | 鞞 | 437 |

| | | | | | | | | | | | |
|---|---|---|---|---|---|---|---|---|---|---|---|
| 藍 | 106 | 矯 | 826 | 謝 | 378 | 鼇 | 1903 | 黟 | 1571 | 瀆 | 1651 |
| 歠 | 130 | 矰 | 826 | 謞 | 385 | 騏 | 1526 | 魌 | 641 | 瀎 | 386 |
| 蔽 | 1258 | (穗) | 1116 | 謗 | 380 | 騎 | 1527 | 顢 | 1387 | 瀉 | 1668 |
| 舊 | 611 | 積 | 1136 | 襄 | 1331 | 騧 | 1526 | 雝 | 1668 | 竈 | 1198 |
| 薈 | 110 | 穜 | 1111 | (應) | 1615 | 騅 | 1526 | 穫 | 1116 | 竄 | 1206 |
| 韓 | 860 | 簃 | 683 | 癘 | 1218 | 騠 | 1532 | (魏) | 1467 | 窮 | 1206 |
| 隸 | 500 | 簍 | 681 | (療) | 1221 | 擴 | 1757 | 簞 | 681 | 窾 | 1200 |
| 櫃 | 875 | 簅 | 681 | 瘴 | 1220 | (擾) | 1751 | 簧 | 682 | 禱 | 60 |
| 檢 | 895 | 簉 | 683 | 麋 | 1538 | 攄 | 1757 | 簡 | 678 | 繄 | 1627 |
| 檀 | 879 | 簜 | 683 | 磯 | 1609 | 趮 | 236 | 礜 | 1491 | 璧 | 85 |
| 轅 | 1962 | 興 | 1960 | 齋 | 55 | 遺 | 261 | 臀 | 562 | 醬 | 2216 |
| 輺 | 1965 | 舉 | 1752 | 燔 | 183 | 鬵 | 439 | 邊 | 278 | 嬿 | 1782 |
| 橐 | 973 | 優 | 1289 | 糜 | 1144 | 矗 | 1742 | 歸 | 242 | 額 | 1390 |
| 臨 | 1323 | 懇 | 1627 | 糞 | 622 | 職 | 1741 | 衛 | 312 | 彝 | 1853 |
| 黼 | 439 | 黇 | 1551 | 鴯 | 617 | 鞮 | 437 | 鎗 | 1936 | 繚 | 1844 |
| 醢 | 779 | 償 | 1286 | 燥 | 1565 | 輶 | 438 | 貖 | 1518 | 織 | 1841 |
| 厤 | 1492 | 頿 | 1387 | 燭 | 1562 | 鞫 | 438 | 雞 | 608 | 繕 | 1850 |
| 壐 | 1889 | 龜 | 1863 | 燮 | 463 | 繭 | 1841 | 臑 | 647 | 繒 | 1847 |
| 獮 | 1516 | (憁) | 1620 | 濡 | 1645 | 藥 | 117 | 臍 | 656 | 繘 | 1851 |
| 霝 | 1678 | 甹 | 1923 | 濕 | 1641 | 檮 | 899 | 鯉 | 1680 | 斷 | 1948 |
| 齔 | 314 | 衛 | 313 | 濟 | 1645 | 轉 | 1963 | 鰻 | 1681 | 雝 | 609 |
| 戲 | 1808 | 鍇 | 1930 | 濯 | 1662 | 轇 | 1960 | 獵 | 1546 | 邐 | 273 |
| (膚) | 642 | 端 | 1937 | 塞 | 235 | 櫜 | 974 | 繇 | 1838 | **十九畫** | |
| 虧 | 760 | 鍑 | 1930 | 蹇 | 318 | 醫 | 2214 | 邉 | 275 | 鬷 | 1854 |
| 顆 | 1387 | 龠 | 319 | 竁 | 1186 | 獴 | 1515 | 雛 | 608 | 藜 | 191 |
| 瞁 | 561 | 斂 | 536 | 禪 | 1331 | 雷 | 1678 | 謹 | 369 | 鬂 | 1401 |
| 購 | 992 | 紛 | 808 | 禮 | 53 | 鸑 | 439 | 謪 | 378 | 騠 | 1533 |
| 嬰 | 1780 | 鐵 | 1149 | 臂 | 646 | 爨 | 1144 | 謾 | 379 | 騠 | 1532 |
| 壘 | 1055 | 爵 | 796 | 屨 | 1351 | 豐 | 767 | 懟 | 1627 | 騷 | 1533 |
| 謬 | 1055 | (嗣) | 2087 | 牆 | 852 | 鼨 | 315 | 寧 | 1516 | 驅 | 1526 |
| 曓 | 1600 | 谿 | 1673 | 嬛 | 1781 | 叢 | 393 | 廓 | 1487 | 騷 | 1530 |
| 闌 | 1736 | 餒 | 803 | 翼 | 607、(1682) | 瞿 | 616 | 廢 | 1487 | 趣 | 239 |
| 蹕 | 317 | 體 | 656 | 績 | 1852 | 疊 | 1863 | 應 | 1618 | 趫 | 234 |
| 蹗 | 318 | (膿) | 655 | 縵 | 1847 | 闖 | 1738 | 癆 | 1219 | 競 | 770 |
| 雛 | 1855 | 膽 | 643 | 總 | 1843 | 闈 | 1738 | 離 | 609 | 壞 | 1895 |
| 屩 | 1250 | 臏 | 981 | 縱 | 1843 | 闕 | 1734 | 雜 | 1332 | (難) | 616 |
| 歜 | 1373 | 麂 | 1539 | 繆 | 1852 | 蹟 | 257 | 環 | 1609 | 鞳 | 438 |
| 點 | 1567 | 鮭 | 1681 | **十八畫** | | 蟯 | 1855 | 顏 | 1385 | 蘑 | 129 |
| 黔 | 1567 | 鮮 | 1681 | 競 | 1360 | 蟲 | 1860 | 旛 | 1053 | 韓 | 859 |
| 黚 | 1570 | 螽 | 1859 | 璿 | 85 | 蟜 | 1856 | 旜 | 1052 | 蘭 | 109 |
| 黝 | 1567 | 講 | 379 | 瓊 | 84 | 襠 | 607 | 糧 | 1142 | 蘄 | 109 |

| | | | | | | | | | | | |
|---|---|---|---|---|---|---|---|---|---|---|---|
| 蒯 | 673 | 鯎 | 1682 | 蘭 | 106 | 穎 | 1390 | 鐸 | 1936 | 顫 | 1389 |
| 蘇 | 105 | 譊 | 379 | 蘗 | 128 | 灌 | 1640 | 鑅 | 1938 | 癱 | 1223 |
| 薑 | 106 | 譙 | 383 | 蘇 | 129 | 寶 | 1172 | 鰭 | 1682 | 瘦 | 1217 |
| 藢 | 129 | 識 | 368 | 襄 | 106 | 寶 | 1200 | 獋 | 1546 | 聾 | 1742 |
| 櫝 | 890 | 軶 | 458 | 蘦 | 111 | 糞 | 1682 | 辯 | 2089 | 巽 | 431 |
| 櫻 | 890 | 麿 | 1684 | 鞻 | 438 | 孁 | 1566 | 鷹 | 1539 | 蠱 | 1857 |
| 櫛 | 890 | 癢 | 1222 | 體 | 2214 | 鏊 | 1837 | 齋 | 981 | 襲 | 1329 |
| 櫟 | 879 | 麻 | 1223 | 酆 | 1011 | **二十一畫** | | 瀘 | 1533 | (鱉) | 1863 |
| (攀) | 430 | 癡 | 1222 | 酢 | 314 | 醫 | 315 | 瀉 | 1667 | 齧 | 439 |
| 轎 | 1965 | 龐 | 1485 | 獻 | 1546 | 蓼 | 855 | 懼 | 1619 | 欒 | 1142 |
| 醯 | 772 | (廬) | 1538 | 甗 | 1830 | 蔼 | 439 | (爛) | 1559 | 譽 | 1854 |
| 麗 | 1538 | 瓣 | 1149 | 黨 | 1570 | 鬚 | 972 | 騫 | 616 | 攣 | 1896 |
| 夒 | 858 | 鼻 | 429 | 闖 | 1734 | 驅 | 1529 | 顧 | 1387 | **二十三畫** | |
| (願) | 1386 | 贏 | 1857 | 闠 | 1739 | 驂 | 1528 | 屬 | 1350 | 驛 | 1531 |
| (璽) | 1889 | 羸 | 613 | 臕 | 1025 | 毳 | 239 | 轓 | 860 | 驗 | 1527 |
| 獷 | 1515 | 罋 | 824 | 黰 | 1567 | 馨 | 767 | 蠹 | 1859 | 戀 | 1617 |
| 鯢 | 769 | 顡 | 1387 | 黰 | 1570 | 殼 | 617 | 續 | 1842 | 黌 | 676 |
| 曧 | 1056 | 類 | 1547 | 籍 | 678 | 藜 | 126 | **二十二畫** | | 靁 | 1677 |
| 關 | 1737 | 瀋 | 1656 | 纂 | 1850 | 蘋 | 126 | 驕 | 1527 | 靐 | 1678 |
| 疇 | 1907 | 瀕 | 1669 | 譽 | 378 | 權 | 878 | 攪 | 1751 | 齮 | 314 |
| 鼗 | 542 | 懷 | 1619 | 覺 | 1368 | 覽 | 1368 | 趯 | 238 | 顯 | 1389 |
| 蹶 | 318 | 竆 | 1010 | 敦 | 542 | 薼 | 860 | 聽 | 1740 | 蟲 | 1860 |
| 蹻 | 317 | 窺 | 1167 | 衡 | 313 | 䫻 | 859 | 鷄 | 616 | 巘 | 641 |
| 蠅 | 1863 | 寵 | 1177 | (鐥) | 673 | 霹 | 1076 | 驚 | 1530 | 黐 | 1140 |
| 嚴 | 232 | 襦 | 1330 | 鐕 | 1935 | 露 | 1678 | 鏑 | 855 | 籥 | 678 |
| 獸 | 2034 | (疆) | 1916 | 鐘 | 1936 | 霳 | 86 | 欟 | 885 | 鬟 | 1529 |
| 羅 | 1250 | 孹 | 2115 | 鐙 | 802 | 懣 | 1626 | 囊 | 973 | 曪 | 1551 |
| 犢 | 187 | 繩 | 1851 | 饍 | 803 | 霾 | 1678 | 霾 | 1678 | 鑴 | 361 |
| 贊 | 980 | 繹 | 1841 | 臚 | 642 | 齜 | 314 | 贖 | 985 | 櫟 | 1259 |
| 犁 | 188 | 繲 | 1853 | 騰 | 1531 | 纍 | 1851 | 體 | 641 | 钁 | 1355 |
| 積 | 1364 | 繺 | 380 | 觸 | 675 | 囂 | 321 | (體) | 656 | 鐷 | 1937 |
| 穤 | 1136 | 繡 | 1847 | 譴 | 383 | 巍 | 1467 | 穰 | 1118 | 玃 | 1547 |
| 簦 | 683 | **二十畫** | | 議 | 368 | 黥 | 1570 | 鑄 | 1930 | 癰 | 1217 |
| 繴 | 1853 | 鶩 | 1526 | 麛 | 1537 | 贔 | 998 | 穌 | 319 | 鱟 | 382 |
| 鏤 | 1930 | 鬢 | 1401 | 癥 | 1223 | 酆 | 1009 | 臞 | 650 | 纇 | 1389 |
| 辭 | 2087 | 騮 | 1531 | 癧 | 1223 | 貂 | 562 | 臟 | 655 | (齎) | 1149 |
| 顛 | 1386 | 騹 | 1532 | 癢 | 1221 | 籚 | 683 | 鰒 | 1681 | 灙 | 1665 |
| 臘 | 650 | 趲 | 239 | 競 | 388 | 籃 | 683 | 玃 | 1542 | 褸 | 1336 |
| 燵 | 1149 | 壤 | 1882 | (額) | 1389 | 礬 | 1493 | 饐 | 998 | 纓 | 1850 |
| 鯖 | 1681 | (孼) | 129 | 贏 | 983 | 額 | 1390 | 邐 | 1859 | 欒 | 878 |
| 鯡 | 1682 | 騖 | 1527 | 蕭 | 386 | 鐵 | 1929 | 讀 | 364 | 變 | 534 |

| 二十四畫 | | （羈） | 1253 | 隳 | 1997 | 欂 | 650 | 二十七畫 | | 鬱 | 796、906 |
|---|---|---|---|---|---|---|---|---|---|---|---|
| 鬪 | 459 | 顥 | 1386 | 繾 | 1850 | 蠻 | 1858 | 驪 | 1527 | 虌 | 783 |
| 驕 | 1533 | 鱮 | 1681 | 二十五畫 | | 爦 | 1565 | 囍 | 315 | 三十畫 | |
| 趲 | 238 | 鱣 | 1680 | 驥 | 1533 | 漁 | 1682 | 鬮 | 1737 | 驫 | 1671 |
| 蘽 | 129 | 讟 | 382 | 欛 | 895 | 二十六畫 | | 犫 | 191 | 爨 | 437 |
| 觀 | 1368 | 讓 | 383 | 醾 | 1728 | 驢 | 1532 | （讞） | 1665 | 三十二畫 | |
| 蠱 | 1859 | 癱 | 1223 | 鑰 | 1937 | 驎 | 314 | 纞 | 1936 | 鼞 | 437 |
| 鹽 | 1728 | 贛 | 981 | 鑪 | 1916 | 齌 | 1864 | 二十八畫 | | 钃 | 1997 |
| 霾 | 616 | 籠 | 1863 | 觿 | 676 | 蠹 | 1859 | 爨 | 1563 | 三十七畫 | |
| 蠶 | 1859 | 爛 | 1559 | 讔 | 381 | 鸞 | 439 | 二十九畫 | | 籭 | 87 |
| （齟） | 315 | 鸂 | 440 | | | | | 驫 | 1526 | | |